한국의 아나키즘 — 사상편

이호룡 지음

지식산업사

한국의 아나키즘—사상편

초판 1쇄 발행   2001. 11. 20.
초판 2쇄 발행   2021. 4. 15.

지은이   이호룡
펴낸이   김경희
펴낸곳   (주)지식산업사
본사 ● 10881, 경기도 파주시 광인사길 53(문발동)
전화 031 - 955 - 4226~7 팩스 031 - 955 - 4228
서울사무소 ● 03044, 서울시 종로구 자하문로6길 18 - 7
전화 02 - 734 - 1978, 1958 팩스 02 - 720 - 7900
영문문패 www.jisik.co.kr
전자우편 jsp@jisik.co.kr
등록번호 1 - 363
등록날짜 1969. 5. 8.

책값 19,000원

이 책에 대한 문의는
지식산업사로 연락해 주시길 바랍니다.

아버님 영전에 이 책을 바칩니다

책을 내면서

　20세기 말 전세계의 사상계는 하나의 커다란 소용돌이 속에 휩쓸렸다. 즉 소련과 동구에서 사회주의정권이 몰락한 이후 세계 사상계에는 마르크스주의의 전망을 둘러싸고 대대적인 논쟁이 벌어졌던 것이다. 마르크시즘이 창시된 이후 공산주의 사회가 자본주의 사회를 대체할 것이란 사실은 당연한 것으로 여겨져 왔으나, 소련과 동구 등의 사회주의권이 붕괴되면서 공산주의 사회가 과연 자본주의 사회를 대체할 수 있는가 하는 의문이 생겨났다. 한쪽에서는 사회주의권의 붕괴는 자본주의 사회의 우월성을 증명해 주는 것이라면서 시장만능을 내세우는 신자유주의를 고창하고 있으며, 다른 한쪽에서는 여전히 공산주의가 유효함을 강조하고 있다.

　이 두 부류와는 달리 현재의 자본주의와 공산주의 양자 모두를 비판하는 사람들도 있다. 이들 가운데에는 자본주의와 공산주의를 그 근본부터 부정하면서 제3의 사상체계를 수립하고자 하는 사람도 있고, 현재의 공산주의가 지니고 있는 획일성·강제성·반민중성 등을 지적하면서 원래의 마르크스에게로 되돌아갈 것을 주장하는 사람도 있다. 새로운 사상의 수립을 추구하든 기존의 사상을 수정 보완하고

자 하던 이들은 모두 현재의 사상체계를 부정하고 제3의 대안을 찾고자 한다.

서구에서는 '1968년혁명' 이후 자율성이 중요한 화두로 등장하면서 실패한 사상으로 인식되던 아나키즘이 지표면을 뚫고 나왔으며, 사회주의권의 몰락 이후에는 제3의 대안 가운데 하나로 부상하고 있다. 아나키스트들은 강권 타파와 현사회 개조를 목적으로 환경운동이나 생태주의운동, 공동체운동, 여성운동, 반전평화운동 등의 분야에서 활발하게 활동하고 있다.

그럼 한국 사상계는 어떠한가? 한국 사상계 역시 20세기 말부터 하나의 전환기를 맞고 있다. 21세기는 한국 민족에게 통일의 세기가 될 것이 확실시되고 있으며, 통일은 평화적인 방법을 통해 이루어질 것이다. 남한이나 북한 어느 한쪽에 의한 강제적 흡수통일 방식은 엄청난 민족적 손실을 가져올 뿐 아니라 불가능하다는 것이 1950년의 '6·25전쟁'에서 이미 드러났다. 그러면 통일 이후의 한국 민족을 이끌어 나갈 사상은 자유민주주의일까, 아니면 공산주의일까? 앞으로 다가올 통일이 힘에 의한 흡수통일이 아니라면 자유민주주의와 공산주의 양자를 모두 뛰어넘을 수 있는 제3의 사상만이 한국 민족을 이끌어 갈 수 있지 않을까?

그렇다면 현재 한국 민족에게 주어진 사상적 과제는 제3의 사상체계를 수립하는 것이 될 것이다. 제3의 사상은 그것이 어떠한 사상이든 간에 당연히 한국 민족의 전통사상을 사상적 기반으로 하여 수립되어야 할 것이다. 여기서 말하는 전통사상은 유교·불교·도교·민간신앙 등 과거의 사상만을 이야기하는 것이 아니라 우리 민족의 정신세계에 내면화되어 있는 지금까지의 모든 사상을 일컫는 것이다. 한국 민족의 전통사상에 대한 검토, 특히 일제강점기나 해방 공간에 존재했던 다양한 사상들에 대한 검토는 한국 민족이 제3의 사상을 모색하는 데 하나의 단서를 제공할 것이다.

제3의 사상은 어떠한 사상일까? 사고력을 가진 인간은 동물과는 달리 자유로운 삶을 추구한다. 즉 외부로부터 주어지는 모든 압박과 강제에서 벗어나 자신의 자유의지에 따라 살고자 한다. 따라서 제3의 사상 역시 인간의 자유로운 삶을 추구하는 사상이어야 할 것이다. 지금까지 전개되어 온 모든 사상은 인간을 구속과 예속으로부터 해방시키는 데 기여해 왔다. 단지 해방의 주체와 방법에 따라 사상이 분기될 뿐이다. 즉 어떤 사람의 자유를 추구하는가에 따라, 그리고 그를 위하여 어떠한 방법을 사용하는가에 따라 사상의 내용이 달라진다.

인류의 역사는 사람이 자연과 다른 사람의 지배로부터 해방되어 온 과정이다. 따라서 시대사상에 주어진 과제는 좀더 많은 사람이 좀더 많은 자유를 누릴 수 있는 방향으로 사회를 이끌어 가는 것이라 할 수 있다. 사회주의권의 몰락은 현재의 공산주의(스탈린주의)가 시대사상으로서는 그 생명력이 다했음을 드러내 주었다. 권력의 과도한 중앙집중과 중앙집권조직은 민중의 창의성을 말살시키고 사회를 경직시켰다. 노동자·농민의 국가는 점차 당·관료의 국가로 전환되어 갔고, 국가의 권위 앞에 민중들은 점차 자유를 상실해 갔다. 새로운 시대사상으로서의 제3의 사상은 이러한 점들을 극복하고 더 많은 사람들이 더 자유롭게 살 수 있는 사회를 건설하는 데 복무해야 할 것이다.

이 책은 필자의 박사학위논문 〈한국인의 아나키즘 수용과 전개〉를 수정·보완한 것이다. 필자는 이 책에서 제3의 사상을 모색하기 위한 작업의 일환으로서 한국 근현대 사상계의 한 모퉁이를 차지하고 있던 아나키즘의 사상적 내용에 대해서 살펴보고자 하며, 이 책에서 아나키즘이 제3의 대안이 될 수 있다거나 결코 될 수 없다는 등의 결론을 섣불리 도출해 내지는 않을 것이다. 그것은 필자의 능력 밖이다. 단지 한국인들이 어떠한 상황에서 어떠한 내용의 아나키즘을 전개하였으며, 아나키즘이 한국인의 근현대 사상계에서 어떠한 위치를 차지

8

하고 있었는지에 대해서만 객관적으로 서술하고자 할 뿐이다. 그것을 통해 우리가 아나키즘으로부터 무엇을 얻을 수 있을 것인지에 대해 고민하고자 한다. 필자는 이 책의 후속작업으로 한국인 아나키스트 운동사를 정리하고 있다. 이 작업까지 끝마치면 필자는 평생작업을 향해 첫걸음을 내딛게 되는 것이다.

필자가 이 책을 완성하기까지 많은 사람들의 도움이 있었다. 한영우 선생님께서는 논문의 주제를 잡는 데에서부터 완성하기까지 각별한 지도를 해주셨으며, 이태진 선생님께서는 학부 지도교수였던 인연을 떨쳐버리지 못하시고 자상하게 학문의 길을 이끌어 주셨다. 조동걸 선생님께서도 불쑥불쑥 찾아간 필자를 마다하지 않으시고 많은 조언을 해주셨다. 노태돈, 권태억 선생님께서는 필자가 학문의 길을 갈 수 있도록 아낌없는 충고와 세심한 배려를 해주셨으며, 김인걸 선생님께서는 논문심사에 참가하셔서 난삽한 필자의 글이 논문의 형태나마 갖출 수 있도록 해주셨다. 최승희, 정옥자, 최병헌 선생님들께서도 늦게 공부하는 필자로 하여금 용기를 잃지 않도록 많은 격려를 해주셨다.

이 책을 출간하면서 김원식 선생님께 고마움을 전하지 않을 수 없다. 김원식 선생님께서는 아나키즘에 관한 지식을 전해 주었을 뿐 아니라 처음 해외 나들이를 하는 필자를 일본으로 데리고 가서 아나키즘 관련 자료를 구할 수 있도록 온갖 편의를 봐주셨다. 이문창, 류명종 선생님을 비롯한 국민문화연구소와 한국자주인연맹 회원 여러분들께서도 많은 도움을 주셨다. 이러한 도움이 없었다면 필자는 논문을 작성하는 데 많은 어려움을 겪었을 것이다. 그리고 중요한 자료를 선뜻 건네준 한홍구 선생님과 최기영 선생님, 필자의 논문을 꼼꼼히 읽고 많은 조언을 해준 정승교를 비롯한 대학원 후배들과 박철하 선생님, 귀찮은 교정을 맡아준 대학원 후배들에게 이 자리를 빌려 고마움을 전한다.

　가족으로부터 끊임없는 사랑을 받았으면서도 아무런 보답도 하지 못하였다. 이미 저 세상으로 가버리신 아버님과 장인 어른께 이 책을 바치고 싶다. 필자에게 과분한 기대를 했다가 실망만 하신 어머님과 형님 그리고 누님들께 이 책이 자그마한 위안이나마 되었으면 한다. 그리고 논문 쓴다는 핑계로 남편과 아빠로서의 책무도 다하지 못하였다. 아내와 딸 한별이에게 미안한 마음을 전한다. 사위 노릇을 제대로 못 하는 필자를 항상 웃는 낯으로 대해 주시는 장모님께도 고마운 말씀을 드린다.

　보잘것없는 이 책이 빛을 볼 수 있도록 해주신 김경희 사장님과 편집부 직원 여러분들께도 고마움을 전한다.

2001년　11월

통일의 그날이 오길 손꼽아 기다리며

이호룡 씀

차 례

I. 서 론

1. 문제제기

　조선 후기 농업생산력의 급속한 발달과 봉건 지배권력의 가혹한 수탈로 인하여 대다수의 농민들은 몰락하였으며, 그 결과 농촌사회는 급속히 분화되어 갔다. 농민들은 생계를 위해 유리걸식을 하거나 도적이 되어야 하는 지경에까지 이르렀다. 이에 농민들은 봉건사회의 모순을 해결하고자 봉기하였다. 농민들의 항쟁은 비록 실패로 끝났지만 봉건왕조에 대한 커다란 위협으로 등장하였다. 이러한 위기를 수습하고자 대원군 정권이 들어섰으나 봉건적 모순은 더욱 심화되었다. 쇄국정책을 추진하던 대원군 정권이 붕괴되면서 한국은 제국주의의 압력으로 문호를 개방하였고 제국주의 국가들의 침략에 무방비상태로 노출되었다. 한국 민족은 제국주의 세력의 침략 속에서 봉건사회의 모순을 극복하고 근대 민족국가를 건설해야 하는 역사적 과제를 해결해야 했다.

　근대화를 달성하기 위한 노력은 두 갈래로 전개되었다. 밑으로부터의 개혁에 의한 근대화는 갑오농민전쟁이 실패로 끝나면서 사실상 좌절되었으며, 개화파들이 주도하던 위로부터의 개혁에 의한 근대화의 길만 남게 되었다. 그러나 사회진화론에 근거해서 추진되던 위로부터의 개혁마저 실패로 끝나면서 한국인의 근대 민족국가 건설은 좌절되고 한국은 일본 제국주의의 식민지로 전락하고 말았다.

1880년대 이후 개화파 지식인들의 사고를 지배하였던 사회진화론은 1910년 국망(國亡)을 전후해서는 한국인으로 하여금 일본 제국주의의 한국 지배를 인정하게끔 하는 역기능을 하게 되었다. 이에 한국 민족에게는 사회진화론을 극복하고 민족해방운동을 지도할 새로운 사상을 정립해야 하는 사상적 과제가 주어졌다. 1910년대의 한국 사상계는 이러한 사상적 과제를 해결하는 데 주력하였다. 그 과정에서 민족주의[1]와 대동사상, 그리고 사회개조·세계개조론 등이 반제국주의 사상체계로서 대두되었고, 이러한 반제국주의 사상체계들을 사상적 기반으로 하여 사회주의[2]가 수용되었다. 이때 수용된 사회주의에

---

1) 민족주의는 일반적으로 민족의 혈연적 정서적 문화적 동질성에 기초한 민족공동체의 건설을 기본 목표로 하는 이념으로 개념 규정된다. 그러나 서구에서 사용되는 민족주의의 의미와 식민지에서 사용되는 민족주의의 의미는 서로 다르다. 서구에서 제창되었던 민족주의는 민족국가를 건설하는 과정에서 대두되었으며, 부르주아지들이 민족국가 건설을 주도했던 관계로 서구의 민족주의는 부르주아민주주의와 자본주의 국가체제를 지향하였다. 식민지의 민족주의가 근대 민족국가 건설을 지향하였다는 점에서는 서구의 민족주의와 동일하다. 하지만 식민지 민족이 민족국가를 건설하기 위해서는 제국주의 지배로부터의 해방이 전제되어야 했으므로 식민지의 민족주의는 반제국주의적 성격을 지닐 수밖에 없다. 한국의 민족주의를 올바로 이해하기 위해서는 식민지의 민족주의가 지니는 양 측면, 즉 제국주의에 반대하면서 민족공동체 건설을 지향하는 점과, 부르주아민주주의와 자본주의 국가체제를 지향하는 점을 구별해서 인식할 필요가 있다. 아나키스트들이 비판하였던 민족주의는 부르주아민주주의와 자본주의 국가체제를 지향하는 이른바 '부르주아민족주의'였다.

2) 사회주의와 공산주의는 통상 동일한 의미를 지닌 용어로 사용되기도 하나, 이 책에서는 사회주의와 공산주의를 구별해서 사용한다. 즉 이 책에서는 사회주의는 공상적 사회주의·기독교사회주의·길드사회주의·페비언주의·아나키즘·사회민주주의·마르크스주의 등 자본주의체제에 반대하는 모든 이념을 포괄하는 것으로, 공산주의는 마르크스레닌주의를 지칭하는 것

는 아나키즘[3]을 비롯하여 기독교사회주의, 길드사회주의 등 다양한 사상적 조류가 포함되어 있었으며, 아나키즘이 주류를 형성하였다. 이러한 사회주의를 사상적 기반으로 하여 공산주의가 러시아혁명 이후부터 한국인들에게 수용되었으며 1922~1923년 무렵부터는 사회주의계를 주도해 나갔다. 사회주의는 일제강점기에는 반제국주의 사상으로서 민족주의와 함께 한국의 민족해방운동을 지도하였으며, 해방 이후에는 자주적 민족국가 건설운동을 이끄는 등 한국의 근현대 사상사에서 중요한 역할을 수행하였다.

이처럼 한국 근현대 사상에는 다양한 사상들이 포괄되어 있다. 하지만 한국의 근현대 사상사에 관한 연구들은 한국 근현대 사상계가 좌우의 극단적인 대립으로 점철되어 온 것으로 이해하는 등 많은 문제점을 지니고 있다. 이런 문제점으로는 우선 1910년대 사상사 연구

으로 개념 규정한다.

3) 아나키즘의 어원인 아나키(anarchie)는 그리스어 'an'과 'arche'의 합성어로서, '통치권력이 존재하지 않는 그러한 사태'를 가리킨다. 크로포트킨은 아나키라는 용어를 '정부 없는 사회'를 의미하는 것으로 사용하였다[원종린, 〈勞農露國의 終局 — 볼셰비키와 무정부주의〉, 《開闢》 제45호(1924. 3), 69쪽]. 漢字文化圈에서는 明治10년대 말 西川通徹이 《虛無黨事情》에서 '無政府主義'라는 용어를 사용한(鈴木靖之, 1932 《日本無政府主義運動史》, 黑色戰線社, p.15) 이후, 대체적으로 아나키즘을 '無政府主義'로 번역 사용하여 왔다('無政府主義'라는 용어가 1902년 煙山專太郎의 《近世無政府主義》에서 처음 사용되었다고 하는 주장도 있으나 잘못이다). 그러나 1936년 스페인 아나키스트들이 인민전선정부에 참가한 이후부터 정치에 관여하는 아나키스트들이 나타남에 따라, 아나키가 곧바로 무정부를 의미할 수 없게 되었다. 일제강점기에 대한민국임시정부에 참가하였던 柳林은 해방 직후 아나키즘을 무정부주의로 번역하는 것에 반대하고 자신은 자유사회주의자임을 천명하였다. 이후 국내에서는 무정부주의 대신 원어를 그대로 사용하는 추세이며, 세계적으로는 일부 아나키스트들이 아나키즘이라는 용어 대신 자유사회주의(libertarian socialism), 자유공산주의(libertarian communism) 등의 용어를 사용하기도 한다.

가 극히 미진하다는 것을 들 수 있다. 1910년대 한국 사상계는 표면
적으로는 활동이 정지되고 침체된 것처럼 보였지만, 내적으로는 사회
진화론 극복이라는 사상적 과제를 둘러싸고 매우 활발한 움직임이
일어나고 있었다. 즉 한국인들은 다양한 사상을 섭렵하면서 민족해방
운동을 지도할 새로운 사상을 모색하는 데 모든 노력을 기울였던 것
이다.

그러나 1910년대 한국 사상에 대한 지금까지의 연구로는 민족주의
에 대한 얼마간의 연구가 있을 뿐이다. 즉 1910년대 대종교(大倧敎)
계통의 민족주의[4]와, 국내 지식인과 일본 유학생들의 실력양성론[5]을
중심으로 연구가 진행되어 왔다. 사회진화론 극복이라는 사상적 과제
에 주목하지 못하고 민족주의에만 집중함으로써, 1910년대 사상계의
역동성을 간과하고 말았다. 즉 1910년대 사상계의 지형이 어떠한 경
로를 통해 어떠한 내용으로 바뀌어 가는지에 대한 입체적인 분석이
부족하며, 그 결과 1910년대 사상계의 동향이 제대로 파악되지 못하
고 있는 것이다.[6]

이처럼 1910년대 사상에 대한 연구가 제대로 이루어지지 못함에
따라 한국 근대 사상에 대한 연구는 약간의 문제점을 지니게 되었다.

---

4) 1910년대의 大倧敎系統의 민족주의와 역사인식을 다룬 논저로는 한영우
의 〈1910년대의 민족주의적 역사서술 — 이상룡·박은식·김교헌「단기고사」
를 중심으로〉(《한국문화》 1, 서울대 한국문화연구소, 1980), 〈1910년대의 신
채호의 역사의식〉(《한우근박사정년기념사학논총》, 지식산업사, 1981), 《한
국민족주의역사학》(일조각, 1994) 등이 있다.

5) 1910년대의 실력양성론에 대해서는 박찬승, 1992 《한국근대정치사상사
연구》, 역사비평사를 참조할 것.

6) 1910년대 사상계의 동향에 대한 개괄적인 연구로는 김도형의 〈강점 전후
국권회복운동의 재편과 동향〉(《대한제국기의 정치사상연구》, 지식산업사,
1994)과 조동걸의 〈1910년대 독립운동의 변천과 특성〉(《한민족독립운동
사》 3, 국사편찬위원회, 1988) 등이 있다.

우선, 사회주의의 수용 시기와 수용 동기를 잘못 파악하고 있다. 즉 한국인들은 3·1운동 이후에 가서야 사회주의를 수용했다는 것이며, 그것도 사회주의에 대한 이해 없이 단지 민족해방운동의 한 방편으로 즉 러시아로부터 지원을 얻어내기 위해 수용했다는 것이다. 그러나 1880년대 사회주의가 한국에 소개된 이후 한국인들 사이에는 아나키즘을 중심으로 한 사회주의에 대한 이해가 어느 정도 이루어져 있었다. 그리고 1910년 국권상실 이전에는 개인적 차원에서, 그 이후에는 사회진화론 극복이라는 사상적 과제를 해결하는 과정에서 민족해방운동이념으로서 사회주의가 수용되었다.

둘째, 한국에 수용된 사회주의의 다양성을 파악하지 못하고 있다. 즉 한국에 수용된 사회주의는 오직 공산주의뿐인 것으로 이해하고 있다. 이러한 인식은 1920년대 초에 제기되었던 다른 사회주의 사상에 입각한 주장들조차 공산주의에 대한 초보적 이해의 결과물로 파악하는 것으로 이어졌다. 여기에는 1910년대 사상계의 동향을 전해주는 사료의 부족과, 거기에 더하여 일제 관헌들이 한국인의 사상적 수준을 폄하하는 입장에서 서술한 정보보고서류 등의 기록들이 상당한 영향을 끼친 것으로 보인다.

셋째, 공산주의 수용의 사상적 배경을 밝히지 못하고 있다. 중국이나 일본의 경우 1900년대 이전에 이미 아나키즘을 비롯한 사회주의가 소개 수용되었고, 1910년대에는 아나키즘이 전성기를 누렸다. 그러한 사상적 기반 위에서 공산주의가 수용되어 1920년대 초반부터 점차 사회주의계를 주도하여 갔다.[7] 그러나 한국의 경우 중국이나 일

---

7) 중국과 일본의 아나키즘에 대해서는 다음의 연구성과를 참조할 것.
　　안동범, 1994 〈劉師復의 무정부주의 소고〉, 전남대 석사학위논문.
　　박제균, 1996 〈중국 '파리그룹'(1907~1921)의 무정부주의 사상과 실천〉, 경북대 박사학위논문.
　　조광수, 1998 《중국의 아나키즘》, 신지서원.
　　조세현, 2001 《동아시아 아나키즘, 그 반역의 역사》, 책세상.

본처럼 아나키즘을 비롯한 사회주의의 사상적 토대 위에서 공산주의가 수용된 것이 아니라, 러시아혁명을 전후하여 재노령(在露領) 한국인들에 의해서 공산주의가 곧바로 수용되었으며,[8] 3·1운동 이후 일제에 의해서 이른바 '문화정치'가 시행되면서 본격적으로 수용되어 급속히 보급 확산된 것으로 이해되고 있다.[9] 그리고 아나키즘도 공산주의에 대응하는 과정에서 그 대안으로 수용된 것으로 주장되고 있다.[10] 그러나 당시 동아시아 3국 사이에는 사상적 교류가 활발히 전개되었으며, 한국 사상계의 동향은 일본이나 중국 사상계의 동향과 비슷하였다.

넷째, 1920년대 초 사상계의 분화에 대해서 잘못 이해하고 있다. 즉 1920년대 초 '김윤식사회장사건', '사기공산당사건' 등을 계기로 민족주의와 공산주의의 분화가 전개되었던 것으로 이해하고 있다. 그러

萩原晉太郎, 1969 《日本アナキズム勞働運動史》, 現代思潮社.
Robert A. Scalapino·George T. Yu, 1970 《中國のアナキズム運動》(丸山松幸 譯), 紀伊國屋書店.
小松隆二, 1972 《日本アナキズム運動史》, 靑木書店.
松澤弘陽, 1973 《日本社會主義の思想》, 筑摩書房.
嵯峨隆, 1994 《近代中國アナキズムの硏究》, 硏文出版.
板垣哲夫, 1996 《近代日本のアナキズム思想》, 吉川弘文館.
Arif Dirlik, 1991, *Anarchism in the Chinese Revolution,* University of California Press.

8) 1910년대 在露領 한국인의 공산주의 수용과정에 대해서는 임경석의 〈고려공산당 연구〉(성균관대 박사학위논문, 1992)와 반병률의 《성재 이동휘 일대기》(범우사, 1998) 등을 참조할 것.

9) 3·1운동 이후의 공산주의 수용과정에 관한 연구로는 박철하·유시현·유재천·이현주·임경석·장석홍·전명혁 등의 연구성과가 있다. 이들의 연구논저 목록은 참고문헌을 참조할 것.

10) 신일철은 "한국 아나키스트들의 운동은 중국이나 일본에서 보는 바와 같이 사회주의 또는 볼셰비즘이 도입되는 새로운 사회사상 수용의 전주곡에 해당하는 것이 아니고, 오히려 과격한 소련의 볼셰비키적 공산주의에 대응하기 위한 대안으로" 수용되었다고 주장하였다[신일철, 1988 〈한국무정부주의운동〉, 《한민족독립운동사》 4(국사편찬위원회 편), 506쪽].

나 1910년대에 이미 한국인들에 의해 사회주의가 수용되어 한국 사
상계는 민족주의와 사회주의로 분화되어 있었으며, 1920년대 초는 사
회주의가 분화되는 시기였다.

1920년대 이후 사상계의 구도를 민족주의와 공산주의의 대립으로
만 파악하고 있는 점 또한 한국의 근현대 사상사 연구가 지니고 있는
문제점 가운데 하나다. 공산주의가 아무런 내적 사상기반 없이 외부
로부터 일방적으로 주어진 이후 민족주의와 대립하면서 양극단을 이
루어왔다는 것으로 이해함에 따라 전통사상과 외래사상의 충돌과 결
합, 그리고 그 과정에서 나타나는 다양한 형태의 사상들이 한국의 근
현대 사상계에서 사장되고 말았다. 이러한 경향은 현재 사상계의 상
황을 그대로 과거에 투영시키는 태도와 맞물리면서 증폭되었다. 즉
좌우익의 극한대립이 이루어지고 있는 현 사상계의 시각을 통해 과
거를 바라보고, 과거의 사상계를 현재의 사상계와 마찬가지로 좌우익
의 대립구도로 파악하는 것이다.

공산주의와 민족주의의 극단적인 대립은 흑백논리를 양성하였고,
그것은 사상계의 황폐화를 초래하였다. 한국 근현대 사상사가 다양성
을 회복하기 위해서는, 민족주의와 공산주의 외의 사상을 그 아류로
서가 아니라 독자적인 체계를 갖춘 사상으로 인정해야 할 것이다. 그
러한 점에서 중도좌파 혹은 중도우파라는 용어는 정확한 개념이라고
보기는 어렵다.

마지막으로, 근대 사상계의 동향을 좌우의 대립으로만 파악함에
따라, 제3의 사상[11]에 대해서는 관심을 별로 기울이지 못하였다는 점
또한 한국 근현대 사상사 연구가 지니고 있는 문제점이다. 제3의 사

---

11) 이 책에서 사용하는 '제3의 사상'이라는 용어는 한국의 근대사상에는 민
   족주의와 공산주의만이 있는 것이 아니고 다른 사상도 있다는 의미로 사
   용한다. 아나키즘이 민족주의와 공산주의를 대체할 새로운 사상이라는 의
   미는 아니다.

상에 관심을 기울이지 않은 결과, 1920년대 이후의 한국 사상계에는 민족주의와 공산주의만 존재했고 제3의 사상은 없었던 것인지, 만약 제3의 사상이 있었다면 그것은 어떠한 사상이었는지, 그리고 민족해 방운동에서 어떠한 역할을 하였는지, 왜 현재는 사라지고 없는지에 대해서 충분한 해명을 하지 못하고 있다.

일제강점기에 한국 민족에게 주어진 일차적인 과제는 민족해방이 었다. 따라서 이 과제를 해결할 수 있는 방도와 전망을 제시하는 사 상만이 시대사상으로서 사상사적 의의를 지닐 수 있을 것이다. 아나 키즘은 사회진화론을 극복하는 과정에서 수용되어, 국내에서는 물론 일본, 중국, 심지어는 미국에서까지 제3의 사상으로서 민족해방운동 을 지도하였다.[12] 즉 일제강점기의 아나키스트들은 민족주의와 공산 주의를 비판하면서 독자적인 민족해방운동론을 전개했으며, 독립국 가 건설에 대한 전망에서도 민족주의·공산주의와는 다른 입장을 제 시하였다.

장지락(張志樂)은 1920년대 초를 아나키스트 운동의 전성기라 하였 으며,[13] 서인균(徐仁均)도 1920년 이후 사회운동이 고양되면서 전선적 (全鮮的) 통일을 기도한 결과 1925년에는 3대 비밀결사가 결성되었다 고 하면서, 3대 비밀결사로 조선공산당·고려공산청년회와 함께 아나

---

12) 在美 한국인 아나키스트들은 1929년 3월 在美아나키스트연맹과 在美國 黑風會를 결성하고, 기관지 《黑風》을 발행하였으며, 강연회를 개최하여 아 나키즘을 선전하는 등의 활동을 전개하였다[《自由聯合新聞》第46號(1930. 4. 1)·第49號(1930. 7. 1), 全國勞働組合自由聯合會 ; 《우라끼》 제4호(1930), 북미유학생총회, 221쪽(한림대 아시아문화연구소에서 1999년 1~3호, 4~7 호를 2권으로 묶어 영인)].

13) 김산·님 웨일즈(조우화 역), 1999(개정증보판) 《아리랑》, 동녘, 103쪽. 《아 리랑》은 님 웨일즈가 김산의 생애를 기록한 책이다. 님 웨일즈에 의하면 김산의 본명은 張志樂이다[님 웨일즈(편집실 역), 1986 《아리랑》 2, 학민 사, 머리말].

키스트 단체인 흑기연맹(黑旗聯盟)을 들었다.[14] 장지락과 서인균의 아
나키스트 운동에 대한 언급은 그들이 아나키스트 운동을 민족해방운
동의 한 흐름으로 인정하고 있었음을 나타내 준다. 한국국민당조차도
아나키스트 운동을 민족해방운동의 한 흐름으로 인정하고 있었다. 즉
1936년 후반 재중국 한국인 아나키스트들이 민족통일전선 결성을 제
기하고 나서자 한국국민당은 "민족진선(民族陣線)을 촉성하고자 하는
결심이 있다면 공산당도 무정부당도 우리들 광복단체들도 먼저 자기
의 몸을 강화하고 정리"해야 한다고 하면서 반대하였는데,[15] 이것은
한국국민당이 아나키스트 세력을 공산주의 세력·민족주의 세력과 함
께 민족해방운동 세력의 한 흐름으로 인정하고 있었다는 것을 나타
내 준다. 일제 경찰들도 한국인들의 동태를 파악할 때는 항상 "민족
주의", "공산주의", "무정부주의" 등의 3계열로 나누어 조사하고, 그
결과를 보고하였다. 비록 기록할 내용이 별로 없을지라도 "무정부주
의" 항목은 반드시 마련하였다. 그것은 그만큼 일제 경찰들이 아나키
스트들의 활동을 중시하고, 그들의 동태를 예의주시하고 있었음을 말
해 준다. 이러한 사실들을 통해 아나키스트 운동이 일제강점기에 민
족해방운동이라는 측면에서 나름대로의 역할을 하였음을 알 수 있다.
  그럼에도 불구하고 아나키스트들의 사상이나 활동에 대한 연구는
미진하다. 1980년대까지만 하더라도 1977년 신일철의 선구적인 연구
〈신채호의 무정부주의사상〉과 1978년 무정부주의운동사편찬위원회
가 펴낸《한국아나키즘운동사》, 그리고 1980년대 초반 장을병과 신
용하의 신채호의 아나키즘에 관한 연구가 있을 뿐이다. 그러다가

---

14) 서인균 편, 1945《조선민족운동과 사회운동의 회고》제1집, 11~12쪽. 서
   인균은 이 글에서 아나키스트 운동이 당시 부진의 경향을 띠고 있었다는
   것을 덧붙였다.
15) 〈民族陣線의 第1階段〉,《韓民》제14호(1937. 6. 30)[司法省刑事局,《思想
   情勢視察報告集》其の三, p. 40 ; 이하《思想報告集》이라 함].

1980년대 후반에 가서야 한국인 아나키스트 운동에 관한 연구가 발표되기 시작하였으며, 1990년대에는 비교적 활발한 연구가 이루어졌다. 이러한 연구성과를 바탕으로 오장환은 《한국 아나키즘운동사 연구》에서 한국인 아나키스트 운동의 체계화를 시도하였다. 그러나 이들 연구들은 한국 아나키즘의 전모를 밝히기에는 부족한 점이 많다. 우선 수용기에 대한 연구가 거의 이루어져 있지 않다. 즉 아나키즘이 1880년대부터 국내에 소개되어 한국인들에 의해 수용되었음에도 불구하고 1920년대 이전의 아나키즘에 대한 연구는 거의 이루어져 있지 않은 것이다. 그리고 아나키스트들의 사상 부문은 신채호의 아나키즘에 집중되어 있고,[16] 아나키스트의 활동 부문은 개개의 아나키스트 단체나 개인의 활동, 특히 재중국 한국인 아나키스트들의 활동에 집중되어 있다.[17] 그럼에 따라 한국인 아나키스트들의 사상과 활동을 체계적으로 파악하기가 매우 어렵다.

사료의 절대적 부족은 한국인의 아나키즘을 연구하는 데 큰 걸림돌로 작용하고 있다. 1차 사료의 절대 부족으로 기존의 연구들은 상당 부분이 회고록이나 일제의 정보보고서에 의존하여 이루어져 왔다. 그 결과 한국인 아나키즘에 대한 기존의 연구는 부분적이고 단편적인 데 그쳤으며, 심지어는 사실 복원 자체가 매우 부실하거나 잘못 서술된 부분도 상당수 있다. 일제의 정보보고서와 회고록에 의존하여

---

16) 신채호의 아나키즘에 관한 연구로는 신일철·장을병·하기락·신용하·김형배·서중석·권진성 등의 연구논문이 있는데, 이들의 연구논저 목록은 참고문헌을 참조할 것. 그 외 아나키스트의 사상에 관한 연구로는 이호룡, 1997 〈박열의 무정부주의사상과 독립국가 건설 구상〉, 《한국학보》 87, 일지사가 있다.

17) 한국인 아나키스트들의 활동에 관한 연구로는 《한국아나키즘운동사》(무정부주의운동사편찬위원회 편, 형설출판사, 1978) 이 밖에, 공기택·堀內稔·김명섭·박찬숙·박환·서점영·신일철·오장환·유영구·이호룡·하기락 등의 연구성과가 있다. 이들의 연구논저 목록은 참고문헌을 참조할 것.

서술한 대표적인 연구서가 《한국아나키즘운동사》(무정부주의운동사 편찬위원회 편, 1978, 형설출판사 ; 이하 《운동사》라 함)이다. 이 연구서는 같은 사건에 대해 서로 다른 내용의 정보를 서술한 관헌자료와 회고록을 하나의 연구서에 거의 그대로 전재(轉載)한 결과, 동일한 사건에 대한 서술임에도 불구하고 일관성을 결여한 채, 곳에 따라서는 서로 다른 내용을 서술하기도 하였다.

이 책은 이상의 문제의식에 기초해서 한국인 아나키스트들의 사상을 체계화시켜 보고자 한다. 아나키스트들의 사상을 수용기와 일제강점기 및 해방 이후로 크게 나누어서 고찰하며, 각 시기별로 아나키스트들의 사상을 유형화시켜서 분석한다. 이를 통해 한국인 아나키즘의 지역별·시기별 특징을 살펴보고, 제3의 사상으로서 아나키즘의 존재 양태를 고찰하고자 한다. 즉 아나키즘이 제3의 사상으로서 민족해방운동 상에서 어떠한 역할을 수행했고, 해방 이후 그 위상을 상실한 내적 원인이 무엇인지 규명하고자 한다. 그리고 1차 사료를 발굴하여 사료 부족에 따른 문제점을 어느 정도 해소할 수 있도록 노력한다. 새로 발굴된 1차 사료를 바탕으로 아나키즘의 수용과정을 분석하고, 아나키스트들의 사상을 풍부히 하며 잘못 서술된 부분들을 바로잡고자 한다. 이러한 작업들을 통해 아나키즘의 사상사적 의의가 밝혀질 것이다.

2. 구성과 자료

이 책에서 다룰 연구대상 시기는 사회주의가 소개되는 19세기 말에서 해방 이후 분단정부가 수립되기 전까지로 한다. 그리고 연구대상 지역은 한국, 일본, 중국을 총괄한다. 내용은 서론(I 장)과 결론(Ⅵ장)을 포함하여 모두 6개 장으로 나누어 서술하는데, Ⅱ장에서는 아나키즘 수용의 내적 요인과 아나키즘의 사상사적 의의를 규명하기 위한 작업의 일환으로 아나키즘 수용의 사상적 배경을 고찰하면서, 사회진화론 극복이라는 사상적 과제가 어떠한 과정을 거쳐서 해결되어 갔는가를 살펴본다. 그리고 한국인들이 어떠한 사상적 기반 위에서 아나키즘을 수용하였는지에 대해서도 살펴본다. Ⅲ장에서는 아나키즘이 언제부터 어떠한 과정을 거쳐 한국인들에게 수용 확산되었으며 공산주의와 분화되었는가를 살펴본다. Ⅳ장에서는 민족해방운동 상에서 아나키즘이 제3의 사상으로서 어떠한 역할을 하였는지를 살펴본다. 그것을 위해 일제강점기 한국인 아나키스트들이 견지하고 있었던 민족해방운동론의 내용을 분석한다. 그리고 한국인 아나키스트들이 1930년대 중반 이후 민족해방을 전면에 내세우면서 아나키즘 본령으로부터 일탈해 가는 배경과 논리적 근거가 무엇인지를 분석한다. Ⅴ장에서는 해방 이후 달라진 상황에서 한국인 아나키즘이 어떠한 내용으로 변화되어 갔는가를 살펴보고, 한국인 아나키스트들이 해방 이후 건설하고자 한 사회의 모습과 그 방법론을 분석하고자 한다. 그리고 아나키즘이 제3의 사상으로서의 위상을 상실하고 사상적 파탄으로까지 나아가게 되는 내적 요인을 규명해 본다.

한국인의 아나키즘과 아나키스트 운동사를 연구하는 데에서 가장 큰 장애물은 자료문제이다. 아나키스트들이 비조직적 비체계적으로 활동한 탓으로 자료가 거의 보관되지 않기 때문이다. 아나키스트들의 사상과 활동을 생생하게 보여줄 수 있는 1차 사료들은 절대적으로 부족하며, 일제 관헌자료가 한국인 아나키즘과 아나키스트들의 활동에 관한 자료를 일부 수록하고 있으나, 그것도 대부분이 단편적인 내용들이다. 일제 관헌자료는 자료의 신빙성에서도 많은 문제점을 안고 있다. 일제 경찰이 작성한 정보보고서는 정탐활동을 통해 수집한 자료들이기 때문에 정확한 내용을 담고 있는 것도 있지만 소문과 풍문에 불과한 것들도 많이 포함되어 있으며, 추측에 의한 서술도 많다. 따라서 동일한 사건에 대해서도 정보보고서마다 그 서술내용이 다른 경우도 있으며, 심지어는 하나의 보고서에서 서로 모순되는 내용을 기술한 경우도 있다. 회고록의 경우 다른 자료에 나오지 않는 결정적인 단서를 제공하는 경우도 간혹 있지만, 기억에 의한 서술이다 보니 정확성이 떨어질 수밖에 없으며, 더욱이 현재의 관점에서 과거를 재단하거나 정당화하고 미화하는 경우도 있다. 따라서 일본 경찰의 정보보고서나 회고록을 활용할 경우 엄정한 자료비판은 필수적이다.

이 책에서는 1차 사료를 주자료로 하고, 일제 관헌자료를 보조자료로, 회고록은 참고자료로 활용하지만, 가능한 한 1차 사료에 근거하기로 한다. 일제강점기 동안 국내 아나키스트들의 사상과 활동을 전해 주는 1차 사료로는 국내 일간지 외에도 《공제(共濟)》, 《신생활(新生活)》, 《개벽(開闢)》, 《동광(東光)》 등을 들 수 있다. 이들 자료에는 아나키스트들의 활동과 사상의 내용을 전해 주는 글이 간혹 실려 있다. 또 중국과 일본에서 간행된 자료로는 《흑도(黑濤)》, 《후토이센징(太い鮮人)》,[18] 《현사회(現社會)》, 《해방운동(解放運動)》, 《자유(自由)콤뮨》, 《흑색신문(黑色新聞)》, 《우리동무》, 《자유연합신문(自由聯合新聞)》(이상은 발행지가 일본임), 《신대한(新大韓)》, 《광명(光明)》, 《천고(天鼓)》, 《투보(鬪報)》, 《탈환(奪還)》, 《남화통신(南華通訊)》, 《조선민족전선(朝鮮民族戰線)》, 《한국청년(韓國青年)》(이상은 발행지가 중국임) 등이 있다. 그러나 이들 자료들은 《흑색신문》, 《자유연합신문》 등을 제외하고는 거의가 1개 호 내지 3개 호 정도만 전해지고 있다. 이 자료들은 원형 그대로 보존되어 있기도 하지만 일제 경찰의 정보보고서에 첨부되어 있거나 요역(要譯) 게재된 경우도 있다. 위의 자료 가운데 《해방운동》, 《우리동무》, 《자유콤뮨》, 《신대한》, 《투보》 등은

---

18) ‘太い鮮人’은 不逞鮮人을 의미한다. 일제의 탄압을 피하기 위하여 ‘太い鮮人’(후토이센징)의 발음이 不逞鮮人(후테이센징)과 비슷한 것을 이용한 것이다.

이번에 새로이 발굴한 자료이다. 《천고》, 《흑색신문》, 《자유연합신문》, 《광명》 등은 국내에 처음 소개되거나 거의 활용되지 않은 자료이다.

해방 이후 아나키스트들의 사상과 활동에 관한 1차 사료로는 국내 일간지 외에도 하기락이 소장하고 있던 연설원고·선언서 등 일련의 자료들과 《우관문존(又觀文存)》과 《자기를 해방하려는 백성들의 의지》 및 기타 회고록 등에 수록되어 있는 글들이 있다. 그런데 《자기를 해방하려는 백성들의 의지》와 기타 회고록 등에 수록되어 있는 자료들은 상당수가 가공을 거친 것들이어서 활용할 때 상당한 주의를 요한다.

이들 1차 사료에 의해서 한국인 아나키스트들의 사상이나 운동사에 대해 그동안 잘못 서술되었던 부분이나 부족했던 부분 가운데 상당 부분을 수정 보완할 수 있었다. 즉 《흑도》, 《후토이센징》, 《현사회》, 《신대한》, 《광명》, 《천고》, 《투보》 등을 통해서 부분적이기는 하지만 1920년대 초 한국인 아나키스트들의 사상 내용을 파악할 수 있었다. 《흑색신문》은 재일본 한국인 아나키스트들이 발행한 신문으로 재중국 한국인 아나키스트의 글까지 싣기도 하였다. 《흑색신문》은 1930년부터 간행되었지만, 현재는 23·26~37호만 남아 있다. 《자유연합신문》은 일본 전국노동조합자유연합회(全國勞働組合自由聯合會)의 기관지로서 한국인 아나키스트의 활동에 대해서도 보도하고 있으며, 한국인 아나키스트의 글도 상당한 양이 실려 있다. 이들 자료는 한국인 아나키스트들의 활동과 사상을 파악하는 데 많은 도움을 주었다.

《사회주의연혁(社會主義沿革)》, 《일본외무성특수조사문서(日本外務省特殊調査文書)》, 《사회문제자료총서(社會問題資料叢書)》, 《재일조선인관계자료집성(在日朝鮮人關係資料集成)》, 《조선통치사료(朝鮮統治史料)》 등의 자료집은 일제 경찰의 정보보고서를 수록하고 있다.

이들 자료 가운데 상당수는 그동안 거의, 혹은 충분히 활용되지 않은 자료로서 한국인 아나키스트의 사상과 운동을 파악하는 데 상당히 중요한 정보를 비교적 많이 싣고 있다. 특히 《사회주의연혁》과 《재일조선인관계자료집성》 등은 1910년대에 한국인들에 의하여 간행된 잡지들의 일부 내용을 번역 수록하고 있으며, 1910년대 재일 한국인들의 사상계 동향을 알려 주는 보고서들을 수록하고 있어, 사회주의 수용과정을 밝혀주는 귀중한 자료이다. 일본 외무성 외교사료관 소장 자료들은 일제 경찰의 정보보고서를 편찬한 것들로서 그 가운데에는 1차 사료를 첨부하고 있는 자료도 꽤 많다. 《일본외무성특수조사문서》는 외교사료관 소장자료의 일부를 영인한 것이다. 이들 정보보고서들은 이용할 때 면밀한 검토를 필요로 한다.

이 밖에 《관내지구조선인반일독립운동자료휘편(關內地區朝鮮人反日獨立運動資料彙編)》과 《일대전후(“一大”前後)》(중국공산당제1차대표대회전후자료선편 1~3)도 한국인 아나키스트들의 사상과 활동, 특히 재중국 한국인들의 아나키즘 수용과정을 파악하는 데 필요한 자료들이다. 회고록은 상당수가 출판되어 있으나 극히 제한된 범위에서만 활용하였다.

II. 아나키즘 수용의 사상적 배경

1. 한말 사상계의 동향

1904년 러일전쟁의 발발과 한일의정서의 체결로 한국은 일본의 준식민지(準植民地)가 되었으며,[1] 국가의 주권이 위태로워졌다. 이에 한국인들은 어떻게 하면 근대화를 달성하고 자주적 민족국가를 건설할 수 있을 것인가 하는 문제에 초미의 관심을 기울였다. 이 과제의 해결 방법을 둘러싸고 당시의 사상계는 몇 갈래로 나누어졌다. 우선 계몽운동가들은 사회진화론에 근거하여 실력양성론[2]을 제창하면서, 한국 민족이 제국주의의 침략으로부터 벗어나 근대적 민족국가를 건설하기 위해서는 교육진흥과 식산흥업을 통해 실력을 양성하여 근대화를 이룩해야 한다고 주장하였다. 재야 유생들은 전통적인 화이관(華夷觀)에 입각하여 위정척사론(衛正斥邪論)을 개진하고, 의병을 일으켜

---

1) 조동걸, 1988 〈한말 계몽주의의 구조와 독립운동상의 위치〉,《한국학논총》제11집, 국민대 한국학연구소, 51쪽.
2) 韓末의 실력양성론에 대해서는 조동걸, 위의 글 ; 박찬승, 1992 〈한말 자강운동론과 그 각 계열〉,《한국근대정치사상사 연구》, 역사비평사 ; 김도형, 1994 〈문명개화론자의 문화계몽운동과 사상〉,《대한제국기의 정치사상 연구》, 지식산업사 등을 참조할 것.

제국주의의 침략에 저항하였다. 그리고 암살활동이나 만국공법(萬國公法)에 의거한 외교적 방법을 통해 제국주의의 침략을 규탄하고 국가의 주권을 되찾고자 하는 자들도 있었다. 이 절에서는 실력양성론, 폭력투쟁론, 외교론 등을 중심으로 한말 사상계의 동향을 살펴보고자 한다.

1) 실력양성론

문호개방 이후 서구 문물이 국내에 소개되면서 당시의 지식인들은 서구 문화의 선진성에 큰 충격을 받았다. 이에 서구 문물을 서둘러 수용하여 근대화를 달성하고자 하는 개화파가 대두했다. 이들은 서구의 발전된 기술뿐 아니라 근대사상의 수용에도 적극적이었는데, 그 가운데서도 사회진화론을 가장 폭넓게 수용하였다.[3] 당시의 개화파 지식인들은 사회진화론에 근거해서 근대화라는 과제를 해결하고자 하였다.

사회진화론은 개인주의를 주된 교의로 삼는 자유방임주의적 자본주의체제를 정당화하던 이념으로서,[4] 19세기 후반 이후 제1차세계대전의 발발까지 사회주의와 함께 서양 사상계를 주도하였다. 대표적인 사회진화론자로는 스펜서와 헉슬리가 있다. 이 가운데 한국 사상계에 많은 영향을 미친 이는 스펜서이다. 스펜서의 사회진화론은 생물학의 원리인 생존경쟁과 자연도태의 법칙을 사회영역에까지 확대 적용시킨 것이다.[5]

---

3) 韓末 사회진화론에 관한 연구로는 이광린·이송희·전복희·박찬승 등의 연구성과가 있다. 이들의 연구논저 목록은 참고문헌을 참조할 것.
4) 김병곤, 1996 〈사회진화론의 발생과 전개〉,《역사비평》 32호, 역사비평사, 305쪽.
5) 조경란, 1994 〈진화론의 중국적 수용과 역사인식의 전환 — 嚴復·梁啓超·張炳麟·魯迅을 중심으로〉, 성균관대 박사학위논문, 4쪽.

사회진화론은 1880년대에 한국 사회에 처음 소개되었는데, 그 경로는 일본 유학생이나 미국 유학생 및 한국내 미국 선교사 등을 통하거나, 중국의 변법파와 선교기관이 발간하는 각종 서적 및 신문을 통하는 것이었다. 유길준(兪吉濬)은 1880년대의 〈경쟁론〉에서 처음으로 사회진화론을 수용하였으며, 1890년대 후반에 이르러서는 《독립신문》과 《황성신문》 등을 중심으로 사회진화론이 적극적으로 수용되었다. 그리고 1900년대 중반에 이르러서는 사회진화론에 입각한 양계초(梁啓超)의 《음빙실문집(飮氷室文集)》이 들어와 유교 지식인들에게도 널리 읽히면서 사회진화론은 지식인들 사이에서 완전히 대중화된 이론이 되었다.[6] 이리하여 당시 지식인들은 "인간사회에도 가혹한 생존경쟁이 행해지고 있다"고 주장하는[7] 스펜서의 사회진화론에 입각하여 현사회를 분석하고 근대화의 방법론을 모색하였다.

개화파 지식인들은 약육강식과 적자생존의 원칙을 사회운영원리로 파악하면서, 제국주의 세력에 의한 지배를 실력부족에 따른 것으로 보고 그 침략을 당연한 것으로 받아들이고 있었다. 즉 "생존경쟁은 천연(天演)이요 우승열패(優勝劣敗)는 공례(公例)"로서, 민족의 성쇠와 국가의 존망은 지식의 명매(明昧)와 세력의 강약에 좌우되며, "지식이 개명(開明)하고 세력이 팽창한" 우등인종(優等人種)이 "지식이 암매(闇昧)하고 세력이 축소한" 열등인종(劣等人種)을 자기 마음대로 구축하고 재살(宰殺)하는 까닭에, 열등인종은 "생존을 부득(不得)하여 점취쇠멸(漸就衰滅)"할 수밖에 없다는 것이다.[8]

---

6) 박찬승, 1992 《한국근대정치사상사 연구》, 역사비평사, 38쪽.

7) Herbert Spencer, *Principles of Sociology*(edited by Stanislav Andreski), p. 176 ; 김형배, 1986 〈신채호의 무정부주의에 관한 일 고찰 ─ P. 크로포트킨과의 사상적 連繫를 중심으로〉, 《단재 신채호선생 순국 50주년 추모논총》, 451쪽에서 재인용.

8) 박은식, 〈敎育이 不興이면 生存을 不得〉, 《西友》 제1호(1906. 12. 1), 西友

이들은 실력을 양성하여 강자가 되는 길말고는 국권을 회복할 수 있는 방도가 없는 것으로 여겼다. 그리하여 이들은 의병들의 무장투쟁을 "세상물정을 모르는 처사"라고 비난하면서, 한국인에게는 실력을 양성하는 것이 최급선무라고 하는 실력양성론을 제기하였다. 실력을 양성하는 방법으로는 교육진흥이나 식산흥업[9] 등이 제기되었다. 1904년 8월 24일, 실력양성을 위한 방안을 모색할 목적으로 국민교육회가 창립되면서, "일제 침략에 대한 구국운동"으로서의 계몽운동이 전개되었다.[10]

1907년 7월과 8월의 헤이그밀사사건에 이은 고종 퇴위, 정미조약 체결, 군대 해산 등 사실상의 망국(亡國) 사태를 계기로 실력양성론은 분화되었다. 즉 망국 사태를 극복하기 위해서는 한국 민족 스스로의 힘으로 실력을 양성해야 한다는 주장이 대두하였던 것이다. 이리하여 문명국, 즉 일본의 도움을 받아서라도 실력을 양성하여 근대화를 이룩하자는 자들과 자력에 의한 실력양성을 주장하는 자들로 나누어졌다.

실력양성론자들의 분화는 사회진화론을 수용하는 입장의 차이에서 비롯하였다. 즉 한국 지식인들은 사회진화론을 수용하는 과정에서 진화의 측면을 중시하는 근대문명지상주의적 입장과 경쟁의 측면을 중시하는 입장으로 나누어졌다.[11] 전자는 독립국가를 건설하기 위해서는 실력양성이 우선이고 실력을 양성하기 위해서는 문명국, 즉 일본

學會舘, 8~10쪽 참조.
9) 계몽운동가들이 말하는 식산흥업이란 바로 구래의 지주·상인층의 자본을 상공업으로 전환시키는 방향에서의 자본주의화를 의미하고 있었다(박찬승, 앞의 책, 35쪽).
10) 조동걸, 앞의 글(1988), 60~62쪽.
11) 趙景達, 〈金玉均から申采浩へ― 朝鮮における國家主義の形成と轉回〉,《近代'を人はどう考えてきたか》(歷史學硏究會 編), 東京大學出版會, p. 341.

의 도움이라도 받아야 한다고 주장하였고, 후자는 한국 민족의 국수
(國粹)를 보전하고 그것을 통해 자력으로 독립을 쟁취해야 한다고 주
장하였다.

　전자는 대한협회(1908년 11월 결성)가 대표적이었다. 윤효정은 대한
협회 제1회 총회에서 "금(今)에는 선진문명국의 지도에 의하여 국사
(國事)를 정리하고 인문(人文)을 장려하여, 자금(自今) 이후로 국민이
일치하여 문명을 흡수하고 시정(市政)을 개선하여 능히 국부국강(國
富國强)을 증진하며, 열국에 병견(竝肩)함을 기일(期日) 가대(可待)할"
것이라 하여,[12] 일제의 '보호정치'를 선진문명국에 의한 지도로 보고,
한국은 그 지도 하에서 근대화를 달성해야 한다고 주장하였다. 전자
의 입장을 가진 자들은 1900년대 말에 이르면 거의가 독립을 포기하
고 친일로 돌아섰다.

　자수자강(自修自强)에 의한 독립을 강조하던 후자는 신민회가 중심
이었다. 신민회 관계자들은 "대한의 독립은 대한인(大韓人)의 자력으
로 획득하고 자력으로 보수(保守)하여야 완전한 독립"이 가능하며,[13]
"아(我)의 독립을 위하여 타국이 원조함은 완전한 이(利)를 여(予)함
이 아니"고, 또 "자력을 크게 하기 위할진대 타국의 원조가 유익치
않을 뿐 아니라 반(反)히 심해(甚害)가 될" 뿐이라고 주장하였다.[14] 자
력에 의한 독립이 불가능해지고 일제에 의해 식민지화되자 이들 가
운데 일부는 1910년 국망(國亡)을 전후하여 해외로 망명하여 독립군
기지 건설을 도모하였다.

---

　12) 윤효정, 〈대한협회의 본령〉, 《대한협회회보》 1호, 47쪽.
　13) 〈귀중한 줄을 認하여야 保守할 줄을 認하지〉, 《대한매일신보》 1907년 10월
　　　1일자 논설.
　14) 〈吾人의 力이 타국 원조에 不在하고 吾人에게 자재함을 信할 것이라〉, 《대
　　　한매일신보》 1907년 8월 21일자.

2) 폭력투쟁론

한말 국권회복을 위한 방법론에는 실력양성론뿐 아니라 폭력투쟁
론도 있었다. 폭력투쟁론자들은 계몽운동가들의 실력양성론을 부정
하고 의병전쟁과 암살활동 등을 통해 국권을 회복하고자 했다. 의병
전쟁은 위정척사론자(衛正斥邪論者)[15]들과 농민전쟁의 맥을 잇고 있던
농민세력의 결합에 의하여 전개되었다.[16] 의병전쟁 초기 선도적 역할
을 담당하였던 위정척사론자들은 철저한 명분론·화이관에 입각하여
종래의 유교사회를 재건하고자 하였다.[17] 임술농민항쟁과 갑오농민전
쟁을 겪은 농민들도 제국주의 침탈과 지배계급의 수탈에 반대하여
의병부대에 합류하였다. 의병부대들은 일본과의 전쟁을 통해 민족모
순을 해결하고자 노력하였으나 의병부대 내부의 계급적 대립으로 말
미암아 커다란 성과를 내지 못하였다. 군대 해산 이후 평민 의병장이
대거 등장하면서, 의병부대 내부의 계급적 이념적 모순은 점차 극복
되어 갔으나, 1909년 일제의 '남한대토벌'에 의하여 국내에서는 더 이
상 활동하지 못하고 만주·노령(露領) 지방으로 근거지를 옮겼으며,
이는 이후 항일무장투쟁의 기원이 되었다.

---

15) 衛正斥邪論은 문호개방을 전후한 시기 在野儒生들의 華夷觀에 입각한 현
   실문제 해결책이었다. 위정척사론자들의 주된 투쟁방도는 의병전쟁이었지
   만, 의병을 일으켰다가 실패한 자들 가운데 일부는 암살활동으로 전환하거
   나, 의병에 반대했던 자들과 함께 萬國公法에 근거한 외교적 대응을 모색
   하였다. 일부는 현실세계가 약육강식과 적자생존의 법칙에 의해 운영되고
   있는 것으로 인식하고, 그러한 인식에서 망국사태를 극복하기 위해서는 서
   양의 학문을 수용하여 근대적인 정치체제로 개혁해야 한다고 주장하면서
   계몽운동에 참가하였다(김도형, 1994 〈斥邪衛正論者의 활동과 사상〉, 《대
   한제국기의 정치사상연구》, 지식산업사 참조).
16) 의병전쟁의 이념에 대해서는 김도형, 1994 〈농민층의 항쟁과 의병전쟁의
   이념〉, 《대한제국기의 정치사상 연구》, 지식산업사를 참조할 것.
17) 위의 글, 313쪽 참조.

의병전쟁과 함께 암살활동도 국권회복운동에서 폭력투쟁의 한 방편으로 제기되었다. 즉 나라를 팔아먹은 매국노, 일본 제국주의 세력 등을 비롯한 한국의 자주독립을 방해하는 자들을 암살하고 그것을 통해 국권을 회복하고자 하는 주장이 제기되었다.[18] 이기(李沂)는 〈속자객전(續刺客傳)〉에서 암살의 필요성을 역설하였는데, 그 내용은 다음과 같다. 즉 자객 이동해(李東海)라는 자가 악비(岳飛)를 찾아가 나라를 구하기 위해서는 승상 진회(秦檜)를 암살해야 한다고 건의하였으나, 악비가 자신은 인의지사로서 도적지계(盜賊之計)를 행할 수 없다고 하면서 이동해의 건의를 묵살하였고, 이에 이동해는 위국제잔(爲國除殘)을 행하지 않으면 천하가 극(殛)할 것이라 하였는데, 과연 몇 개월 후에 악비가 좌사(坐死)하고 말았다는 것이다.[19] 이는 암살행위가 국권을 회복할 수 있는 유력한 수단이 될 수 있음을 주장한 것이다.

나인영(羅寅永)과 오기호(吳基鎬) 등도 의병을 "천하를 어지럽히어 유해무익"한 것이라 하여 배척하고,[20] 암살을 국권회복운동의 방도로 제기하였다. 그들은 "난신적자는 모든 사람이 그를 죽일 수 있다는 것이 춘추대의[亂臣賊子 人人得以誅之 是春秋大義]"[21]라 하는 명분론에

---

18) 암살활동에 대한 반대론도 만만치 않았다. 당시 암살활동을 둘러싸고 찬반논쟁이 벌어졌는데, 尹柱瓚은 "암살은 필부의 행동이라며" 암살활동을 극력 만류하였으며, 이용태 역시 荊軻의 일을 예로 들면서 암살활동에 대한 회의를 표시하였다. 鄭喬는 朱子의 《자치통감강목》에서 荊軻를 도둑에 비유한 것을 근거로 들면서 암살활동에 대한 반대의사를 표하였으며, 나아가 암살을 필부의 행동으로 규정하였다. 즉 암살행위는 적의 경계를 더욱 강화할 뿐이며, 적을 암살한다고 해서 문제가 결코 해결되지 않는다는 것이다(鄭喬, 《大韓季年史》 하, 국사편찬위원회, 233~235쪽 참조).

19) 李沂, 〈續刺客傳〉(《海鶴遺書》, 국사편찬위원회, 1971에 수록).

20) "訊問結果", 《대한매일신보》 1907년 4월 27일자.

21) 〈公函日本統監府及司令部(斬奸後送交豫備抄)〉(《한국학보》 13, 일지사, 1978에 수록).

근거하여 암살활동을 정당화하였다. 그들은 나라가 망한 것은 일본인의 악의에 의해서가 아니라 내부의 난적배(亂賊輩)가 자초한 것으로 보고,[22] 오적을 나라를 망친 난신적자(亂臣賊子)로 규정한 뒤, 이들 매국제적(賣國諸賊)을 모두 죽여 위로는 열성조(列聖朝)의 생성지은(生成之恩)에 보답하고, 밑으로는 2천만 동포의 복수를 설욕하고자 하였다.[23] 그들은 을사오적 암살을 계획하였는데, 그것은 국권을 회복하자면 내구(內寇)부터 제거해야 하며, 내구를 제거하자면 오적을 일시에 제거해야 한다고 판단하였기 때문이다.[24]

1907년 1월 박대하(朴大夏)와 이홍래(李鴻來)가 나인영·오기호를 방문하여 의병을 다시 일으키고자 한다는 것을 고하고 협력하여 줄 것을 요청하자, 나·오 2인은 대세를 알지 못하고 병력으로써 일본에 항쟁하고자 하는 것은 무모한 행위에 불과하다고 하면서, "2천만 동포의 혈분(血憤)은 그들 오적을 도살하는 데" 있을 뿐 아니라, 현 대신들의 존재는 한국의 독립을 가로막고 있는 데 불과하므로, 현 정부를 전복하는 데 주력해야 한다고 역설하였다.[25] 이들은 미약한 힘으로 강력한 적에 대항한다는 것 자체가 잘못이라는 인식 아래, 을사오적을 처단하는 것이 현 정부를 타도하고 한국이 자주독립할 수 있는 유일한 길이라고 파악하였던 것이다.

'춘추대의'를 내세운 명분론에 입각해서 전개된 암살활동은 국권상실의 원인을 전적으로 내부 난적배에게 있는 것으로 규정하고 그들을 대상으로 삼음으로써, 적극적인 항일운동으로서는 많은 한계를 지

---

22) 〈廣告各署坊谷(斬奸後揭付者豫備抄)〉(《한국학보》 13, 일지사, 1978에 수록).
23) 〈自新會同盟書(2)〉(《한국학보》 13, 일지사, 1978에 수록).
24) 鄭喬, 앞의 책, 226쪽.
25) 〈政府顚覆·大臣暗殺企圖事件 訴狀〉(1907. 4. 17) ; 大倧教倧經倧史編修委員會 편, 1971 《大倧教重光60年史》, 大倧教總本司, 15~17쪽에서 재인용.

니고 있었다. 하지만 일제가 한국을 식민지화할 움직임을 노골적으로 드러내면서부터는 암살대상이 일본 제국주의 세력의 선봉에까지 확대되었고, 암살활동은 국권회복운동의 유력한 방도로 자리잡았다. 1910년대 이후에도 암살활동은 끊이지 않고 일어났으며, 한국 민족해방운동에서 매우 중요한 역할을 수행하였다. 1910년 국망(國亡)까지 행해진 암살활동을 표로 나타내면 〈표 1〉과 같다.

　국권회복운동의 일환으로 행해진 암살활동은 1904년의 한일의정서 조인 이후 3월 길영수(吉永洙), 최낙주(崔樂周), 이재화(李在華), 이규환(李圭桓) 등이 외부대신서리 이지용과 외부교섭국장 구완희(具完喜)의 집에 폭탄을 투척한[26] 것이 시초로 보인다. 1905년 10월경(陰9月旬間) 기산도(奇山度)가 이지용·이근택·이하영·박용화 등을 4간(奸)으로 규정하고 정순만(鄭淳萬), 이석(李石)의 지휘 아래 손효경과 함께 이들을 암살하고자 하다가 미수에 그쳤으며, 1905년 12월 12일(음10월 27일) 저녁에는 김일제가 기산도·이근철·이종대·박종섭·박경하·안한주 등과 함께 이민승(李敏承)을 암살하고자 하였으나 역시 미수에 그쳤다. 1905년 12월(음)에는 유약소(儒約所)를 설립하여 '을사조약'에 반대하는 운동을 전개하던 김석항이 기산도·이종대·박종섭·박경하·안한주 등과 함께 이근택·이지용·박제순·이완용·권중현 등 오적을 암살할 계획 아래 먼저 이근택 암살을 시도하였으나 실패하였다. 기산도는 1906년 2월 전 경무사(警務使) 구완희(具完喜),[27] 전 경무관(警務官) 이세진(李世鎭) 등과 함께 자객을 모집하여, 이근철(李根㭗) 등과 함께 군부대신 이근택의 집을 다시 습격하였으나 또다시 실패하고 말았다. 이인순(李麟淳), 서상규(徐相奎), 구우영(具禹榮) 등은 을사

---

26)《의사와 열사들》(독립운동총서 5), 민문고, 1995, 21~22쪽. 이 책에는 전거가 밝혀져 있지 않다.

27) 외부교섭국장 具完喜와 同名異人인지 誤字인지 확인되지 않는다.

표 1. 한말 암살활동 일람표(~ 1910년)

일 시	주 체	대 상	내 용	출 처
러일전쟁 무렵		權重顯		F 8쪽
1905. 10	기산도, 손효경, 정순만, 이석	이지용, 이근택, 이하영, 박용화	암살미수	G 118~119쪽
1905. 12. 12(음 10. 27)	김일제, 기산도, 김성초, 송창영, 이근철, 이종대, 박종섭, 박경하, 안한주	이민승	암살미수	G 118~119· 134쪽
1905. 12(음·)	김석항, 奇山度, 이종대, 박종섭, 박경하, 안한주, 손성원, 이태화, 박용종, 김필현, 송요철, 정재헌	을사오적	암살실패	B 29쪽 D 655쪽 G 118~119쪽
1906. 2. 16	奇山度, 具完喜, 李世鎭, 李根喆* 등	李根澤	상해	A 210쪽, B 29쪽 D 656쪽, G 134쪽
1906. 7·8	徐相奎, 具禹榮, 李麟淳	乙巳五賊	폭탄시험 중 체포	B 26쪽, D 685쪽 G 123쪽
1907. 2(음)	羅寅永, 吳基鎬, 金寅植 등	이지용, 박제순	폭탄우송	D 716쪽
1907. 3. 18·21· 25(음2. 5·8· 12)	羅寅永, 吳基鎬, 金寅植, 金東弼, 康相元, 黃華瑞, 池八文, 朴鍾燮, 金京善, 황문숙, 황성주, 이경진, 조화춘, 이종학, 최상오, 박응칠, 황경오, 이용태, 민형식, 정인국, 최익진, 이석종, 이기, 徐彰輔, 윤주찬, 이광수, 윤충하, 이승대, 김영채, 최동식, 서정희, 전덕준, 李鴻來, 朴大夏, 徐泰云, 李容彩, 徐仲淳 외 장사 수십인	이완용, 權重顯, 李根澤, 이지용, 박제순, 이하영	암살실패	B 32~33쪽 D 716쪽 E 18쪽 G 125~131· 135~136쪽
1907. 3	자객	朴鏞和	암살	D 716쪽, F 8쪽
1907. 4	육혈포를 소지한 3인	박제순	암살미수	C
1907. 6(음)	민간인	伊藤博文	저격실패	D 739쪽
1908. 3. 23	전명운, 장인환	스티븐스	암살	B 30쪽, D 779쪽
1908	多數의 刺客	李容九	암살실패	F 8쪽
1909. 10. 26	안중근	伊藤博文	암살	B 56쪽
1909. 12. 22**	이재명	이완용	상해	B 479쪽, D 869쪽
1909. 12	元周昌	송병준	암살미수	D 870쪽

비고 : A는 鄭喬, 《大韓季年史》 하, 국사편찬위원회, B는 독립운동사편찬위원
　　회 편, 《독립운동사자료집》 11, C는 《대한매일신보》 1907년 4월 3일자, D는
　　黃玹, 《梅泉野錄》(金濬 역, 교문사, 1994), E는 〈政府顚覆·大臣暗殺企圖事件
　　訴狀〉(1907. 4. 17 ; 大倧敎倧經倧史編修委員會 편, 1971 《大倧敎重光60年史》,
　　大倧敎總本司에 수록), F는 《新世紀》 第116號(1909. 12. 18), G는 《國權回復
　　運動 判決文集》, 총무처 정부기록보존소, 1995.
　* 《國權回復運動 判決文集》, 총무처 정부기록보존소, 1995, 134쪽에 의하면 李
　　根喆의 참가 여부는 불명이라 한다.
　** 이재명의 거사일을 1909년 12월 23일로 기록한 자료도 있으나, 1909년 12월 22
　　일이 정확하다. 벨기에 황제의 추도식이 거행되던 날에 이재명이 거사하였는
　　데, 《대한매일신보》 1909년 12월 22일자에 따르면 벨기에 황제의 추도식은 당
　　일에 거행되었다.

　오적을 폭살하기 위하여 1906년 7·8월에 폭탄을 실험하다가 체포되
었다. 1907년에는 나인영·오기호 등이 자신회(自新會)를 조직하여 오
적 암살을 여러 차례에 걸쳐 시도하였으나 모두 실패하였다. 즉 나인
영·오기호·김인식 등은 김동필·박대하·이홍래·이용채 등으로 하여금
의병여당(義兵餘黨)을 모집하게 하여, 1907년 3월 18일(음력 2월 5일)
오적 각가(各家)에 각 30명씩을 파견하여 암살을 시도하였고, 1907년
3월 21일에는 황태자 탄신일을 기하여 거사를 도모하였다. 1907년 3
월 25일에는 오적이 사진(仕進)하는 요로(要路)에 분파매복(分派埋伏)
하여 동시 저격을 기도하였으나, 권중현을 방포(放砲) 불중(不中)하였
을 뿐 다른 곳에서는 손도 쓰지 못하였다. 1908년 장인환(張仁煥), 전
명운(田明雲)의 미국인 스티븐스 암살, 1909년 안중근의 이토 히로부
미(伊藤博文) 암살과 이재명의 이완용 암살 미수 등이 행해졌다.

3) 외교론

　의병장으로 의병전쟁에 참여하였던 유생(儒生) 가운데에는 세부족
(勢不足)을 절감하고 무력항쟁에 소극적이었던 자들도 있었다. 이들
은 무력항쟁을 전개하면서도 만국공법이나 국제조약을 근거로 제국

주의의 침략을 지적하고, 외교적인 방법을 통해 일본의 침략을 규탄
했다. 만국공법에 의거한 외교적인 방법은 의병을 반대하던 유생들이
더욱 강조하였다. 이들은 서양에 대한 객관적인 인식을 바탕으로 서
양의 학문과 정치론을 유교적인 입장에서 이해하였으며, 제국주의 침
략문제도 만국공법의 차원에서 해결하고자 했다.[28] 이들은 "역량이
미치지 못하는 일을 하면 오히려 군부(君父)에게 화를 끼치고 생령
(生靈)에게 독(毒)을 주게 될 것"이라 하면서,[29] 의병에 반대하는 대신
외교적 방안을 제시하였다. 이들은 만국공법에 의거하여 일제 침략의
부당성을 규탄하고, 외국과의 교섭 등 외교적 노력을 통해 자주독립
을 달성하고자 노력하였다.

이승만 또한 외교적 방법을 통해서 국권을 회복할 것을 주장하였
다. 그는 《독립정신》에서 서양의 기독교 문명국들 사이에 통용되었
던 만국공법은 "세계 만국과 만국 국민이 일체로 평균한 이익과 권
리를 보전케 하는 데" 그 본뜻이 있으니, "내가 먼저 만국공법의 뜻을
여의지 말고 공평정대하게 행세하며, 각국들과 친밀히 하여 정의가
두터울진대, 타국이 나를 의리상 친구로 알아 언제든지 내가 남에게
억울함을 당할 때에는 (만국공법의) 경위대로 힘껏 도와줄지니 ……
이것이 곧 잔약한 나라들이 강국 사이에 있어 능히 (그 독립을) 보전
하는 근본"이라고 역설하였다.[40] 즉 한국이 만국공법을 준행(遵行)하
면서 외교적 노력을 통해 독립의지를 서구 각국에게 알리면, 서구 각

---

28) 김도형, 1994 〈斥邪衛正論者의 활동과 사상〉, 《대한제국기의 정치사상연
    구》, 지식산업사, 278~283쪽 참조.
29) 〈答崔贊政〉, 《俛宇先生文集》 권 19(《俛宇集》 1에 수록), 359~360쪽 ; 김
    도형, 위의 글, 281쪽에서 재인용.
30) 리승만, 1945 《독립정신》, 중앙문화협회, 38~39·230~231쪽 참조 ; 고정
    휴, 1986 〈개화기 이승만의 思想形成과 활동〉, 《역사학보》 109, 역사학회,
    59쪽에서 재인용.

국이 한국을 도와서 독립시켜 줄 것이라는 것이다. 이승만의 외교론
은 명분에 호소하는 재야 유생들의 외교론과는 성격이 다르다. 즉 재
야 유생들의 외교론은 외교적 노력을 통해 서구 국가들에게 한국 독
립의 정당성을 각인시키고 독립을 보장받고자 한 것이지만, 이승만의
외교론은 서구의 문물을 수용하여 서구화하고, 그를 통해 서구의 동
정을 얻어 독립을 보장받자는 것이었다.

2. 반제국주의 사상체계의 대두

한말 한국인들은 계몽운동, 의병전쟁, 암살활동 및 외교적 노력 등
을 통해 국권을 회복하고자 노력하였지만, 결국 한국은 일제의 식민
지로 전락하고 말았다. 이에 1910년 국권상실을 전후하여 반제국주의
사상체계가 대두하여 민족해방운동을 지도하는 한편, 제국주의의 식
민지 지배를 용인하고 미화하던 사회진화론을 극복해 나가기 시작했
다. 당시에 대두되었던 반제국주의 사상체계로는 민족주의[31]와 대동
사상, 사회개조·세계개조론,[32] 그리고 아나키즘을 비롯한 사회주의 등

---

31) 韓末의 민족주의는 반제국주의 사상체계로서 대두하였지만, 자본주의 경
   제체제를 지향하고 있었다. 안재홍은 韓末을 '조선에 있어서의 봉건주의
   시대의 말기적인 途程에서 자본적인 민족사상 또는 국민주의의 발흥하는
   시대', '개국 진취의 즉 자본주의적 국가사상의 섭취 및 수립의 시기'로 표
   현하여, 당시의 민족주의가 자본주의 경제체제를 지향하고 있었다고 하였
   다[안재홍, 〈조선 사학의 선구자〉,《조광》 1936년 4월호(단재신채호선생기
   념사업회 편, 1987(개정4쇄)《丹齋申采浩全集》 별집, 형설출판사, 380·381
   쪽 ; 이하《신채호전집》이라 함)].
32) 사회개조·세계개조론은 그 안에 국제관계의 개조와 국내 관계의 개조를
   포함하고 있으며, 국내 관계의 개조는 자본과 노동과의 관계 개조를 의미
   한다[김준연, 〈세계개조와 오인의 각오〉,《學之光》 제20호(1920. 7. 6. 정정
   재판) 특별대부록, 17쪽]. 이 책에서는 국내 관계의 개조는 사회개조론으로,
   국제관계의 개조는 세계개조론으로 개념 규정한다.

이 있었다. 이 절에서는 민족주의와 대동사상, 사회개조·세계개조론 등을 중심으로 해서 1910년대 사상계의 동향[33]을 살펴보기로 한다.

1) 민족주의와 대동사상

1910년 국권상실을 전후하여 실력양성운동을 펼치던 계몽운동가들 가운데 일부는 친일파로 변절하였고, 일부는 해외로 망명하였다. 국내에 남아 있던 자들과 재일본 한국인 유학생들은 일제와 일정 부분 타협하면서 즉각독립론을 부정하고 참정권운동을 전개하거나 선실력 양성 후독립론을 제창하였다. 재일본 한국인 유학생들의 선실력양성 후독립론은 1917년 11월 17일 조선유학생학우회의 주최로 조선기독교청년회관에서 개최된 웅변회에서 장덕준(張德俊)이 한 연설에 잘 나타나 있다.

조선청년이 이상으로 하는 바는 첫째 실력을 양성할려고 하는 것에 있다는 것, 둘째 일본의 정치가·실업가 내지 학생 등의 동정에 의지해서 조선자치를 얻을려고 하는 것, 셋째 다시 나아가 자국의 국권회복을 얻고자 하는 것에 있다는 것과 같이 제2·제3의 이상은 오늘날의 경우 용이하게 실현할 수 있지 않아서 여러분 학생은 제1의 희망 즉 실력양성에 노력하고 이로써 훗날 대성(大成)을 기하지 않으면 안된다.[34]

위의 연설에서 장덕준은 자치론과 즉각독립론을 부정하고 독립을

33) 1910년대 한국 사상계의 동향에 대해서는 박찬승, 1992 〈1910년대 실력양성론과 구사상·구관습개혁론〉,《한국근대정치사상사 연구》, 역사비평사 ; 김도형, 1994 〈강점 전후 국권회복운동의 재편과 동향〉,《대한제국기의 정치사상 연구》, 지식산업사 등을 참조할 것.

34) 內務省警保局保安課,〈朝鮮人槪況第二(1918年 5月 31日)〉(朴慶植 編, 1975 《在日朝鮮人關係資料集成》 1, 三一書房, pp. 72～73 ; 이하《資料集成》이라 함).

주장하기에 앞서 먼저 실력을 양성해야 한다고 역설하고 있다. 장덕준이 선실력양성 후독립론을 제창한 것은 약육강식의 현세계에서는 실력이 전제되어야만 독립이 가능한 것으로 인식하였기 때문이다.

선실력양성 후독립론자들은 이 세계에는 오직 강한 힘만이 존재할 수 있는 것으로 인식하였다.[35] 그들에게 "강자는 절대요 무상권위"이며 "강즉신(强則神)이요 천재지창조자(天才之創造者)"이니 "모든 것을 발전시키는 유일 존칭은 참으로 '강'"이었으며, "정의도 강자의 앞에는 무가치의 장물(長物)이며 인도도 강자의 앞에는 명문(鳴聞)이 없는 것은 구구췌언(區區贅言)을 불요(不要)하는 바"였다.[36]

1910년대의 실력양성론은 한말의 실력양성론을 계승하고 있지만 그것과는 약간 차이가 있다. 한말 계몽운동가들은 자본주의화를 추구하면서도 국권회복 문제를 시급히 해결해야 할 과제로 설정하고 있었다. 그러나 1910년대의 실력양성론자들은 독립이란 요원한 것으로서 지금 당장 해결할 수 없는 것으로 파악하고 자본주의화에 주력하였다. 그리하여 1910년대의 실력양성론자들은 교육진흥보다는 산업발달을 더욱 강조하였고, 교육진흥의 측면에서도 실업교육·과학교육을 중시하였다.[37] 그들에게 실력은 경제력 곧 산업 발달을 의미하였다. 그리하여 그들은 "경제적 세력 없는 곳에 권리가 없고 경제적 세력 없는 곳에 곧 생명이 위급"하다 하여,[38] "전력을 경주하여 경제적

---

35) 玄相允, 〈强力主義와 조선 청년〉, 《學之光》 제6호(1915. 7), 45쪽 참조.

36) 鄭忠源, 〈아아 형제여〉, 《學之光》 제6호(1915. 7), 37쪽.

37) 김효석은 "우리 청년의 장차 경영하며 노력할 사업은 반도 경제적 사업이 가장 필요하며 긴급"하고, "경제적 생활을 보장함에는 부력증진이 근본이오, 부력증진은 산업에 기대하지 않을 수 無"하다고 하여 산업진흥을 강조하였고, "산업의 발달을 경영하려면 생산적 지식이 반드시 있어야 하"므로 "우리의 장차 입학할 곳은 농업, 공업, 상업, 수산, 상선, 광업 등 각종 실업학교뿐"이라고 하여 산업진흥을 위한 실업교육을 강조하였다(김효석, 1916 〈나의 敬愛하난 유학생 여러분의게〉, 《學之光》 제10호, 10~13쪽).

진흥을 먼저 기도"하고자 했던 것이다.[39]

제국주의 논리인 사회진화론에 근거하고 있던 실력양성론이 한말 이후 1910년대까지 한국 사상계를 지배하고 있었지만, 1907년의 고종 퇴위, 정미조약 체결, 군대 해산 이후 반제국주의 사상체계가 대두하였다. 즉 계몽운동가들 가운데 신민회를 중심으로 자력에 의한 실력 양성을 주장하던 자들이 제국주의의 침략성을 비판하면서 민족주의를 부르짖기 시작했던 것이다. 신채호는 《독사신론(讀史新論)》에서 국맥(國脈)을 보유하기 위해서는 민족주의로 전국의 완몽(頑夢)을 환성(喚醒)해야 한다고 하면서 민족주의를 제창하였으며,[40] 〈제국주의와 민족주의〉에서는 '제국주의'를 '영토와 국권을 확장하는 주의'로,[41] 민족주의를 '타민족의 간섭을 불수(不受)하는 주의'로 규정한 후, 제국

---

38) 〈졸업생의게 賀하노라〉, 《學之光》 제10호(1916. 9), 4쪽.

39) 김효석, 앞의 글, 13쪽.

40) 신채호, 《讀史新論》(《신채호전집》 상, 472쪽).

41) 신채호가 '제국주의'를 '영토와 국권을 확장하는 주의'로 규정한 것은 幸德秋水의 영향이었던 것으로 보인다. 幸德秋水는 제국주의를 '영토확장의 주의'로 규정하고 그 '영토확장'에는 아무런 근거가 없다고 주장하였다(石坂浩一, 1993 《近代日本の社會主義と朝鮮》, 社會評論社, p. 20). 신채호가 幸德秋水로부터 일정한 영향을 받은 것은 다음의 사실이 뒷받침해 준다. 즉 신채호는 1928년 5월 체포된 뒤 幸德秋水의 아나키즘에 관한 저술을 읽고 아나키즘에 공명하였다고 진술하였고, 1929년 10월 3일 행해진 제4회 공판에서 "그 후(연해주로 망명한 후 — 인용자) 일본 무정부주의자 幸德秋水의 저작한 책을 보고 공명하여 李弼鉉의 소개로 동방연맹에 가입하였던가" 하는 재판관의 질문에 "幸德의 저서가 가장 합리한 줄을 알았"다고 답변하여(《동아일보》 1929년 10월 7일자), 자신이 아나키즘을 수용한 데에는 幸德秋水의 영향이 일정하게 미치고 있었음을 인정하고 있다. 그리고 중국 신문 《晨報》에 기고한 글에서도 "일본에 오직 幸德秋水 한 사람만이 있을 따름"이라고 쓰면서, 幸德秋水의 《基督抹殺論》을 漢譯해서 소개할 (신일철, 1981 《신채호의 역사사상연구》, 고려대학교출판부, 173~174쪽) 정도로 幸德秋水를 높게 평가하였다.

주의에 저항하는 방법은 민족주의를 분휘(奮輝)하는 것이라 하면서 민족을 보전하고자 하는 자는 마땅히 민족주의를 취해야 한다고 주장하였다.[42] 자력에 의한 실력양성을 강조한 자들은 실력양성만을 강조하는 데에는 반대하고, 실력양성과 함께 애국정신을 고취할 것을 강조하였다.[43]

자력에 의한 실력양성론자들은 민족주의를 제창하면서부터 선실력양성 후독립론의 부당성을 지적하고 그것을 비판하였다.

대저 독립을 조(造)함에 실력이 일부 대요소(大要素)라 함은 가(可)할지언정 부강한 후에야 독립을 조(造)한다 함은 불가한 바라. 시사(試思)하라. 고래로 독립을 조(造)한 자가 과연 모두 실력의 부강을 의뢰하였는가. 실력이 전무하다 함은 불가할지언정 실력의 부강함을 요한다 함은 역(亦) 불가(不可)하니 미국 희랍 이태리 등 독립사를 시독(試讀)하라. 부강이 독립의 전제를 작(作)한다 함보다 영(寧)히 독립이 부강의 전제가 된다 함이 가하니라.[44]

위 《대한매일신보》의 논설은 실력이 독립의 일부 대요소는 될 수 있다 할지라도 부강 여부가 독립의 전제는 될 수 없으며, 오히려 독립이 부강의 전제가 된다며 독립이 선차적임을 역설하였다. 이러한 인식의 전환에 따라 신민회는 1910년 3월 국내에서의 실력양성을 통한 독립은 더 이상 불가능하다고 판단하고 독립군기지건설론을 제기하였다. 즉 만주에 독립군기지를 건설하여 독립군을 양성하고, 일제에 대한 무장투쟁을 전개할 것을 주장하였다.[45]

---

42) 〈제국주의와 민족주의〉, 《대한매일신보》 1909년 5월 28일자 논설(《신채호전집》 하, 108쪽).
43) 박찬승, 앞의 책, 90~92쪽 참조.
44) 〈韓人의 當守할 國家的 主義〉, 《대한매일신보》 1909년 6월 18일자 논설.
45) 만주기지론은 1906년에 이미 제기되었다. 이 해 初夏 李會榮은 溥齋 李

이들은 만주·간도·연해주 지방으로 망명하여 그곳의 한국인들과 연합하였다. 당시 만주와 연해주에는 조선 후기부터 이주해 온 한국인들과 1909년 일제의 '남한대토벌'에 밀려 그 근거지를 옮긴 의병부대들, 그리고 대종교 계통의 민족주의자들이 있었다.[46] 그들이 사상적 기반의 차이에도 불구하고 연합할 수 있었던 것은 한국의 독립이라는 동일한 명분 때문이었다. 이들은 의병군단(義兵軍團)을 조직하여 의병활동을 계속하거나,[47] 권업회·광복회·경학사·신흥무관학교 등을

相尚, 石吾 李東寧, 時堂 呂準, 張裕淳, 柳完懋 등 諸氏와 더불어 운동의 방침을 논의하였는데, 이 논의에서 당시의 정세로서는 "국내에서 대규모의 운동을 전개하는 것은 불가능한 것이니 만주에다 토대를 잡자"고 결론을 내렸다. 이리하여 운동자의 훈련, 교육, 준비 등을 위해서 근거지를 만주 龍井村에 두기로 하고 이 사업을 溥齋 이상설이 맡기로 하였다. 溥齋는 龍井村에 안착하여 瑞甸義塾이라는 학교를 창설하여 지방교민의 자제의 교육에 정진하였다[〈友堂 李會榮先生 略傳〉(이정규, 1974 《又觀文存》, 삼화인쇄, 27~30쪽 참조)].

46) 일제 관헌에 의하면 그 당시 浦鹽 지방 한국인사회에는 주의별로 몇 개의 세력이 존재하고 있었는데, 이범윤 일파, 이갑 일파, 최봉준 일파, 정순만 일파 등이 그것이다. 이범윤 일파에는 柳仁錫·禹錫用·李範仁·張博·金圭敏·金英昌·金炳喆·李範錫·金聖伯·兪鎭律·李圭豊·金鎭順·尹明爽 등이, 이갑 일파에는 李剛·安定根·李鍾萬·金洛勳·金喜善·金成武·吳周赫·金奎燮·柳東說·安昌浩·金在斗·金大連·金益龍·車錫甫·金起龍·崔鳳學·金晩植·尹孝植 등이 속해 있었다. 崔鳳俊은 북한으로부터 生牛를 수입하거나 貨客의 運漕業을 영위하였으며, 《海潮新聞》을 발간하거나 啓東學校를 보조하는 등 거류민회 회장으로서 재류 선인의 啓發에 노력하였다. 그러나 《海潮新聞》이 점차 배일적 기사를 게재하자 자신의 주의에 위배된다고 해서 그것을 폐간하였다. 이 파에 속하는 자로는 崔方(在? ― 인용자)亨 또는 안중근과 의형제로서 더구나 친일파 鮮人을 살해한 적이 있는 무장 嚴仁燮과 斷指派인 姜昌東, 姜順琦 등이 있다. 鄭淳萬 일파는 일정한 주의를 갖고 있지 않으며, 金顯兎·李鐘益·權有相·李基·李民福·安漢周·李致權 등이 여기에 속하였다[〈朝鮮人槪況(1916年 6月 30日 調)〉(《日本外務省特殊調査文書》1, 高麗書林, 1989, pp.755~756 ; 이하 《外務特殊文書》라 함)].

47) 〈朝鮮人槪況(1916年 6月 30日 調)〉(《外務特殊文書》1, p.753).

조직하여, 만주와 연해주에 거주하는 한국인들의 권익을 옹호하는 한
편, 독립군을 양성하고 무장투쟁을 전개하였다.

그러나 민족주의자들은 사회진화론적 사고체계에서 벗어나지 못하
였다. 즉 민족주의자들은 힘이 지배하는 국제질서를 부정함으로써 한
국의 독립을 추구하였던 것이 아니라, 힘에 의한 독립을 모색하였으
며, 독립을 넘어 강자로서의 한국을 추구하였던 것이다. 1910년대의
대표적 민족주의자인 신채호는 1916년에 사회진화론에 기초한, 국가
주의와 국수주의·영웅주의 등을 테마로 한 우화적 환상소설 《꿈하
늘》을 창작하였고,[48] "크로포트킨의 상호부조론보다 다윈의 생존경쟁
설을 더 수입"해야 한다고 주장하였는데,[49] 이것은 그가 아직 사회진
화론적 입장을 견지하고 있음을 말해 준다. 《신흥학우보(新興學友
報)》도 "실로 인류 외의 생물에 일각이라도 경쟁이 끊어지지 않는 것
같이 인류 사이에도 역시 일각이라도 경쟁이 끊어지지 않나니, 생존
하여 있는 인류는 그 생존하여 있다 하는 것이 이미 경쟁을 의미한
것인데, 경쟁 없는 생존은 생물된 인류에게는 도저히 바라지 못할
일"이라고 하여,[50] 여전히 생존경쟁이 인간사회를 지배하는 것으로
인식하고 있었다. 그리고 "바라는 바 신년은 우리 부여 민족의 재앙

---

48) 趙景達, 앞의 글, 350쪽.

49) 〈도덕〉(《신채호전집》 하, 141쪽). 이 글 속에 "만국평화회의의 내면에 전
  란(제1차세계대전을 지칭하는 것으로 보임 — 인용자)의 고통이 잠복"이라
  는 표현이 있는 것으로 보아, 이 글은 적어도 1914년 이후에 씌어졌으며,
  아직 사회진화론적 사고에서 벗어나지 못하고 있으므로, 大同思想에 기초
  하고 있는 〈大同團結의 宣言〉(조동걸, 1987 〈임시정부 수립을 위한 1917년
  의 「大同團結宣言」〉, 《한국학논총》 제9집, 국민대한국학연구소에 첨부)이
  발표된 1917년 7월 이전에 작성된 것으로 보아야 한다. 상호부조론은 크로
  포트킨이 제창한 이론으로서, 사회는 생존경쟁에 의해서뿐 아니라 상호부
  조에 의해서도 진화한다는 주장이다.

50) 〈전쟁은 생물생활의 현상〉, 《新興學友報》 제2권 제2호(1917. 1. 13)[《한국
  독립운동사연구》 5, 1991, 독립기념관 한국독립운동사연구소에 수록].

을 소거(消去)하고 …… 부여 민족의 사업을 진흥하며 실력을 확장하여 홍복(興復)의 사상을 분휘(奮揮)"하자고 하여,[51] 한국의 부강을 추구하였다. 이러한 사실들은 민족주의가 반제국주의 사상체계로서 대두하였지만, 사회진화론적 입장을 청산하지 못하고 오히려 사회진화론적 입장에 입각하여 자주독립을 추구하였다는 것을 말해 준다.

제국주의의 논리인 사회진화론을 극복하고자 하는 사상적 흐름은 대동사상과 사회주의 및 사회개조·세계개조론이 수용되면서 형성되었다. 국망이 기정 사실로 굳어지자, 당시 지식인들은 서구 모방을 추구하였던 실력양성론에 대해 회의를 품고, 사회진화론을 극복할 수 있는 사상체계를 모색하였던 것이다. 《예기(禮記)》 예운편(禮運篇)에서 대동사회의 모습이 묘사된[52] 이후, 대동사상은 시대에 따라 그 내용과 성격을 달리하면서 전개되어 왔다. 대동사회가 인간이 추구하여야 할 이상사회의 표본인 것으로 인식되어 왔지만, 대동사상이 체계화된 것은 청말(淸末) 강유위(康有爲)의 《대동서(大同書)》에 의해서였다. 범문란(范文瀾)에 따르면 《대동서》에는 공양가삼세설(公羊家三世說),[53] 《예기》 예운편의 대동소강설(大同小康說), 불교의 자비평등설

---

51) 編輯人, 〈신년〉, 《新興學友報》 제2권 제2호(1917. 1. 13)
52) 《禮記》 禮運篇은 大同社會의 모습에 대해서 다음과 같이 묘사하였다.
　　大道之行也 天下爲公 選賢與能 講信修睦 故人不獨親其親 不獨子其子 使老有所終 壯有所用 幼有所長 矜寡孤獨廢疾者 皆有所養 男有分 女有歸 貨惡其棄於地也 不必藏於己 力惡其不出於身也 不必爲己 是故謀閉而不興 盜竊亂賊而不作 故外戶而不閉 是謂大同
　　今大道旣隱 天下爲家 各親其親 各子其子 貨力爲己 大人世及以爲禮 城郭溝池以爲固 禮義以爲紀 以正君臣 以篤父子 以睦兄弟 以和夫婦 以設制度 以立田里 以賢勇知 以功爲己 故謀用是作 而兵由此起 禹湯文武成王周公 由此其選也 此六君子者 未有不謹於禮者也 以著其義 以考其信 著有過 刑仁講讓 示民有常 如有不由此者 在勢者去 衆以爲殃 是謂小康
53) 公羊家三世說은 《春秋公羊傳》에서 나온 것으로, 所見世(孔子가 몸소 겪었던 시대), 所聞世(孔子가 친히 경험한 타인의 말을 들었던 시대), 所傳聞

(慈悲平等說), 루소의 천부인권설, 기독교의 평등자유설, 유럽 사회주
의 학설 등의 다양한 사상요소가 뒤섞여 있다.[53] 전통사상의 기반 위
에 서구의 사상을 비롯한 여타의 사상을 흡수하여 완성된 강유위의
대동사상은 한편으로는 진화와 발전을 선전하고, 다른 한편으로는 진
화의 비약적이고 혁명적인 발전에 대해서는 반대하였다.[54] 즉 강유위
의 대동사상은 청말 제국주의의 침략 속에서 전통적 체제를 유지하
는 한도 내에서 개량을 통하여 중국의 근대화를 추구하였다.

　강유위의 대동사상은 한말에 양계초 등의 저술을 통하여 부분적으
로 국내에 소개되어,[56] 한국 지식인들에게 강한 영향을 미쳤다. 그러
나 이때에 한국에 소개된 대동사상은 《대동서》의 대동사상이 아니
라 〈인류공리(人類公理)〉의 대동사상이었던 것으로 사료된다.[57] 따라

　世(孔子가 말로만 듣고 말한 이도 몸소 경험하지 못했던 전설의 시대)가
　그것이다. 康有爲는 公羊三世를 《禮記》 禮運篇에서 말하는 '大同'과 '小康'
　에 연결시켰다. 즉 公羊三世는 "據亂世"에서 "升平世"("小康") 그리고 "升
　平世"에서 "太平世"("大同")로 진화함을 뜻한다고 주장하였다[任繼愈 편
　저(전택원 역), 1990 《중국철학사》, 까치, 475~476쪽].
54) 안미영, 1978 〈康有爲 大同思想의 형성과 그 성격〉, 《서울대 동양사학과
　논집》 제2집, 서울대 동양사학과, 121쪽.
55) 任繼愈 편저, 앞의 책, 478쪽.
56) 김기승, 1987 〈白巖 朴殷植의 사상적 변천과정 ― 大同思想을 중심으로〉,
　《역사학보》 114, 역사학회, 23~24쪽 참조.
57) 康有爲는 자신의 大同思想을 집대성한 《大同書》를 1884년에 구상하였으
　며, 초기 구상이 1887년의 〈人類公理〉로 나타났다. 《大同書》의 대동사상은
　〈人類公理〉의 대동사상을 발전시킨 것으로서, 대동사상의 기본이념은 이미
　〈人類公理〉에서 어느 정도 완성되었다. 〈人類公理〉는 전하지 않아 그 내용
　을 알 수 없지만 康有爲의 自編年譜에 의하면, 〈人類公理〉에 피력된 대동
　사상은 孔子의 '仁'의 사상을 근본으로 삼고 五運·三統·三世思想을 敷衍하
　는 통일사상으로서, 그 근저를 據亂·升平·太平의 三世說에 두고 있다. 《大
　同書》는 1902년 무렵에 완성되었지만, 康有爲는 《大同書》를 秘藏하고 남
　에게 알리지 않았다. 단지 梁啓超·陳千秋 등에게만 〈人類公理〉의 내용을
　피력하였다. 《大同書》는 1914년에 일부가 잡지 《不忍》에 게재되었으며,

서 국내에서 전개된 대동사상은 강유위의 완성된 대동사상과는 일정한 거리가 있었으며, 제국주의의 식민지 지배에 반대하는 반제국주의 사상체계로서의 측면이 강하였던 것으로 생각된다.

박은식은 1910년 국권상실을 전후한 시기에 강유위의 대동사상에 영향을 받아,[58] 우승 가능성에 대한 확신을 포기하고, 우승열패의 질서, 즉 권력정치적 국제질서에 대한 도덕적 측면에서의 비판·부정을 시도하였다.[59] 그는 1909년 《유교구신론(儒敎求新論)》에서 공자의 대동사상과 맹자의 민위중설(民爲重說)을 통해서 평등적 민주적 민중적 유교로 확장 발전시킬 것을 주장하여, 우승열패·약육강식의 사회진화론적 사고에서 벗어나기 시작하였다. 1911년 〈몽배금태조(夢拜金太祖)〉에서는 현시대는 약육강식·우승열패·적자생존의 공례(公例)에 따라 살벌한 민족경쟁·국가경쟁이 지배하는 시대이지만, 또한 개혁시대로서 하등사회로 하여금 상급사회로 진보하게 하여 평등사회를 이룩하는 것이 진화의 공리라 하면서, 제국주의·강권주의를 정복하여 세계인권의 평등주의를 실현하는 것이 한국인의 당면과제이고, 한국 청년들은 모두 아골타(阿骨打)와 같은 영웅이 되어 평등주의의 선봉이 되어야 한다고 주장하였다.[60] 이는 약육강식·적자생존의 법칙이 지배하는 현 세계질서를 타파하고 대동세상을 건설하자는 것으로서,

　　1919년에 전체가 간행되었다[함홍근, 1955 〈康有爲의 사상에 대하여 — 大同思想을 중심으로〉, 《역사학보》 8, 역사학회, 448·453·457~459쪽].
58) 한영우, 1994 〈1910년대 박은식의 민족주의 사학〉, 《한국민족주의역사학》, 일조각, 126쪽.
59) 정창렬, 1990 〈애국계몽사상의 역사의식〉, 《국사관논총》 15, 국사편찬위원회, 91~102쪽 참조. 박은식이 〈賀吾同門諸友〉에서 "지금은 세계 인류가 지력경쟁으로 우승열패하고 약육강식하는 시대"[박은식, 〈賀吾同門諸友〉, 《西北》 제1권 제1호(1908. 6. 1), 5쪽]라고 한 것으로 보아, 1908년 당시까지는 사회진화론을 견지하고 있었음을 알 수 있다.
60) 한영우, 앞의 글, 124·132~134쪽.

대동사상으로 사회진화론을 극복해 가고 있음을 나타내고 있다. 대동
사상을 수용한 박은식은 일제의 사주를 받은 신기선 등의 대동학회
(大同學會)에 대항해서 1909년 9월 이범규(李範圭), 장지연(張志淵), 원
영의(元泳儀), 조완구(趙琬九) 등과 함께 대동교를 창건하기도 하였
다.[61]

　박은식은 대동사상을 전개하면서도 국수 보전(保全)을 제창하였다.
박은식이 민족과 국혼(國魂)을 강조한 것은 세계대동을 이루는 단위
인 각 민족의 주체성을 확립하기 위한 것이다. 그것은 각 민족의 주
체성이 확립되지 않으면 대동세상은 건설될 수 없기 때문이다. 즉 각
민족의 자립은 곧 열패국에 대한 우승국의 지배를 부정하는 것으로
서 세계대동의 전제조건이다. 이러한 인식 하에서 박은식은 국수주의
적 경향이 짙었던 대종교 계통의 민족주의자들과 함께 민족해방운동
을 전개하였다.

　신채호도 한말에 대동사상의 영향을 받고 있었다. 즉 그는 〈유교
확장에 대한 논(論)〉에서 "유교를 확장코자 하면 유교의 진리를 확장
하여 허위를 기(棄)하고 실학을 무(務)하며, 소강(小康)을 기(棄)하고
대동(大同)을 무(務)하여 유교의 광(光)을 우주에 조(照)할" 것을 주장
하였는데,[62] 이것은 신채호가 대동사상에 대한 지식을 가지고 있었음
을 말해 준다.

　조소앙도 메이지대학(明治大學) 재학시절부터 대동사상에 깊게 접
근하여 국가·민족·계급 사이의 불평등을 배격한 평등주의를 받아들
였다. 그는 1912년에 내한(來韓)했던 중국의 혁명지사 황각(黃覺)과
만나 중국 망명을 계획하고 아시아 약소민족의 반일대동단을 창설코

---

61) 김희곤, 1995 《中國關內 한국독립운동단체연구》, 지식산업사, 52쪽.
62) 〈儒敎擴張에 對한 論〉, 《대한매일신보》 1909년 6월 16일자(《신채호전
　　집》 하, 119~120쪽).

자 약속하였으며, 1913년에 상해(上海)로 망명하여 동생 용주(鏞周)와 중국인사 장박천(張博泉), 황각(黃覺), 장계란(張季鸞), 진과부(陳果夫) 등과 아시아민족반일대동단을 조직하여 활동하였다.[63]

위에서 살펴본 바와 같이 한국의 대동사상은 중국 대동사상의 영향을 강하게 받았다. 그러나 한국에서의 대동사상의 전개가 가지는 의미는 중국의 경우와는 달랐다. 중국의 대동사상은 근대화를 추구하는 과정에서 제기된 것이나, 한국의 대동사상은 근대화 추구라는 측면보다는 사회진화론 부정이라는 반제국주의적 측면을 훨씬 강하게 지니고 있었다. 즉 제국주의의 식민지 지배를 정당화하는 논리로서 기능하였던 사회진화론을 극복하고자 하는 노력의 일환으로 대동사상이 전개되었던 것이다.

그러나 대동사상 또한 사회진화론을 완전히 극복하는 데까지는 나아가지 못하였다. 박은식은 약육강식·우승열패의 원칙이 현실을 지배하고 있는 사실을 부정하지 못함으로써, 그의 사회진화론 부정은 현실적 의미를 지니지 못하였다. 단지 당위성 내지 도덕적 차원에서 강권이 지배하는 세계질서를 부정하고, 인간이 추구해야 할 미래상으로서 대동사회를 제시하였을 뿐이다. 그것은 그가 사회진화론의 약육강식·적자생존의 법칙을 대체할 새로운 사회운영원리를 발견하지 못하였기 때문이다. 따라서 박은식이 대동사상으로 전환한 것은 양명학을 매개로 한 유교세계로의 복귀를 의미할 뿐이었던 것이다.[64]

황성자(皇城子)도 "대동학(大同學)은 구세주의(救世主義)에 대승법(大乘法)"이며, "개(盖) 대동의(大同義)는 저어예기(著於禮記)하고 우어춘추(寓於春秋)"하고, "우(又) 춘추(春秋)에 거난세(據亂世)와 소강세(小康世)와 대동세(大同世)가 역(亦) 진화(進化)의 공례(公例)"이지만,

---

63) 〈조소앙 연보〉[강만길 편, 1987(2판) 《조소앙》, 한길사, 301쪽].
64) 정창렬, 앞의 글, 103쪽.

"후세(後世)의 송법공자지도(誦法孔子之徒)가 단(但) 수신(修身)의 학(學)을 주(主)하고 구세(救世)의 의(義)를 불강(不講)"하여, 사람들은 사권(私權)과 사리(私利)만 있는 줄 알고 공권(公權)과 공리(公利)는 모르게 되었다고 하면서, 비록 대동학설을 그대로 실행하지는 못할지라도 "대동(大同)의 의(義)를 관념(觀念)함이 유(有)하여야 국가주의와 개인권리 등 주의(主義)의 계발하는 사상과 진취하는 정도가 유(有)"하여, "편사(偏私)의 완벽(頑癖)을 벽파(劈破)하고 공공적 사상이 개발하여 공공적 사업을 주거(做去)하는 효과가 유(有)"할 것이라 하였다.[65] 이 글은 당시 유학의 말폐 현상을 비판하면서 공맹시대(孔孟時代) 이전의 대동사상으로 되돌아갈 것을 강조하면서도, 대동사상이 현실에서는 실현되기 어려운 사상임을 인정하고 있다.

《황성신문》 1909년 11월 16일자 사설도 "논어의 충서일관(忠恕一貫)과 중용(中庸)의 중화위육(中和位育)과 예운(禮運)의 대동(大同)이 개(皆) 평화의 본원이며 …… 차등(此等) 주의(主義)가 목하(目下) 경쟁시대에는 적합치 아니한 듯하나 장래 사회영향이 평화에 경향(傾向)하는 일(日)에는 오(吾) 유교의 대발달을 확연(確然) 가기(可期)할" 것이라고 주장하여,[66] 지금은 사회진화론이 지배하는 경쟁시대로서 대동사상이 실현되기 어렵다고 말하고 있다. 단지 앞으로 먼 훗날 평화의 시대가 도래하면 대동사상이 세계를 지배하리라는 것이다. 이러한 의식상의 한계는 1917년 러시아혁명 이후 대동사상이 사회개조·세계개조론과 결합되면서 극복되어 갔다.

2) 사회개조·세계개조론

제1차세계대전이 인류에게 커다란 재앙을 몰고 오자 전세계의 지

---

65) 皇城子, 〈大同學說의 문답〉, 《황성신문》 1909년 4월 15일자.
66) 〈儒教發達이 爲平和之最大基礎〉, 《황성신문》 1909년 11월 16일자.

성계는 가치관의 혼란에 빠졌으며, 제국주의와 자본주의의 병폐에 대해 각성하고 힘이 지배하는 세계질서를 개편하여 모든 사람이 평화롭게 공존할 수 있는 정의·인도의 사회를 건설해야 한다는 주장이 대두하였다. 사회개조·세계개조론이 그것이다. 로망 롤랑은 1914년 9월《싸움을 초월하여》를 발표하여 유럽은 전쟁으로 멸망할 것이라고 주장하였으며, 러셀은 1916년에《사회개조의 원리》를 저술하여 자본주의 사회를 개조하여 길드사회주의 사회를 건설할 것을 주장하였다. 이처럼 사회개조·세계개조론자들은 자본주의를 정당화하고 제국주의를 미화하는 논리로서 기능하였던 사회진화론을 비판하고, 정의·인도·박애·자유·평등을 표방하였다.

제1차세계대전은 한국 사상계에도 큰 변화를 몰고 왔다. 한국인 지식인들은 제1차세계대전의 참상에 큰 충격을 받았으며, 자신들이 모방하고자 했던 서구의 자본주의 문명이 참혹한 전쟁으로 폐허화되자 당혹감을 감추지 못했다. 이들은 제1차세계대전에 대해 "아(我) 지구상에 사람이 생긴 이후로 일찍 이러한 대전쟁이 없었느니라. 기간(其間)에 수다(數多)한 생명을 살(殺)하니 혈류성하(血流成河)하며 성취충천(腥臭衝天)"한다거나,[67] "저승이 옮겨온 듯한 대전쟁" 등으로 묘사하여,[68] 인류역사에 유례없는 세계대전의 참상에 놀라움을 금치 못하였다.

한국인 지식인들은 제1차세계대전의 발생원인이 열국 사이의 경쟁 즉 약육강식과 적자생존의 원칙에 있다고 보았다. 즉 "어제까지 평화를 가장하고 열국의 동정을 집중하며 세계에 안은(安隱)을 주장하여 야심을 질타(叱咤)하고 인도·정의를 주창하던 구주 열강은 일성(一聲) 총포에 엄연(嚴然)이 그 평소의 주장을 폭기(暴棄)하고 어젯날 평

---

67) 徐椿,〈歐洲戰亂에 대한 三大 의문〉,《學之光》 제14호(1917. 12), 15쪽.
68) 趙誠惇,〈노동만능론〉,《共濟》 제1호, 10쪽.

화의 무대를 오늘날 살육의 혈와(血渦)로 변하여 역사상 미증유한 저
참상을 연출하는도다. …… 각자 민족발전의 필요며 세력확장의 충돌
이니 약육강식하며 우승열패하는 20세기의 특특(特特)한 현상이라 위
(謂)할지로다"고 하여,[69] 제1차세계대전은 약육강식과 우승열패의 원
리가 빚은 결과라고 주장하였다.

약육강식·적자생존의 원칙이 제1차세계대전의 대참사를 가져온
것으로 파악한 한국인들은 힘의 논리인 사회진화론을 극복할 수 있
는 사상을 모색하였다. 이들은 약육강식·적자생존의 원칙을 부정하
고, 모든 민족 모든 사람이 평등하게 살 수 있는 사회질서를 수립할
것을 주장하는 사회개조·세계개조론을 수용하고,[70] 그 입장에서 힘이
지배하는 현재의 세계질서를 개조하여 모든 민족이 평화공존하는 인
도·정의의 사회를 건설할 것을 주장하였다.[71] 주종건(朱鍾建)은 "세계

---

69) 金利埈, 〈出陣하는 勇士 諸君에게〉, 《學之光》 제6호(1915. 7), 28~29쪽.
70) 張膺震은 〈신시대를 迎함〉에서 "금번의 大戰亂(제1차세계대전 ― 인용
　　자)은 우리 인류에게 큰 교훈을 주었다. …… 爭奪殺伐의 愚됨을 悟하는 동
　　시에 평화의 방법으로 강약이 서로 扶支하며 우열이 서로 화합하야 어디
　　까지 인류공존의 원칙 하에서 문명의 발전을 計하는 것이 賢한 것을 覺하
　　였다. …… 국제간 민족간에도 인도정의의 大本을 기초로 삼지 아니하면
　　불가한 줄을 생각하게 된 것은 인류의 悔改요 각성이오 인류 一改의 진보
　　를 표현하는 것"이라고 하여[春史(張膺震), 〈신시대를 迎함〉, 《曙光》 제1
　　호(1919. 11), 7쪽], 경쟁으로 빚어진 제1차세계대전이라는 참담한 경험이
　　인류로 하여금 爭奪殺伐이 잘못된 것임을 깨닫게 하여 사회진화론으로부
　　터 벗어날 수 있게 하였다고 주장하였다. 愼宗錫도 〈시대의 변천과 吾人의
　　각성〉[《曙光》 제1호(1919. 11)에 게재]에서 제1차세계대전이 한국인으로
　　하여금 사회개조·세계개조론을 수용하게 하였다고 주장하였다.
71) 실력양성론자들 가운데 일부는 사회진화론 극복과정에서 1910년대 중반
　　부터 '외교독립론'을 제기하였다. 즉 이들은 제1차세계대전이 발발하자 국
　　제정세를 적절히 이용하여 독립을 도모해야 한다고 주장하였다. 1915년 1
　　월 李璨雨·崔泰旭·玄俊鎬·白南薰 4명은 東京 시내에서 회합하여 "근래
　　하와이 재류 조선인청년단으로부터 일찍이 독일에 대해서 戰費補助의 명

인류상 견지로 시(視)할진대 한국 민족 같은 사회의 약자는 전연 멸
망함이 도리어 이익"이 되며 "조선민족이 세계에 공헌하는 바는 다
만 퇴보의 기록과 멸망의 역사뿐"일지라도, "자아발현상 개체본위로
서 우주를 관측코저 하는 오인(吾人)은 오인(吾人)의 종족이 멸망함을
방관할 수는 무(無)"한바, 그것은 "개체생존의 안위가 종족세력의 성
쇠에 지대한 관계가 유(有)"하기 때문이라 하였다. 그리고 "하등동물
의 의(蟻)와 봉(蜂)도 계통적 사회조직이 유(有)하며 종족을 보안(保
安)하기 위하여 그들의 제일 귀중한 생명을 희생하"는 것처럼, 반만
년의 찬란한 문명역사를 가진 한국의 청년들은 빈사상태에 빠진 형
제들을 구제해야 한다고 주장하였다.[72] 이것은 이 세상에는 약자도
존재하며, 그 존재가치 또한 있다는 것으로서, 약육강식·적자생존의
원칙을 부정하고 있다.

　사회개조·세계개조론은 러시아혁명 이후 대동사상과 결합되면서
한국인들 사이에서 확산되었다. 1917년 7월 신규식·조소앙·박은식·
박용만·신채호 등에 의하여 대동사상을 표방한[73] 〈대동단결의 선언〉
이 발표되었다.[74] 해외 독립운동계가 전열을 가다듬을 새로운 방도를

　의로써 금 2만원을 증여하였다. 이후 미국인은 조선인에 대해서 다대한 동
정을 표시하고 있다고 들었다. 우리 학생도 역시 마땅히 상당한 醵金을 하
고 그것을 독일에 기부하여 우리 동포의 의심을 보여주어야 한다"는 요지
의 담화를 교환하였다[〈朝鮮人槪況 第三(1920년 6月 30日 調)〉《外務特
殊文書》2, p. 785)]. 1915년 1월 東京 시내에서 신익희·박이규·송진우 외
여러 명이 모인 자리에서 박이규는 시국에 관해서 "우리는 마땅히 기독교
를 중심으로 하여 미국의 동정을 얻고 다시 大韓國의 부흥을 각국에게 성
명 …… 우리는 오로지 일·중 간에 하루라도 빨리 국교가 단절되는 것을
희망하여 마지않을 뿐이다"는 내용의 담화를 하였다[〈朝鮮人槪況(1916年
6月 30日 調)〉《外務特殊文書》1, pp.785～786)].
72) 주종건, 〈新年을 當하야 유학생 諸君에게 呈홈〉, 《學之光》 제4호(1915. 2),
　29～30쪽.
73) 조동걸, 앞의 글(1987), 130쪽.

모색하기 위하여 구상한[75] 이 선언은 "민권연합회(民權聯合會)는 강권
타파와 민권 신장의 대운동에 착수하여 국계종별(國界種別)이 무(無)
하고, 만국사회당(萬國社會黨)은 계절존망(繼絶存亡)의 대의(大義)를
선포하여 인류 화복을 재정(裁定)"하고 있다고 하여,[76] 사회와 세계가
개조되고 있음을 밝혔다. 강권을 타파하고 민권을 신장하자는 것은
강권이 지배하고 있는 현사회를 개조하자는 것이며, 만국사회당이 인
류 화복을 재정해야 한다는 것은 제국주의가 지배하는 세계질서를
개조하자는 것이다. 그리고 〈대동단결의 선언〉에 제시된 7개항의 제
의의 강령 가운데 "독립·평등의 성권(聖權)을 주장하여 동화(同化)의
마력(魔力)과 자치의 열근(劣根)을 방제(防除)할 것"이라는 항목이 있
는데,[77] 독립과 평등을 성스러운 권리로 규정한 것은 〈대동단결의 선
언〉에 관계된 자들이 강자가 약자를 지배하는 세계질서를 부정하고
있었음을 나타내 준다.

〈대동단결의 선언〉에서 드러나듯이 러시아혁명 이후 사회개조·세
계개조론은 대동사상과 결합되어 수용되었다. 1918년 11월 28일 상해
(上海)에서 창립된 신한청년당[78]의 당강(黨綱)에 "사회개조"와 "세계

---

74) 〈大同團結의 宣言〉, 12쪽.
75) 조동걸, 앞의 글(1987), 142쪽.
76) 〈大同團結의 宣言〉, 9쪽.
77) 위의 글, 11~12쪽.
78) 신한청년당의 결성시기는 자료에 따라 1918년 6·7월, 1918년 8월, 1918년
    11월 하순, 1918년 12월, 1919년 2월 1일 등으로 다르게 나타나고 있지만,
    신한청년당의 기관지인 《신한청년》 창간호의 "本黨紀略"에 의하면 1918년
    11월 28일이 창립일이다. 그런데 11월 28일은 여운형이 신한청년당 대표
    명의로 작성한 〈한국독립에 관한 진정서〉의 서명 일자와 일치한다. 따라서
    신한청년당은 외교문서 작성상의 필요에 의해 급조된 것으로 보인다. 신한
    청년당의 발기인은 呂運亨·張德秀·金澈·鮮于爀·韓鎭敎·趙東祐 등이며
    (신용하, 1986 〈신한청년당의 독립운동〉, 《한국학보》 44, 일지사, 94쪽), 그
    후 꾸준히 성장하여 徐丙浩·金奎植·宋秉祚·金淳愛·金九·李光洙·安定根·

대동"이 한 항목씩 차지하고 있는[79] 것으로 보아 신한청년당 관계자들이 사회개조·세계개조론을 대동사상과 결합시켜 이해하고 있었음을 알 수 있다. 통일당 또한 대동사상에 근거해서 사회와 세계를 개조할 것을 천명하였다. 통일당은 1919년 4월 6일 상해에서 이봉수·이동녕·이시영·조완구·조성환·김동삼·조영진·조소앙 등을 중심으로 하여 결성되었는데, "국민의 심(心)과 역(力)을 통일하여 조국을 광복하고 신시대 신이상에 기(基)한 신국가를 건설할 일", "인본주의를 창명(創明)하여 구천지 구사회를 신천지 신사회로 개조하고 조선적 신문화를 세계에 건설할 일", "전 인류의 자유와 평등을 위하여 강권을 배제하고 세계의 대동을 실현할 일", "산업과 교육의 신시설을 도(圖)하여 인류의 공동생활의 행복을 증진할 일" 등을 당강(黨綱)으로 결정했고, 당헌에서도 "세계개조의 벽두에 인본주의적 신문화를 세계에 건설하고, 인류의 이상적 신생활을 실현"할 것을 주장하였다.[80] 이로부터 통일당 관계자들 역시 대동사상과 사회개조·세계개조론을 결합시켜 이해하고 있었음을 알 수 있다.

　1919년 2월 만주(滿洲)에서 발표된 〈대한독립선언서〉를 살펴보면 대동사상과 사회개조·세계개조론이 한국인들 사이에 얼마나 폭넓게

　韓元昌·李裕弼·趙尙燮·都寅權·張鵬·金仁全·崔一·李圭瑞·申昌熙·白南圭 등이 입당하였다[김희곤, 1986 〈신한청년당의 결성과 활동〉,《한국민족운동사연구》1(한국독립운동사연구회 편), 지식산업사, 153쪽].

79) 신한청년당은 1920년 2월 초에 개최된 제1회 정기총회에서 "대한독립을 期圖한다", "사회개조를 실행한다", "世界大同을 促成한다"의 3개 항목을 黨綱으로 채택하였다[《신한청년》 창간호(1920. 3. 1), 78쪽 ;《독립신문》 1920년 2월 5일자].

80)《韓國民族運動史料 — 中國篇》, 國會圖書館, 19~20쪽 ; 釚生, 〈통일당〉, 《大同》 제3호(1921. 7. 9) ; 민족운동연구소 편, 1956《民族獨立鬪爭史 史料 — 海外篇》(《輿論》 제26호 부록), 12쪽 ; 在上海日本總領事館警察部第2課, 《朝鮮民族運動年鑑》, pp. 3~4.

퍼져 있었던가를 알 수 있다. 〈대한독립선언서〉의 주장을 살펴보면 다음과 같다.

우리 민족이 공진하여 무도(無道)한 강권속박을 해탈하고 광명한 평화독립을 회복함은 천의를 대양(對揚)하며 인심을 순응코자 함이며, 지구에 입족(立足)한 권리로 세계를 개조하여 대동건설을 협찬하는 소이(所以)일새, …… 군국전제를 삭제하여 민족평등을 전 지구에 보시(普施)할지니 이는 아 독립의 제일의요, 무력겸병을 근절하여 평균천하의 공도로 진행할지니 이는 아 독립의 본령이요, 밀약사전(密約私戰)을 엄금하고 대동평화를 선전할지니 이는 아 복국의 사명이요, 동권동부(同權同富)로 일절동포에 시(施)하여 남녀빈부를 제(齊)하며, 등현등수(等賢等壽)로 지우노유(知愚老幼)에 균하여 사해인류를 도(度)할지니 이는 아 입국의 기치요 …….[81]

조소앙이 기초한 것으로 전해지는 이 선언서는 대동사상에 입각하여 강자가 약자를 지배하는 것을 부정하고, 세계를 개조하여 모든 민족이 평등한 대동사회를 건설할 것을 주장하고 있는데, 이동휘·이상룡·문창범·박은식·신규식·신채호·조소앙 등 39명이 이 선언서에 서명하였다.[82] 이들은 1910년대 민족해방운동을 주도하던 자들로서, 각 지역의 민족해방운동을 대표하고 있었다. 이러한 사실들은 러시아혁명 이후 한국인들이 사회개조·세계개조론과 결합된 대동사상을 폭넓게 수용하고, 대동사상에 입각해서 모든 민족이 공존할 수 있도록 세계질서를 변혁시키고자 하는 한편, 한국 민족의 독립을 도모하였다는 것을 말해 준다.

---

81) 〈대한독립선언서〉(강만길 편, 앞의 책, 10~11쪽).
82) 〈대한독립선언서〉 서명자 명단에는 이승만도 포함되어 있다. 그러나 당시 미국의 위임통치를 제의하고 있던 이승만이 과연 〈대한독립선언서〉에 서명하였는지는 의문이다.

1917년 이후 한국인들 사이에 사회개조·세계개조론이 대동사상과 결합되면서 널리 확산되었던 것은 러시아혁명의 영향으로 보인다.[83] 박은식은 러시아혁명이 "전세계가 대동단결하고 인류가 공존한다는 이상"을 최초로 실현한 것으로 보았다. 즉 "러시아의 혁명당은 앞장 서서 홍기를 높이 들어 전제를 엎어버리고 널리 정의를 선포하여 각 민족의 자유와 독립을 허용하였다. 전에 극단의 침략주의 국가였던 러시아가 일변하여 극단의 공화체제를 세우게 된 것이다. 이는 세계 를 개조하는 데에서 가장 앞서 이룩된 기틀이 되었다. …… 정의와 인도를 표방하는 자들이 마침내 승리를 드높이 구가하게 되었다. 이 른바 세계개조의 서광이라 할 수 있다"고 하여,[84] 사회개조·세계개조 론이 러시아혁명에 의해 처음으로 현실화된 것으로 파악하였다. 류진 율 또한 러시아혁명에 의해 사회가 개조된 것으로 이해하였다. 즉 러 시아 2월혁명으로 인해 "1억 7천만 인민이 일조에 무도한 제정과 간 포한 정부를 번복하고 임시민정부를 조직하고 8가지 자유를 선언한 무한한 행복을 누리게" 되었다는 것이다.[85] 이러한 사실들은 한국인 들이 러시아혁명의 영향 아래 사회개조·세계개조론을 대동사상과 결 합시켜 수용하였고, 그것을 통해 사회진화론을 극복하게 되었음을 말 해 주고 있다.

신채호가 사회진화론적 사고에서 벗어난 것도 러시아혁명의 영향 으로 보인다. 그것은 신채호가 사회진화론적 사고에서 벗어난 시기는

---

83) 러시아혁명은 일본 사상계에도 커다란 영향을 미쳤다. 近藤憲二는 러시 아혁명이 일본의 사회운동과 노동운동을 자극하고 큰 영향을 주었으며, 노 동운동사상에서 하나의 획을 그었다고 하였다(近藤憲二, 1969 《私の見た 日本アナキズム運動史》, 脈社, p. 23).

84) 박은식, 1973 《독립운동지혈사》(이현배·김정기 공역), 일우문고, 128쪽.

85) 《한인신보》 창간호(1917. 7. 8), 한인신보사. 《한인신보》는 블라디보스톡 신 한촌에서 간행되었는데, 任與樂·李杰·崔東旿 등이 同人이었다[〈祝詞〉, 《震 壇》 第6期(1920. 11. 14), 震壇報社].

사회진화론에 기초하고 있는《꿈하늘》을 창작한 시기인 1916년과, 사회진화론적 사고를 부정하고 있는 〈대동단결의 선언〉이 발표된 1917년 7월 사이이며, 그 기간 안에 신채호가 사상전환을 할 만한 계기로는 러시아혁명밖에 없기 때문이다. 신채호가 사회진화론적 사고에서 벗어난 것은 〈신교육(情育)과 애국〉이라는 글에서도 나타난다. 그는 이 글에서 "미국의 부와 독일의 강"을 본받고자 하는 것은 외국문명을 숭배하여 수입하게 할 뿐 국가에 대한 애정을 기르지는 못하며, "루쏘의 민약론(民約論)과 다윈의 물경론(物競論)"을 따르자고 하는 것은 사회의 불평에 대한 파괴성을 격발시키는 수단에 불과할 뿐이라고 하여,[86] 서구 자본주의 국가를 따라갈 것이 아니라 한국 민족의 자주성을 보장해 주는 길을 추구할 것을 강조하고, 적자생존과 약육강식을 주장하는 힘의 논리를 부정하였다. 따라서 한말부터 아나키즘을 포함한 사회주의를 알고 있던 신채호는 러시아혁명의 영향으로 대동사상과 사회주의에 접근하기 시작하였고, 그러한 과정에서 사회진화론적 사고에서 벗어날 수 있었을 것이라 짐작된다.

윌슨의 '민족자결주의' 또한 한국인들 사이에 사회개조·세계개조론을 확산시키는 데에 영향을 미쳤던 것으로 보인다. 신한청년당의 당헌에는 "본당은 인류의 문화를 증진하여 평등·자유·순결 및 박애의 진리를 대지(大地)에 실현하고 이로써 인생의 천직을 완수하는 것을 종지로 삼는다"는 항목이 들어 있다.[87] 손립(孫立) 또한 《독립신보》[88]

---

86) 〈신교육(情育)과 愛國〉(《신채호전집》 하, 132~134쪽) 참조. 이 글의 작성시기는 1910년대 후반 내지 1920년대 초로 추정된다. 그 근거는 신채호가 이 글에서 국수주의를 계속해서 견지하고 있기 때문이다. 즉 이 글은 신채호가 사회진화론적 사고에서 벗어나는 계기가 되었던 러시아혁명 이후에 그리고 국수주의를 극복하는 1920년대 이전에 저술된 것으로 볼 수 있다.

87) 〈신한청년당 당헌〉, 《신한청년》 창간호(1920. 3. 1), 77쪽.

88) 《獨立新報》는 《獨立新聞》의 前身으로서, 新韓靑年黨에서 발행하였다

제9호(1919. 4. 10)에서 지금은 "하나님이 세상을 다시 죄 주시고 정의와 인도를 위하여 전에 강한 자를 약하게 하시고 지금에 약한 자를 강하게 하는 때"라 하여,[89] 약육강식의 시대는 가고 강약이 공존하는 세상이 온다고 하면서 한국의 독립을 당연시하였다.

사회개조·세계개조론을 반영하고 있는 신한청년당의 당헌이나 손립의 주장은 러시아혁명의 영향보다는 1918년 1월에 공포된 윌슨의 '14개조 평화원칙'[90]의 영향을 받은 것으로 보인다. 즉 윌슨이 제국주의적 국제질서를 부정하고 약소국의 민족자결을 주창하자, 사회개조의 시기가 온 것으로 파악하여 모든 민족이 공존하는 '세계대동'을 부르짖었던 것이다. 신한청년당이 중심이 되어 파리강화회의에 민족대표를 파견했던 것도 윌슨의 민족자결주의 영향 아래에서 사회개조·세계개조론이 확산되는 가운데 이루어진 것으로 보인다.

러시아혁명과 윌슨의 민족자결주의의 영향을 받아 한국인들 사이

(孫安石, 1996 〈上海の朝鮮語『獨立新聞』について ― 新史料による書誌的研究と再檢討の可能性〉, 《近きに在りて》第29號, p. 18). 1919년 3월 28일에 창간되었으며, 주필은 金弘叙이고, 白南七·宋鎭禹·金聲根 등이 기사의 제작을 보조하였다[〈鮮人發刊ノ獨立新報ニ關スル件〉(大正8年4月17日, 機密414號), 日本外務省外交史料館 소장 마이크로 필름. 분류기호 M/T 4-3-2-2-1-1].

89) 《독립신보》 제9호(1919. 4. 10), 寄書欄.

90) 윌슨의 '14개조 평화원칙'은 ① 강화조약의 공개와 비밀외교의 폐지 ② 公海의 자유 ③ 공정한 국제통상의 확립 ④ 군비축소 ⑤ 식민지문제의 공정한 해결 ⑥ 프로이센으로부터의 철군과 러시아의 정치적 발달에 대한 불간섭 ⑦ 벨기에의 주권회복 ⑧ 알자스 로렌의 프랑스 반환 ⑨ 이탈리아 국경의 민족문제 자결 ⑩ 오스트리아-헝가리 제국 내의 여러 민족의 자결 ⑪ 발칸제국의 민족적 독립보장 ⑫ 터키제국 지배하의 여러 민족의 자치 ⑬ 폴란드의 재건 ⑭ 국제연맹의 창설 등이다. 이 '14개조 평화원칙'은 명목상이라 하더라도 제국주의적 국제질서를 부정하고 약소국의 민족자결을 보장하였다는 점에서, 한국인들이 사회진화론적 사고에서 벗어나는 데 상당한 영향을 미쳤다.

에 사회개조·세계개조론이 확산되는 가운데, 국내에서도 3·1운동 이후 사회개조·세계개조를 주장하는 글들이 발표되었다. 1919년 11월에 〈시대인(時代人)〉이라는 제목의 글이 발표되어, 약(弱)과 부족(不足)을 가리켜 죄라 하고 강(强)과 풍부(豊富)함을 일러 선(善)이라 할 자 아무도 없다고 주장하였다.[91] 이 글은 약육강식의 원칙이 사회를 지배하는 것을 부정하고 있다. 신종석 또한 "소약(小弱)의 민족과 국가도 기(其) 발전의 자아이상(自我理想)을 발휘하는 동시에 부강한 국가와 민족도 또한 번영을 자도(自圖)하고 무산계급의 생활도 안전한 보장 하에 문명의 이권을 공형(共亨 ; 共享?— 인용자)케 함을 요구하는 개조의 운동이니 즉 강약이 동조(同助)하며 대소가 공존함을 요구하는 세계의 개조, 사회의 개조를 절규하는 문화적 운동이 되며" 운운하여,[92] 세계와 개개의 사회가 약육강식·적자생존의 원칙에 따라 운영되는 것을 부정하고 강자와 약자가 공존해야 한다고 주장하였다. 이러한 사실들을 통해 러시아혁명 이후 한국의 지식인들은 사회진화론을 극복하고, 현사회를 "강자는 약자를 부(扶)하며, 부자(富者)는 빈자(貧者)를 구하며, 우자(優者)는 열자(劣者)를 조(助)하야 자유·평등·박애의 미덕을 발휘"하는 사회로 개조하고자 하였다는[93] 것을 알 수 있다.

지금까지 살펴본 바와 같이 제1차세계대전 이후 한국인들 사이에는 사회개조·세계개조론이 수용되기 시작하였으며, 러시아혁명과 윌슨의 '민족자결주의'의 영향으로 확산되어 갔다. 사회개조·세계개조론자들은 세계질서를 모든 민족이 공존할 수 있도록 변혁시키고자 하는 한편 한국 민족의 독립을 추구하였다.

---

91) 時代者,〈時代人〉,《曙光》 제1호(1919. 11), 77쪽.
92) 신종석,〈세계적 사조와 문화운동〉,《曙光》 제6호(1920. 7), 37쪽.
93) 신종석,〈시대의 변천과 吾人의 각성〉,《曙光》 제1호(1919. 11), 24쪽.

한국인들의 사회개조론은 정신개조에 의한 사회개조론과 제도개조에 의한 사회개조론으로 나뉜다. 정신개조에 의한 사회개조론은 "사회개조의 근본의(根本意)는 제도의 개조에 있지 아니하고 인심의 개조에 있다"고 주장하는데, 이는 다시 제도를 개조한다는 전제 아래 정신을 먼저 개조해야 한다고 하는 주장과, 정신개조가 사회개조의 목적이라고 하는 주장으로 나뉜다. 전자는 현 사회제도가 불완전한 원인이 그 사회를 구성한 각 개인의 정신이 불완전한 데 있으므로, 현 사회제도를 개조하려면 현 사회제도를 개조하고자 하는 욕구가 생기도록 정신을 개조해야 하고, 그리고 그것이 사회개조의 중심 문제라는 주장이다. 후자는 현 사회제도에 대한 문제의식은 전혀 없고 모든 문제의 근저에 횡일(橫溢)하는 인생고·사회고·시대고 등은 제도의 죄가 아니라 한갓 인심의 죄라는 주장으로서 제도개조론에 대해서는 적극적으로 반대하였다.[94]

후자의 입장에서 홍병선(洪秉璇)은 "세계개조는 먼저 도덕으로 인심을 정도로 인도하고, 종교로 가장 고상한 이상을 주어 기(其) 정신을 정돈한 연후에 완전히 시(始)한다. …… 개조는 먼저 인(人)의 마음부터 시작"해야 한다고 하여,[95] 사회개조는 정신개조 이후에 가능하다는 것을 역설하였다. 주종건은 "청년 제군이여 구습을 묵수(墨守)치 말지어다. 불량한 습관이 유(有)할시 차(此)를 타파함에 하등 주저할 필요가 유(有)하리오. 제군은 건설에 노력하는 동시에 파괴에 가용(加勇)"하라고 하면서,[96] 청년들이 구사상개혁·구습타파·사회개량 등 사회를 개조하는 일에 적극 나서야 한다는 것을 강조하였다.

---

94) 柳友槿(寄稿), 〈내적 개조론의 검토〉, 《동아일보》 1921년 4월 28~30일자 참조.

95) 홍병선, 〈개조론의 眞意〉, 《曙光》 제5호(1920. 6), 25쪽.

96) 주종건, 앞의 글, 29~30쪽. 주종건은 1915년 당시는 구습타파 등 정신개조에 의한 사회개조를 주장하였지만, 이후 공산주의를 수용하였다.

송진우는 공교(孔敎)를 모고사상(慕古思想)의 원천이자 전제사상의 단서이며 배타사상의 표현이라면서, 공교를 타파하고 국수를 발휘할 것, 가족제를 타파하고 개인은 자립할 것, 계급결혼의 악과(惡果)를 발생시키고 조혼의 말폐를 발생시키는 강제연애를 타파하고 자유연애를 고취할 것, 노동 학대라는 결과를 가져오고 물질연구를 소략시키며 명리의 노예로 만드는 허영교육을 타파하고 실리교육을 실시할 것, 상식실업을 타파하고 과학실업(科學實業)을 환흥(喚興)할 것 등을 주장하였다.[97] 이광수도 "조혼, 강제혼인, 불합리한 관혼상제의 제례(諸禮), 관존민비, 남존여비, 자녀를 자기의 소유물로 아는 것, 부귀한 자의 무직업(無職業)한 것, 모든 미신, 양반·상놈의 계급사상, 비경제적 비위생적인 가옥, 의복제도 실로 매황(枚遑)한 이 악습속(惡習俗) ── 우리를 괴롭게 하고 망하게 한 …… 모든 이 악습속(惡習俗)을 우리 손으로 때려부수지 아니하면" 안 된다는 것을 강조하면서, 청년들에게 교육사업·교풍사업(嬌風事業)·산업진흥 등을 적극 추진할 것을 당부하였다.[98] 전영택(田榮澤) 또한 효도, 남존여비의 사상, 노인과 어른이 청년과 아이를 압제하고 무시하는 관습, 계급제도, 한문제도(漢文制度) 등을 파괴하고, 풍부하고 굳센 개성, 이상적이고 신성한 가정, 산업시설과 교육시설, 건전한 사상 등을 건설할 것을 제창하였다.[99]

제도를 개조하기 위한 선결조건으로서 정신을 개조해야 한다는 주장[100]은 개조 대상에 따라서 다시 둘로 나뉜다. 하나는 유산계급의 심

---

97) 송진우, 〈사상개혁론〉, 《學之光》 제5호(1915. 5), 3～7쪽 참조.

98) 이광수, 〈卒業生諸君에게 들이는 懇告〉, 《學之光》 제13호(1917. 7), 7～9쪽 참조.

99) 전영택, 〈舊習의 파괴와 신도덕의 건설〉, 《學之光》 제13호(1917. 7. 19), 50～57쪽 참조.

100) 제도를 개조하기 위한 선결조건으로서 정신을 개조해야 한다는 주장은 1920년대 설태희의 '토산장려'의 논리를 거쳐 '만민공생'과 '노자협진'을 주장하는 1930년대의 민족주의와 해방 이후의 신민족주의로 그 맥이 이어지

리를 변화시켜 그들로 하여금 현사회 제도의 결함을 깨닫게 하여 자
진하여 사회제도를 근본적으로 개조하게 해야 한다는 주장이다. 이들
은 자본주의와 제국주의의 악폐를 지적하고 그 모순을 체제 내적으
로 극복할 것을 주장하였다. 당시 각국에서 자산계급과 노동계급의
반목이 격렬의 도(度)를 더하여 계급투쟁이 시작되고, 공산주의·사회
주의가 발흥하게 된 것은 자산계급이 너무 이권을 독단하며 횡포를
자행하여 왔기 때문으로,[101] 자산계급들은 각성해야 하며, "대부(大富)
로부터는 고율의 재산세를 징수하고, 소부(小富)에 대하여는 보조금
을 출급하여 평등하게 개조하며, 노동임(勞動貨)을 고등(高騰)히 하고
시간을 단축"하는 등의 정책을 실시하고, 그것을 통해 사회를 개조해
야 한다는 것이다.[102] 이들은 농민문제 또한 지주계급의 탐욕에서 비
롯되는 것으로 파악하였다. 그리하여 지주계급의 철저한 반성을 촉구
하고, 그것을 통해 소작문제의 발생을 예방하고, 사회 전체의 영원하
고 진정한 안녕·질서를 도모하고자 하였다.[103]

　둘째는 무산계급의 정신을 개조해야 한다는 주장이다. 이들은 "사
회의 진화가 노동자가 없고 어찌되리오. 우리의 불가피한 의식을 공
급하는 자는 누구며, 우리의 거소(居巢)하는 집을 건축하는 자는 누
구며, 구리('우리'의 오식 ― 인용자)의 일용물품을 공급하는 자는 누구
인가" 하고 반문하면서,[104] 노동자를 사회발전의 주체로 인식하였다.

는 것으로 보인다.
101) 春史(張膺震), 〈교육계 현상에 대하야〉, 《曙光》 제5호(1920. 6), 문흥사, 4
　　쪽 참조.
102) 원종린, 〈財産一代論對策〉, 《曙光》 제3호(1920. 2), 문흥사, 41~44쪽.
103) 一記者, 〈농촌과 노동문제〉, 《共濟》 제7호(1921. 4), 30~36쪽 참조.
104) 김철수, 〈노동자에 관하야〉, 《學之光》 제10호(1916. 9), 15쪽. 김철수는
　　1916년 당시 노동자를 역사발전의 원동력으로 파악하고 있었지만, 아직까
　　지는 사회주의자가 아니었고 정신개조에 의한 사회개조론자였던 것으로
　　보인다.

이러한 인식 위에서 노동운동을 세계를 개조하는 진정한 운동으로
규정하였다. 즉 노동운동만이 "온갖 고통과 비애와 번민 가운데서 전
세계 인류를 해방하며 영구의 평화와 행복을 재래하여 자유·평등·안
락의 생활을 공향(共享)케 할 신세계"를 창건할 수 있다고 하였다.[105]

무산계급의 정신개조를 주장하는 자들은 노동자들이 현사회에서
온갖 고통을 당하는 것은 "노자(勞資)의 쌍방이 다 초매(草昧)하여 정
의와 인도, 노동의 신성, 평등의 광명을 자각치 못한" 것에서 연유하
는바, 노동문제를 올바로 해결하기 위해서는 "사회제도의 일반적 개
혁을 대요(大要)"하지만 노동자 자신의 각성이 급선무이며, 이것이
곧 노동자 개조의 대문제라고 주장하였다. 그리고 노동자로서의 의무
를 완행(完行)하도록 지덕(知德)을 향상하며 기능을 연숙(練熟)하여
노동 신성이란 진리를 발용하고 평등광명이란 행복을 향수(享受)하기
위해서는 노동자들이 자각해야 한다는 것이다.[106] 즉 제도개조에 앞서
노동자들의 정신을 개조해야 한다는 것이다.

정신개조에 의한 사회개조론자들은 그 방법으로 교육을 들고 있다.
"금일 타락된 우리의 사회를 멸망에서 구증(救拯)할 유일의 근본적
방책은 교육을 진흥"하는 것 외에는 도리가 없으므로,[107] 학교의 설립,
신문·잡지의 발행과 강연회의 개최를 통해 학교교육과 사회교육을
널리 시행해야 한다는 것이다. 특히 노동자 교육기관으로는 야학 설
치를 주장하였다.[108] 이들은 1920년 6월 "현하 조선사회를 개조하는
근본 방략은 교육이다"는 이념 아래 "조선교육계에 나침반과 원동력
이 되어 신조선 건설에 절대 공훈자가 되겠다"는 취지로 전 한국의
유지를 망라한 조선교육회를 창립하는[109] 등 교육진흥을 위해 노력했

---

105) 신종석, 〈노동문제의 淵源과 유래〉,《曙光》 제7호(1920. 9), 문흥사, 11쪽.
106) 石如, 〈평등의 광명과 노동의 신성〉,《共濟》 제1호, 69~71쪽 참조.
107) 春史(張膺震), 앞의 글, 5쪽.
108) 박애림, 1992 〈조선노동공제회의 활동과 이념〉, 연세대 석사학위논문, 30쪽.

다.

여자교육의 필요성 또한 강조되었다. 차미리사는 한국 사회의 가
정이 빈약하고 야매하고 쇠잔하고 부자유하고 적막하고 냉담한 것이
사회와 가정의 중요한 요소인 여자를 교육시키지 않았기 때문인 것
으로 진단하였다.[110] 그녀는 1919년 9월 구가정 부인들을 대상으로 하
는 부인야학강습회를 결성하여 본격적인 여성교육을 실시하였으며,
부인야학강습회를 기반으로 하여 1920년 2월 19일에는 남자의 압박
아래에서 노예적이고 상품화한 생활을 하는 여자들을 교육시키고자
김선(金善) 등과 함께 조선여자교육회를 발기하여 다음날 창립하였
다.[111]

그러나 정신개조를 사회개조의 목적으로 규정한 주장은 관념적인
차원에 머물렀으며, 실력양성론적 입장에서 제기된 것이었다. 그 결
과 사회진화론적 사고에서 탈피하지 못하고 사회개량주의로 나아갔
으며, 1920년대의 민족개량주의로 이어졌다.

제도를 개조하기 위한 선결조건으로서 정신을 개조해야 한다는 주
장은 계급평등주의를 내세웠지만, 계급평등주의 역시 관념론으로서
사회제도 개조로는 이어지지 않았으며, 결국 사회혁명을 예방하는 차
원에서 제기된 것에 불과하였다. 그들은 "만물은 오직 노력의 가치로
비치되었다. …… 재물을 욕(欲)하거든 생산상 철저한 노력을 위함이
타당하다. 하고(何故)로 공산주의를 창도하는가? 사회의 공평, 안녕을
기도하거든 진성(眞誠)한 사회주의를 선전함에 족(足)하거늘 하고(何

---

109) 〈朝鮮敎育會에 對하야 敎育奬勵의 中心的 機關〉,《동아일보》1920년 6
월 30일자 ;〈朝鮮敎育會에 對하야〉,《동아일보》1922년 3월 23일자.
110) 〈女子敎育의 必要 新女子社 金元周女史談〉,《동아일보》1920년 4월 4일
자 참조.
111) 한상권, 2001 〈일제강점기 차미리사의 민족교육운동〉,《한국독립운동사
연구》제16집, 한국독립운동사연구소, 354쪽.

故)로 과격사상을 선전하는가?" 하여,[112] 공산주의에 의한 사회혁명을
거부하였다. 사회혁명이 일어나면 "선조의 재산을 유존(遺存)하고 요
순시대로 개조"하는 것이 불가능하다고 인식하였기 때문이다.[113]

그들은 사회혁명을 예방하고자 했고, 그러기 위해서는 곤궁에 처
한 민중들에 대한 구제정책을 시행하여 그들을 안심시키고 위로하여
체제 내에 포섭할 필요가 있었다. 그 방법으로 노동자에 대한 교육
실시와 산업조합 설치 등이 제시되었다. 김철수는 노동자 구제방침으
로 정신적 구제와 물질적 구제라는 두 가지 방도를 제시하였다. 정신
적 구제방침은 노동자계(勞動者界)에 간이 야학교를 설치하여 노동자
로 하여금 상식과 덕성을 갖추도록 하는 것이었고, 물질적 구제방침
은 신용조합·구매조합·판매조합·공동기숙사 등을 설치하여 노동자
의 생활과 지위를 개선하는 것이었다.[114] 최원호(崔瑗浩) 또한 민중을
구제하는 방법으로 산업조합(신용조합·구매조합·판매조합·생산조합)을
제시하였다. 그는 산업조합은 빈(貧)한 자를 합동하여 부(富)한 자 되
게 하는 극히 합리적 산업제도로서, 생산비를 지극히 감축하고 수익
을 극도로 증대시켜 부를 증진시키는 방법은 산업조합밖에 없다고
하였다.[115]

정신개조에 의한 사회개조론의 개량성을 비판하고 나온 것이 바
로 제도개조에 의한 사회개조론이다. 제도개조에 의한 사회개조론이
란 "인생의 의식이 제도를 성(成)하는 것이 아니라 제도가 인생의 의
식을 결정"하며, "인심의 개조를 대(待)한 연후에 제도의 개조가 내

---

112) 綠東, 〈타협주의〉, 《조선일보》 1920년 12월 12일자.
113) 원종린, 앞의 글, 41~44쪽 참조. 정신개조에 의한 사회개조론자였던 원
    종린은 일본으로 건너간 이후 아나키즘을 수용하였다.
114) 김철수, 앞의 글, 16쪽.
115) 崔瑗浩, 〈조선인의 생활과 산업조합의 필요〉, 《學之光》 제12호(1917. 4),
    27~28쪽 참조.

(來)할 것이 아니요, 제도의 개조가 실현된 후에야 비로소 인생의 사상·감정이 완전히 개조"되므로,[116] 제도부터 개조하여야 한다는 주장이다. 제도개조에 의한 사회개조론을 주창한 사람은 사회주의자들이었다.

3. 아나키즘 수용의 사상적 기반

19세기 후반 이후 한국은 자주적인 근대화를 달성하기 위해 노력하였지만, 1907년 이후 사실상의 망국사태를 맞이하고 말았다. 망국의 상태에서 사회진화론은 근대화를 지도하는 이념으로서의 역할 외에 일본 제국주의가 한국을 식민지 지배하는 것을 정당화하는 역할까지도 수행하게 되었다. 이에 한국 민족에게는 제국주의 사상으로서의 사회진화론을 극복할 수 있는 새로운 사상체계를 정립해야 하는 과제가 주어졌다. 이 사상적 과제를 해결하는 과정에서 사회주의가 수용되었다. 즉 제국주의에 맞설 수 있는 사상을 모색하는 과정에서 반자본주의 사상인 사회주의가 민족해방운동의 지도이념으로서 수용되었던 것이다.

1880년대부터 이미 국내에 소개되어 한국인들에게 개인적 차원에서 수용되던 사회주의는 1910년 국권상실을 전후해서는 반제국주의 사상으로서 수용되어 사회진화론을 극복해 나갔다. 그리하여 1910년대에는 정태신(鄭泰信),[117] 나경석(羅景錫),[118] 한광수(韓光洙),[119] 손명표

---

116) 柳友槿, 〈내적 개조론의 검토(2)〉, 《동아일보》 1921년 4월 29일자.
117) 정태신의 본명은 鄭泰玉이며, 정양명·정우영이라는 별명으로 불리기도 했다. 1914년 일본인 아나키스트의 영향으로 朝鮮人親睦會를 결성하여 아나키스트 운동을 전개하였다. 1921년 黑濤會의 설립에 참가하였으며, 무산자동맹회에도 관계하였다. 1922년에는 공산주의단체인 北星會를 결성하였으며, 北星會 대표로 1922년 베르흐네우진스크의 고려공산당 통합대회에

(孫明杓)[120] 등과 같은 아나키스트 운동가도 나타난 것이다. 요코타 쇼

파견되었다. 1923년 북성회 전국순회강연차 귀국했다가 8월 13일 부산에서
익사했다[〈特別要視察人狀勢一班 第8(1917年 5月 2日~1918年 5月 1日)〉
(松尾尊兊 編, 1984《社會主義沿革》1, みすず書房, p. 587) ; 전명혁, 1998
〈1920년대 국내 사회주의운동 연구 ― 서울파를 중심으로〉, 성균관대 박사
학위논문, 29쪽 ; 전명혁, 1997〈1920년대 전반기 까엔당과 북풍회의 성립과
활동〉,《성대사림》 12·13합집, 310~311쪽 ; 朝鮮總督府警務局,《朝鮮治安
狀況(大正11年)》其の一(鮮內)(《外務特殊文書》3, p. 579)].

118) 나경석은 1910년에 일본으로 건너갔으며 1914년 7월 東京高等工業學校
를 졸업하였다. 1914년 7월 정태신을 長谷川市松에게 소개하였으며, 1915
년 전후 회사·제약사업에 종사하다가 실패하였다. 그 사이 大杉榮·逸見直
造 등과 교제하여 주의자(아나코생디칼리스트 ― 인용자)가 되었다. 1915년
9월 중순에 한국으로 귀국하였으며(나경석의 《公民文集》에는 1918년에
귀국한 것으로 되어 있다), 1923년부터 물산장려운동에 참여하였다[나경석,
1980《公民文集》, 정우사, 261쪽 ;《倭政時代 인물사료》1, 107쪽 ;〈特別
要視察人狀勢一班 第5(1914年 7月~1915年 6月)〉(松尾尊兊 編, 위의 책,
412쪽) ;〈朝鮮人槪況(1916年 6月 30日 調)〉(《外務特殊文書》1, p.782)].

119) 한광수(一名 世復)는 1915년 무렵 일본에서 잡지《第3帝國》(茅原華山이
1913년 10월에 창간) 판매를 통해 재일 한국인들 사이에서 아나키즘을 선
전하다가, 1918년 9월 1일에 名古屋으로 갔다. 여기에서 朝鮮人蔘販賣에
종사하면서 아나키스트임을 표방하였으며, 1919년 4월 10일 松井廣文이
경영하는《大公論》에 부사장으로 입사하였다. 同紙에〈亡民獨語〉(1919. 4.
17~5. 7)와〈未見의 丹潔兄에게 주며 조선문제를 논한다〉(1919. 6. 3~5)
등을 게재하여 아나키즘을 선전하다가, 1919년 7월 26일 금고 2개월에 처
해졌다. 1920년 1월 愛知縣에서 '일본 거주 한국인간의 친목을 도모하고
일치협력하고, 근면저축을 장려하며 특히 지식보급에 노력하며 인격향상
을 期하는 것'을 목적으로 하여 鮮人勞動民友會를 결성하였다[《國史大辭
典》3, 吉川弘文館, p. 34 ; 韓世復,〈천사의 미소〉,《學之光》제5호(1915.
5), 65쪽 ;〈特別要視察人狀勢一班 第9(1918年 5月 1日~1919年 11月 1
日)〉(松尾尊兊 編, 위의 책, pp. 692~693) ;〈朝鮮人槪況 第三(1920年 6月
30日 調)〉(《外務特殊文書》2, pp. 34~35·47·90)].

120) 孫明杓는 아나키스트로서 1895년 8월 9일 경남 안의읍에서 출생하였으
며, 1962년 10월 10일 사망하였다. 그는 3·1운동 이전에 아나키즘을 수용
하였으며, 1921년 부산총파업에 관계하여 파업선동죄와 출판법 위반으로

지로(横田宗次郎)[121]에 의하면 하와이 재류 한국인 가운데에도 1914년에 이미 사회주의자가 상당수 있었다.[122]

그러면 아나키즘을 비롯한 사회주의는 어떠한 사상적 기반 위에서 수용되었을까? 이 절에서는 '춘추대의'를 내세운 명분론에 입각한 암살활동, 대동사상, 사회개조·세계개조론을 중심으로 아나키즘 수용의 사상적 기반을 살펴보기로 한다. 우선 '춘추대의'를 내세운 명분론과 아나키즘의 관계부터 살펴보자.

'춘추대의'를 내세운 명분론자들이 전개하였던 암살활동은 아나키스트들이 '사실에 의한 선전'[123] 수단으로 채택한 테러활동과 그 외형

구속되기도 했다. 이후 일본으로 건너가 1922년 12월 大阪朝鮮勞動同盟會 결성에도 참가하였다["개인 및 단체 경력서"(무정부주의운동사편찬위원회 준비위원회에서 조사) ;《동아일보》 1921년 9월 22일~10월 3일 ;《한국노동조합운동사》, 한국노동조합총연맹, 1979, 80~82쪽 ; 申煖波(黑友會), 〈日本に於ける鮮人勞動運動〉,《勞働運動》 第10號(1923. 1. 1)]. 이 밖에 그는 1915년 부산부두노동조합 파업 건으로 부산형무소에서 2년간 복역하였다고("개인 및 단체 경력서") 자술하였으나 확인되지 않는다. 申煖波는 申焰波(申焰波)의 잘못으로 보인다.

121) 横田宗次郎은 大杉榮 중심의 무정부주의급진파에 속하였다. 그는 1914년 3월 말 福岡으로부터 大阪으로 옮겨간 뒤 大杉榮·荒畑勝三 등의 중앙 동지와 연락을 취하면서 長谷川市松과 함께 주의의 보급, 노동자의 회유에 노력하였다. 특히 大阪 砲兵工廠 직공에 대해서 주의를 주입시키고자 기도하였다. 그리고 排日鮮人 정태신과 친교를 맺고 그에게 주의를 주입하였다[〈特別要視察人狀勢一班 第6(~1916年 5月 1日)〉(松尾尊兊 編, 앞의 책(1984), p. 449·454)].

122) 横田宗次郎은 1914년 8월 25일 "布哇 방면에 재류하는 자 중에는 맹렬한 배일사상을 품은 자는 물론 사회주의자도 역시 적지 않은 모양"이라는 내용의 담화를 했다[〈特別要視察人狀勢一班 第5(1914年 7月~1915年 6月)〉(松尾尊兊 編, 위의 책, 412쪽)].

123) '사실에 의한 선전'은 1873년 크로포트킨에 의하여 사용된 용어로서, 러시아어로는 'fakticheskaia propaganda'이다. fakticheskaia는 '사실을 통해서'란 의미다[Max Nettlau(하기락 역), 1989《전세계 인민해방전선 전개—

이 동일하다. 이러한 점은 '춘추대의'를 내세운 명분론자들로 하여금 아나키즘에 쉽게 접근할 수 있도록 하였을 것이다. 이들은 아나키즘에 접근하여 그 방법론을 수용하였다. 즉 아나키스트들이 자신들의 테러행위를 정당화하는 논리를 차용하여 자신들의 암살행위를 정당화시키고자 하였다. 그것은 안중근에게서 단편적으로 나타난다. 안중근은 자신이 이토 히로부미를 암살한 목적은 "뜻있는 동양 청년들의 정신을 일깨"우는 것이었다고 밝혔다.[124] 즉 동양 청년들에게 독립정신을 선전하여 그들로 하여금 민족해방운동에 참여하도록 하기 위해서 침략의 선봉인 이토 히로부미를 암살하였다는 것이다. 이것은 안중근이 암살활동을 국권회복운동의 방법론으로 정립하는 데 '사실에 의한 선전'을 수단으로 채택한 아나키스트들의 방법론을 차용하였음을 의미한다.

아나키스트들에게 테러는 테러 그 자체가 목적이 아니라 테러를 통해서 민중을 각성시키는 것이 목적이다. 즉 테러행위는 '사실에 의

아나키즘 略史》, 형설출판사, 163쪽]. 조지 우드코크(George Woodcock)나 玉川信明 등은 '행동에 의한 선전'으로 번역하였다. '사실에 의한 선전'은 민중들로 하여금 봉기·폭동·총파업 등을 일으키도록 하기 위해서는 민중에게 아나키즘을 선전하고 그들을 각성시켜야 하는데 그 수단으로 직접행동을 택해야 한다는 것이다. 직접행동은 민중이 전위조직이나 지식인 등의 대리인을 거치지 않고 자신의 자유의지에 따라서 스스로 행하는 행동을 의미하지만, '사실에 의한 선전' 수단으로서의 직접행동은 주로 테러를 지칭하였다. 1876년 베른대회에서 '사실에 의한 선전'이 슬로건으로 채택되었으며[다니엘 게렝(하기락 역), 1993 《현대 아나키즘》, 신명, 146쪽], 1877년 상뒤미에대회에서 '사실에 의한 선전'이 쥬라동맹의 회원들에게 널리 권장되었고, 이후 20년 동안 세계에는 테러가 휘몰아쳤다[玉川信明(이은순 역), 1991 《아나키즘》, 오월, 59쪽].

124) 안중근, 〈한국인 안응칠의 느낀 바〉(신용하 편, 1995 《안중근 유고집》, 역민사, 313쪽) 참조. 이 글은 1909년 11월 6일 안중근이 일본 관헌에게 준 글이다.

한 선전' 수단 가운데 하나인 것이다. '춘추대의'를 내세운 명분론과
아나키즘의 '사실에 의한 선전론'이 결합되면서 암살활동이 널리 행
해졌으며, 아나키즘에 대한 이해의 정도도 점차 깊어져 갔던 것으로
보인다.

당시 암살활동에 관계하였던 사람이 아나키스트가 된 사례도 확인
된다. 이회영은 "나인영(나철) 등의 무인협객(武人俠客)과도 결교(結
交)"하였으며, 이른바 '을사조약'의 국치(國恥)가 닥쳐오자 가재(家財)
를 팔아 운동비를 마련하고 "나인영·기산도 등 제씨에게 연락하여
오적 암살을 꾀하였다"고 한다.[125] 이회영은 1920년대 초 신채호(申采
浩)와 교류하면서 아나키즘을 수용한 것으로 보이며, 이후 재중국 한
국인 아나키스트들의 활동을 지도했다.[126]

신채호의 경우도 테러라는 아나키스트들의 방법론을 통해 아나키
즘을 수용한 것으로 보인다. 1905년경에 이미 고토쿠 슈스이(幸德秋
水)의 저술을 통해 아나키즘에 관한 지식을 습득하고 아나키즘에 공
명하였던[127] 신채호는 사회주의에 대해 상당한 수준의 이해를 하고

---

125) 이정규, 앞의 책, 26~27쪽.

126) 이회영이 아나키즘을 언제 수용하였는지를 알 수 있는 자료는 없지만, 다
   음의 두 가지 사실로 미루어 신채호와 비슷한 시기에 아나키즘을 수용하
   지 않았나 추측된다. 첫째, 이회영이 1919년 임시정부를 수립하는 것에 반
   대하고 독립운동단체를 결성할 것을 주장한 것은 아나키즘적 사고에서 비
   롯된 것으로 보인다. 둘째, 1921년경 신채호와 매일 朝夕으로 만나 토론하
   였던(이규창, 1992《운명의 餘燼》, 보련각, 49쪽) 것은 민족해방운동을 올
   바로 지도해 줄 새로운 사상에 관한 것으로 보인다. 그것은 곧 아나키즘이
   었을 것으로 추측된다. 이회영이 이정규·이을규 형제를 통해서 아나키즘을
   수용하였다는 이정규의 주장은 설득력이 없다.

127) 신채호는 1928년 5월 체포된 뒤 "언제부터 무정부주의에 공명하였는가"
   라는 경관의 질문에 "내가 황성신문사에 있을 때에 幸德秋水의 무정부주
   의의 《長廣舌》을 읽은 때부터이오" 하고 답변하였다(《조선일보》 1928년
   12월 28일자). 그러나 1902년에 출판된 《長廣舌》은 幸德秋水가 아나키스

있었다. 즉 신채호는 《대양보(大洋報)》 제13호에 게재된 논설 〈청년 노동자에게 바란다〉에서 "노동의 신성(神聖)을 설(說)하고 그 노력을 장려"하였으며,[128] 시 〈이날(是日)〉에서는 "저의(일본 — 인용자) 귀족들은 음란·사치가 극도에 달하여 평민은 살 수가 없으므로 사회주의자가 생겨"난 것으로 설명하였다.[129] 노동의 신성을 논하고 일본에서의 사회주의자가 생긴 원인을 귀족계급의 평민계급 착취에서 찾은 사실은 신채호가 1910년대 초에 이미 사회주의를 이해하고 있었음을 말해 준다.

신채호는 1900년대에는 계몽운동가로 활동하였지만, 1910년대에는 사회주의에 대한 이해를 바탕으로 아나키즘의 방법론을 수용하는 데까지 나아갔다. 즉 1916년에 창작한 《꿈하늘》에서 "을지문덕도 암살당을 조직하였다"고 하여 암살활동의 가치를 인정한 뒤, "외교를 의뢰하여 국민의 사상을 약하게 하는 놈들은" 댕댕이 지옥에 두어야 하며, "의병도 아니요 암살도 아니요 오직 할 일은 교육이나 실업 같은 것으로 차차 백성을 깨우자 하여 점점 더운 피를 차게 하고 산 넋을 죽게" 하는 놈들은 '어둥지옥'에 가야 한다고 하여,[130] 외교독립론과 실력양성론을 비판하고, 한국 민족이 취해야 할 국권회복운동 방도 가운데 하나로 암살활동을 설정하고 있다. 이것은 아나키즘의 방법론을 수용하여 무장투쟁론과 결합시킨 것이다. 즉 군사활동만이 아

트로 되기 전에 저술하였던 책으로서 사회주의적 입장을 취하고 있으며, 그 내용 가운데에는 아나키즘에 대한 설명도 있으나 소략하다.

128) 〈大洋報ニ關スル件〉(1911年 9月 25日 在浦潮斯德總領事 → 外務大臣 報告)[日本外務省外交史料館 소장 마이크로 필름. 분류기호 M/T4-3-2-2-1-1]. 《大洋報》는 《大東共報》의 후신으로 1911년 6월에 창간되었다. 신채호는 8월 27일 《大洋報》가 재간되면서 주필이 되었던 것으로 보인다.

129) 〈是日〉, 《권업신문》 제18호(1912. 8. 29)[박정규 편, 1999 《단재 신채호 시집》, 단재문화예술제전추진위원회, 132쪽].

130) 《꿈하늘》(《신채호전집》 하, 183·209~210쪽).

니라 암살활동까지도 무장투쟁으로 규정한 것이다.

그리고 신채호는 〈도덕〉에서 망국민인 한국 민족이 취해야 할 도덕으로서 '유제한적(有制限的) 도덕', '무공포적(無恐怖的) 도덕', '국수적(國粹的) 도덕'을 들면서, 붓을 잡거나 칼을 잡거나 스파르타와 같이 도둑을 좋아하거나 몽고와 같이 전쟁을 일으켜 사람을 죽이는 것을 즐기거나 간에 그것이 국가를 위한 것인 이상은 모두가 다 도덕이라 하여,[131] 암살을 정당화하고 있다. 이것 또한 '목적이 정당하다면 어떠한 수단을 사용하더라도 정당하다'고 하면서 테러를 정당화하는 아나키즘의 논리를 차용한 것이다. 이외에도 테러라는 수단을 매개로 하여 아나키즘을 수용한 사례가 있었을 것이나 더 이상 확인되지 않는다.

이처럼 1904년 한일의정서 조인 이후 국권회복운동의 방도로서 널리 행해진 암살활동은 아나키즘 수용을 매개하는 역할을 하였던 것으로 보인다. 1907년 유사배(劉師培)가 한국에서 암살사건이 전개되는 것을 근거로 한국에도 아나키스트가 있을 것이라고 추측한[132] 것은 테러가 아나키즘 수용의 주요한 고리였음을 말해 준다.

대동사상 또한 아나키즘을 비롯한 사회주의 수용의 사상적 기반이 되었다. 국권상실 전후 사회진화론에 대한 극복과정에서 사회주의가 반제국주의 논리로서 대동사상과 함께 혼재되어 수용되었다. 국망(國亡) 당시 대동사상을 수용한 자들은 일제의 강점에 반대하여 중국이나 연해주로 망명하였고, 중국에서 새로이 대동사상을 수용한 자들도 있었다. 이들 가운데 상당수는 사회주의 내지 아나키즘으로 차츰 전환해 갔다.

대동사상이 아나키즘 수용의 사상적 기반이 되었던 것은 조선민족

---

131) 〈도덕〉(《신채호전집》 하, 141~142쪽).

132) 申叔(劉師培의 필명 — 인용자), 〈亞洲現勢論〉, 《天義》 第11·12卷 참조.

대동단[133]과 독립대동단[134]의 주장과 강령을 비교해 보면 알 수 있다. 조선민족대동단은 1919년 5월에 발표한 〈일본 국민에게 고한다〉에서 "인류 대동의 신요구(新要求)에 응하여 세계평화의 대원칙에 따라 정의·인도의 영원한 기초를 확립하기 위해서 동양정립(東洋鼎立)의 복지를 완전하게 하기 위해서 우리 한국독립을 선언하게 되었다. 이것은 실로 공존공영의 지성(至誠)에서 나온 것"이라고 선언하였다.[135] 그리고 "조선 영원의 독립을 완성할 것", "세계 영원의 평화를 확보할 것", "사회의 자유발전을 광박(廣博)할 것" 등을 강령으로 삼았다.[136] 이러한 사실들은 조선민족대동단이 대동사상을 기초로 하고 있었다는 것을 말해 준다. 독립대동단은 "조선 영원의 독립을 공고히 하고자 한다", "세계 영원한 평화를 확보한다", "사회주의를 철저히 실행한다" 등의 3항목을 강령으로 채택하여,[137] 사회주의 실천을 천명하였다. 대동사상을 지도사상으로 하던 조선민족대동단을 재편한 독립대동단이 사회주의를 추구하였다는 것은 독립대동단 관계자들이 대동사상을 기초로 하여 사회주의를 수용하였음을 말해 준다.

심여추(沈茹秋, 본명 沈容海)[138] 또한 대동사상을 사상적 기반으로

---

133) 朝鮮民族大同團은 崔益煥과 全協 등을 중심으로 하여 1919년 4월 말경에 창립되었다(이현주, 1999 〈국내 임시정부 수립운동과 사회주의세력의 형성 — 서울파·상해파를 중심으로〉, 인하대 박사학위논문, 71~72쪽).

134) 獨立大同團은 조선민족대동단을 재편한 것으로 보인다. 즉 朝鮮民族大同團은 1919년 5월 23일 崔益煥의 체포로 활동이 위축되었으나, 全協과 정남용 등이 중심이 되어 조직을 재건하였는데(이현주, 앞의 글, 75~76쪽), 재건과정에서 명칭을 바꾼 것으로 보인다. 그것은 양 단체의 기관이 완전히 일치하고, 강령도 거의 일치하는 것에서 확인된다.

135) 〈日本國民に告ぐ〉(金正明 編, 1967 《朝鮮獨立運動》 2, 原書房, p.24)

136) 〈宣言書〉(1920. 5. 20)(金正明 編, 위의 책, 29~30쪽).

137) 〈독립대동단규칙서〉(金正明 編, 위의 책, 77~79쪽).

138) 자료에 따라서는 심여추의 본명을 沈龍海로 서술하기도 하나, 《延邊調査實錄》(심여추의 저작으로서 1930년 4월 《民聲報》에 발표되었던 것을 1987

하여 아나키즘을 수용하였음이 확인된다. 심여추는 1924년 북경으로 가서 《국풍일보(國風日報)》(사장은 중국인 아나키스트 景梅九) 편집담당으로 있으면서 동료들과 함께 항상 대동사상을 이야기하였으며, "천하는 일가(一家)이고 사해(四海)는 모두 형제이며 인민 사이에는 구원(仇怨)이 없고 적은 단지 일본 제국주의자일 뿐"이라고 하였다.[139] 이를 통해 심여추가 대동사상을 수용하였음을 알 수 있다. 이후 심여추는 대동사상을 사상적 기반으로 하여 아나키스트로 전환하였다.

위의 사실들은 대동사상이 아나키즘을 비롯한 사회주의 수용의 사상적 기반이었음을 말해 준다. 민족해방운동가들 가운데 상당수가 대동사상에서 사회주의 특히 아나키즘으로 전환한 것은 두 사상이 모두 반제국주의 사상체계라는 점이 우선 전제가 되었을 것으로 보인다. 거기에다가 사회진화론을 극복하는 데에서 대동사상이 지녔던 한계, 즉 약육강식·적자생존의 원칙을 대체할 새로운 사회운영원리를 제시하지 못함에 따라 강권의 지배를 현실 속에서 부정하지 못하던 한계를 아나키즘이 해결해 줄 수 있었던 점 또한 대동사상에서 아나키즘으로 전환하도록 만들었을 것이다. 또 대동사상이나 아나키즘이 모두 개인의 자유가 보장되고 모든 사람이 서로 평등한 사회를 추구한다는 점에서 동일하였다는 사실도 전환의 한 요인이 되었던 것으로 보인다. 이러한 점들은 상당수의 한국인들로 하여금 대동사상과 아나키즘을 동류의 것으로 파악하게끔 하여,[140] 대동사상에서 아나키

년 延邊大學出版社에서 재간행)에 첨부되어 있는 '저자간력'에 의하면, 심여추의 본명은 沈容海이다.

139) 沈容澈, 1990 〈二十六個春秋 ― 記沈茹秋的短暫一生〉,《懷念集》 第5集, 泉州平民中學·晉江民生農校校友會, pp. 62~63.

140) 大同思想을 사회주의와 동류의 것으로 파악하기는 중국인들에게도 마찬가지였다. 1900년대 중국인의 2대 아나키스트 그룹 가운데 하나인 '파리그룹'은 사회주의의 기본적 특징을 "정의와 無私의 인류애에 기초한 大同主義를 갖추고 있는 것"으로 파악하였으며[〈新論民族民權社會三主義之異

즘으로의 자연스러운 전환을 유도하였다.

다음으로, 아나키즘 수용의 사상적 기반이 된 것은 사회개조·세계
개조론적 사고였다. 사회주의가 사회개조·세계개조론의 한 조류인
것에서 알 수 있는 바와 같이 사회개조·세계개조론은 사회주의 수용
의 사상적 기반으로 작용하였다. 사회개조·세계개조론에서 강조하는
강권 타파와 자유, 평등 등은 아나키즘으로 곧바로 연결된다. 아나키
즘에서 주장하는 바가 바로 개인을 구속하는 모든 강제적인 권력을
배격하고, 개인의 절대적 자유를 보장하자는 것이며, 착취·피착취 관
계를 철폐하고 모든 사람이 서로 평등하게 살아가는 사회를 건설하
자는 것이다. 약육강식과 적자생존의 생존경쟁원리를 부정하고 힘에
의한 지배를 배격하는 것은 자유연합과 상호부조를 강조하는 아나키
즘과 상통하는 바가 있다. 즉 약육강식·적자생존의 원칙이 지배해 온
사회를 개혁해야 한다는 사회개조·세계개조론적 사고는 아나키즘 수
용으로 이어졌던 것이다.

그리고 정신개조에 의한 사회개조론의 한계를 극복하는 과정에서
아나키즘을 비롯한 사회주의로 전환해 갔다. 정신개조에 의한 사회개
조론에서 사회주의로의 전환은 1910년대에도 그 예가 있었을 것이나
확인되지 않으며, 1920년대 초 김철수·원종린·주종건 등에게서 그
사례를 찾아볼 수 있을 뿐이다. 주종건은 1915년 당시는 구습타파 등

同〉,《新世紀》 第6號(1907. 7. 27), p. 4 ; Robert A. Scalapino·George T.
Yu(丸山松幸 譯), 1970《中國のアナキズム運動》, 紀伊國屋書店, p.43에서
재인용], 또 하나의 그룹인 '東京그룹'의 劉師培도 아나키즘을 선전하면서
大同主義를 매우 강조하였다(申叔, 앞의 글 참조). 袁振英은 杜彬慶·鍾達
民 등과 大同社를 조직하여 廣州의 心社와 서로 호응하면서 아나키즘을
선전하고 無家庭·無國家를 주장하며 世界大同主義를 제창하였다. 그것은
無政府的 세계가 곧 大同世界인 것으로 인식하였기 때문이다[袁振英, 1980
〈袁振英的回憶〉《"一大" 前後》 2(中國社會科學院現代史研究室 選編), 人
民出版社, p. 468·470].

정신개조에 의한 사회개조를 주장하였고,[141] 김철수도 1916년 당시는
노동자의 지덕 함양(知德涵養), 기능 연마 등을 강조하는[142] 정신개조
에 의한 사회개조론자였으나, 둘 다 1920년 6월 사회혁명당 창립대회
에 참가하였으며, 1921년 5월 재상해(在上海) 고려공산당 창립대회에
참가하여 중앙위원으로 선출되었다.[143] 원종린은 1920년을 전후한 시
기까지 정신개조에 의한 사회개조를 통해 공산주의에 대처해야 한다
고 주장하였지만,[144] 일본으로 건너가 1921년에는 아나키스트 단체인
흑도회(黑濤會) 결성에 참가하였다.[145] 이러한 사실들은 사회개조·세
계개조론이 아나키즘을 비롯한 사회주의 수용의 사상적 기반이 되었
음을 보여준다.

---

141) 주종건, 앞의 글, 29~30쪽 참조.
142) 김철수, 앞의 글, 15~16쪽 참조.
143) 이현주, 앞의 글, 141·151쪽.
144) 원종린, 앞의 글, 41~44쪽 참조.
145) 이호룡, 1998 〈재일본 조선인 아나키스트들의 조직과 활동〉,《한국학보》
    91·92합집, 일지사, 172쪽.

Ⅲ. 아나키즘의 수용

1. 아나키즘의 수용과정

아나키즘을 비롯한 사회주의는 1880년대부터 중국이나 일본으로부터 여러 경로를 통해서 국내에 소개되어 개인 차원에서 수용되다가 국권상실을 전후하여 사회진화론을 극복하는 과정에서 민족해방운동 이념으로서 수용되기 시작하였다. 이때 수용된 사회주의에는 다양한 조류가 포함되어 있었으나 아나키즘이 주류를 형성하였다. 1910년대 사회주의의 주류가 아나키즘이었던 것은 국내뿐 아니라 재일본 한국인과 재중국 한국인들의 사회주의계도 마찬가지였다.

아나키즘 수용은 '춘추대의'를 내세운 명분론에 입각한 암살활동, 대동사상 및 사회개조·세계개조론 등을 사상적 기반으로 하여 이루어졌으며, 제1차세계대전의 발발,[1] 러시아혁명, 3·1운동 등을 계기로

---

1) 제1차세계대전이 한국인들의 아나키즘 수용을 촉진한 것은 신백우의 말에서 알 수 있다. 신백우는 제1차세계대전은 자본주의가 극단으로 팽창한 결과라고 하면서, 자본주의가 극단으로 발전하면 반드시 倒壞된다는 사실을 인식한 先知者들이 "사회주의를 발견하고 상호부조를 제창하고 유물사관을 연구하고 계급투쟁과 만국 노동자 단결을 선언하고 자유·평등의 진리임을 昭示하여 사회주의로 사회를 혁명하며 개조함이 인류행복의 가장

82

수용의 폭을 넓혀 나갔다. 이 절에서는 아나키즘의 수용과정을 지역
별로 나누어 살펴보기로 한다.

1) 국 내

1880년대 《한성순보》를 통해서 아나키즘을 비롯한 사회주의가 국
내에 소개되었다. 《한성순보》는 중국의 《호보(滬報)》, 《상해신보(上海
新報)》, 《순환일보(循環日報)》 등과 일본의 《시사신보(時事新報)》 및
외국 근신(近信)과 서자보(西字報) 등의 보도를 인용하여 유럽의 사회
당과 러시아의 허무당(나로드니키)에 대한 기사를 게재하였는데, 주로
테러에 관한 내용이었다. 《한성순보》에 게재된 사회당과 허무당에
관한 기사제목은 다음의 표와 같다.

표 2. 《한성순보》의 허무당·사회당 관계 기사 일람표

호 수	기 사 명	뉴 스 원
1호(1883.10.31)	스페인의 내란	
2호(1883.11.10)	러시아의 신황(新皇)이 대관식을 거행하다	上海新報와 外國近信
3호(1883.11.20)	벨기에와 합중국이 공범(公犯) 죄인을 상호 교환해 주는 조약을 새로 체결하다	
	러시아의 요즈음 소식	러시아 수도의 소식통
	프랑스 사회당 괴수가 유형을 받다	西字報
9호(1884.1.18)	전랑후호(前狼後虎)	
	러시아 허무당	時事新報
	유럽사회당	近信
23호(1884.6.4)	아국전음(俄國電音)	循環日報
35호(1884.9.29)	러시아국(國) 당(黨)의 날뜀	滬報(上海新聞)

이상향이 되리라"는 학설을 선전하고 그 실행에 노력하였다고 하였다[신백
우, 〈사회운동의 선구자 出來를 촉함〉, 《新生活》 1호(1922. 3), 34~35쪽].

《한성순보》제1호에는 〈스페인의 내란〉이라는 제목의 기사가 게재되었다. 그 기사의 내용은 러시아에는 허무당, 영국에는 아일랜드의 변란당(變亂黨), 프러시아와 프랑스에는 모두 사회당이 있는데, 이 단체들은 모두 국법을 문란시키고 생민(生民)을 독해(毒害)하는 단체들이며, 1883년 봄에는 프랑스 사회당이 수도 파리에서 난을 일으켰다는 것이었다. 제2호의 〈러시아의 신황(新皇)이 대관식을 거행하다〉는 제목의 기사는 러시아 허무당이 빈천한 건달들로 구성되어 있고, 또 거기에 결탁된 관리와 군민들도 많다고 하면서, 황제가 그들에게 암살당하고 신황(新皇)의 대관식조차 늦어질 정도로 그들의 행패가 심하다고 보도하였다. 제3호에는 러시아 허무당과 프랑스 사회당에 대한 기사 2개, 즉 〈러시아의 요즈음 소식〉과 〈프랑스 사회당의 괴수가 유형을 받다〉가 게재되었는데, 그것들의 내용은 러시아 황후의 시신(侍臣)이 허무당 격문을 소지한 사건과 러시아의 장교들이 허무당과 내통한 사실 등 허무당의 활동과, 프랑스 사회당의 당수가 내란모의죄로 유형(流刑)에 처해지고, 이에 대해 사회당원들이 반발하고 있다는 사실 등에 관한 것이었다. 제9호에 게재된 〈러시아 허무당〉과 〈유럽사회당〉이라는 제목의 기사들은 러시아 허무당의 폭발물사건, 유럽 사회당, 영국 사회당과 독일 사회당의 주영 독일공사 살해 공모사건 등에 대해서 보도하였다. 제23호는 〈아국전음(俄國電音)〉이라는 제목의 기사에서 창란(倡亂)을 일으킨 니힐리스트를 체포하였다는 사실을 보도하였으며, 제35호에 게재된 〈러시아국(國) 당(黨)의 날뜀〉이라는 제목의 기사는 러시아 니힐리스트들의 황제암살 음모와 폭탄 테러사건에 대하여 상세하게 보도하였다. 특히 제9호에서는 유럽 사회당은 "귀천과 빈부를 평등하게"라는 것을 주의(主意)로 삼고 있으며, 빈천한 무리들로 구성되어 있다고 하는 사회주의에 대한 설명을 보탰다. 사회주의를 빈천한 자들이 귀천과 빈부의 차이가 없는 평등한 사회를 지향하는 사상체계로 설명한 것은, 초보적 수준이기는 하

지만 사회주의가 무엇인지에 대해서 이해하고 있었다는 것을 나타내
준다.

아나키즘을 비롯한 사회주의에 관한 정보는 《한성순보》를 통해서
뿐 아니라, 중국의 《만국공보(萬國公報)》나 양계초의 《음빙실문집(飮
氷室文集)》 등을 통해서도 국내에 전해졌다. 19세기 말 중국에서 발
행된 《만국공보》와 《서국근사휘편(西國近事彙編)》 등은 국제정치에
관한 기사를 통해 아나키즘을 비롯한 사회주의에 관한 정보를 보도
하였다. 그리고 당시 서구의 사회주의운동과 노동쟁의 등에 관한 정
보가 중국어로 번역되어 각 잡지에 게재되었다. 그 가운데에는 러시
아의 니힐리스트와 나로드니키에 관한 것도 포함되어 있었는데, 그들
은 허무당이라는 명칭으로 소개되었다. 1894년에 간행된 《서국근사
휘편(續編)》 제24권의 기사에서 '안나지시테당(安那基斯忒黨 ; 아나키
스트당의 音譯)'이라는 용어가 최초로 사용되었다. 강유위(康有爲)를
비롯한 중국의 개량파는 아나키즘에 관해서 관심을 가지기 시작하였
다. 특히 양계초는 1901년에 쓴 글 〈어렵구나! 백성의 윗사람이 되는
것이(難乎爲民上者)〉에서 일본·아메리카·러시아에서 일어난 암살사
건에 대해서 언급하면서, 나로드니키에 의한 테러는 민중의 사기가
높다는 것을 보여준다고 평가하였다. 그러나 양계초는 〈어렵구나! 백
성의 윗사람이 되는 것이〉와 〈러시아 허무당을 논한다(論俄羅斯虛無
黨)〉(1903년 11월 《新民叢報》에 발표)에서 아나키즘이 추구하는 이상에
대해서는 반대한다는 입장을 나타냈다. 그것은 나로드니키가 궁극적
으로 추구하는 것이 무정부였기 때문이었다.[2] 이로 보아 양계초는 이
시기에 이르러 아나키즘에 대해서 어느 정도 이해하고 있었음을 알
수 있다. 1904년에는 〈러시아 허무당의 대활동(俄國虛無黨之大活動)〉

---

2) 嵯峨隆, 1994 《近代中國アナキズムの硏究》, 硏文出版, pp. 38~39·52~53
   참조.

과 〈러시아혁명의 영향(俄羅斯革命之影響)〉을 저술하여, 러시아 허무당의 암살행위를 찬양하고, 러시아혁명의 원인, 혁명의 동기와 그 방침, 혁명의 전도, 혁명의 영향 등에 대해 서술하였다. 이러한 분위기 속에서 중국에서는 1905년 이후 동맹회·광복회 등에 의해 암살활동이 활발하게 전개되었다.[3] 중국에서 테러가 활발하게 행해진 것은 암살활동이라는 혁명수단의 측면에서 아나키즘을 수용한 결과이다.[4]

양계초의 저술을 포함한, 중국에서 출판된 사회주의 서적들은 한국으로 유입되었던 것으로 보인다. 《만국공보》는 1870년대에 이미 국내에 유입되고 있었으며, 〈어렵구나! 백성의 윗사람이 되는 것이〉, 〈러시아 허무당을 논한다〉, 〈러시아 허무당의 대활동〉, 〈러시아혁명의 영향〉 등은 《음빙실문집》에 수록되어 있어, 이 책이 국내에 유입되면서 국내 지식인들에게 소개되었던 것으로 보인다. 1903년 2월에 출간된 양계초의 《음빙실문집》은 국내에 들어와 널리 읽혔으며, 1908년 4월에는 국내에서 김항기(金恒基)에 의하여 번역 간행되기까지 했다. 그리고 당시 《대한매일신보》의 논설에서는 《음빙실문집》을 자주 인용하고 있었고, 학교에서는 이 책을 한문교과서로 사용하기도 하는 등 이 책은 당시 지식인들의 필독서로 되어 있었다.[5] 《음빙실문집》이 국내에 유입됨에 따라 양계초 등의 테러예찬론도 소개되었을 것으로 보인다.

1880년대부터 국내에 소개되기 시작한 아나키스트들의 테러활동이나 테러예찬론 등은 당시 의병전쟁에서의 패배로 깊은 절망감에 빠져 있던 한국인들에게 국권회복운동의 새로운 방법론으로서 관심을 끌었을 것으로 보인다. 즉 테러활동은 나라가 망해 가는 실정임에도 불구

---

3) 안동범, 1994 〈劉師復의 무정부주의 소고〉, 전남대 석사학위논문, 12~13쪽.
4) 嵯峨隆, 앞의 책, 8쪽.
5) 김형배, 1986 〈신채호의 무정부주의에 관한 일 고찰 ― P. 크로포트킨과의 사상적 連繫를 중심으로〉, 《丹齋申采浩先生 殉國 50주년 추모논총》, 452쪽.

하고 아무런 일도 할 수 없었던 한국인들에게 매국노들을 처단하고 국권을 회복할 수 있는 좋은 방법이었던 것이다. 19세기 말부터 《한성순보》와 《만국공보》 및 《음빙실문집》 등에 게재된 테러에 관한 글들을 통해 아나키즘을 비롯한 사회주의에 대한 지식을 습득한 한국인들은, 암살행위를 매개고리로 하여 아나키즘에 접근하였으며, '사실에 의한 선전'을 수단으로 채택한 아나키스트들의 방법론을 수용하고, 거기에 입각해서 암살활동을 더욱 적극 수행하였던 것으로 보인다.

아나키즘의 본격적인 유입은 1900년대 일본으로부터 이루어진 것으로 보인다. 즉 일본에서 발행되던 신문·잡지·서적 등이나 일본 유학생, 한국에 있던 일본인 사회주의자 등을 통해서 아나키즘을 비롯한 사회주의가 한국인들 사이에 전파되었을 것이다. 신채호는 1905년 무렵 고토쿠 슈스이의 《장광설(長廣舌)》을 읽고 아나키즘에 공명하였다. 고토쿠 슈스이는 이 책에서 사회주의는 20세기의 대주의(大主義)요 대이상(大理想)으로서, 그 이상은 금전이 가진 무한한 세력을 절멸하여 사회를 타락으로부터 구하는 것과, 경제제도를 개혁하는 것이라 하면서, 그 해악이 극점에 이르른 제국주의를 타도하고 사회주의로 나아갈 것을 역설하였다. 그리고 암살행위가 벌어지는 근본원인은 사회가 판단능력과 제재능력을 상실한 데 있다고 하면서 암살의 불가피성을 강조하였다.[6] 신채호가 공명한 부분은 《장광설》의 반제국주의론과 '암살론'인 것으로 보인다.

이처럼 아나키즘은 여러 경로를 통해 국내에 소개되었다. 그리하여 1900년대 말에는 '무정부'라는 용어가 널리 사용되기 시작하였고, 아나키즘에 대한 지식도 일반화되었던 것으로 보인다. 1908년 3월 14

---

6) 幸德秋水(中國國民叢書社 譯), 1902 《社會主義廣長舌》, 商務印書館, pp. 15·26~27·40.

일자 《대한매일신보》는 "근래 각처(各處) 무정부당들이 치카고시(市)로 회집(會集)하여 포르투갈[葡萄牙] 왕과 태자의 암살한 사건을 갈채하는 모양이오, 또 근일에 회집(會集)하자는 통문을 발포하는 고로 해처(該處) 경찰서에서 대단히 주의"한다는 내용의 기사를 실었고, 1908년 4월 4일자 《대한매일신보》는 '무정부당 박멸 회의'라는 제목의 기사에서 "근일(近日)에 뉴욕 유니언가(街)에서 무정부당원이 경관에 대하여 폭발약(爆發藥)을 투(投)한 사건이 유(有)하였는데 미국 정부에서 영국 무정부당박멸회를 개(開)하기 위하여 각국에 제의할 차(次)로 목하(目下) 기초(起草) 중"이라고 보도하는 등 외국 아나키스트들의 테러활동을 소개하고 있다. 이 기사들을 보도하면서 아나키즘에 대한 어떠한 설명도 덧붙이지 않았는데, 그것은 아나키즘에 대한 지식이 일반화되었다는 것을 의미한다.

그렇지만 당시 소개된 아나키즘은 거의가 테러와 관련된 내용이었다. 이는 당시 한국인들이 아나키즘을 테러와의 관련 속에서 이해하고 있었음을 말해 준다. 아나키스트들은 '사실에 의한 선전'론을 주요한 방법론으로 채택하였는데, 테러는 사실에 의한 선전을 수행하는 수단 가운데 하나였다. 다시 말해서 1900년대까지 한국인들은 아나키즘을 사상으로 받아들인 것이 아니라 아나키스트들의 방법론 즉 테러라는 수단만을 채용하였다. 설사 아나키즘을 수용하였다고 하더라도 그것은 개인적 차원에 그쳤던 것으로 보인다.

아나키즘의 본격적 수용이 이루어지지 않은 것은 당시의 한국 사회가 아직 아나키즘을 사회사상으로 수용할 만한 사회경제적 여건을 갖추고 있지 못하였기 때문이었다. 아직 자본주의가 발전하지 않은 당시의 한국 사회는 산업사회의 모순을 해결하기보다는 오히려 산업화를 추구해야 하는 상황에 있었던 것이다. 그리하여 한국인들은 사회주의를 자신들과는 관계가 없는 것으로 인식하고,[7] 사회주의보다는 사회진화론을 적극적으로 수용하였다. 그 결과 사회진화론이 당시 사상계를 주도하였다.

　그러나 1910년을 전후하여 일제의 강점이 확실시되면서 상황은 달라졌다. 이제는 근대화보다는 일제 강점으로부터의 해방이 민족적 과제로 등장하였다. 이 과제를 해결하기 위해서는 제국주의 논리인 사회진화론을 극복하고 반제국주의 사상체계를 확립해야 했다. 반제국주의 사상을 모색하는 과정에서 아나키즘이 민족해방운동 이념으로 수용되었던 것으로 보이며, 1914년 제1차세계대전의 발발과 1917년 러시아혁명 등을 계기로 수용이 더욱 촉진되었을 것으로 추정된다.

　하지만 국내에서의 아나키즘의 수용과정을 알려주는 자료나 아나키스트의 존재와 그 활동에 관한 사례는 거의 발견되지 않는다. 따라서 아나키즘의 수용과정을 구체적이고 체계적으로 파악하는 것은 불가능하다. 단지 단편적인 자료들을 통해서 1910년대 이후 아나키즘의 수용과정을 개괄적으로 추론해 볼 수 있을 뿐이다.

　1910년대에도 국내에서는 중국이나 일본으로부터 유입되는 사회주의 관련 서적을 통해서 사회주의의 수용이 이루어졌던 것으로 보인다. 《청춘》 제4호(1914. 1. 1)에 게재된 〈상해(上海)서〉라는 글은 상무인서관(商務印書館)을 소개하였는데, 상무인서관이 우선 규모가 굉장하고 외국서적을 풍부히 구비하고 있으며, 특히 번역사업을 통하여 철학 문학 사조에 관한 서적을 수십 수백 종이나 중국어로 번역한 사실에 대해 경탄을 금치 못하였다.[8] 이는 중국으로부터 사회주의에 관한 서적이 국내로 유입되었을 가능성이 많았음을 말해 준다. 실제로 중국으로부터 사회주의에 관한 서적을 구입한 사람도 있었다. 김원식에 따르면 김용응(金庸應)[9]은 1915년 무렵 자신이 북경에 가서 가져온

---

　7) 〈甲申年來의 사상과 壬戌年來의 주의〉, 《開闢》 1924년 3월호, 3쪽. 이 글의 저자는 "사회주의란 순연히 우리와 관계가 없다고 認"했던 것이 光武隆熙年間의 심성이었던 것으로 서술하고 있다.

　8) 滬上夢人, 〈上海서(第2信)〉, 《청춘》 제4호(1914. 1. 1), 78쪽 참조.

사회주의 관련 서적을 우물 속에 감추어 놓고 팔관회(八觀會)[10] 회원들과 함께 읽었다고 한다. 그리고 손명표는 3·1운동이 일어나기 이전에 아나키즘을 수용하였다고 회고하였다.[11] 이러한 사실들은 1910년대에는 국내에 이미 사회주의에 관한 지식이 일반화되었으며, 아나키즘을 비롯한 사회주의를 연구하고 수용한 사람이 있었다는 것을 말해 준다.

국내에서의 사회주의 수용은 일본 유학생과 한국에 있던 일본인 사회주의자들에 의해 촉진되기도 하였다. 황석우(黃錫禹)[12]는 1916년 2월 초순 자신이 일본에서 발행한 잡지 《근대사조(近代思潮)》(1916년 1월 발행) 600부 가운데 200부를 가지고 몰래 귀국하여 국내 학생들에게 배포하려 하다가 체포되었다.[13] 이러한 재일본 한국인 유학생들의 국내 선전활동은 국내 인사들의 사회주의 수용에 큰 역할을 하였을 것이다.

그리고 한국에 있던 일본인 가운데에는 사회주의자들도 상당수 있었다. 1911년에서 1915년 사이에 요시찰인 25~26명이 한국에 거주하였는데,[14] 이들 가운데 사회주의자로 확인되는 사람으로는 모토미네

---

9) 金庸應(1872年生)은 김원식의 조부로서, 1915년 이후에도 여러 차례 北京을 다녀왔으며, 해방 직후에는 충청북도 인민위원회 위원장을 역임했다고 한다.

10) 김원식에 의하면, 八觀會는 金正觀(金庸應), 申晛觀(申圭植), 李晦觀(李乙奎), 李又觀(李丁奎), 元友觀 등 이름이나 호 속에 '觀'字가 들어 있는 8명이 만든 단체라 한다.

11) "개인 및 단체 경력서".

12) 황석우는 《장미촌》(1921년 5월 창간) 편집인이었으며, 早稻田大學 정치경제과에서 수학하면서 黑濤會와 北星會 결성에 참가하였다.

13) 〈朝鮮人槪況(1916年 6月 30日 調)〉(《外務特殊文書》 1, p. 783). 이 글에 의하면, 황석우는 《近代思潮》를 한국으로 반입하여 학생들 사이에 배포하고자 하였으나, 불온기사가 게재되어 있다는 이유로 조선총독부에 의해 그 발매·반포가 금지되었다.

모로키요(基峰專淸),[15] 아베 이소(安部磯雄), 사카모토 우마키치(坂本馬吉), 사사키 가즈마사(佐佐木倭久), 후지야마 도요이치(藤山豊一), 오가타 다츠오(緒方龍雄) 등이 있다. 이들은 한국에서 사회주의 선전에 노력하였다. 아베 이소는 1900년 사회주의협회[16] 회장을 역임한 국가사회주의자로서, 남녀 보통선거 실시, 토지자본 공유 등을 제창하였으며, 세계의 평화를 이룩할 수 있는 것은 기독교와 사회주의라고 주장하였다. 또 1917년 이후 수시로 한국인의 강연회에 초빙되어 강연을 하였다. 특히 1918년 3월 29일의 강연회에서는 '세계의 대사상에 접촉하라'는 제목의 연설을 통해 청년은 마땅히 세계의 대사상에 접촉하여 진로를 정해야 한다고 역설하였다.[17] 아베 이소가 지칭하는 세계의 대사상은 사회주의를 지칭하는 것으로 보인다. 또 박렬(朴烈)은 자신이 경성고등보통학교에 다닐 시절(1916~1919년) 일본인 교사 가운데 한 명이 학생들에게 일본인 아나키스트 고토쿠 슈스이의 '대역사건(大逆事件)'[18]에 대한 이야기와, 자신은 일본인이면서 일본인이 아

---

14) 〈特別要視察人狀勢一班 第4(1911年 7月~1914年 6月)〉(松尾尊兌 編, 위의 책, 367쪽) ; 〈特別要視察人狀勢一班 第5(1914年 7月~1915年 6月)〉(松尾尊兌 編, 같은 책, 420쪽).

15) 基峰專淸(富山縣人)은 1911년 11월 이후 한국에 在住하였다. 그는 조선으로 건너오기 전 東京에서 硏學 중 철학과 종교에 관한 서적을 탐독하면서 사회주의를 수용하였다. 그는 그 당시부터 인생은 자유이고 평등이며, 평등은 좋은 것이고 올바르며, 불평등은 나쁘고 부정한 것이라고 생각하였다[〈特別要視察人狀勢一班 第7(1916年 5月 2日~1917年 5月 1日)〉(松尾尊兌 編, 1984 《社會主義沿革》 1, みすず書房, p. 505) 참조].

16) 社會主義協會는 1900년 1월 28일 社會主義硏究會(1898년 10월 村井知至를 회장으로 하여 幸德秋水·西川光二郎·木下尙江·片山潛 등이 결성)를 개칭한 것으로서, 安部磯雄이 회장으로 선출되었다. 사회주의의 원리를 일본에 응용하는 것을 목적으로 하였다(萩原晉太郎, 1969 《日本アナキズム勞働運動史》, 現代思潮社, p. 11).

17) 〈特別要視察人狀勢一班 第8(1917年 5月 2日~1918年 5月 1日)〉[松尾尊兌 編, 앞의 책(1984), 552~553쪽].

닌 세계인이라는 이야기를 하는 등 아나키즘을 선전하고, 독일 독립
에 대한 것 등을 말해 주었다고 법정에서 진술하였다.[19] 이러한 예들
은 한국에 있던 일본인 사회주의자들이 한국에서 각종 활동을 통해
아나키즘을 비롯한 사회주의 선전사업에 종사하고 있었음을 말해 준
다. 이들의 선전작업 또한 국내 인사들의 아나키즘을 비롯한 사회주
의 수용을 촉진시켰을 것이다.

위에서 열거한 사례들로부터 부족하나마 1910년대 국내에서의 사
회주의 수용과정을 확인할 수 있었다. 1900년대에 사회주의를 수용한
사람, 노령지방(露領地方)에서 러시아혁명의 영향으로 사회주의를 수
용하고 국내로 돌아온 사람, 일본 유학생 및 한국에 있던 일본인 사
회주의자 등의 활동에 의해 1910년대에는 국내에서 아나키즘을 비롯
한 사회주의 수용이 촉진되었다. 이들은 아나키즘을 비롯한 사회주의
를 내재화하여 자신의 사상으로 수용하고, 거기에 근거하여 선전활동
을 전개하였다.

1910년대에 수용된 사회주의의 내용을 구체적으로 파악할 수 있는
자료는 거의 남아 있지 않다. 당시의 사회주의 수용사례에서 그 내용
이 단편적으로나마 언급되는 경우는 공산주의 몇 건을 제외하고는
거의가 아나키즘이었다. 그 밖의 경우는 애매하게 사회주의로만 지칭
되었다. 그러나 당시 수용된 사회주의의 내용을 부족한 수준에서나마
추론한다면, 아나키즘이 당시 사회주의의 주류였다고 할 수 있을 것

---

18) '大逆事件'이란 1910년에 일본 최초의 아나키스트인 幸德秋水(일명 幸德
   傳次郎) 등이 천황을 타도하고 정부를 분쇄할 목적으로 폭탄테러를 계획
   하였으나 실패한 사건을 말한다. 이 사건으로 인해 1911년에 幸德秋水 등
   24명이 사형 당하였고 12명은 무기형을 받았다.

19) 朴烈의 "第4回 訊問調書", 《被告人朴準植·金子文子 特別事件主要調
   書》第1冊(再審準備會 編, 1977 《朴烈·金子文子裁判記錄》, 黑色戰線社,
   p. 33 ; 이하 《裁判記錄》이라 함) 참조.

이다.

아나키즘이 1910년대 사회주의계의 주류였다고 추정하는 것은 다음의 몇 가지 점에 근거한다. 첫째는, 1880년대부터 소개되던 사회주의는 테러 등 아나키즘과 관련된 것이 다수를 차지하였다는 점이다. 둘째는, 당시 한국인들이 사회주의에 관한 지식이나 정보를 획득한 곳이 일본과 중국이었고, 일본과 중국에서는 1905~1920년까지의 기간 동안 아나키즘이 지식인의 저항운동 속에서 가장 활력에 찬 일익(一翼)을 담당하고 있었다는[20] 점이다. 셋째는, 사회진화론을 극복하는 과정에서 사회주의를 수용하였다는 점이다. 약육강식·적자생존의 원칙을 주장하는 사회진화론을 극복할 수 있는 논리는 아나키즘의 상호부조론이었던 것이다. 넷째는, 1920년대 초에 아나키스트 운동이 활발하게 전개된 것도 1910년대 사회주의의 주류가 아나키즘이었음을 대변한다.

1910년대 국내 아나키즘의 주된 내용은 아나코코뮤니즘[21]이었던 것으로 사료된다. 그것은 한국인들이 제국주의 세력의 식민지 지배를 정당화하던 사회진화론을 극복하는 과정에서 상호부조론을 중심으로 하는 아나키즘을 수용하였기 때문이다.[22] 즉 사회진화론을 극복

---

20) Robert A. Scalapino·George T. Yu(丸山松幸 譯), 1970 《中國のアナキズム運動》, 紀伊國屋書店, p.10.

21) ·아나코코뮤니즘은 크로포트킨에 의해 완성된 사상체계로서 생산재와 소비재 등 모든 재화의 사회화와 욕망에 의한 분배 즉 '各盡所能 各取所需(능력에 따른 노동과 필요에 따른 분배)'를 제창하였다. 모든 생산은 인간의 욕망에 기초하여 재편되어야 하며, 그러한 사회는 인간의 상호부조에 의해 유지되고 발전한다고 한다.

22) 윤자영에 의하면, 일본에서는 크로포트킨의 《상호부조》가 1902년 이후 해마다 간행되고 있었으나, 1914년 이후 제1차세계대전에 관한 사상계의 필요(사회진화론의 극복 — 인용자)에 따라 1915년에 4분의 1 가격으로 신판이 보급되었다[윤자영, 〈상호부조론〉, 《我聲》 3호(1921. 7), 15쪽]. 이는 일본에서도 제1차세계대전을 계기로 사회진화론 극복이 사상적 과제로 제

하는 데 가장 적합하였던 것은 약육강식·적자생존의 생존경쟁 원리
를 부정하는 상호부조론이었으며, 상호부조론을 새로운 사회운영원
리로 내세운 아나코코뮤니즘이 반제국주의 사상체계로서 두각을 드
러낸 것이다. 제국주의의 침략을 정당화하는 기능을 하던 사회진화
론을 극복하는 논리로서 상호부조론이 널리 수용되었던 것은 류자명
(柳子明)과 유진희의 말을 통해서도 확인된다. 류자명은 다윈의 생존
경쟁 학설은 유럽 각국의 제국주의자들에 의해서 식민지침략전쟁을
변호하는 데 이용되었으나, 크로포트킨의 '상호부조론'은 침략을 반
대하는 근거로 되었다고 하였고,[23] 유진희는 "인류가 생존코자 하는
노력은 소위 생존경쟁에 의하여 달성될 것이 결코 아니오. 인류의
심오한 흉중에 잠재한 호상부조의 본능에 의하여 비로소 달성"된다
고 하였다.[24] 한국인들이 사회진화론 극복이라는 당시의 사상적 과제
를 해결하기 위하여 상호부조론을 중심으로 해서 아나키즘을 수용한
점은, 아나코생디칼리슴[25]이 주류였던 일본인의 아나키즘과는 달리,
아나코코뮤니즘이 한국인 아나키즘의 주류를 형성하게 되는 요인이
되었다.

1900년대에는 한국인들이 테러활동을 매개로 아나키즘을 접촉하였
음에도 불구하고 1910년대에는 테러활동이 거의 전개되지 않았다. 그

기되었고, 그것을 위해 상호부조론이 널리 수용되었음을 의미한다.

23) 류자명, 1983《나의 회억》, 료녕인민출판사, 52쪽.

24) 유진희, 〈세계 노동운동의 방향〉,《동아일보》1920년 5월 5일자.

25) 아나코생디칼리슴은 생디칼리슴과 아나키즘이 결합된 사상으로서, 일체
의 정치운동과 프롤레타리아독재를 부정하며 아나코코뮤니즘에 비해서 일
상투쟁과 계급투쟁을 강조한다. 그리고 노동운동제일주의를 내세우면서
보이코트(불매동맹)·태업·파업과 그 최고형태로서의 총파업 등의 경제적
직접행동에 의해 사회혁명을 달성하고, 모든 재산을 노동조합에 귀속시켜
생산의 지배와 관리를 노동자 자신이 장악하는 아나키스트 사회를 건설하
고자 한다.

것은 일제의 무단정치에 기인하였던 것으로 보인다. 즉 중국에서와는 달리 일제의 폭압적인 지배가 이루어지고 있던 국내에서 테러활동을 전개하는 것은 거의 불가능하였던 것이다.

1910년대에 아나키즘을 비롯한 사회주의를 수용한 사람들은 1919년 3·1운동에 참가하여 사회주의를 선전하는 등 사회주의에 입각한 민족해방운동을 전개하였다. 3·1운동 당시에 일어난 이원(利原)에서의 적기(赤旗)사건과 서울 남대문 시위에서의 붉은혁명기사건 등이 그것이다. 1919년 3월 5일 서울 남대문 시위에서는 붉은 혁명기를 앞세우고 거리를 행진하면서 사회주의를 선전하는 사건이 발생하였으며,[26] 이원군 만세시위에서는 적기가 등장하였다. 이원 적기사건은 러시아혁명이 사회주의 수용에 영향을 끼쳤다는 사실을 보여주는 사례다. 즉 일제 관헌의 방해로 태극기를 마련하지 못하자 적기로 대신함으로써 일어난 이원 적기사건은 연해주(沿海州)에서 러시아 10월혁명을 목격하고 돌아온 사람의 발의로 이루어졌던 것이다.[27]

그리고 일제의 관헌자료도 3·1운동 과정에서 사회주의자들이 활동하고 있었음을 인정하고 있다. 즉 일제 관헌자료는 "소요(3·1운동 —인용자) 발생 이래 조선인으로서 사회주의적 언사를 농(弄)하는 경향이 있다. 과격파 또는 사회주의자들이 이 기회를 틈타 파괴적 언사를 농(弄)하여 은밀히 주의의 선전에 노력하고 있지 않은가 의심이 간다"고 추측하였는데,[28] 이것은 3·1운동 당시 사회주의자들이 활동하고 있었음을 말해 준다.《매일신보》도 "국외재류(國外在留)의 불령한(不逞漢)은 만유(萬有) 방법으로 선동을 시(試)하는바, 특히 러시아(露

26) 金正明 編, 1967《朝鮮獨立運動》1, 原書房, p. 837.

27) リム マン·キム メンモ,《3·1運動》, p. 37 ; 朴慶植, 1976《朝鮮3·1獨立運動》, 平凡社, p. 160에서 재인용.

28) 〈騷擾事件ニ關スル民情彙報〉(姜德相·梶村秀樹 編, 1966《現代史資料》25, みすず書房, p. 418).

西亞) 방면의 선인(鮮人) 등은 최위험(最危險)한 과격사상의 전파를 시(試)하고자 하는 등 약(若) 일보(一步)를 오(誤)하면 아(我) 조선은 수라(修羅)의 항(巷)으로 화종(化終)할는지도 미가지(未可知)"라 하면서, 이에 대한 대책으로 자위단을 조직할 것을 촉구하고 있다.[29] 이 또한 사회주의자들이 3·1운동 과정에서 활발한 활동을 전개하였다는 사실을 말해 준다.

3·1운동을 계기로 아나키즘을 비롯한 사회주의는 급속히 확산되어 갔다. 즉 3·1운동 과정에서 민중의 힘이 폭발적으로 드러나자 많은 사람들이 민중을 민족해방운동의 주체로 파악하게 되었고, 이에 민중해방을 앞세웠던 아나키즘을 비롯한 사회주의가 주목을 받게 되었다. 3·1운동 이후 시행된 일제의 이른바 '문화정치'도 아나키즘의 확산에 일정한 영향을 미쳤다. 즉 '문화정치'가 시행됨에 따라 언론·출판·집회·결사·사상 등의 부르주아민주주의적 자유가 제한된 범위에서나마 한국인에게도 주어졌고, 그 합법공간을 이용하여 아나키즘 선전작업이 활발하게 전개되었던 것이다.

아나키즘이 확산되면서 아나키즘에 입각한 민족해방운동과 사회운동이 전개되기 시작하였다. 장도원(張道源 ; 26세, 함흥 출생)은 1910년 대 말 북한지역에서 민족해방운동을 활발하게 전개하다가 체포되었다. 그는 1년 동안이나 예심을 받다가 1920년 7월 5일 공판정에 출두하였는데, 법정에서 "기독교의 진리에 의하여 민권의 평등과 정부가 없음을 원한다"고 진술했다.[30] 이를 통해 장도원이 아나키즘에 입각해서 민족해방운동을 전개하였음을 알 수 있다.

노동자·농민운동 등 민중운동 또한 노동·농민단체의 결성과 함께 활발히 전개되기 시작하였다. 노동·농민단체 결성은 사회개조·세계

---

29) 〈自衛團과 경성〉, 《매일신보》 1919년 6월 2일자.
30) 《동아일보》 1920년 7월 8일자.

개조론자들과 함께 아나키스트를 비롯한 사회주의자들이 주도하였다. 노동단체는 1920년에 조선노동공제회와 노동대회를 비롯하여 33개가 결성되었고, 이는 1921년 90개, 1922년 81개로 급속히 증가하였다.[31]

1920년대 초 대표적 노동단체였던 조선노동공제회의 결성과정은 다음과 같다. 즉 아나키스트를 비롯한 사회주의자들은 1920년 2월 7일과 3월 6일 조선노동문제연구회를 개최하여 조선노동공제회를 결성하기로 협의하였다. 이들은 3월 16일, 75명을 발기인으로 한 조선노동공제회발기회를 조직하고, 4월 3일 발기총회를 개최하였다. 이어 4월 11일 창립총회를 개최하여 조선노동공제회를 정식으로 결성하였다.[32]

조선노동공제회는 "만일 우리 인류가 진정한 평화세계와 복지사회를 동경하고 원구(願求)한다면 정복민족과 피정복민족이 없는 세계, 특권계급과 노예계급이 없는 사회인 것이다. 고로 약소민족은 강대민족으로부터 천자(賤者)는 귀자(貴者)로부터 빈자(貧者)는 부자(富者)로부터 각각 해방되지 않으면 안 된다"고 선언하였는데,[33] 여기에는 2분

---

31) 朝鮮總督府 警務局,《最近における朝鮮治安狀況 — 昭和 8年》(1966년 巖南堂書店에서 昭和 13年分과 함께 묶어서 復刊 ; 이하《治安狀況 — 8年》이라 함), p. 168.

32) 〈朝鮮勞動共濟會沿革大略〉,《共濟》제1호, 166쪽. 高順欽은 1919년 7월 3일 朴重華의 주도로 조선노동문제연구회를 개최하여 토의한 결과, 조선노동공제회를 설립하기로 하고 선언·강령·헌장 초안 작성을 고순흠·梁在博에게 일임하였다고 회고하였다[고순흠, 1967 〈조선노동공제회 창업의 동기 및 전말〉(무정부주의운동사편찬위원회가 한국아나키즘운동사 편찬을 위해 자료를 수집하는 과정에서 작성된 자료임)].

33) 조선노동공제회, 〈선언〉(고순흠의 필사본. 이 필사본은 1967년 무정부주의운동사편찬위원회가 한국아나키즘운동사 편찬을 위하여 자료를 수집하는 과정에서 작성되었음) ; 畊夫申伯雨先生記念事業會 편, 1973 《畊夫 申伯雨》, 111~112쪽.

법적인 아나키스트적 계급관이 반영되어 있다. 그리고 조선노동공제
회의 강령 속에는 "각종 노예의 해방과 상호부조를 기(期)함"이라는
항목이 포함되어 있는데,[34] 이는 아나키즘의 상호부조론의 정신을 반
영하고 있다. 이러한 점들은 아나키즘이 조선노동공제회의 지도이념
가운데 하나였음을 말해 준다.

　조선노동공제회 결성을 주도하였던 자들도 아나키스트를 비롯한
사회주의자들이었다. 창립총회에서 선출된 임원 가운데 고순흠(高順
欽), 김명식(金明植), 김약수(金若水), 남정석(南廷晳), 신백우(申伯雨),
유진희, 윤덕병(尹德炳), 장덕수(張德秀), 정태신, 홍증식(洪增植), 강상
희(姜相熙), 박돈서(朴敦緖), 윤자영(尹滋瑛),[35] 차금봉(車今奉), 정운해
(鄭雲海), 남상협(南相協), 조성돈(趙誠惇) 등은 아나키스트이거나 아
나키즘적 사고체계를 가지고 있던 사람들이었다.[36] 그리고 고순흠에
의하면 조선노동공제회 결성을 위한 준비모임에 대한독립단원(단장
신채호, 부단장 박중화, 비서국장 고순흠)을 비롯하여 73명이 참석하였
다.[37] 당시 아나키스트였던 신채호가 단장으로 있던 대한독립단이 조

34) 조선노동공제회의 강령은 一. 인권의 자유평등과 민족적 차별의 철폐를
　기함, 一. 식민지 교육의 지양과 대중문화의 발전을 기함, 一. 노동자의 기
　술양성과 직업소개를 기함, 一. 노동보험 및 쟁의권 획득을 기함, 一. 각종
　노예의 해방과 상호부조를 기함 등이다[조선노동공제회, 〈선언〉; 畊夫申
　伯雨先生記念事業會 편, 1973《畊夫 申伯雨》, 111쪽]. 자료에 따라서는 조
　선노동공제회의 강령을 노동의 지식계발, 품성의 향상, 저축의 장려, 위생
　사상의 함양, 직업소개, 환란구제, 노동상황의 조사 등으로 기록하기도 하
　나, 朝鮮總督府警務局, 1922《朝鮮治安狀況(鮮內)》(金正柱 編, 1971《朝鮮
　通治史料》7, 韓國史料硏究所, p. 536)에 의하면 위의 사항은 조선노동공제
　회의 사업 항목이다.
35) 자료에 따라서는 尹滋永·尹滋榮으로 서술하기도 하였다.
36) 조선노동공제회 내 사회주의자들이 아나키즘적 입장을 상당 부분 지니고
　있다고 해서 그들이 아나키스트인 것은 아니다. 오히려 이들 대부분은
　1922～1923년 사이에 공산주의자로 전환하였다.

선노동공제회 창립에 관계하였다는 것은 상당수의 아나키스트들이 조선노동공제회 창립에 참가하였음을 의미한다. 하지만 그들이 누구인지는 확인되지 않는다.

위의 사실들은 조선노동공제회가 아나키즘의 영향 아래 결성되었음을 말해 준다. 1920년대 초반에 결성된 다른 노동단체들 또한 조선노동공제회와 마찬가지로 아나키즘적 경향을 띠고 있었을 것으로 추측된다.

그리고 노동쟁의에 참가한 아나키스트들도 상당수 존재하였을 것으로 추측되나, 확인되는 것은 손명표(孫明杓)의 사례뿐이다. 손명표는 3·1운동 이전에 아나키즘을 수용하였으며, 1921년 부산총파업에 관계하였다. 부산에서 석탄을 운반하는 인부 1천여 명이 1921년 9월 16일과 17일 양일간 동맹파업을 단행하였고, 그 파업은 9월 26일 5천여 명 부산 노동자들의 총파업으로 이어졌다. 노동야학교사였던 그는 이 파업에 참가하여 김경직·최태열·조동혁 등과 함께 파업선동죄와 출판법 위반으로 구속되어 2개월 금고에 3개년 집행유예를 선고받았다.[38]

농촌에서도 소작인조합과 농부대회 등이 결성되어 소작쟁의 등 농민운동을 주도하였다. 1919년 11월 황해도 흑교농장(黑橋農場)의 쟁

---

37) 고순흠, 앞의 글. 대한독립단은 대동청년단을 지칭하는 것이 아닌가 여겨진다. 대동청년단은 1909년 10월경 南亨佑(단장), 安熙濟(2대 단장), 徐相日, 朴洸 등 청소년 80여 명이 조직한 비밀결사로서, 신채호·박중화·고순흠 모두 대동청년단원이었다(권대웅, 1994 〈1910년대 경상도지방의 독립운동단체 연구〉, 영남대 박사학위논문, 80~81, 84~90쪽 참조). 그리고 신채호는 3·1운동 얼마 뒤 대동청년단의 단장으로 추대되었다[〈연보〉(《신채호전집》 하, 501쪽)].

38) "개인 및 단체 경력서" ;《동아일보》1921년 9월 22일 ~ 10월 3일자 ;《한국노동조합운동사》, 한국노동조합총연맹, 1979, 80~82쪽 ; 申燦波(黑友會), 〈日本に於ける 鮮人勞動運動〉,《勞働運動》第10號(1923. 1. 1).

의를 시발로 전개된[39] 소작쟁의는 1920년에 15건, 1921년에 27건, 1922년에 24건이 발생하였다.[40] 1921년에 3개에 불과하던 농민단체도 1922년에는 23개로 급속히 증가하였다.[41] 이들 농민단체 또한 아나키즘의 영향을 받고 있었다고 할 것이다.[42] 1920년대 초 농민조직사업에 참여하였던 아나키스트들로는 이강하(李康夏), 이윤희(李允熙), 서상경(徐相庚) 등이 확인된다. 이강하와 이윤희 등은 1922년 대전에서 농부대회(農夫大會)를 개최하였으며, 가수원농부대회(佳水院農夫大會)는 1923년 1월 16일(음) 제3차 농민대회를 개최하여 사무소를 가수원 역전에 있던 이강하 집에 두는 등 농민조직사업을 전개하였다. 그리고 서상경 또한 자신의 고향에서 농민운동을 전개하였다.[43]

당시 노동자계급의 해방을 내세웠던 사회주의자들에 의해 소작인조합이 결성되고 소작쟁의가 활발하게 전개된 것은 소작농을 가장 비참한 피착취계급으로 규정하였던 그들의 계급관에 기인하는 바가 크다. 그들은 소작인조합을 중심으로 소작쟁의를 전개하여 지주계급을 타도하고 소작농을 지주들의 수탈로부터 해방시키고자 하였다.

1920년대 초 사회주의자들은 계급을 생산수단의 소유관계에 따라 분석하지 않고, 착취계급과 피착취계급 내지 지배계급과 피지배계급

39) 조동걸, 1979 《일제하한국농민운동사》, 한길사, 111쪽.
40) 《治安狀況 — 8年》, pp. 157~159.
41) 위의 책, p. 168.
42) 1920년대 초 농민운동의 아나키즘적 경향에 대해서는 김명구, 1988 〈1920년대 전반기 사회운동 이념에 있어서의 농민운동론〉, 《한국 근대 농촌사회와 농민운동》, 열음사 참조.
43) 《太い鮮人》第2號(1922. 11) ; 《現社會》第3號(1923. 3. 25). 金一勉에 의하면, 《太い鮮人》의 발행일은 제1호는 1922년 10월, 제2호는 1922년 12월 30일이다(金一勉, 1973 《朴烈》, 合同出版社, p. 90·244). 그러나 金子文子는 1922년 11월에 《太い鮮人》을 간행하였다고 법정에서 진술하였다[金子文子의 "第5回 訊問調書"(《裁判記錄》, p. 21)].

등 2분법적으로 계급을 분석하였다. 김명식은 〈노동문제는 사회의 근본문제이라〉는 글에서 노동자는 황금을 소유하지 못하였기 때문에 자신의 노력으로 생산한 가치를 모두 자본가에게 견탈(見奪)당한다고 설명하면서,[44] 자본가는 황금을 많이 소유한 계급, 노동자는 황금을 소유하지 못한 계급으로 규정하고 있다. 신백우도 "사회계급을 가장 근본적으로 분류하면 승리를 얻은 계급과 패부(敗負)를 당한 계급의 2종이니, 차(此)가 곧 지배자와 피지배자, 약취자(略取者)와 피약취자(被略取者)이며, 일층 나아가 말하자면 노동계급과 비노동계급, 귀족계급과 평민계급"이라 하여,[45] 계급을 2분법적으로 나누고 있다. 생산수단의 소유관계에 따라 계급을 분석하지 않고 착취·피착취, 지배·피지배 등 2분법적으로 계급을 분석하는 것은 아나키즘적 계급관이다. 아나키즘은 생산수단의 소유 여부에 따라 계급을 분석하고 생산력과 생산관계의 모순에 의해 사회가 발전해 왔다고 주장하는 유물사관을 부정하고, 민중을 피착취·피지배계급으로 규정하고 그들을 착취·지배계급의 억압과 수탈에서부터 해방시킬 것을 주장한다.

1920년대 초의 사회주의자들은 아나키즘적 계급관에 입각하여 도시노동자들이나 농촌 소작인들을 모두 자본가와 지주로부터 수탈당하는 피착취계급으로 동일시하면서, 한국 농민의 대부분을 차지하고 있던 소작농을 프롤레타리아트로 규정하였다.[46] 〈농촌과 노동문제〉라는 글은 소작인과 임금노동자를 비교하면서, "무산계급이요 또 노동

---

44) 김명식, 〈노동문제는 사회의 근본문제이라〉, 《共濟》 제1호, 20쪽 참조.

45) 신백우, 〈계급사회의 사적 고찰〉, 《共濟》 제8호(1921. 6), 14쪽.

46) 당시 사회주의자들이 빈농을 프롤레타리아트로 규정한 것은 공산주의에 대한 이해수준이 낮았기 때문이라고 하기는 어렵다. 공산주의에 대한 초보적 이해수준에 의한 것이라면, 오히려 공산주의 이론을 기계적으로 해석하여 노동자만을 중시하였을 것이며, 빈농이 아닌 농촌노동자를 프롤레타리아트로 규정하였을 것이다.

계급인 것은 상공업노동자나 소작인이나 전혀 동일한 지위에 있"다
고 하였다. 즉 상공업노동자와 마찬가지로 "소작인도 역시 간접일망
정 사실에서는 노력(勞力)을 팔고 그 노동보수로 생활을 영(營)"한다
는 것이다.[47] 신백우도 〈사회운동의 선구자의 출래(出來)를 촉(促)함〉
에서 영국의 길드사회주의와 프랑스의 생디칼리슴에 대해 언급한 뒤,
소작인들의 참상을 서술하고 그들을 무산계급으로 규정하였다.[48]

　소작인을 노동계급으로 규정하는 계급관에 따라 노동운동과 소작
인운동은 동일시되었다. 즉 "소작운동은 농촌의 노동운동"으로서 "노
동문제의 농업계로의 이입(移入)"이라는 것이다.[49] 나아가 소작인의
생활이 도시노동자들보다 더 비참함을 강조하였다. 즉 소작인은 "일
정한 노동보수액의 보장만 없을 뿐 아니라 직접으로 기업적 불리에
서 생(生)하는 손해를 부담하지 아니치 못"한다고 하면서, "소작인들
이 수득(收得)하는 노동보수액은 저들이 최저생활을 보장할 수도 없
도록 상공업 노동자보다 과소"하다는 것이다.[50] 이러한 인식 아래 사
회주의자들은 소작인 조직화사업을 적극적으로 전개하여 많은 소작
인조합을 결성하였으며, 소작료 인하를 1차 요구로 설정하고[51] 소작
쟁의를 적극적으로 지도하였던 것이다.

　3·1운동 이후 아나키즘이 확산되면서 1921년에는 아나키즘을 널리
선전하고 실천하기 위한 조직이 결성되었다. 즉 흑로회(黑勞會)와 흑
색청년동맹(黑色靑年同盟)이라는 국내 최초의 아나키스트 조직이 결
성된 것이다. 흑로회는 박렬이 일시 귀국하여 결성하였으나 곧 해체

---

47) 一記者, 〈농촌과 노동문제〉, 《共濟》 제7호, 32쪽.
48) 신백우, 〈사회운동의 선구자의 出來를 促함〉, 《新生活》 제2호, 20·35~36
　　쪽 참조.
49) 유진희, 〈소작운동과 그 내용 檢窺〉, 《동아일보》 1921년 3월 22일자.
50) 一記者, 〈농촌과 노동문제〉, 《共濟》 제7호, 32쪽.
51) 유진희, 앞의 글.

되었다.[52] 흑색청년동맹은 신채호에 의해 창설되었으며 지식인들로 구성되었다. 같은 해에 북경에 지부까지 설치하였으며, 1924년 이후 해체되었다고 하나,[53] 자세한 것은 알 수 없다.

아나키즘이나 아나키즘적 입장에 입각한 선전활동 또한 상당히 활발하게 전개되었다. 무성영화 변사(辯士) 정한설(鄭漢卨)은 1920년 7월 5일, 영화 상영 중 휴식시간에 "오늘은 자유를 부르짖는 오늘이요 활동을 기다리는 오늘이라. 우리의 맑고 뜨거운 붉은 피를 온세상에 뿌리어 세계의 이목을 한번 놀라게 하여 세계 만국으로 하여금 우리의 존재와 우리의 정성을 깨닫게 하자"고 관중을 선동하였다.[54] 이로 인하여 그는 아나키즘을 선전한 혐의로 체포되었다고 한다.[55] 김경주(金敬柱 ; 26세, 동양대학 철학과 학생)는 도쿄불교청년회(東京佛敎靑年會) 주최 순회강연회에서 아나키즘을 주장하는 크로포트킨과 러셀 등의 인물역사를 소개하고, 그들의 정신적 문화생활을 숭배하고 실행하자고 선전하다가, 1921년 7월 1일 경남 경찰부에 검거되어 징역 6개월에 처해졌다.[56]

조선노동공제회가 주최하는 강연회나 기관지 《공제》등을 통해서도 사회주의 특히 아나키즘적 사고에 입각한 계몽·선전활동이 전개

---

52) 《治安狀況 — 8年》, p. 28.
53) 김산·님 웨일즈(조우화 역), 1999(개정증보판) 《아리랑》, 동녘, 104쪽. 張志樂은 黑色靑年同盟의 창설자를 신채호로 지목하였으나, 당시 신채호는 중국에 있었으므로 그가 北京지부의 창설자일 수는 있지만 국내 흑색청년동맹의 창설자일 가능성은 적다. 하지만 신채호는 국내 조직인 대동청년단의 단장으로 추대되었을 뿐 아니라[〈연보〉(《신채호전집》하, 501쪽)] 단장으로 있던 대한독립단(대동청년단? — 인용자)이 조선노동공제회의 결성에 관여하는(고순흠, 앞의 글) 등 국내운동에 관계한 사례도 있어 그 가능성을 완전히 부정할 수 없다.
54) 《동아일보》 1920년 7월 8일자.
55) 《운동사》, 155쪽. 鄭漢卨이 선전한 아나키즘의 내용은 확인되지 않는다.
56) 《동아일보》 1921년 7월 5일·8월 9일자.

되었으며,[57] 《신생활》,《개벽》,《아성(我聲)》 등의 잡지에도 아나키즘을 선전하는 글이 실렸다. 조선노동공제회는 1922년 말까지 여섯 차례에 걸쳐 강연회를 개최하였는데, 사회주의자로서는 김명식·정태신·황석우·장덕수 등이 강사로 참가하였다. 1920년 5월 1일 종로청년회 대강당에서 박중화(朴重華)의 사회로 개최된 제1회 강연회에서 김명식은 '부조(扶助)와 경쟁'이라는 제목으로 강연을 하였는데,

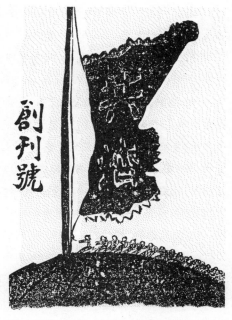

1920년대에 결성된 조선노동공제회의 기관지 《공제》. 아나키즘적 경향을 띤 글들이 많이 실렸다.

그 내용은 상호부조론에 입각해서, 이 사회의 현재 조직은 완전하지 못하다는 것, 노동은 신성하다는 것, 인류는 서로 붙들고 도와야 하며 그것이 우주가 성립한 원리라는 것 등을 설명하면서, 기쁨과 감사로 신성한 노동을 하여 인류사회에 공헌하자고 역설한 것이다. 정태신은 '나의 늣긴 바'라는 제목으로 "실사회(實社會)에 대한 계급의 악한 폐단과 부귀의 틀림"을 열렬한 웅변으로써 성토하였다고 한다.[58] 조선노동공제회 외에도 도쿄유학생학우회(東京留學生學友會)가 1921

---

57) 조선노동공제회의 기관지 《共濟》에 기고한 사람 가운데 사회주의자는 정태신·김명식·김한·나경석·변희용·장덕수·김약수·유진희·신백우·고순흠·남정석 등이다.
58) 《동아일보》 1920년 5월 3일자.

년 7월에 제2회 순회강연을 실시하였는데, 그 강연회에서 이정윤은 '호상부조론'이라는 제목으로 강연을 하여[59] 아나키즘을 선전하였다.

국내 아나키스트를 비롯한 사회주의자들은 외국 아나키스트의 저서를 번역하여 싣거나 그 학설을 소개하기도 하였다. 《공제》 제7·8호에 무아생(無我生)이 크로포트킨의 《청년에게 소(訴)함》을 번역 게재하였으며,[60] 윤자영은 《아성》(조선청년연합회 기관지) 제3·4호에 〈상호부조론〉을 게재하여, 크로포트킨의 상호부조론을 소개하였다.[61] 또 이성태(李星泰)는 《신생활》 제7호(1922. 7)에 〈크로포트킨학설연구〉를 게재하여 크로포트킨의 아나키즘을 소개하였으며, 《신생활》 제9호에는 〈상편(想片)〉을 게재하여 자연과학자의 길을 포기하고 사회운동자가 된 크로포트킨을 찬양하고 과학의 비민중성을 역설하였다.

그리고 노동자·농민 등 민중의 자발성을 강조하면서 혁명운동과 노동운동에서 지식인들의 지도를 부정하는 아나키즘의 직접행동론에 의거한 주장들도 제기되었다. 신백우는 "민중의 일은 민중 자체가 할 터이지오"라 하여,[62] 민중에 의한 직접행동을 강조하였다. 나아가 《공제》 제2호의 〈조선 노동계에 고(告)하노라〉라는 제목의 글은 한국 노동자들에게 "지식계급에만 의뢰치 말고 노동자 자신이 자립"할 것을 역설하였다.[63] 기안생(飢雁生)은 〈지식계급의 실패〉에서 크로포트킨의 말을 인용하여, 지식인에 의한 노동운동 내지 혁명운동 지도를 부정하였다.[64]

---

59) 《동아일보》 1921년 7월 28일자.
60) 크로포트킨의 《청년에게 訴함》은 《新生活》 제6호(1922. 6. 1)에도 李星泰에 의해 번역 게재되어 있다.
61) 이성태에 의하면 윤자영의 〈상호부조론〉은 大杉榮의 《크로포트킨연구》에서 일부를 번역한 것이다(이성태, 〈크로포트킨학설연구〉, 《新生活》 제7호, 29쪽).
62) 신백우, 앞의 글, 20쪽.
63) 農夫, 〈조선 노동계에 告하노라〉, 《共濟》 제2호(1920. 10), 77쪽.

위에서 살펴본 것처럼 1920년대 초 국내 사회주의자들이 수용하였
던 아나키즘은 1910년대와 마찬가지로 아나코코뮤니즘이 주된 내용
을 차지하였다. 당시 아나키스트를 비롯한 사회주의자들은 크로포트
킨의 상호부조론에 주목하였고, 상호부조론의 입장에서 사회를 분석
하고 사회운동을 전개할 것을 주장했다. 정태신은 〈근대 노동문제의
진의(眞義)〉에서 "노동문제의 진의(眞意)는 인류 전체가 정복적 인류
생활의 오류를 자각하고 인류 상애(相愛)의 열정으로써 현재의 불합
리한 경제적 사회조직을 개조"하는 것이며, "사회적 호상부조(互相扶
助)의 정신과 윤리로써 오인(吾人)의 생활을 건축하려 하는, 불합리한
고통의 생활로부터 탈각코자 하는 전 인류생활의 개조문제"라 하여,
상호부조론에 입각해서 노동문제를 논하였으며,[65] 무아생(無我生)은
"호상부조(互相扶助)의 정신에서 약자(弱者)를 조(助)하며 임은노예
(賃銀奴隷)를 완전히 해방하는 날에 비로소 순진한 철학이 생길 것"
이라면서,[66] 상호부조론이야말로 노동자의 철학이라 주장하였다. 나
경석은 "소위 지식계급이 일정한 주의 하에서 노동자의 장래의 자각
을 촉진케 할 현재의 결핍을 구제하려 하면, 도시에 있어서는 생활의
필요품을 공급하는 소비조합을 경영하여 이해가 공통한 계급의 단결
의 습관을 작성하고, 호상부조(互相扶助)의 덕의(德義)를 함양하여 세
계적 사회운동에 응합(應合)케 함이 제일 적합한 방법"이라 하여,[67]
상호부조적 입장에서 노동문제를 해결할 것을 주장하였다. 신백우는
〈의(蟻)와 봉(蜂)의 호상부조(互相扶助)〉에서, "일상불화(日常不和)의
성벽을 축(築)하여 반목질시(反目疾視)하고 심하면 병력이 동(動)하

64) 飢雁生, 〈지식계급의 실패〉, 《新生活》 제7호, 107~108쪽 참조.
65) 又影生, 〈근대 노동문제의 眞義〉, 《開闢》 제1호(1920. 6), 87쪽. 又影生은
   정태신의 필명이다.
66) 無我生, 〈노동자의 문명은 如斯하다〉, 《共濟》 제1호, 35쪽.
67) 나경석, 〈세계사조와 조선농촌〉, 《共濟》 제1호, 55쪽.

는" 인류사회는 멸시하고 천대하는 동물계의 사회생활보다 못하다고 하면서, 개미와 벌이 호상부조하는 사회생활을 설명하고 그를 본받을 것을 주장하였다.[68] 김명식 또한 《신생활》 제7·8호에 〈전쟁철학의 비판〉을 게재하여, 다윈의 학설은 이종속간(異種屬間)의 생활을 솔(率)하는 원칙일 뿐이지, 동종속간(同種屬間)의 생활을 솔(率)하는 원칙은 될 수 없으며, 인류사회는 상호부조에 의해 진화해 왔다고 하면서, 크로포트킨의 상호부조론에 대해 연구할 것을 역설하였다.[69]

서울청년회는 생존경쟁론 대 상호부조론의 일대 결전을 시도한 토론회를 개최하여 상호부조론을 널리 선전하기도 했다. 토론회의 취지는 다음과 같다.

정치·산업·도덕·학술, 거의 인류의 전 생활에 긍(亘)하여 그의 개조를 절규한다. 그러나 인류생존의 원칙에 배합된 개조가 아니면 이는 도(徒)히 인생을 쟁탈·파괴의 와중(渦中)에 투(投)하여 전전(轉轉) 생활의 황폐를 치(致)할 뿐이오. 하등의 효과가 있지 못할 것이다. …… 연이(然而) 인류생존의 원칙에 대한 오인(吾人)의 사상은 2대 조류에 분파되었나니 즉 상호부조와 생존경쟁이 이것이라. 이제 상호부조의 사상과 생존경쟁의 사상은 장모자순(將矛刺盾)의 경(境)에 입(立)하여 극렬한 사상의 전쟁이 시합되었도다. …… 이제 조선사회에서도 개조의 필요를 절규하고 공(共)히 이 사상의 전쟁은 일보일보 극렬의 지역에 도달코저 하는도다. …… 이에 오인(吾人)은 아등(我等) 청년 남녀의 각성을 위하여 차(此) 2대 사상 중 일자(一者)의 지급몰락(至急沒落)을 촉(促)치 아니키 불가하도다.[70]

68) 畊夫, 〈蟻와 蜂의 互相扶助〉, 《共濟》 제7호, 44~47쪽 참조.

69) 拏山, 〈전쟁철학의 비판〉, 《新生活》 제8호. 《新生活》 제7호에는 〈전쟁철학의 비판〉의 필자가 김명식으로 되어 있다.

70) 赫怒(寄稿), 〈'생존경쟁 대 상호부조'의 토론회 개최에 대하야〉, 《동아일보》 1921년 7월 22일자.

즉 지금은 사회개조의 시대로서 한국도 개조해야 하고, 그러기 위해서는 상호부조론을 선전하여 생존경쟁론을 극복해야 하며, 상호부조론을 널리 선전하기 위하여 토론회를 개최한다는 것이다. 이처럼 사회진화론 극복이라는 사상적 과제를 해결하기 위하여 상호부조론에 대한 선전작업이 매우 활발하게 전개되었고, 그러한 선전작업에 의하여 아나키즘의 보급은 확산되어 갔다.

1920년대 초 아나키즘은 상호부조론을 중심으로 하는 아나코코뮤니즘이 주류를 형성하였지만, 그 속에는 아나코생디칼리슴적 요소도 상당히 포함되어 있었다. 즉 지식인의 지도를 부정하면서 노동자들의 자립을 강조한 것은 아나코생디칼리슴의 영향이다. 그리고 조선노동공제회를 주도하였던 사람 가운데에는 나경석도 포함되어 있었는데, 그는 1910년대 중반에 아나코생디칼리슴을 수용하였던 사람이다. 이로 인해 조선노동공제회가 아나코생디칼리슴으로부터 일정한 영향을 받았을 것으로 사료된다.

개인적 아나키즘도 정백(鄭栢)에 의해서 소개되었다. 정백은 〈유일자(唯一者)와 그 중심 사상〉에서 스티르너[71]의 〈유일자(唯一者)와 그의 소유〉를 분석한 뒤, 그의 사상을 자아의 자유, 자아의 독립, 자아의 존엄을 인간의 유일한 중보(重寶)로 여기면서, 자아에 살기 위한 자아주의자의 단결한 생활을 고조한 것으로 소개하였다.[72] 그리하여 1920년대 초에는 개인적 아나키즘도 수용되고 있었다. 그것은 1923년에 결성된 흑로회가 개인적 아나키즘에 입각하여 활동하였던 것에서 단적으로 드러난다. 결국 3·1운동 이후 아나키즘이 확산되면서 다양한 조류의 아나키즘이 수용되었다고 할 수 있다.

---

71) 막스 스티르너(1806~1856)는 대표적인 개인적 아나키스트로서, 본명은 요한 카스파 슈밋트이다.

72) 정백, 〈唯一者와 그 중심 사상〉, 《新生活》 제9호, 49~56쪽 참조.

2) 재일본 한국인

재일본 한국인들의 아나키즘 수용은 유학생을 중심으로 이루어졌다. 한국인 유학생은 임오군란 이후 수신사로 일본에 파견된 박영효가 데리고 간 학생 10명이 그 시초였다. 조선정부는 1895년에 다시 유학생 150명을 일본에 파견하여 대학에서 수학케 하였다.[73] 그 이후에는 관비(官費)가 아닌 사비(私費)로 유학하는 자도 나타났다. 이처럼 일본 유학생의 수는 점차 증가하였고, 이들 일본 유학생은 일본에서 여러 경로를 통해 사회주의를 접하면서 사회주의에 대한 이해를 쌓았으며, 그것을 국내에 전파하지 않았나 여겨진다.

재일본 한국인 유학생들은 1900년대에 사회주의를 수용하기 시작하였던 것으로 보인다. 조소앙은 유학생들이 도탄에 빠져 있는 동포들에 대한 구급교정(救急矯正)의 책(策)을 강구하지 않는 것은 개인적 퇴보와 개인적 야심 때문인바, "적자 생존하고 부적자 멸망은 따빈옹의 원칙이라. 수(須)히 불편부당하고 공평정대한 태도를 취하여 국가를 본위로 정하고 사회로 표방을 화(畫)"해야 한다고 하면서, 개인주의를 버리고 사회주의를 취할 것을 주장하였다.[74] 여기서 조소앙은 사회주의를 반자본주의 사고체계로 이해하는 것이 아니라 개인주의에 대비되는 이념으로 이해하고 있을 뿐이다. 하지만 이러한 사회주의 이해방식은 사회주의를 개인주의의 반동으로 인식하는 김양수(金良洙)의 사회주의 이해방식과 동일하다.[75] 이는 1900년대에 이미 사회

---

73) 〈일본유학생사〉, 《學之光》 제6호(1915. 7), 11쪽 참조.

74) 嘯卬生, 〈회원제군〉, 《대한흥학보》 제7호(1909. 11. 20) 참조.

75) 김양수는 〈사회문제에 대한 관념〉이라는 글에서 공산주의를 선전하면서, 사회문제에 대한 해결책을 개인주의와 사회주의, 사회개량주의로 대별하고, 사회주의를 "개인주의의 반동으로 개인의 사회적 평등을 주창한 자"로 이해하였다[김양수, 〈사회문제에 대한 관념〉, 《學之光》 제13호 부록(1917.

주의에 대한 이해가 초보적 수준에서나마 이루어지고 있었음을 나타
내 준다.

그리고 다음의 사실들도 1900년대에 한국인 사회주의자들이 존재
하고 있었음을 암시해 준다. 고토쿠 슈스이는 1905년 초 《고지신문
(高知新聞)》에 기고한 〈병중의 헛소리(病間放語)〉에서 사회주의가 일
본을 포함한 세계 가운데서 세력을 확대하고 있다고 하면서, "비율빈
인(比律賓人), 안남인(安南人), 조선인 중 역시 기개 있고 학식 있는
혁명가가 적지 않다"고 하였다.[76] 고토쿠 슈스이가 말하는 혁명가는
사회주의혁명가를 지칭하는 것으로 보이며, 이것은 1900년대에 이미
한국인 사회주의자가 존재하고 있었다는 것을 말해 준다. 그리고 오
스기 사카에(大杉榮)에 따르면, 중국인 아나키스트 장계(張繼), 일본인
사회주의자 사카이 도시히코(堺利彦), 일본인 아나키스트 오스기 사
카에, 야마카와 히토시(山川均) 등이 주도하던 아주화친회(亞洲和親
會)[77]의 결성(1907년. 회장 章太炎)에 일본·중국·베트남·필리핀·인도
등의 동지와 함께 한국인도 참가하였다.[78] 아주화친회의 결성에 참가

7), 505쪽].

76) 石坂浩一, 1993 《近代日本の社會主義と朝鮮》, 社會評論社, p. 32.

77) 亞洲和親會의 宗旨는 제국주의에 반대하여 주권을 상실한 민족으로 하
여금 독립을 쟁취할 수 있도록 하는 것이었으며, 亞洲人으로서 침략주의를
주장하는 자를 제외하고는 민족주의자·공화주의자·사회주의자·아나키스
트를 가리지 않고 입회할 수 있었다. 그리고 東京, 중국, 봄베이, 조선, 필
리핀, 베트남, 미국 등지에 總部를 설치하였다(〈亞洲和親會約章〉; 湯志鈞,
1990 〈關于亞洲和親會〉, 《乘桴新獲 ― 從戊戌到辛亥》, 江蘇古籍出版社에
수록).

78) 大杉榮, 〈事實と解釋 ― 植民地の叛逆=印度=安南=臺灣=朝鮮〉, 《近
代思想》 3卷2號(1915年 11月), p. 15. 한국인은 亞洲和親會에 참가하지 않
았다는 주장도 있다. 즉 竹內善作은 한국인은 일본인이 참가하는 會에는
자신들은 참석할 수 없다고 하여 亞洲和親會에 참가하는 것을 거부하였다
고 한다(竹內善作, 〈明治末期における中日革命運動の交流〉, 《季刊中國研

한 한국인도 사회주의를 수용하고 있었을 것으로 추측된다. 중국 아나키스트(劉師培)도 〈아주현세론(亞洲現勢論)〉에서 도쿄에 거주하는 한국인 유학생들에게 사회주의를 이야기하면 모두 기꺼이 찬성한다고 하면서, 이들이 사회주의 진흥의 효시가 될 것이라 하였다.[79] 이러한 사실들은 1900년대에 이미 일본인 사회주의자 혹은 중국인 사회주의자와의 접촉을 통해 아나키즘을 비롯한 사회주의를 수용한 한국인이 존재하였다는 것을 말해 준다.

당시의 일본 유학생들은 조국이 제국주의의 침략에 시달리고 있는 특수한 상황에서 새로운 사상을 모색하게 되었고, 그러한 요구는 그들로 하여금 아나키즘에 쉽게 노출되도록 만들었을 것으로 보인다. 하지만 1900년대 재일본 한국인의 아나키즘 수용은 개인적 차원에서 이루어졌던 것으로 보이며, 1910년 국권상실을 전후한 시기에 가서야 아나키즘이 요시찰자들을 중심으로 하여 민족해방운동 이념으로서 수용되었던 것으로 보인다.

일제강점 이후 재일본 한국인 수는 급증하여 1915년 12월말 현재 총 4,075명을 헤아리게 되었는데, 이들 가운데에는 요시찰자도 상당수 있었다. 그들은 대개 학생으로서 1916년 4월 17일 현재 조사에 따르면 총 524명이었다.[80]

究》1948年 9月號 ; 石坂浩一, 앞의 책, p.104에서 재인용). 그러나 조선에도 總部를 설치한 것으로 보아서 조선인도 참가하였다고 보는 것이 타당할 듯하다.

79) 申叔(劉師培의 필명 — 인용자),〈亞洲現勢論〉,《天義》第11·12卷(1907. 11. 30).

80)〈朝鮮人槪況(1916年 6月 30日 調)〉(《外務特殊文書》1, pp. 773~774). 1916년 이후 유학생 수는 1917년 5월 1일 현재 337명(東京 175명), 1920년 6월말 828명(東京 682명), 1924년 6월말 1,601명, 1925년 10월말 2,087명(東京 1,322명)이었다[司法省,〈內地に於ける朝鮮人と其犯罪に就て〉(1927年 12月),《司法研究》5(《資料集成》1, p. 275)].

한국인 요시찰자들은 집회를 개최하거나 신문지·잡지 등을 발행하여 배일사상(排日思想)을 고취 전파하고자 노력하였으며, 그러한 활동을 위해서 단체를 조직하였다. 일본에 있는 한국인들이 조직한 단체로는 조선유학생친목회·재도쿄조선기독청년회(在東京朝鮮基督青年會)·조선유학생학우회·조선학회·교토조선유학생친목회(京都朝鮮留學生親睦會)·재사카조선인친목회(在阪朝鮮人親睦會)·동맹합자회(同盟合資會) 등이 있었다. 이들 단체는 표면상으로는 모두 회원 상호간의 친목, 심신의 수련 혹은 학술의 연구 등을 표방하고 있었지만,[81] 일요예배기도회·웅변회·신래학생환영회(新來學生歡迎會) 등을 개최하고 그 자리에서 배일주의를 고취하였다. 이러한 가운데 재일본 한국인 유학생 가운데에는 일본인 사회주의자와의 접촉이나 사회주의 문헌을 통해서 아나키즘을 비롯한 사회주의를 수용하는 사람들이 나타나기 시작하였던 것으로 보인다. 그러나 자료상으로 확인되는 것은 제1차세계대전 발발 이후부터이다.

제1차세계대전 이전에 아나키즘을 비롯한 사회주의를 수용한 한국인의 존재는 요코타 쇼지로의 진술을 통해서 추측할 수 있다. 요코타 쇼지로는 1914년 8월 25일 "나 자신은 다수의 조선인과 교제하였다. 그들 중 …… 일반적으로 불평한 나머지 일종의 위험사상을 품는 자는 족출(簇出)한다. 내지(內地) 거주자 중에도 다수인 것으로 보인다. 특히 하와이(布哇) 방면에 재류하는 자 중에는 맹렬한 배일사상을 품은 자는 물론 사회주의자도 역시 적지 않은 모양"이라는 내용의 담화를 하였다.[82] 요코타 쇼지로의 이 말은 1910년대 초반에 이미 재일본 한국인들 사이에 사회주의자가 존재하였음을 짐작하게 한다.

---

81) 〈朝鮮人槪況(1916年 6月 30日 調)〉(《外務特殊文書》 1, p. 779).
82) 〈特別要視察人狀勢一班 第5(1914年 7月~1915年 6月)〉[松尾尊兊 編, 앞의 책(1984), 412쪽].

아나키즘을 비롯한 사회주의 수용은 1914년 제1차세계대전을 계기로 하여 촉진되었던 것으로 보인다. 이상천(李相天)은 1915년 〈새도덕론〉에서 "구주전쟁(歐洲戰爭)에 각국 사회주의자가 각(各)히 조국을 위하여 탄우중(彈雨中)에 돌진"한 것은 "자연의 법칙이요 천도(天道)의 당연"으로 조금도 괴이한 바가 없다고 한 뒤, "사회주의자간에 공명(共鳴)은 있을지라도 이는 동일한 민족간의 교질(膠質)을 타파하기 너무 박약"한 것이라 하면서,[83] 유럽 사회주의자들의 사회애국주의는 당연한 것으로 받아들였다. 이것은 이상철이 사회주의에 대해 나름대로 이해하고 있었음을 말해 준다. 민족주의자인 안확(安廓)조차도 사회주의에 대한 정보를 가지고 있었다. 즉 안확은 〈조선의 문학〉에서 한국인은 동화력(同化力)이 대(大)하므로 "불국(佛國)의 문학을 초(招)하다가 기단소(其短所)의 경도(輕跳)한 성질과 무정부주의에 혹(惑)키 이(易)"하다고 하면서,[84] 한국인들이 아나키즘에 경도될 것을 경계하였다. 이를 통해 제1차세계대전 이후 일본에 있던 한국인 유학생들이 사회주의에 대한 지식을 습득하고 있었음을 알 수 있다.

재일본 한국인들 가운데에는 사회주의에 대한 이해에서 나아가 아나키즘을 수용하고 선전하는 사람들도 있었다. 확인되는 바로는 《학지광(學之光)》 4호(1915. 2)에 게재된 나경석의 〈저급(低級)의 생존욕〉이 아나키즘을 선전한 최초의 글이다. 그는 이 글에서 총파업과 사보타지 등만이 "전도(前途)에 보이는 것은 궁핍과 간난(艱難)뿐"인 소작농민들의 "자위자존(自衛自存)하는 유일 방법이요 생즉진리(生則眞理)"라고 주장하였다.[85] 이것은 나경석이 경제적 직접행동을 강조하는 아나코생디칼리스트였음을 보여준다.[86] 한광수와 황석우 또한 잡지를

---

83) 李相天, 〈새도덕론〉, 《學之光》 제5호(1915. 5), 20쪽.

84) 안확, 〈조선의 문학〉, 《學之光》 제6호(1915. 7), 44쪽.

85) KS生, 〈低級의 생존욕〉, 《學之光》 제4호(1915. 2), 25쪽. 나경석의 《公民文集》(정우사, 1980)에 의하면 〈低級의 생존욕〉의 저자는 나경석이다.

통해 아나키즘을 비롯한 사회주의를 선전하였다. 즉 한광수는 아나키즘을 선전하기 위하여 1915년 무렵부터 잡지 《제3제국》[87]을 판매하였으며,[88] 황석우는 1916년 1월부터 《근대사조》를 발간하였다. 《근대사조》는 전하지 않아 그 내용이 무엇인지 알 수 없다. 그러나 발행인 황석우가 1921년에 아나키스트 단체인 흑도회 결성에 주도적으로 참여하였던 점[89]과, 1922년에 결성된 북성회의 회원이었던 점,[90] 그리고 잡지명 등으로 보아 아나키즘을 비롯한 사회주의를 소개하는 내용이 아니었을까 짐작된다.

일본의 한국인 아나키스트들은 직접 단체를 결성하여 조직적인 선전활동을 전개하기도 하였다. 1914년 9월 오사카(大阪)에서 조선인친목회가 한국인 아나키스트에 의해 조직되었다. 이 단체의 결성과정을 살펴보면 다음과 같다. 오사카에 거주하던 한국인 강만형(姜萬馨)의 발기로 1914년 1월 15일 그의 숙소에서 최진태(崔進泰), 김기준(金基俊), 정치현(鄭致鉉) 외 6명이 회합하여 임원 선정과 회원 권유 등에

---

86) 나경석은 아나코생디칼리스트이었지만, 총파업·사보타지 등을 소작인들이 자위자존할 수 있는 유일한 방법으로 규정한 것으로 보아, 아나코생디칼리슴에 대한 이해는 기계적이고 초보적 수준에 머물러 있었음을 알 수 있다.

87) 《第3帝國》은 茅原華山이 1913년 10월 石田友治와 함께 창간한 잡지로서, 茅原華山은 이 잡지를 통해서 보통선거를 기초로 하는 입헌주의로서의 민본주의를 전개하였다. 安部磯雄·植原悅二郎·三浦銕太郎·大杉榮 등이 기고하였다(《國史大辭典》3, 吉川弘文館, p. 634 ; 《國史大辭典》13, 吉川弘文館, p. 578). 필진으로 보아 《第3帝國》은 민본주의나 아나키즘 선전이 주된 내용이었던 것으로 보인다.

88) 한광수가 《第3帝國》을 판매한 것은 "《第3帝國》은 新人의 부르짖는 天來의 소리로 우리 동포에게 조금이라도 도움이 될" 것이며, "新人에게 공명되는 바 많은 잡지"라고 생각하였기 때문이다[韓世復, 〈천사의 미소〉, 《學之光》 제5호(1915. 5), 65쪽].

89) 이호룡, 앞의 글(1998), 172쪽.

90) 金泰燁, 1981 《투쟁과 증언》, 풀빛, 85쪽.

대해서 협의하였다. 그러나 동회(同會)는 같은 해 2월 15일 해산하였다. 이후 같은 해 9월 1일 다시 정태신의 발기로 오사카에 거주하던 한국인 약 35명이 회합하여 조선인친목회를 창립하였다. 정태신이 총간사가 되었으며 부남희(夫南熙), 신태균(申泰均) 두 사람이 부간사가 되었다. 이 회는 일본인 아나키스트 하세가와 시쇼(長谷川市松),[91] 요코타 쇼지로 등과 일정한 관계를 맺고 있었다. 매월 30명 내외가 참여하는 가운데 1916년 5월 말까지 14회에 걸쳐 정례회의를 개최하는 등 비교적 활발한 활동을 하였다.

조선인친목회의 핵심인물이었던 정태신이 1915년 1월 26일 중국으로 도항하자,[92] 당시 도쿄에서 오사카로 온 아나코생디칼리스트 나경석이 대신 통재(統宰)하고 강만형, 이달빈(李達彬), 이화린(李化麟) 등이 그를 도왔다. 그러나 1915년 6월 3일 하세가와 시쇼가 에히메현(愛媛縣)으로, 1915년 9월 1일 요코타 쇼지로는 아이치현(愛知縣) 나고야(名古屋)로, 나경석은 1915년 9월 중순 한국으로 각각 가버림에 따라 정례회의 출석자는 매회 점차 줄어들고 세력이 매우 약해져 갔다.[93]

---

91) 長谷川市松은 1908년 3월 귀국한 뒤 1914년 7월 무렵부터 1915년 6월까지 橫田宗次郎과 함께 행동하면서 아나키즘의 보급에 열중하였다[〈特別要視察人狀勢一班 第6(~1916년 5月 1日)〉(松尾尊兌 編, 앞의 책(1984), 460쪽)]. 일본 정보보고서는 長谷川市松을 岩佐作太郎과 함께 在米無政府主義者의 일파로 분류하고 있다(松尾尊兌 編, 같은 책, 450쪽).

92) 정태신은 1915년 1월 26일 중국 上海로 渡航하였으며, 그 뒤 홍콩을 거쳐 마닐라로 갔다가 재차 중국으로 가서 廣東에 머물렀다[〈特別要視察人狀勢一班 第5(1914年 7月~1915年 6月)〉(松尾尊兌 編, 위의 책, 412쪽)]. 그 뒤 다시 上海로 갔다가 1918년 1월 9일 한국으로 돌아왔다[〈特別要視察人狀勢一班 第8(1917年 5月 2日~1918年 5月 1日)〉(松尾尊兌 編, 같은 책, 587쪽)].

93) 조선인친목회의 결성과 활동에 관한 사항은 《朝鮮人槪況(1916年 6月 30日 調)》(《外務特殊文書》 1, pp. 781~782)과 〈特別要視察人狀勢一班 第

조선인친목회는 표면적으로는 "기독교의 전파와 근면적 품성의 도
야와 학예의 장려 또는 직업의 소개 등에 의해 환란을 서로 구원"하
는 것을 목적으로 표방하였지만,[94] 아나키즘적 성향을 띠고 있었다.
그것은 다음의 사실에서 유추해 볼 수 있다. 첫째, 조선인친목회를
조직한 정태신이 당시 일본인 아나키스트로부터 아나키즘을 수용하
고 있었다는 점이다. 정태신은 일본으로 건너간 이후 배일사상을 가
진 한국인들과 교제하면서 한국 독립을 꾀하다가, 1914년 7월 중순
당시 도쿄에 있던 배일선인 나경석으로부터 하세가와 시쇼에게 보내
는 소개장을 받고 오사카로 이주하였다. 그 뒤 일본인 아나키스트 요
코타 쇼지로·하세가와 시쇼·하야미 나오조(逸見直造) 등과 교제하였
는데, 그 과정에서 정태신은 요코타 쇼지로가 말하는 바에 감동하여
같은 해 10월 3일 이후 동인(同人)과 동거하게 되었다. 일상생활을 같
이하면서 그 담론을 듣고 아나키즘에 관한 신문·잡지도 빌려 읽었다.
그 결과 아나키즘에 공명하게 되었으며, 도쿄에 있던 오스기 사카에·
아라하다 쇼조(荒畑勝三) 등이 발행하는 《평민신문(平民新聞)》에 약
간의 기부도 하였다.[95]

둘째, 조선인친목회의 결성과 활동에 일본인 아나키스트가 깊숙이
관계되어 있었다는 사실이다. 조선인친목회는 요코타 쇼지로·하세가
와 시쇼 등과의 밀접한 관계 속에서 결성되었으며, 매월 개최하는 정
례회의 장소 또한 이들의 알선으로 차입(借入)하였다. 나아가 요코타

5(1914年 7月~1915年 6月)〉〈松尾尊兊 編, 위의 책, p. 412), 그리고 〈特別
  要視察人狀勢一班 第6(~1916年 5月 1日)〉〈松尾尊兊 編, 같은 책, p. 455·
  460·477) 등을 종합.

94) 〈特別要視察人狀勢一班 第5(1914年 7月~1915年 6月)〉〈松尾尊兊 編, 위
  의 책, 412쪽).

95) 〈特別要視察人狀勢一班 第5(1914年 7月~1915年 6月)〉〈松尾尊兊 編, 위
  의 책, 412쪽).

쇼지로는 조선인친목회 고문의 지위에 있으면서 은연중 그것을 지도
하였다.[96]

이러한 점으로 보아 오사카의 조선인친목회는 재일본 한국인 아나
키스트에 의해 조직된, 아나키스트 사회의 건설을 지향하는 최초의
단체였다고 할 수 있다. 물론 이 단체는 아나키스트 사회건설운동의
실천을 목적으로 하는 본격적인 아나키스트 운동단체는 아니며, 초보
적 수준에서 아나키즘 선전을 위한 장(場)으로 결성된 단체였던 것으
로 추정된다.

1915년 정태신이 중국으로 건너감으로써 재일본 한국인 아나키스
트들의 활동은 침체하였다. 그러나 1917년 러시아혁명이 성공하자 아
나키즘은 재일본 한국인들 사이에서 그 수용의 폭을 넓혀 나갔다. 민
족주의자조차 사회주의에 대한 공명을 표시하였다. 김효석(金孝錫)은
귀국하였다가 1917년 11월 29일 관부연락선(關釜聯絡船)으로 시모노
세키(下關)에 도착한 뒤, 1917년 12월 2일 "나 자신은 왕복 도중 연락
선을 타고 …… 사회주의의 마음을 일으키지 않을 수 없었다. 나 자
신은 사회주의자는 아니지만 어느 정도까지의 재산 분배는 필요하다
고 생각한다. …… 사회는 그 사람 개인의 인격을 존중해야 하고, 금
일 어떤 일부의 사람은 재산의 평등을 꾀하지만, 시기가 아직 빠르고
지금은 단지 사회주의 고취의 시대이다"는 내용의 담화를 하였다.[97]
김효석은 실력양성론자로서 민족주의적 성향을 강하게 지니고 있던
조선유학생학우회의 평의회 의장이었다.[98] 그러한 김효석이 사회주의

---

96) 〈特別要視察人狀勢一班 第6(～1916年 5月 1日)〉(松尾尊兌 編, 위의 책,
    412·454～455·477쪽).

97) 〈特別要視察人狀勢一班 第8(1917年 5月 2日～1918年 5月 1日)〉(松尾尊
    兌 編, 위의 책, 587～588쪽).

98) 〈朝鮮人槪況(1916年 6月 30日 調)〉(《外務特殊文書》 1, p. 780). 자료상에
    는 김효석이 조선유학생학우회 評議員 의장으로 기록되어 있으나 평의회

운운하였다는 것은, 그 당시 일본에 있던 한국인 유학생 사이에 사회
주의가 널리 소개되어 있었고, 상당수의 한국인 유학생들이 비록 관
념적 차원이라고는 하더라도 사회주의에 공명하고 있었음을 말해 준
다.

최승만(崔承萬)은 러시아 사회혁명당의 지도자이자 혁명정부 수반
이었던 케렌스키를 호의적으로 소개하기도 하면서,[99] "허무당이나 무
정부당으로 하여금 어떠하다 어떠하다 하지마는 나는 그들을 숭배하
며 존경한다. 나는 그들의 주의를 숭배하며 존경한다 하는 것보다 그
들의 생명 있는 열정 있는 이상―그 이상을 숭배하며 존경한다"고
하여,[100] 일본에 있던 유학생 사이에서 아나키즘에 대한 논의가 진행
되고 있었다는 사실을 전해 준다. 그리고 아나키즘의 이론에 대해서
는 비록 찬성하지 않는다고 하더라도 그들에 대해 호감을 가지고 있
었음을 말해 준다.

자신이 아나키스트임을 공언하고 다니는 사람도 나타났다. 즉 1915
년 무렵부터 잡지 《제3제국》 판매를 통해 아나키즘을 비롯한 사회주
의를 선전하였던 한광수가 바로 그다. 그는 1918년 9월 1일경 "나 자
신은 무정부주의를 신봉하며 주의를 위해 활동하고 있다. 신체의 자
유는 속박되더라도 주의는 누구에게도 속박되어서는 안된다"는 내용
의 말을 하였는데,[101] 이는 그가 아나키즘을 자신의 사상으로 체화하
고 있었음을 말해 준다.

일제의 관헌자료도 러시아혁명 이후 재일본 한국인들 가운데에는

의 잘못인 것으로 사료된다.
99) 極熊, 〈KERENSKY〉, 《學之光》 제14호(1917. 12) 참조. 신채호에 의하면
  極熊은 최승만이다[〈極熊에게〉(《신채호전집》 별집, 362~363쪽)].
100) 極熊, 〈露西亞國民性〉, 《學之光》 제15호(1918. 3), 46쪽.
101) 〈特別要視察人狀勢一班 第9(1918年 5月 1日~1919年 11月 1日)〉[松尾尊
  兌 編, 앞의 책(1984), 692쪽].

사회주의자가 상당수 존재하였음을 인정하고 있다. 즉 3·1운동 전에 "도쿄에 유학 간 학생 중 비밀리에 (사회주의 — 인용자) 연구에 종사하는 자가 있었"지만, "그것은 표현적 운동으로서는 볼 만한 것이 없었다"고 하여,[102] 재일본 한국인에 의한 사회주의운동의 실체는 부정하였지만 3·1운동 이전에 한국인 사회주의자가 존재하였음은 인정하였던 것이다.

러시아혁명 이후 재일본 한국인 사회주의자들은 《학지광》,《동아시론(東亞時論)》,《혁신시보(革新時報)》 등의 잡지를 통해, 일본에 있는 한국인들 사이에서 사회주의 선전작업을 활발하게 전개하였다. 장덕수는 개인주의가 지배하고 있는 현대사회에서는 사회주의가 흥기할 수밖에 없다는 것을 다음과 같이 설명하였다. 즉 그는 〈사회와 개인〉에서 "개인에게 절대 방임을 시인하는 것은 사회의 결뉴(結紐)를 파괴할 뿐만 아니라 개인 자기의 존재를 위급(危急)에 급(及)하게 하는 것이지요. 이것이 사회적 지배 즉 현대 사회주의의 일어나는 연유"라고 하면서,[103] 사회주의의 당위성을 역설하였다. 김명식은 "이것 (법률만능주의와 황금만능주의가 지배하고 있는 이 사회의 모순 — 인용자)을 근본적으로 개혁하려면 먼저 현사회의 경제조직을 타파하고 신조직을 건설치 아니하면 도저히 빈약자의 존(存)을 보증할 수 없다 하여 혹 사회주의 혹 공산주의를 주장하여 적극적 행동을 취하는 자 — 불소(不少)"하다고 하면서,[104] 자본주의 사회를 개혁하기 위해서는 사회주의를 수용해야 한다고 주장하였다.

그리고 이달(李達)[105]은 《동아시론》(동양청년동지회[106] 기관지)을 발

---

102) 《治安狀況 — 8年》, p. 4.
103) 雪山, 〈사회와 개인〉, 《學之光》 제13호(1917. 7), 14쪽. 여기서 장덕수가 말하는 사회주의는 개인주의의 正反對語가 아니다. 장덕수는 개인주의의 正反對語로 社會至上主義라는 용어를 사용하고 있다.
104) 김명식, 〈도덕의 墮落과 경제의 不振〉, 《學之光》 제14호(1917. 12), 22쪽.

행하여 배일사상과 사회주의를 선전하였다.《동아시론》은 1917년 9
월 15일에 창간호(9월 13일 발매금지 처분을 받음)가, 같은 해 10월 15
일에 제2호가 발행되었으나 12월에 폐간되었다.[107] 1918년 4월 1일 다

---

105) 李達(1890년생)은《東亞時論》,《革新時報》,《新朝鮮》등을 발행하였다.
   그는 일본인 아나키스트 大杉榮 등과 교류하면서[〈朝鮮人槪況 第三(1920
   年 6月 30日 調)〉(《外務特殊文書》2, p. 90)], 이들 잡지에 大杉榮·堺利彦
   등의 글을 게재하는 등 사회주의를 선전하는 작업을 하였지만, 그가 사회
   주의자인지는 확실하지 않다. 그는 '동양면로주의'를 제창하여 재일본 한국
   인들의 비판을 받기도 하였고, 宮武外骨(日本民本黨을 조직. 民本黨宣言
   은 일본 영토 내의 이민족에게 자치권을 줄 것을 주장하였다)이 주최하는
   民本主義宣傳政談演說會에 출석하여 宮武 등의 주장에 찬동하는 연설을
   하기도 하였으며[〈特別要視察人狀勢一班 第9(1918年 5月 1日~1919年 11
   月 1日)〉(松尾尊兌 編, 앞의 책(1984), 691쪽)], 1920년 3·1독립선언 제1주
   년을 맞이하여 독립시위운동을 전개함과 동시에 제국의회에 한국독립을
   청원할 것을 계획하다가 적발되어 국내로 압송되었다[朝鮮總督府警務局
   東京出張員, 〈日本における抗日獨立運動計劃者檢擧の件(1920年 3月 26
   日. 高警 第8774號)〉(金正明 編, 1967《朝鮮獨立運動》3, 原書房, p. 561)].
106) 東洋靑年同志會는 李達이 조직한 재일본 한국인 단체로서 기관잡지《신
   동양》을 발간할 계획을 세웠으며(발행 여부에 대해서는 알 수 없다), 1916
   년 5월 무렵 동양청년동지회취지서규칙이라고 表書한 것을 5천 부 인쇄하
   여 東京市內 在留 중국·한국학생과 일본학생 기타에게 배부하고자 하였으
   나 결국 시행에 옮기지 못하였다[內務省警保局保安課, 〈朝鮮人槪況 第二
   (1918年 5月 31日)〉(《資料集成》1, p. 68)].
107)《東亞時論》이 폐간된 원인은 동양면로주의를 고취하는 것을 그 목적으
   로 하여, 많은 한국인의 반감을 샀기 때문이었다.《東亞時論》은 그 발간사
   에서 "동양의 평화를 확보하는 길은 각 민족의 각성을 촉구하여 현상을 釐
   革하고 일체의 오해를 표명하고 情誼를 疏通하여 정신적 결합을 도모하는
   외에는 없다고 본다. 이 큰 목적을 달성하기 위해서 本誌를 발행한다. 그
   리고 신동양주의를 고창 선전하고, 나아가 僻見謬想을 去하고 세계평화에
   공헌하고자 한다"고 하였다[內務省警保局保安課, 〈朝鮮人槪況 第二(1918
   년 5월 31일)〉(《資料集成》1, p. 69)]. 李達이 제창한 신동양주의는 일제가
   선전하던 동양주의와는 다를 것이나, 구체적인 내용이 어떠한지는 알 수
   없다.

시 복간되어 제2권 제1호[108] 100부가 발행되었다. 여기에 반일사상을 선동하거나 사회주의를 고취하는 내용의 기사, 즉 〈일본의 진의를〉, 〈정복의 사실〉 등이 게재되었다. 이것 때문에 《동아시론》은 4월 6일 발매금지 처분을 받았다.[109] 《혁신시보》는 《동아시론》을 1918년 10월 5일 개제(改題)한 것으로서, 10월에 2책(상호, 하호 ; 발매반포금지 처분을 받음), 10월 20일에는 10월 병합호가 발행되었고,[110] 12월 20일에는 제2권 제4호가 발행되었다.[111] 그 후 경비 등의 사정으로 휴간되었다.[112]

---

108) 1918년 4월 1일 발행된 《東亞時論》의 호수를 內務省警保局保安課, 〈朝鮮人槪況 第二(1918年 5月 31日)〉(《資料集成》 1, p. 69)에서는 제3호로 서술하고 있으나, 〈特別要視察人狀勢一班 第8(1917年 5月 2日~1918年 5月 1日)〉[松尾尊兌 編, 앞의 책(1984), 544쪽]에는 제2권 제1호로 기록하고 있다.

109) 內務省警保局保安課, 〈朝鮮人槪況 第二(1918年 5月 31日)〉(《資料集成》 1, p. 69).

110) 〈朝鮮人槪況 第三(1920年 6月 30日 調)〉(《外務特殊文書》 2, p. 40). 〈特別要視察人狀勢一班 第9(1918年 5月 1日~1919年 11月 1日)〉[松尾尊兌 編, 앞의 책(1984), 691쪽]에는 1918년 10월 5일부로 발행된 《革新時報》의 호수를 제2권 제2호로 기록하고 있다.

111) 〈特別要視察人狀勢一班 第9(1918年 5月 1日~1919年 11月 1日)〉(《松尾尊兌 編, 위의 책, 691쪽).

112) 〈朝鮮人槪況 第三(1920年 6月 30日 調)〉(《外務特殊文書》 2, p. 40). 《革新時報》는 1919년 11월 1일부터 《新朝鮮》이라는 이름으로 개칭되어 월 3회 발행되었다. 그러나 그것 역시 기사가 극히 불온하다 하여 初號부터 발매반포를 금지당하였을 뿐 아니라, 2호를 제외하고는 모두 치안을 문란시켰다 해서 행정처분에 부쳐졌다. 1920년 3월 李達이 한국으로 압송될 때까지 6호가 발행되었으며, 이후 《新朝鮮》은 휴간되었다. 《革新時報》와 《新朝鮮》에 게재된 기사 가운데 문제가 된 것은 無名氏의 〈일본의 眞意를 알자〉(《革新時報》 10月上號), 白天生의 〈귀와 눈으로〉(《革新時報》 10月下號), 李達의 〈나의 필화사건에 대해서〉[《新朝鮮》 제4호(1919. 12. 21)], 白天生의 〈나의 친구에게〉[《新朝鮮》 제6호(1920. 2. 1), 李東宰의 〈우리들이 바라는 것〉(《新朝鮮》 제6호) 등이었다[〈朝鮮人槪況 第三(1920年 6月 30

이들 잡지에는 일본인 사회주의자들도 글을 발표하여 아나키즘을 비롯한 사회주의를 선전하였다. 《동아시론》 제2권 제1호에 게재된 사회주의를 고취하는 내용인 〈정복의 사실〉은 오스기 사카에가 기고한 기사였다.[113] 그리고 《혁신시보》 제2권 제2호에는 다카지마 다이엔(高島大円)이 〈강자와 약자〉를, 《혁신시보》 제2권 제4호에는 사카이 도시히코(堺利彦)가 〈세계의 대세와 민족의 각성〉을 각각 기고하였다.[114]

재일본 한국인 사회주의자들은 기성 단체들이 주최하는 각종 집회를 통해서도 아나키즘을 선전하였다. 1918년 5월 18일 도쿄 간다구(神田區)에 있는 조선기독교청년회관에서 조선유학생학우회 편집부 주최로 각 학교연합 웅변회가 개최되었다. 일본에 있는 한국인 사회주의자들은 이 웅변회를 사회주의 선전을 위한 장으로 활용하였다. 한태원(韓泰源 ; 와세다대학생)은 '불평스러운 사회와 사회주의'라는 제목으로 "무릇 사회는 빈부귀천상하계급의 차별이 없는 것이다. 그러나 현재의 사회에서는 이들의 구별이 있으며, 이것은 내가 항상 불평하는 바이다. 고로 나는 사회주의를 희망한다" 운운하면서, 계급차별이 없는 사회주의 사회를 건설하자고 선전하였다. 또 이춘균(李春均 ; 메이지대학생)은 '우리들의 생활에서 분투하자'는 제목으로 "어떤 국인(國人)도 각각 자신의 생활을 향해 분투하지만 우리 조선인은 특히 분투해야 할 필요가 있다. 우리는 지금 민주주의·사회주의를 주장

日 調)〉(《外務特殊文書》 2, pp. 40~45) 참조].
113) 〈特別要視察人狀勢一班 第8(1917年 5月 2日~1918年 5月 1日)〉[松尾尊兌 編, 앞의 책(1984), 544쪽].
114) 〈特別要視察人狀勢一班 第9(1918年 5月 1日~1919年 11月 1日)〉(松尾尊兌 編, 위의 책, 691쪽). 〈朝鮮人槪況 第三(1920年 6月 30日 調)〉(《外務特殊文書》 2, p. 40)에는 堺利彦의 〈世界大勢와 민족의 각성〉이라 題한 기사가 《革新時報》 10월병합호에 게재된 것으로 서술되어 있다.

하고자 하지만 유감스럽게도 후방에 악신(惡神 ; '정부'를 지칭함)이 있어서 그것을 제재하고 있다. 고로 공공연하게 그것을 주장할 수는 없다. 우리는 먼저 자신의 생활에 노력하고 풍부한 위치를 얻은 연후(然後)에 자신의 목적으로 나아가야 할 것이다" 운운하면서, 사회주의 사회건설을 위해서는 먼저 생활상에서 노력해야 함을 역설하였다.[115] 정부를 악신(惡神)으로 표현하여 정부의 존재를 부정한 것으로 보아 이춘균은 아나키즘의 영향을 받고 있었던 것으로 추측된다.

1910년대 재일본 한국인 아나키스트들이 수용하였던 아나키즘의 내용을 알 수 있는 자료는 거의 없다. 단지 나경석이 아나코생디칼리슴을 수용하고 있었던 사실만이 확인될 뿐이다. 재일본 한국인 아나키스트들 사이에 아나코생디칼리슴이 수용된 것은 아나코생디칼리슴이 당시 일본 사상계를 주도하였던 점에 기인하는 것으로 추측된다. 즉 일본 자본주의는 청일전쟁 이후 성장하기 시작하여 제1차세계대전이 발생한 이후 급속히 발전하였으며, 그 결과 산업사회의 모순이 드러나기 시작하였다. 이에 계급투쟁을 강조하는 아나코생디칼리슴이 일본 사회주의계를 주도하였다. 일본 사회주의의 영향권 안에 있던 한국인들도 아나코생디칼리슴을 수용하고 거기에 입각하여 조선인친목회와 같은 노동단체를 결성하였던 것으로 보인다.

그러나 1910년대 재일본 한국인 아나키스트들이 수용하였던 아나키즘은 아나코코뮤니즘이 주류를 이루었던 것으로 추측된다. 그것은 일본에 있는 한국인들도 국내와 마찬가지로 사회진화론 극복이라는 사상적 과제를 안고 있었기 때문이다.

3·1운동 이후 일본에 있는 한국인 사이에서도 아나키즘은 확산되어 갔다. 유심론적 입장에서 유물적 사회관에 입각한 사회개조론을

---

115) 〈特別要視察人狀勢一班 第9(1918年 5月 1日~1919年 11月 1日)〉(松尾尊兌 編, 위의 책, 692쪽).

비판하던 최정순(崔珵淳)조차 아나키즘의 논리를 일부 수용하였다. 즉 그는 국가사회주의자·아나코코뮤니스트·생디칼리스트, I. W. W[116] 사람, 길드사회주의자 등 사회개조가들이 입각하고 있던 유물적 사회관을 비판하는 과정에서 마르크스의 《공산당선언》, 소련의 헌법, I. W. W의 제4회 회의 개정선언서, 생디칼리슴, 크로포트킨의 《아나키스트코뮤니즘》, 《전원, 공장, 작업장》, 《빵의 약취》, 《국가관》, 바쿠닌의 《크놋트 독일제국과 사회혁명》, 길드사회주의자 코울(G. D. H. Cole)의 말 등을 폭넓게 인용하면서 아나키즘 비판에 초점을 맞추었지만, 상호부조를 사회진보의 제1 요소로 인정하였던 것이다.[117]

아나키즘이 확산되면서 재일본 한국인 사회주의자들은 일본인 사회주의자들의 단체에 가입하거나 그 단체들이 개최한 집회에 참가하여 활발한 활동을 전개하였다. 1919년 3월 백남훈(白南薰), 변희용(卞熙瑢), 김준연(金俊淵), 최승만 외 여러 명이 요시노 사쿠조(吉野作造)와 후쿠다 교지(福田狂二)가 주재하는 민주주의적 단체 여명회(黎明會)에 가입하여[118] 일본인과 조직적 관계를 맺었다. 1920년에는 원종린, 권희국(權熙國),[119] 이증림(李增林), 김홍기(金鴻基), 임세희(林世熙), 정태성(鄭泰成), 정재달(鄭在達) 등이 여명회(黎明會)에 가입하고, 다시 사카이 도시히코(堺利彦)의 코스모구락부(コスモ倶樂部),[120] 다카츠

---

116) I. W. W는 Industrial Workers of the World(세계산업노동자조합)의 약자이다. 19세기 말 이후 산업기술이 발달하면서 숙련노동자와 미숙련노동자 사이의 구별이 없어졌고, 그에 따라 노동운동은 숙련노동자로부터 탈숙련노동자로 그 중심을 옮겨갔다. I. W. W는 탈숙련노동자들을 주요 구성원으로 하면서 이후 미국의 노동운동을 주도해 나갔으며, 현존하고 있다.

117) 최정순, 〈사회생장의 사회학적 원리〉, 《學之光》 제20호(1920. 7. 6. 정정 재판) 특별대부록, 4~15쪽 참조.

118) 朝鮮總督府警務局 東京出張員, 〈在京朝鮮人狀況(1924年 5月)〉(《資料集成》 1, p. 145)에는 가입 시기가 1919년 4월로 기록되어 있다.

119) 자료에 따라서는 權熙國으로 기록하기도 하였다.

마사미치(高津正道)의 효민회(曉民會),[121] 가토 가즈오(加藤一夫)의 자유인연맹(自由人聯盟)[122]에 각각 가맹하였다. 1920년 12월 10일 도쿄 기독교청년회관에서 결성된 일본사회주의동맹(日本社會主義同盟)에는 정우홍(鄭宇洪. 馬鳴), 강인수(姜仁秀)가 가입하여 활동하였다.[123] 1921년 6월 24일 코스모구락부 주최로 도쿄 간다구(神田區) 소재 청년회관에서 개최된 '인류애적(人類愛的) 결합 강연회'에서는 권희국이 개회사를 하고 정태신·원종린 등이 연설을 하였다. 손봉원(孫奉元)도 이 강연회에 참가하였는데, 연설자의 논지가 격렬하다는 이유로 경찰

---

120) コスモ俱樂部는 1920년 11월 25일 코스모폴리탄이즘의 선전을 목적으로 하여 결성되었다. 중심인물은 堺利彦·宮崎龍介·權熙國 등이었다[特別高等係, 〈特別要視察人狀勢調(1921年度)〉(松尾尊兌 編, 1986 《社會主義沿革》 2, みすず書房, p. 76) ; 內務省警保局, 〈最近ニ於ケル社會思想團體ノ狀況(1923年 1月調)〉(松尾尊兌 編, 같은 책, 195쪽)].

121) 曉民會는 高津正道를 중심으로 하여 1920년 7월에 결성된 단체이며, "일체의 구세력을 배격하고 신질서의 창조를 기한다"를 강령으로 하였다. 1921년 4월 15일 현재의 회원 가운데에는 조선인 원종린·韓硯(睨 ? — 인용자)相 등이 포함되어 있다[內務省警保局, 《思想團體表》(1921. 4. 15 調), pp. 33~34]. 이 글에는 1919년 2월 21일에 결성된 것으로 서술되어 있으나 잘못이다.

122) 自由人聯盟은 1920년 5월 28일 加藤一夫의 주창으로 결성되었으며, 스티르너의 개인적 아나키즘을 고취 선전하였다[特別高等係, 〈特別要視察人狀勢調(1921年度)〉[松尾尊兌 編, 앞의 책(1986), 71~72쪽] ; 內務省警保局, 〈最近ニ於ケル社會思想團體ノ狀況(1923年 1月 調)〉(松尾尊兌 編, 같은 책, p. 188·198)].

123) 〈社會主義同盟名簿〉(日本 法政大學 부설 大原社會問題研究所 소장). 일본사회주의동맹 창립대회에는 한국인 청년학생 다수가 참가하였으며, 이 대회에서 수십 명이 검거되는 과정에서 당시 日大生이었던 金判權도 검거되어 구류 3개월에 처해졌다[《朝鮮人の共産主義運動》(吉浦大藏 報告書), p. 31 ; 金一勉, 앞의 책, pp. 25~26]. 內務省警保局, 〈在留朝鮮人運動〉, 《社會運動の狀況(1933)》(《資料集成》 2, p. 783)에는 金判權과 權熙國이 日本社會主義同盟에 가입한 것으로 기록되어 있으나, 日本社會主義同盟名簿에는 보이지 않는다.

이 중지를 명령하자, 객석에서 큰 소리로 혁명을 부르짖으면서 선동
하였다. 그는 효민회의 회원이기도 하였다. 권희국은 1921년 7월 24
일 코스모구락부에서 일본·중국·한국·프랑스어로 된 불온선전문을
인쇄 배포하기도 하였다. 일본에 있는 한국인 학생들은 일본 사회주
의자들과 함께 코스모구락부와는 별도로 코스모스구락부(俱樂部)를
조직하였다. 이용기(李龍基)는 자유인연맹에 가입하였으나, 해산명령
을 받아들이지 않아 검속되기도 하였다. 1921년 11월 29일에는 이와
사 사쿠타로(岩佐作太郎) 집에서 에스페란토 강습회 개최의 명의로
한국인 12명이 회합하여 노동문제를 의논하다가 해산을 명령받았다.
1921년 5월 27일 일본사회주의동맹이 결사금지로 해산되자, 변희용,
조봉암(曺奉岩), 김약수(金科全),[124] 원종린, 임택룡(林澤龍), 황석우, 권
희국 등은 일본인이 조직한 사상단체와 코스모구락부 등에 출입하면
서 사카이 도시히코·오스기 사카에 등과 교유하였다. 코스모구락부
의 집회 등에 항상 출입하는 한국인이 30여 명을 헤아리기에 이르렀
으며, 이들 사이에는 사상문제·노동문제 등을 연구 논의하는 경향이
생겨났다.[125]

---

124) 자료에 따라서는 金科全·金科熙로 기록하기도 하나, 이는 金科全·金科
     熙의 잘못이다.
125) 內務省警保局,〈朝鮮人近況槪要(1922年 1月)〉(《資料集成》1, p. 124);
     朝鮮總督府警務局 東京出張員,〈在京朝鮮人狀況(1924年 5月)〉(《資料集
     成》1, p. 145);內務省警保局,〈在京朝鮮留學生槪況(1925年 12月)〉(《資料
     集成》1, pp. 326~327);內務省警保局保安課,〈大正15年中ニ於ケル在留朝
     鮮人ノ狀況(1926年 12月)〉(《資料集成》1, p. 209);內務省警保局,〈在留朝
     鮮人運動〉,《社會運動の狀況(1933年)》(《資料集成》2, p. 783);《朝鮮人の
     共産主義運動》(吉浦大藏 報告書), p. 31;內務省警保局,〈最近ニ於ケル特
     別要視察人ノ狀況(1922年 1月 調)〉[松尾尊兌 編, 앞의 책(1986), 115쪽];
     特別高等係,〈特別要視察人狀勢調(1921年度)〉(松尾尊兌 編, 같은 책, 71~
     72쪽);慶尙北道 警察部, 1934《高等警察要史》, p. 158·162(이하《要史》라
     함);《운동사》, 153쪽 등을 종합.

　나아가 한국인들이 직접 단체를 결성하기 시작하였다. 한광수는 아나키즘 선전에서 나아가 1920년 1월 아이치현(愛知縣)에서 선인노동민우회(鮮人勞動民友會 ; 총무 한광수, 회무고문 장봉수)를 결성하였다.[126] 선인노동민우회는 표면적으로는 재일본 한국인 사이의 친목도모, 일치협력, 근면저축 장려, 지식보급, 인격향상 등을 내세웠지만, 실제적으로는 아나키즘에 입각하여 노동자계급을 해방시키는 것을 목표로 하고 있었던 것으로 추측된다.

　1921년 11월에는 재일본 한국인 아나키스트 단체의 효시인 흑도회가 결성되었다.[127] 흑도회의 결성과정은 다음과 같다. 원종린이 김홍기와 함께 1921년 10월 5일 신인연맹(新人聯盟)이라는 단체를 조직할 것을 계획하고 그 창립취지서를 발표하여 약 10명의 동지를 획득하는 한편, 임택룡·황석우 등과 서로 모의하여 별도로 흑양회(黑洋會)를 조직하고 주의선전을 행할 계획을 세웠다. 때마침 김약수, 백무(白武), 박렬(朴準植) 등이 단체결성을 준비하고 있었다. 이에 오스기 사카에·이와사 사쿠타로·사카이 도시히코·다카츠 마사미치 등의 후원 아래 박렬, 김약수, 김판권, 권희국, 원종린, 황석우, 백무, 손봉원, 정태성, 장상중,[128] 임택룡, 김사국, 조봉암 등 20여 명이 회합하여 신인연맹과 흑양회를 합병하고 흑도회를 조직하였다. 1921년 11월 29일 도쿄 기독교청년회관에서 창립대회를 개최하였으며,[129] 간사로 박렬,

---

126) 〈朝鮮人槪況 第三(1920年 6月 30日 調)〉(《外務特殊文書》 2, pp. 34~35).

127) 일제 정보기관의 정보보고서는 黑濤會를 막연히 사회주의를 연구하는 단체라고 평가하고 있으나[內務省警保局, 〈在留朝鮮人運動〉, 《社會運動の狀況(1933年)》(《資料集成》 2, p. 783)], 이는 한국인 사회주의운동을 폄하한 것에 불과하다. 黑濤會는 본격적인 아나키스트 운동단체였다.

128) 자료에 따라서는 張祥重을 張讚壽와 다른 인물로 竝記하기도 하였으나, 홍진유에 따르면 동일 인물이다[홍진유의 "第2回 調書"(《裁判記錄》, p. 160)]. 또 張貴壽·張贊壽 등으로 기록한 자료도 있다.

129) 黑濤會의 결성일에 대해서 자료마다 약간 다르게 나타나기도 한다. 《要

정태신, 김약수, 정태성, 서상일(徐相一), 원종린, 조봉암, 황석우 등을 뽑았다.[130]

흑도회는 1922년 4월 1일 고학생동우회와 연합하여 조선내정독립운동과 참정권운동에 대한 반대연설회를 조선기독교청년회 내에서 개최하였으며,[131] 1922년 5월 도쿄 시바우라(芝浦)에서 거행된 일본노동총동맹(日本勞働總同盟) 주최 메이데이 시위운동에 회원 30명이 참가하여, 간부인 송봉우(宋奉禹)와 백무(白武) 두 사람이 대표연설을 하였다.[132] 백무의 연설은 일본 노동자에게 커다란 감동을 주었다고 한다.[133] 1922년 7월에는 박렬 주간 아래 기관지 《흑도(黑濤)》 1·2호를 발행하여 아나키즘을 선전하는 한편, 니가타현(新潟縣) 나카츠가와(中津川)[134] 댐 공사장에서 일어난 한국인 노동자 집단학살사건[135]에

史》, p. 162에는 1923년 12월로 서술되어 있으며, 內務省警保局, 〈在留朝鮮人の運動狀況〉, 《社會運動の狀況(1929年)》(《資料集成》 2, p. 59)에는 1921년 10월에 黑濤會가 결성된 것으로 서술되어 있다. 그러나 이러한 기록들은 잘못이다. 黑濤會의 〈宣言〉(《黑濤》 第1號에 게재)이 1921년 11월에 발표되었으며, 《社會運動の狀況》의 다른 연도편에는 1921년 11월로 서술되어 있다. 따라서 黑濤會 결성일은 1921년 11월로 보는 것이 타당하다.

130) 朝鮮總督府警務局 東京出張員, 〈在京朝鮮人狀況(1924年 5月)〉(《資料集成》 1, p. 145) ; 內務省警保局, 〈在京朝鮮留學生槪況(1925年 12月)〉(《資料集成》 1, p. 327) ; 內務省警保局, 〈在留朝鮮人の運動〉, 《社會運動の狀況(1931年)》(《資料集成》 2, p. 308) ; 內務省警保局, 〈在留朝鮮人運動〉, 《社會運動の狀況(1933年)》(《資料集成》 2, p. 783) ; 《要史》, p. 55·162 ; 《治安狀況 —8年》, p. 5·208 ; 坪江汕二, 1959 《朝鮮民族獨立運動秘史》, 巖南堂書店, p. 155·285 등을 종합. 《黑濤》 第1號(1922. 7. 10)에 따르면, 황석우는 黑濤會 회원이었다가 어떤 사정으로 제명되었다.

131) 《大衆時報》 제4호(1922. 6. 1).

132) 內務省警保局保安課, 〈大正15年中ニ於ケル在留朝鮮人ノ狀況(1926年 12月)〉(《資料集成》 1, p. 221).

133) 〈朝鮮人がはじめて參加した第三回メ─デ─前後 — 白武氏にきく〉, 《朝鮮研究》 第40號(1965. 6) ; 石坂浩一, 앞의 책, p. 41에서 재인용.

134) 거의 모든 자료는 한국인 노동자 집단학살사건이 발생한 지역을 信濃川

대한 항의투쟁을 전개하였다. 흑도회원들은 1922년 9월 7일 도쿄 청
년회관에서 '시나노가와(信濃川)조선노동자학살사건조사회'의 주최로
김약수의 사회로 '시나노가와(信濃川)학살사건규탄대연설회'가 개최
되자, 여기에 주동적으로 참가하였다. 정운해가 한국어로 개회사를
한 뒤, 박렬과 나경석이 차례로 등단하여 실지조사를 보고하다가 중
지당하였다. 이 밖에 신영우(申榮雨)와 백무 등이 일제의 만행을 규탄
하고 직접행동을 호소하는 내용의 연설을 하다가 중지당하였으나, 백
무가 이를 무시하고 연설을 강행함으로써 연설회는 해산당하였다.[136]

아나키즘 선전작업 또한 활발하게 전개되었다. 3·1운동 이전부터
아나키스트임을 자처하던 한광수는 신문 발간을 통해 아나키즘을 본
격적으로 선전하였다. 《대공론(大公論)》의 부사장이던 그는 이 신문
에 계급타파를 부르짖거나 과격한 배일(排日) 기사를 게재하였으며,[137]

으로 기록하고 있으나, 中津川이 더 정확한 기록이다. 中津川은 信濃川의
지류이다[《勞働運動》第7號(1922. 9. 10) 참조].

135) 한국인 노동자 집단학살사건이란 信越電力株式會社가 건설하던 댐 공사
장에서 일하던 한국인 노동자들이 가혹한 학대를 피해 도망하다가 살해된
사건이다. 학살된 한국인 노동자의 시체가 낚시꾼에 의해 발견되어 《讀賣
新聞》1922년 7월 29일자에 보도됨으로써, 공사장 노동자들의 참상이 널
리 알려졌다. 회사측의 비인도적 처사는 일본뿐 아니라 국내에까지 커다란
사회적 물의를 일으켰으며, 국내에서는 이 사건의 진상을 조사하기 위하여
30여 명의 조사위원회가 조직되었다. 조사위원회는 나경석·김명식·박희도
등을 대표로 일본에 파견하였고, 이들은 8월 15일 김약수와 내무성 참사관·
서장 등과 함께 현장을 조사하였다[《勞働運動》第7號(1922. 9. 10) ; 金一
勉, 앞의 책, p. 66 참조].

136) 金一勉, 위의 책, pp. 68·70~72 ;《조선일보》1922년 9월 9일자.

137) 〈朝鮮人槪況 第三(1920年 6月 30日 調)〉(《外務特殊文書》 2, p. 90).《大
公論》은 일본인 松井廣文이 名古屋에서 1919년 4월 10일에 창간한 일간
신문이다[〈特別要視察人狀勢一班 第9(1918年 5月 1日~1919年 11月 1日)〉
(松尾尊兌 編, 앞의 책(1984), 692쪽)]. 1920년 2월 12일 松井廣文이 한광
수의 "亡民獨語" 記事件으로 수감되면서 휴간되었다[〈朝鮮人槪況 第三

1919년 4월 17일부터 같은 해 5월 7일까지 10회에 걸쳐 〈망민독어(亡民獨語)〉라는 제목의 글도 실었다.[138] 이 글은 압박과 강권 및 정치를 부정하고 그것들의 파괴를 통해 개인의 자유를 극대화하고자 하는 아나키즘의 논리에 입각하고 있다. 그 내용을 살펴보면 다음과 같다.

세계의 현상은 창조건설의 시대는 아니고 파괴시대이다 운운. 파괴하라 먼저 파괴하라. 헛되이 건설의 가치·창설의 위대함에 현혹되지 마라. …… 만약 신천하·신국가·신사회를 건설하고자 뜻하는 천하의 청년 제군은 나와 함께 먼저 구천하·구○○(국가 — 인용자)·구사회를 파괴해야 되지 않는가 운운.(이상 〈망민독어〉 6)

우리는 그들 구제도의 일체를 파괴하고 신생활로 들어가고자 한다. …… 신생활로 향하기 위해서는 누가 뭐라 하더라도 먼저 구사상의 파괴=철저하게 파괴하는 것이 매우 필요하다. 이리저리 방황하지 마라. 반항하라. 충돌하라. 돌관(突貫)하라. 전진하라. 급진(急進)하라. 인간이 만든 제도·인습을 인간이 파괴하는 데에 어떠한 불사의(不思議)도 불합리도 없다. 끝까지 파괴하고자 하는 것은 아니지만 닥치는 대로 계속해서.

천하국가를 잘못되게 하는 것은 압박적인 위정자이다. 인류를 행복으로 나아가게 하는 자는 적극적인 파괴자이다. 그렇다면 파괴하라. 파괴하라 …….(이상 〈망민독어〉 7)[139]

위의 글에서 한광수는 지금은 창조건설의 시대가 아니라 파괴의 시대라는 것, 신사회를 건설하기 위해서는 구사회·구국가·구사상·구제도 등 인간이 만든 일체의 제도와 인습을 모두 파괴해야 한다는

(1920年 6月 30日 調)〉(《外務特殊文書》 2, p. 47)]. 《外務特殊文書》 2, p.47·90에는 한광수를 《大公論》의 주필로, 《大公論》을 잡지로 기록하고 있으나, 다른 자료에는 신문 혹은 일간신문으로 서술하고 있다.
138) 〈特別要視察人狀勢一班 第9(1918年 5月 1日~1919年 11月 1日)〉(松尾尊兌 編, 위의 책, 692쪽).
139) 〈特別要視察人狀勢一班 第9(1918年 5月 1日~1919年 11月 1日)〉(松尾尊兌 編, 위의 책, 692~693쪽).

것, 인류를 행복하게 만들 수 있는 자는 위정자가 아니라 파괴자라는 것 등을 주장하면서, '파괴가 곧 건설'이라는 바쿠닌의 명제에 입각하여 파괴를 적극 찬양하고 있다.

한광수는 계속해서 《대공론》에 1919년 6월 3일부터 5일까지 3회에 걸쳐 〈미견(未見)의 단결형(丹潔兄)에게 주며 조선문제를 논한다〉는 제목의 글을 발표하였다. 이 글에서 그는 한국은 위혁적(威嚇的)으로 정복된 것으로서 한국 민족에게 자유를 주든가 그렇지 않으면 죽음을 달라고 요구하였다. 또 지금 한국은 무단정치의 위압에 의해 비인도적인 대우를 받고 있으며 '혁명권'과 '죽음'이 있을 뿐이라는 의미의 내용을 서술하였다.[140] 한광수가 말하는 혁명이란 바로 일제의 강권을 타파하고 만인이 자유를 구가하는 사회를 건설하기 위한 혁명이며, 아나키스트들이 주장하는 사회혁명을 지칭하는 것이다. 이처럼 한광수는 아나키즘에 대한 충분한 이해를 바탕으로 민족해방운동과 아나키즘을 결합시키면서 아나키즘을 선전하였다.

당시 재일본 한국인 아나키즘의 주류는 상호부조론을 중심으로 한 아나코코뮤니즘이었던 것으로 추측된다. 그것은 일본에 있는 한국인들의 아나키즘 수용이 반제국주의 사상체계를 모색하는 과정에서 이루어졌기 때문이다. 박석윤(朴錫胤)은 〈'자기'의 개조〉에서 제1차세계대전의 참상은 인류에게 커다란 교훈을 주었다고 하면서, 크로포트킨의 말을 빌려 자기를 개조할 것과 참마음으로 열정으로 감격으로 남을 사랑하는 것이 인격의 발전이라고 주장하였다. 그리고 그는 자기개조는 아나키즘에 근거해서 이루어져야 한다고 주장했다. 즉 사람에게는 남의 지배를 받지 않으려고 하는 본능이 있으므로 정치의 이상은 무정부상태에 있으며, 한 개인도 절대의 자유를 향유할 때까지 자

---

140) 〈特別要視察人狀勢一班 第9(1918年 5月 1日~1919年 11月 1日)〉(松尾尊兌 編, 위의 책, 693쪽).

유를 위하여 노력하는바, 자기를
완전히 개조하여 자기와 민족과
전 인류를 위하여 진정한 자유를
얻도록 노력해야 한다는 것이
다.[141] 이강하는 무산계급이 부르
주아지의 아성을 공격할 수 있는
가장 강력한 무기로 상호부조를
제시하였다.[142] 1920년대 초 재일
본 한국인 아나키스트들의 대표
적 단체인 흑도회도 〈선언〉에서
각 개인이 자신의 욕망에 따라
행동함에도 불구하고 조화로운
사회생활이 유지되는 것은 서로

1921년에 결성된 재일본 한국인 아나키스트 단체 흑도회의 기관지 《흑도》.

으르렁거리지 않고 서로 친합(親合)하고 부합(扶合)하기 때문이라고
밝히면서,[143] 상호부조의 원칙을 사회운영의 원리로 받아들였다.

　아나키즘 선전작업이 본격적으로 행해지기 시작한 것은 1922년 7
월 10일 흑도회가 기관지 《흑도》를 창간하면서부터이다. 우선 《흑
도》는 아나키즘의 직접행동론을 선전하였다. 박렬은 〈직접행동의 표
본〉에서 평상시에는 가장 신성한 대법칙으로 기능하고 있는 법률, 도
덕, 습관이라는 것이 직접행동 앞에서는 무기력해질 수밖에 없다는

141) 박석윤, 〈『자기』의 개조〉, 《學之光》 제20호(1920. 7. 6. 정정 재판), 8~9·
　　13~14쪽 참조.
142) 이강하, 〈吾等の叫び〉, 《黑濤》 第1號(1922. 7. 10).
143) 黑濤會, 〈宣言〉, 《黑濤》 第1號(1922. 7. 10) 참조.
144) 烈生, 〈直接行動の標本〉, 《黑濤》 第1號(1922. 7. 10) 참조. 烈生은 朴烈로
　　사료된다.
145) 申熖波, 〈或る部屋の壁より〉, 《黑濤》 第1號(1922. 7. 10). 熖波(焰波)는 申

것을 직접행동의 실례를 통해 입증하면서 직접행동의 위력을 강조하
였다.[144] 그리고 신영우는 〈어느 방의 벽으로부터〉에서 어느 동지 집
의 벽에 씌어 있는 낙서를 소개하였는데, 그 낙서 속에는 다음과 같
이 직접행동이 강조되어 있다.

> 역행(力行)해야 하며 다수의 농변(弄辨)은 소용없고 한 번의 행동이
> 천만 마디의 말보다 낫다.
> 추상적인 탁상 이론은 우리들의 운동에는 소용없다. 그것은 학자들의
> 자위적인 ××품에 불과하다. 오로지 강하게 자신의 체험으로부터 생기
> 는 이성의 빛이야말로 가장 힘있는 이론이고, 가장 필요한 이론이다. 이
> 론을 위한 이론은 그만 두라.
> 그 지상으로부터 모든 권력을 매장하라!
> 빼앗아라 — 자유를 탈환하라!
> 횡폭한 금력(金力)과 권력에 대항해서 정의의 마적이 되고 해적이 되
> 자![145]

위의 글은 이론을 배제하고 행동의 중요성을 강조하고 있다. 행동
에 근거하는 이론이야말로 올바른 이론이라는 것이다. 그리고 목적에
따라 수단을 정당화하고 있다. 즉 금력과 권력에 대항하기 위한 행동
이면 그것이 비록 살인·방화를 비롯하여 도적질이나 강도행위라 할
지라도 정당화될 수 있다는 것이다.

그리고 일제의 식민지 지배논리를 비판하였다. 박렬은 〈아시아먼
로주의에 대하여〉에서, 일제가 식민지 지배를 은폐 호도하기 위하여
내세운 '동양먼로주의'를 다음과 같이 비판하였다.

---

144) 烈生, 〈直接行動の標本〉, 《黑濤》 第1號(1922. 7. 10) 참조. 烈生은 朴烈로
    사료된다.
145) 申熖波, 〈或る部屋の壁より〉, 《黑濤》 第1號(1922. 7. 10). 熖波(焰波)는 申
    榮雨의 필명이다.

조선을 동정한다고 하는 일본의 권력자와 그 대변자는 우리들 조선인에게 아세아먼로주의라는 것을 역설하고 있다. 그 아세아먼로주의라고 하는 것은 이렇다. "(중략) 지금 그 전쟁의 범위는 확대되고 또 같은 인종간의 전쟁이라고 하는 것은 없고 인종과 인종의 전쟁 즉 백색인종과 아세아인종간의 전쟁, 동양과 서양 사이에서의 전쟁으로 되었다. (중략) 백색인종의 자본주의, 제국주의는 왕성하게 우리 아세아인종 위로 압도하여 오고 지금도 우리 아세아인종의 생존을 위태롭게 하고 있다. (중략) 우리 아세아인종은 같은 인종간의 전쟁은 단연 중지하고 아세아인종은 아세아인종으로 대동단결하고 저 발호를 멈추지 않는 백색인종의 자본주의, 제국주의에 대항하지 않으면 안된다"라고 하는 것이다. (중략) 우리들 조선인은 저 백색인종의 자본주의, 제국주의 (삭제) 보다도 강한 일본인의 자본주의, 제국주의 (삭제) 이 엄연한 현실을 무시하고 단순히 같은 아세아인종이기 때문이라는 조건으로 우리들 조선인에게 아세아인종으로서의 단결을 강요한다고 하는 것은 (삭제) 우리들 조선인은 그들의 감언에 속아서는 안된다.[146]

위의 글에서 보는 바와 같이 박렬은 일제의 동양먼로주의를 일소에 부치고 있다. 즉 한국 민족을 직접 억압하고 있는 일본 제국주의가 아시아 인종의 대동단결을 외치는 것은 가소로운 이야기에 불과하다는 것이다. 나아가 진정한 한일 융합은 동양먼로주의에 의해서가 아니라, 한국 민족 앞에 놓여 있는 장애물을 모두 해결하였을 때, 즉 한국 민족이 제국주의의 압제에서 벗어나 자유로운 삶을 살 수 있을 때 오는 것이라고 하면서,[147] 일제의 식민지 지배논리를 정면으로 반박하였다.

나아가 《흑도》는 제3의 사상으로서의 아나키즘의 입장에서 민족주의와 공산주의를 비판하였다. 먼저 부르주아민주주의의 대의제 민주정치와 자본주의를 부정하면서 민족주의를 비판하였다. 일본에 있

---

146) 朴烈, 〈亞細亞モンロ主義に就て〉, 《太い鮮人》 第2號.
147) 〈創刊に際して〉, 《黑濤》 第1號(1922. 7. 10) 참조.

는 어떤 한국인 아나키스트는 일본의 저명한 아나키스트 오스기 사
카에가 중의원(衆議院) 보궐선거에 출마할 것이라는 소문에 대해 "만
일 오스기(大杉)군이 승낙하여 추천되고 당선된다고 한다면 그것이야
말로 현대사회에서는 생각할 수 없는 우스꽝스러운 일이다"고 하였
다. 이어서 의회에서 할 수 있는 일이란 "개량주의를 제창하여 자본
가들로 하여금 온정주의를 가지게 하고 노동자에게 노예근성을 양성
시키고 노자협조를 도모하는" 것, "보통선거를 고창하여 인민에게 약
간의 권리를 나누어 주는" 것, "군비축소와 세금 감제(減除)를 행하여
무산계급의 생활을 개선시키어 다소라도 국가의 유권(有權)을 가지게
하는 일에 노력하는" 것, "사립학교를 옹호하고 교육을 장려하여 문
화의 발전을 도모하는" 것, "언론의 자유와 출판의 자유를 민중에게
주어서 지식교환을 힘쓰는" 것 등 부르주아체제를 공고히 하는 데
기여하는 일밖에 없다고 하였다.[148]

자본주의에 대해서는 이강하가 다음과 같이 비판하였다.

우리들 무산계급은 세계 도처에서 절규하고 있다. 자유를 얻기 위해
서 평등을 얻기 위해서! 빵을 얻기 위해서! 열렬히 절규하고 있다. 우리
들 무산계급은 저 부르주아의 억압·약탈 때문에 참담한 피를 역사에 뿌
려왔다. 지금 아직 그 상태이다. 현재 우리들 눈에 비치는 모든 것이 그
것이 사실이라는 것을 나타내고 있지 않은가? 보라! 형제들이여! 우리들
은 새벽부터 밤중까지 하루종일 일해도 한 조각의 빵조차, 한 조각의 천
조차 또 한 칸의 집조차 쉽게 구하지 못한다. (중략) 오히려 자신의 손가
락 하나조차 움직이지 않는 패거리들은 토지, 자본이라는 이름을 빌려서
우리들의 땀과 피의 결정체 거의 전부를 거리낌없이 점령하고 자신들의
욕망을 만족시킨다. 이것이 곧 오늘날의 부르주아가 사회에서 얻을 수
있는 전부인 것이다. 아! 얼마나 부자연스럽고 불합리한 인류사회인가.
우리의 외침은 이 부자연 불합리를 타파하고 자유평등을 요구하는 절규

---

148) S生,〈大杉君が代議士に成つたら〉,《黑濤》第2號(1922. 8. 10).

인 것이다.[149]

위의 글에서 이강하는 노동자들은 아무리 열심히 일하더라도 가난에서 벗어날 수 없는 데 비해, 손가락 하나 까딱하지 않는 부르주아지는 자신들의 욕망을 만족시킬 수 있는 사회가 바로 자본주의 사회라며, 자본주의 사회의 불합리성을 지적 비판하였다.

《흑도》의 공산주의 비판은 사적유물론 부정으로 나타났다. 〈합리? 불합리?〉라는 제목의 글은 모든 구속으로부터 해탈하고자 하는 욕구로부터 나오는 행위를 인류의 사회적 정의를 추구하는 직각적(直覺的) 운동으로 규정하면서, 개인의 욕구를 역사발전의 동력으로 인식하였다.[150] 즉 인류사회는 생산력과 생산관계의 모순에 의해서 발전하는 것이 아니라 개인의 해방되고자 하는 본능적 욕구에 의해서 발전한다는 것이다.

1920년대 초 재일본 한국인 아나키스트들은 아나코코뮤니즘을 주로 수용하였지만 허무주의적 경향도 강하게 띠고 있었다. 어느 재일본 한국인 아나키스트는 "쓰러지는 놈은 쓰러지게 하라. 거기에 동정은 금물이다. 적극적으로 그 쓰러지는 것에 가세하여 죽음의 고통을 감해 주라"고 절규하였다.[151] 이러한 퇴폐적이고 허무주의적 경향은 당시 재일본 한국인 아나키스트들의 정서의 한 단면을 보여주는 것이라 할 수 있을 것이다. 1920년대 초 대표적인 한국인 아나키스트였던 박렬도 1922년 무렵부터 허무주의로 전환하였다.[152]

3·1운동 이후 일본의 한국인 아나키스트들 사이에 파괴주의적이고

---

149) 이강하, 앞의 글.

150) 荒○, 〈合理？ 不合理？〉, 《黑濤》 第2號(1922. 8. 10) 참조.

151) 申焰波, 앞의 글.

152) 박렬의 허무주의적 경향에 대해서는 이호룡, 앞의 글(1997), 161~164쪽을 참조할 것.

허무주의적인 경향이 널리 퍼져 있는 가운데 개인적 아나키즘을 수용한 자도 있었다. 일본인 아나키스트들의 자유인연맹에 참가하였던 이용기를 비롯한 일부 재일본 한국인 아나키스트들은 스티르너류의 개인적 아나키즘을 수용한 것으로 보인다. 일본의 한국인 아나키스트들의 개인주의적 경향은 흑도회의 〈선언〉에 잘 나타나 있다.

일상의 일거일동이라 할지라도 그 출발은 모두 자아에서 구하지 않으면 안된다. 우리들은 철저한 자아주의자로서 인간은 서로 어르렁거리는 것은 아니고 서로 친합(親合)하고 부합(扶合)하여 왔다는 것을 발견하였다.

우리들은 각인의 자아의 자유를 무시하고 개성의 완전한 발전을 방해하는 모든 불합리한 인위적 통일에는 끝까지 반대하고 전력을 기울여서 그 파괴에 노력한다. (중략) 사회의 ○을 위해서 자신을 희생하고 있다고 하는 자는 모두 틀림없는 위선자이다. (중략) 무엇이라도 일일이 다른 사람으로부터 지도를 받는 것은 없다. 마음이 향하는 대로 감정대로 하는 것이다. 만약 그것이 자아의 강한 요구로부터 생기는 것이라면, 그것이 어떠한 것일지라도 모두 우리들 자신에게는 진이고 선이며 미이다. 따라서 우리들에게는 세상에서 말하는 소위 절체보편(絶體普遍)의 진리대법칙은 없다. 그것들은 하시(何時)라도 우리들 자신의 내면적 요구의 진화발전과 함께 변화하여 간다. (중략) 여기에 인간의 진보가 있고 새로운 창조가 있는 것이다.[153]

위의 〈선언〉에 따르면 이 세상의 중심은 철저하게 개인 자신이며, 자신의 요구에 따라 행동하는 것이 진·선·미이고, 이 요구의 진화 발전에 의해 인간은 진보한다. 따라서 모든 사람은 자신이 하고 싶은 대로, 자신의 요구에 따라, 자신을 위해서 행동하면 되는 것이다. 이러한 점은 재일본 한국인 아나키즘의 개인주의적 속성을 잘 드러내

---

153) 黑濤會, 〈宣言〉, 《黑濤》 第1號(1922. 7. 10).

준다.

1910년대에 수용되었던 아나코생디칼리슴은 나경석의 귀국 이후
더 이상 전개되지 않았던 것 같다. 재일본 한국인 아나키스트들이 아
나코생디칼리슴이 주도하고 있던 일본 사회주의 사상계의 영향 아래
있었음에도 불구하고, 이들이 아나코생디칼리슴을 수용하지 않은 것
은 노동문제가 아직 생소하기 때문이었던 것으로 보인다. 재일본 한
국인 아나키스트들의 아나코생디칼리슴 수용은 1922년 7월 니가타현
나카츠가와(中津川) 한국인 노동자 집단학살사건 이후에 가서야 이루
어진다.

3) 재중국 한국인

재중국 한국인의 아나키즘 수용과정을 분석하는 것은 자료상의 문
제 때문에 거의 불가능하다. 극히 단편적으로 전해지는 자료와 1919
년 이후의 자료를 통해 그 당시의 상황을 부족한 상태로나마 추측해
볼 수 있을 따름이다. 한말부터 상해(上海), 북경(北京), 광동(廣東) 등
중국 관내(關內)지구로 망명한 한국인들이 있었으며, 이들 가운데 신
해혁명(辛亥革命)에 참가하였던 사람들을 중심으로 해서 아나키즘을
수용한 사람이 있었을 것으로 추측된다. 하지만 실체를 확인할 수 없
다. 신해혁명에 참가한 한국인들의 동태를 살펴보면 다음과 같다.

신해혁명을 전후하여 많은 한국인들이 중국혁명 소식을 듣고 중국
으로 건너가서 중국혁명 과정에 참여하였다. 김규극(金奎極), 권탁(權
鐸), 홍윤명(洪允明) 등은 1908·1909년에 중국으로 건너가 1911년 가
을 신해혁명이 일어나자 학생군에 투입되어 북벌에 가담하였으며,[154]
신규식(申圭植)은 1911년 3월경에 상해로 망명하여[155] 신해혁명에 참

---

154) "李泰俊이 安昌浩에게 보내는 편지"(1912. 7. 16)(《도산안창호자료집》2,
　　독립기념관 한국독립운동사연구소, 1991, 128쪽).

가하였다. 이태준(李泰俊)도 신해혁명 소식을 듣고 감격하여 김필순 (金弼淳)과 전후하여 중국으로 망명하였으며, 이후 중국 정치인들과 연락을 취하면서 상종하였다.[156] 이처럼 한국인들이 중국혁명에 적극 참가한 것은 중국혁명의 성공이 한국 독립에 직결되는 것으로 파악 하였기 때문이고, 또한 중국의 도움을 받아 한국 독립을 도모하고자 하였기 때문이었다.[157]

신해혁명을 주도하던 이념은 손문(孫文)의 삼민주의와 국수주의 및 아나키즘이었다.[158] 손문은 "민생주의는 사회주의이며 공산주의이며 대동주의(이상사회)"라고 설명하였다.[159] 민생주의가 곧 사회주의·공산 주의를 의미하는 것은 아니라 할지라도, 삼민주의에 사회주의적 요소 가 상당히 가미되어 있는 것은 사실이다. 따라서 신해혁명에 참가한 재중국 한국인들은 아나키즘을 비롯한 사회주의에 접하였을 것이며, 아나키즘을 민족해방운동 이념으로 수용한 사람도 있었을 것으로 추 측된다.

---

155) 신승하, 1983 〈睨觀 申圭植과 中國革命黨人의 관계〉,《김준엽교수화갑기 념 중국학논총》, 619쪽 ; 김희곤, 1995 《中國關內 한국독립운동단체연구》, 지식산업사, 42쪽에서 재인용.

156) "李泰俊이 安昌浩에게 보내는 편지"(1912. 7. 16)(《도산안창호자료집》 2, 독립기념관 한국독립운동사연구소, 1991, 126쪽).

157) 신규식은 1921년 10월 孫文과의 회담에서 중국혁명에 참가했던 이유를 밝히면서 다음과 같이 말하였다. "저는 辛亥年에 망명하여 중국에 와서 마 침내 중국의 혁명을 만나서 同盟會까지 가입하고, 귀 대총통을 따라서 제1 차 혁명에도 참가했습니다. 그 의도는 대개 한국과 중국 두 나라의 혁명은 다 똑같이 중요한 것이어서 중국혁명의 성공의 날은 곧 한국의 독립 해방 의 때라고 생각하기 때문입니다"[민필호, 〈韓中外交史話〉(독립운동사편찬 위원회, 1974 《독립운동사자료집》 8, 308쪽)].

158) 辛亥革命의 지도이념에 대해서는 李澤厚, 1994 〈20世紀初資産階級革命 派思想論綱〉,《中國近代思想史論》, 文藝出版社를 참조할 것.

159) 체스타 탄(민두기 역), 1990 《中國現代政治思想史》, 지식산업사, 108쪽.

그리고 당시 중국에는 아나키즘이 사상계에서 하나의 흐름을 형성하고 있었다. 프랑스에 있는 중국인 아나키스트 그룹인 '파리그룹' 구성원 대부분이 신해혁명 직후 귀국하여[160] 동맹회에 가입해서 활동하였다.[161] 파리그룹의 아나키즘을 계승한 중국인 아나키스트 유사복(劉師復)은 1912년 5월 광동(廣東)에서 회명학사(晦鳴學舍)를 설치하였으며,[162] 7월에는 광주(廣州) 동제동원지방(東堤東園地方)에서 '심사(心社)'를 조직하였다.[163] 1913년 8월부터 기관지 《회명록(晦鳴錄)》(뒤에 《民聲》으로 개명)을 발간하여[164] 본격적인 아나키즘 선전활동을 시작하였다. 홍콩에서는 원진영(袁振英)이 대동사(大同社)를 조직하여 광주의 심사와 서로 호응하면서 아나키즘을 선전하였다.[165] 1913년 9월 제2차 혁명 실패한 이후 원세개(袁世凱)의 탄압이 계속되는 가운데에서도 상해의 무정부공산주의동지사(無政府共産主義同志社), 상숙(常熟)의 무정부전파사(無政府傳播社), 남경(南京)의 무정부토론회(無政府討論會), 광주(廣州)의 광주무정부공산주의동지사(廣州無政府共産主義同志社) 등이 서로 연락을 취하면서 활동하였다.[166] 1915년 7월에는 원진영(袁振英), 조기(趙畸), 황준상(黃凌霜), 경성(竟成) 등이 실사(實社)를 조직하였으며, 1916년 10월에는 오옥장(吳玉章)이 귀국하여 오치휘(吳稚暉), 이석증(李石曾), 장정강(張靜江), 채원배(蔡元培), 화림(華林), 왕정위(汪精衛) 등과 북경에서 '화법교육회(華法敎育會)'와 '유법근공검학회

160) Robert A. Scalapino·George T. Yu, 앞의 책, 76쪽.
161) 오장환,〈1920년대 재중국 한인 무정부주의운동〉,《국사관논총》25, 국사편찬위원회, 54쪽.
162) 近藤憲二, 1969《私の見た日本アナキズム運動史》, 脈社, p.16.
163) 袁振英, 1980〈袁振英的回憶〉(1964. 2～4)《"一大" 前後》2(中國社會科學院現代史研究室 選編), 人民出版社, p. 468.
164) 마루야마 마츠유끼(천성림 역), 1989《중국 근대의 혁명사상》, 예전사, 105쪽.
165) 袁振英, 앞의 글, p. 468.
166) 마루야마 마츠유끼, 앞의 책, 105쪽.

아나키즘 수용의 선구자 신채호(상해 시절).

(留法勤工儉學會)'를 조직하여 아나키즘을 제창하였다.[167] 원세개의 반동정치가 행해지는 상황에서 단체를 만들어 선전활동을 전개하였던 세력은 유사복을 비롯한 아나키스트들뿐이었다. 이러한 활동이 기반이 되어 1917년 이후 다시 솟아오른 급진주의의 물결 속에서 아나키즘이 큰 비중을 차지할 수 있었다.[168]

이러한 중국인 아나키스트들의 활동은 중국의 한국인들에게 사상적으로 큰 영향을 끼쳤을 것으로 추측된다. 신채호는 유사복의 논설을 탐독하였으며,[169] 그것을 통해 크로포트킨의 상호부조론을 이해할

---

167) 袁振英, 앞의 글, p. 468.
168) 마루야마 마츠유끼, 앞의 책, 106쪽.
169) 《운동사》, 142쪽.

정도로 아나키즘에 대한 풍부한 지식을 획득하였다. 그리고 당시 재중국 한국인들은 상해에서 함께 거주하면서 민족해방운동의 방도에 대해 토론을 하였는데,[170] 토론과정에서 아나키즘에 대한 연구가 이루어졌을 것으로 보인다.

이상에서 본 바와 같이 중국의 한국인들은 중국인 사회주의자와의 접촉이나, 상해의 상무인서관 등의 서점이나 북경의 서점 등에서 구입한 신문·잡지와 사회주의 서적, 상해 북사천로(北四川路)와 남만철도(南滿鐵道) 연선(沿線)의 일본 조계지에 있는 일본 서점에서 판매하는 일본 잡지 등을 통해서 아나키즘을 비롯한 사회주의에 대한 지식을 습득하였던 것으로 보인다.[171] 중국의 한국인들은 아나키즘에 대한 지식을 습득하고 그것을 체화하면서 아나키즘을 수용하였다. 재중국 한국인 사회주의자의 존재는 호상몽인(滬上夢人)의 말에서 단적으로 드러난다. 즉 그는 〈상해서〉라는 글에서 문명과 전통이 혼재한 상해 사상계의 동향을 소개하면서 "한편에는 …… 사회주의 허무주의 같은 최신 사조에 구각(口角)에 거품을 날리는 청년이 있"다고 하였다.[172]

이후 러시아혁명은 중국의 한국인들에게 사상적으로 커다란 영향을 끼쳤다. 러시아혁명에 의해 사회개조·세계개조가 인류사상 최초로 실현된 것으로 인식하기도 하였다.[173] 러시아혁명 이후 대동사상이

---

170) 1913년 무렵 문일평·홍명희·조소앙 등은 한집에 거주하면서 독립운동의 방도에 대해 토론하였고, 그 결과 정인보를 국내로 파견하기도 하였다. 이 해에 신규식의 초청으로 上海로 갔던 신채호도 이들과 왕래하고 있었다 [이광수, 〈그의 자서전〉,《조선일보》 1936년 12월 22일~1937년 5월 1일자 (《이광수전집》 6, 又新社, 1979, 234·353~354쪽). 인명은 이광수의 《나의 고백》에 따름].

171) 류자명은 김한은 하얼빈과 長春에 있던 일본 서점에서 구입한 일본 서적과 잡지를 통해 공산주의에 접하였으며, 자신도 일본 서점에서 일본 잡지를 구입해 김한과 함께 읽고 토론하였다고 회고하였다(류자명, 앞의 책, 42쪽).

172) 滬上夢人, 앞의 글, 77쪽 참조.

사회개조·세계개조론과 결합되면서 중국의 한국인들 사이에 확산되 었으며, 아나키즘 수용도 촉진되었을 것이다. 그러나 러시아혁명 이 후 재중국 한국인들의 아나키즘 수용을 전해 주는 자료는 거의 없다. 단지 조선사회당의 결성만이 전해질 뿐이다.

조선사회당은 러시아혁명의 영향으로 1917년 8월 상해에서 신규식 등에 의해 창당되었다. 지금까지의 연구들은 조선사회당을 이름만 있 는 단체로 이해했으나, 다음의 자료에 의해 그 실체가 어느 정도 확 인된다. 즉 조선사회당이 1917년 스웨덴 스톡홀름에서 개최된 만국사 회당대회에 한국의 독립을 지원해 줄 것을 요청하였고,[174] 1919년 8월 에는 스위스에서 개최된 만국사회당대회에 조소앙과 이관용(李寬容) 이 조선사회당[175] 대표로 참석하여 3개안을 제출하였다. 3개안은 ① 본 대회에서 한국독립을 승인할 것, ② 본 대회에서 대표를 파견하여 동아 정세를 조사할 것, ③ 본 대회에서 동아와의 연락을 긴밀히 하 여 혁명을 촉진시킬 것 등이었다. 이 대회는 이 안을 통과 의결하였 다.[176] 그리고 조선사회당에 소속된 학생 김일학(金一鶴), 김상지(金尙

173) 박은식, 1973 《독립운동지혈사》(이현배·김정기 공역), 일우문고, 128쪽 참조.
174) 在上海領事館,《朝鮮民族運動(未定稿) 第一(1910. 9 ~ 1922. 8)》(《外務 特殊文書》23, p.78). 조선사회당은 만국사회당대회에 대표를 파견시키려 다가 여권이 나오지 않아 참가하지 못하고 전문만 보냈다["1919년 7월 17 일 趙鏞殷과 李觀鎔의 이름으로 루체른(스위스) 만국사회당대회에 제출한 문서"(조동걸, 앞의 글(1987), 144쪽에서 재인용);〈朝鮮ノ社會黨ガ「スト ㅋ クホルム」會議ニ電報ヲ發シタリトノ通信報告ノ件〉(大正6年 9月 3日 公第481號 在瑞典特命全權公使 三浦治五郎→外務大臣)(姜德相·梶村秀樹 編, 앞의 책, p. 29)].
175) 자료상에는 한국사회당으로 표기되어 있으나 조선사회당을 지칭하는 것 으로 보인다.
176)《독립신문》1919년 10월 28일자 ; 金秉祚, 1921《韓國獨立運動史略》上 篇, 宣言社, 193~194쪽(日本外務省外交史料館 소장 마이크로 필름. 분류

志) 등 7인은 중국인 공산주의자 이대조(李大釗)를 내방하고 그를 수
행하였으며, 그에 의해 향산(香山 ; 북경 교외 — 인용자)으로 파견되어
비밀공작에 종사하기도 하였다.[177] 조선사회당원 왕동명(王東明 ; 원래
이름은 申憲, 북경대 청강생)도 상해임시정부(上海臨時政府)와 왕래하
면서 한글로 된 인쇄물을 배포하였으며, 북경대 제3숙사에서 유인정
(劉仁靜), 기대붕(祈大鵬), 이대조(李大釗), 고상덕(高尙德), 주겸지(朱謙
之), 유과항(劉果航), 관익지(關益之) 등 십수 명과 모임을 가진 적도
있다.[178]

1917년에 중국에서 조선사회당이 건설되었다는 것은 그 이전에 중
국의 한국인들 가운데 사회주의를 수용한 사람들이 있었음을 말해
준다. 그러나 그 사회주의의 내용이 무엇인지는 확인할 길이 없다.
조선사회당 창당에 관계한 신규식은 반사회주의자였으며, 조소앙은
친사회주의자이나 반공산주의자였다. 하지만 조선사회당원 김일학·
김상지 등은 초기 중국공산당 지도자 이대조(李大釗)의 지휘를 받았
으며, 왕동명도 이대조와 교류하였다. 이것으로 미루어 보면, 조선사
회당의 사회주의는 명확한 성격을 띤 것이 아니라 여러 조류의 사회
주의를 포함하고 있었던 것 같다. 그러나 1910년대 중국의 한국인들
이 반제국주의 사상체계로서 사회주의를 수용하였고, 거기에다가 중
국인 아나키스트들의 영향권 안에 있었으므로, 그들은 아나키즘 특히
아나코코뮤니즘을 주로 수용하였던 것으로 사료된다.

기호 M/T 4-3-2-2-1-1) ; 이정규,《비망록 — 政黨史의 前奏로 정치사(근
　대)》(未刊).
177) 張次溪, 1951《李大釗先生傳》, 宣文書店(楊昭全 等編, 1987《關內地區
　朝鮮人反日獨立運動資料彙編》下冊, 遼寧人民出版社, p. 1481 ; 이하《資
　料彙編》이라 함).
178)〈特務 載德의 朝鮮社會黨人 王東明이 北大에서 李大釗 등과 聚談한 것
　과 朝鮮黨人 李金山이 피체된 정황에 관한 정보(1922∼1923년)〉(北洋政府
　京畿衛戍總司令部檔案(1024) 119호)(《資料彙編》下冊, p. 1481).

3·1운동 이후에는 중국의 한국인들 사이에서도 아나키즘이 확산되었다. 한말부터 아나키즘을 포함한 사회주의를 알고 있던 신채호는 러시아혁명 이후 대동사상과 결합된 사회개조·세계개조론을 제창하였고, 3·1운동 이후 대동사상의 사상적 기반 위에서 민중의 사상임을 표방하던 아나키즘을 자신의 사상으로 받아들인 것으로 보인다.[179] 서세충(徐世忠)의 회고에 따르면 신채호는 1919년 무렵부터 상해·북경 등지에서 아나키스트 운동을 하였다.[180] 신채호는 1919년 신대한동맹단(新大韓同盟團 ; 단주 남형우, 부단주 신채호, 단원 약 40명)을 조직하고,[181] 김두봉, 한위건(韓偉健)[182] 등과 함께 기관지 《신대한》을 발행하여,[183] 아나키즘을 비롯한 사회주의를 선전하였다. 신채호는 한때 이

---

179) 3·1운동 과정에서 일어났던 민중들의 폭발적인 봉기가 신채호로 하여금 아나키즘을 수용하게 하고, 나아가 1923년 1월 〈조선민족혁명선언〉에서 민중 직접혁명을 주장하도록 만들었던 것으로 보인다.

180) 徐世忠은 신채호가 "(1918년 北京에서 《中華報》에 논설을 쓰다가 그만둔 이후 — 인용자) 上海·北平(北京 — 인용자) 등지에서 무정부주의운동을 하면서 잡지 《天鼓》를 발행"하였다고 회고하였다[서세충, 〈단재의 天才와 磊滯없는 성격〉, 《신동아》 1936년 4월호(《신채호전집》 하, 464쪽)]. 서세충은 대동청년단에 가입하여 활동하였으며, 1920년 조선노동공제회 창립총회에서는 의사원으로 선출되었다.

181) 〈上海における獨立運動團體各派の組織報告の件(1920年 11月 24日 高警第37234號)〉(金正明 編, 1967 《朝鮮獨立運動》 2, 原書房, p. 418) ; 朝鮮總督府警務局, 〈上海在住不逞鮮人ノ狀況(1921年 4月)〉(《外務特殊文書》 2, p. 525).

182) 韓偉健은 金思國·韓南洙·張彩極·李鐵 등과 함께 한성정부 구성의 주동자였으며, 上海로 가서 在上海 고려공산당의 창립구성원이 되었다[〈獨立運動史話〉(이정규, 1974 《又觀文存》, 삼화인쇄, 97·119쪽)].

183) 在上海領事館, 《朝鮮民族運動(未定稿) 第一(1910.9~1922.8)》(《外務特殊文書》 23, p. 658) ; 〈上海における獨立運動團體各派の組織報告の件(1920年 11月 24日 高警第37234號)〉(金正明 編, 앞의 책, p. 419). 일제의 관헌자료에 따르면 《新大韓》 발행장소는 上海이다[朝鮮總督府警務局, "在外不穩新聞雜誌調査表(昭和2年11月調)" 《治安狀況》(昭和2年 12月), p. 1(青丘

동휘의 한인사회당에 가입하기도 하였다.[184] 신채호가 한인사회당에
가입한 것은 아나키즘과 공산주의의 본질적인 차이를 인식하지 못하
고, 다 같은 사회주의로 파악하였기 때문이 아닌가 여겨진다. 그 결
과 《신대한》은 기본적으로는 아나키즘의 입장을 나타내고 있지만,
공산주의에 관한 기사도 상당수 게재하였다.

　재중국 한국인 사이에 아나키즘이 확산되면서 상해(上海), 광동(廣
東), 홍콩(香港), 북경(北京) 등지에서는 상당수의 한국인 아나키스트
들이 테러적 직접행동론[185]에 입각하여 테러활동을 활발하게 전개하
였다. 상해에서는 김성도(金聖道) 일파와 안근생(安根生) 일파를 중심
으로 활동이 전개되었다. 안근생 일파인 김염(金炎)과 김치평(金治平)
두 사람은 홍콩으로부터 상해로 와서 프랑스 조계[明德里]에 거주하

文庫에서 《朝鮮の治安狀況》(昭和2年版)이란 제목으로 1984년에 復刻)].
신대한신문사는 신규식에 의해 설립되었으며, 1920년 1월 중순 이후 임시
정부측의 방해공작으로 휴간되었다(〈上海方面排日鮮人의 狀況〉《韓國民
族運動史料》 三一運動篇其二, 725쪽) ;〈上海居住抗日運動者의 書信入手の
件〉(金正明 編, 같은 책, 407~408쪽) 참조]. 《독립신문》 1920년 1월 8일자
에 따르면 1920년 1월 4일 현재 김두봉이 신대한신문사의 편집장이었다.
《新大韓》은 창간호(1919. 10. 28)·제17호(1920. 1. 20)·제18호(1920. 1. 23) 등
이 현존하고 있다.
184) 〈在上海共産黨首領呂運亨取調狀況ニ關スル件(1929年8月21日附京畿道
知事發信)〉,《外務省警察史 ― 支那ノ部(未定稿)》, 在上海總領事館(《外務
特殊文書》 28, p. 463)에는 신채호가 고려공산당(1921년 5월 창당)에 가입
한 것으로 기록되어 있으나 잘못이다. 신채호는 고려공산당이 아니라 그
전신인 한인사회당에 가입한 것으로 사료된다. 그것은 신채호가 《新大
韓》을 발행하던 시기에 공산당에 가입한 것으로 사료되기 때문이다. 신채
호가 공산당에 가입한 시기가 적어도 러시아의 東進에 대해 반대입장을
밝히고 있던 《天鼓》(1921년 1월 1일 창간호 발행)가 발행되기 이전인 것
은 확실하다.
185) '테러적 직접행동론'은 아나키스트들의 사회혁명 방법론 가운데 하나로서,
테러 등 직접행동을 통해 민중들에게 아나키즘을 선전하고 그들을 각성시
켜 봉기·폭동·총파업 등에 동참하게 하여 사회혁명을 완수한다는 것이다.

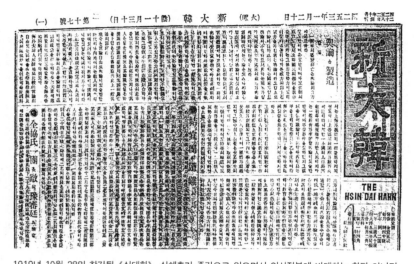

1919년 10월 28일 창간된 《신대한》. 신채호가 주간으로 있으면서 임시정부에 반대하는 한편 아나키즘을 선전하였다.

면서, 상해에서의 아나키즘 선전에 관한 사무를 맡고 있었다. 홍콩에 있던 김성도가 황운탁(黃雲鐸)을 통해 70만 달러를 보내자, 상해에 있던 한국인 아나키스트들은 1919년 8월 30일 밤 프랑스 조계[華盛頓路]에서 회의를 개최하였다. 이 회의에서 한국인 아나키스트들은 도쿄에 기관을 속설(速設)하고 실행에 들어갈 것을 결의하였다. 안근생은 70만 달러로 다수의 권총을 구입하고, 프랑스 조계[成都路]의 모처(某處)에 폭렬탄제조소(爆裂彈製造所)를 설립할 계획을 세우고, 재료를 매입하였다. 이러한 준비작업은 손문과 협의하여 진행되었으며, 그 과정에는 신담(申潭), 이열균(李烈均) 등도 참가하였다.[186]

186) 〈上海方面における獨立運動の動向報告の件(6)(1919年 9月 9日 朝特報 第42號)〉(金正明 編, 앞의 책, p. 49) ; 〈上海方面における獨立運動の動向 報告の件(7)(1919年 9月 17日 朝特報第47號)〉(金正明 編, 같은 책, p. 50). 이들 자료에는 金聖道·安根生 등을 '과격파'로 서술하고 있으나, 과격파는

당시 상당수의 재중국 한국인 아나키스트들은 의열단에 들어가서 테러활동에 종사하였다. 의열단은 1919년 11월 10일 만주 길림(吉林)에서 결성되었는데, 그 창립회원은 강세우, 곽경(곽재기), 김상윤, 김원봉, 배동선, 서상락, 신철휴, 윤세주, 이성우, 이종암, 한봉근, 한봉인 외 1명이었다.[187] 그 후 북경으로 근거지를 옮겼으며, 구국모험단이 소멸된 이후 상해에까지 세력을 신장하였다.[188] 의열단은 혁명을 달성할 수 있는 유일한 무기는 폭력이며, 파괴는 곧 건설이라 하여, 이를 단시(團是)로 삼았다. 고유의 한국을 건설하기 위해서는 반드시 식민통치를 파괴해야 하고, 한국 민족이 자유민중이 되기 위해서는 총독과 같은 특권계급을 타파해야 하며, 민중은 소수 귀족의 속박·철쇄로부터 해방되어야 한다는 것이다. 이 목적을 관철하는 방법으로 총독과 소속 관공리, 한국 귀족과 문화정치에 공명하는 신사·부호, 파괴사업을 방해하는 밀정 등에 대한 암살과 일체의 시설물 파괴를 채택하였으며, 폭탄을 사용하여 국내를 일거에 동란에 빠뜨리고, 이로써 민족의식을 각성시킴과 함께 민족혁명을 기하고자 하였다.[189]

아나키스트를 지칭하였던 것으로 보인다. 그것은 당시 중국에는 볼셰비키가 거의 없었기 때문이다. 安根生 등이 손문과 관계를 맺고 있었던 사실로 보아, 이들은 中韓協會에 관계했을 가능성이 높다. 이들이 中韓協會에 관계했다고 하면, 이들이 아나키스트일 가능성은 더욱 높다. 그것은 中韓協會에 관여하였던 자들 가운데 상당수는 아나키스트였던 것으로 보이기 때문이다.

187) 박태원, 1947 《약산과 의열단》, 백양당, 26쪽. 류자명, 앞의 책, 64쪽에 의하면, 의열단 창립회원은 黃尙奎·郭敬·金若山·尹石冑·韓逢根·朴在爀 등 12명이다.

188) 在上海領事館, 〈義烈團ニ關スル調査〉(1924年 2月 13日附 朝鮮總督府警務局長 → 外務次官 通報), 《朝鮮民族運動(未定稿) 第三(1923. 3~1926. 12)》 (《外務特殊文書》 25, p. 262).

189) 京畿道, 〈義烈團爆彈事件檢擧ニ關スル件(大正12年3月31日京高秘第5698號)〉(한국역사연구회 편, 1992 《일제하사회운동사자료총서》 4, 고려서림,

한국혁명을 달성하는 방법으로 부단폭력(不斷暴力), 파괴, 암살, 폭
동 등을 취한 것이나,[190] 파괴가 곧 건설이라는 단시(團是)를 채택한
것, 지배계급의 억압으로부터 민중을 해방시키고자 한 것, 테러활동
을 통해 민족의식을 각성시키고자 한 점 등은 모두 1920년대 초의 의
열단이 아나키즘에 의해 지도되고 있었음을 말해 준다. 아나키즘이
의열단의 지도사상으로 기능하였던 것은 장지락(張志樂)의 회고에서
도 나타난다. 장지락은 자신이 아나키스트 집단에 들어간 뒤에야 의
열단의 서클생활에 참가할 수 있었다고 하면서, 의열단은 아나키즘
이데올로기에 의해 지배되었다고 회고하였다.[191]

재중국 한국인 아나키스트들은 중국인들이 조직한 단체에도 참가
하여 활동하였다. 우선 손문이 조직한 암살대에 들어가 테러활동을
전개하였다. 즉 손문은 광동에서 중한협회(中韓協會)[192]가 성립된 이후

---

pp. 319~321) ; 在上海領事館,〈義烈團陰謀事件檢擧〉(1923년 4월 7일부 朝
鮮總督府警務局長 → 外務大臣 通報),《朝鮮民族運動(未定稿) 第三(1923.
3~1926. 12)》(《外務特殊文書》 25, p. 23).

190) 在上海領事館,〈義烈團ニ關スル調査〉(1924년 2월 13일부 朝鮮總督
府警務局長→外務次官 通報),《朝鮮民族運動(未定稿) 第三(1923. 3~
1926. 12)》(《外務特殊文書》 25, p. 263).

191) 김산·님 웨일즈, 앞의 책, 103~105쪽. 장지락은 上海에 머물던 시기(1920
년~1921년 10월)에는 자신이 아나키스트였다고 하였다.

192) 中韓協會는 廣東政府 外交部 總務司長 朱念祖를 비롯한 謝英伯·高振宵·
張啓榮·汪兆銘·丁象謙 등 중국인과, 金擅庭(金檀庭의 誤記 — 인용자)·金
熙綽·朴化祐·孫士敏 등 한국인 70여 명이 발기하였다[〈廣東における中韓
協會組織の件(1921年 10月 14日 高警第28285號)〉(金正明 編, 앞의 책, p.
468)]. "韓中 양국의 相助提携, 共相扶助"를 목표로 1921년 9월 27일 廣東
圖書館內에서 결성되었는데, 창립대회에서는 廣東大元帥府 司法部長 葉
夏聲이 임시의장에 추대되어 개회사를 낭독하였으며, 당일 출석자 중 주요
한 자는 중국인 측으로는 葉夏聲·丁象謙·董餘慶·謝英伯·周之貞·張啓榮·
黃璧魂·唐某 등이 있었으며, 한국인 측으로는 金奇濟·金擅庭(金檀庭)·李
愚眠·林勤·孫士敏·朴化祐·金熙綽 등이 있었다[〈廣東における中韓協會發

신규식 등에게 암살대 100여 명을 조직하도록 명했으며, 필리핀 사람
1명을 초빙해서 작탄(炸彈)을 만들고 사용하는 방법을 가르쳤다. 암
살대는 조(組)마다 중국인 1명, 한국인 3명으로서 모두 140여 명이었
으며, 호북(湖北)에 4조, 보정(保定)에 2조, 북경(北京)에 2조, 천진(天
津)에 1조가 각각 파견될 예정이었다.[193] 손문이 암살대를 조직하면서
아나키즘적 경향을 띠고 있던 중한협회를 기반으로 삼았으므로, 암살
대에 참가하였던 한국인들은 상당수가 아나키스트였을 것으로 추측
된다.

재중국 한국인 아나키스트들은 중국인 사회주의 단체 결성에도 참
가하였다. 북경대학 학생이었던 김가봉(金家鳳)은 이대조가 북경대학
도서관 주임으로 재직할[194] 때 주재하던 토론회에 참가하여, 고군우
(高君宇), 유인정(劉仁靜), 하맹웅(何孟雄), 횡일규(黃日葵) 등과 함께
사회주의에 관해 열렬히 토론하였다.[195] 이후 김가봉은 아나키스트들
에 의하여 상해로 파견되어 아나키즘 선전을 위해 노력하던 중, 중국
사회주의청년단(社會主義靑年團)[196] 창립에도 관계하였다.

會の件(1921年 10月 21日 高警第28417號)〉(金正明 編, 같은 책, p. 474) ; 〈中
韓協會宣言書〉,《光明》創刊號(1921. 12. 1)]. 〈中韓協會宣言書〉는 20세기
의 세계는 群의 세계이고, 群의 진화는 호조에 의해 이루어진다고 하여, 상
호부조론적 입장을 표명하였다. 아나키즘을 선전하는 내용을 담고 있는《光
明》의 필자들이 거의 중국인인 것은 사실이나, 中韓協會에 참가한 한국인
들도 이들의 논조에 공감하였을 것이다. 따라서 中韓協會內 한국인들 가
운데 상당수가 아나키스트라고 해도 무방할 것이다.

193) "職部諜報員이 참모본부에 보내는 報告(中華民國10年 12月 9日收)"(中
國第2歷史檔案館檔案案卷第1024, 2, 65號)(《資料彙編》下冊, p. 1480).

194) 이대조는 1918년 2월에 北京大學 도서관 주임에 임명되었다(모리스 메이
스너(권영빈 역), 1992《李大釗》, 지식산업사, 340쪽).

195) 張次溪, 앞의 책, p. 1481.

196) 社會主義靑年團은 보이친스키가 중국에서 공산주의를 선전하고 공산당
을 조직할 목적으로 陳獨秀와 협의하여 결성한 공산당 소조이다. 한국인으

사회주의청년단은 1920년 4월 진독수(陳獨秀)가 코민테른 극동국(極東局)에 의해 한국인 안모(安秉瓚?— 인용자)와 함께 상해에 파견된[197] 보이친스키(維丁司克, 維經斯基, 우진스키)와 공산당을 조직할 방법에 관해 협의한 뒤 결성되었다. 결성에 참가한 자는 원진영(袁振英), 시존통(施存統), 심현로(沈玄盧), 진망도(陳望道), 이한준(李漢俊), 김가봉, 유수송(兪秀松), 협천저(叶天低) 등이었다. 그 결과 사회주의청년단은 각개 사회주의자들의 혼합물이었고, 공산주의자가 아닌 간부도 있었다. 김가봉은 원진영·시존통·유수송·협천저 등과 함께 사회주의청년단 단무(團務)를 주재하였으며, 진독수(陳獨秀), 장송년(張松年), 원진영, 유수송, 시존통, 심현려, 양명재(楊明齋) 등과 함께 《공산당(共産黨)》 발간주비위원을 맡았다.[198]

재중국 한국인 아나키스트들이 중국인과 연합하여 조직한 단체로는 사회주의청년단 외에 삼이협회(三二協會)를 들 수 있다. 삼이협회는 상해에 있던 한국인 아나키스트들이 러시아인·중국인과 함께 1920

로 社會主義靑年團에 참가한 자로는 金家鳳을 비롯하여 柏克, 安某(안병찬?— 인용자) 등이 있다[陳東曉 編, 1933 《陳獨秀評論》, 北平東亞書局(《資料彙編》 下冊, p. 1483)]. 중국공산당은 1921년 7월 1일 上海에서 정식으로 성립되었다.

197) 보이친스키의 파견시기에 대해서는 자료마다 다르게 나타난다. 즉 〈在上海共産黨首領呂運亨取調狀況ニ關スル件(1929年 8月 21日附 京畿道知事發信)〉, 《外務省警察史 — 支那ノ部(未定稿)》, 在上海總領事館(《外務特殊文書》 28, p. 462)에는 1919년 여름에 上海로 파견된 것으로, 仿魯, 1933 〈社會主義靑年團之産生〉, 《陳獨秀評論》(陳東曉 編), 北平東亞書局(《資料彙編》 下冊, p. 1482)에는 1920년 5월에 중국으로 파견된 것으로 기록되어 있다. 그러나 《維經斯基在中國的有關資料》(中國社會科學出版社, 1982, pp. 460~461)에는 중국의 혁명조직과의 관계 확립이라는 사명을 가지고 1920년 4월에 北京에 파견되었다가, 다시 上海로 간 것으로 서술되어 있다. 이 책에서는 《維經斯基在中國的有關資料》를 따른다.

198) 仿魯, 앞의 글(《資料彙編》 下冊, pp. 1482~1483) ; 袁振英, 앞의 글, p. 472.

년 봄에 조직한 아나키스트 단체이다. 삼이협회의 삼(三)은 무정부·무종교·무가정의 삼무(三無)를 의미하고, 이(二)는 "자기의 장처(長處)와 본능에 실근(實近)"함을 의미한다고 하였다. 이 단체는 아나키즘 선전작업을 전개하기 위하여, 러시아인을 일본 도쿄에 파견하여 《크로포트킨》이라는 아나키즘 선전책자를 중국 및 한국인 노동자 단체에 배포하였다. 그리고 상해임시정부(上海臨時政府) 이동휘 및 문창범과 서로 연락을 취하고 있었다.[199]

3·1운동 이후 활발하게 전개된 아나키스트 운동을 기반으로 하여 1921년에는 한국인 아나키스트들의 독자적인 조직이 결성되었다. 즉 신채호가 1921년 북경에서 조직한 흑색청년동맹(黑色靑年同盟) 북경지부(北京支部)가 그것이다. 흑색청년동맹 북경지부의 설치로 중국에서 한국인의 독자적이고 조직적인 아나키스트 운동이 가능해졌다.

아나키즘 선전작업 또한 1919년 10월 28일 신채호가 반임시정부 선전지인 《신대한》을 창간하면서부터 본격적으로 행해졌다. 《신대한》에는 독립운동 관계 기사, 소련과 시베리아 사정을 알려 주는 기사, 국내 및 세계 소식 등이 실려 있으며, 사설로는 〈여론을 제조할 일〉(17호), 〈신구(新舊) 인물의 대사(代謝)〉(18호) 등이 확인된다. 〈여론을 제조할 일〉에는 한국 민족이 지방색이 강한 것은 교육이 개인의 각성에 치중하지 아니하고 지도자에 대한 복종을 미덕으로 삼았기 때문이라고 하면서 민중을 역사의 주체로 규정하고 있다. 〈신구 인물의 대사〉에서는 사회가 진화하려면 변동이 있어야 되며, 사회가 변동하려면 구인물이 거(去)하고 신인물이 내(來)하여야 되는 것이라며 진보사관을 수용하고 있다.

신채호는 〈신대한 창간사〉를 통하여 최근세의 계급전쟁은 노동·자본 양 계급의 전쟁이고, 자본주의의 발전에 따라 노동자와 소자본가

---

199) 《매일신보》 1920년 11월 8일자.

는 망할 수밖에 없다고 하면서, 한국인의 이상세계는 빈부평균이어야 한다고 주장하였다. 이어서 자치운동과 참정권운동, 외교독립론을 비판하고, "다만 대의로써 동포를 분려(奮勵)하여 '제일 독립을 못하거든 차라리 사(死)하리라는 결심을 공고케 하며, 제이 적에 대한 파괴의 반면(反面)이 곧 독립건설의 터이라'는 이해를 명확하게 하여, 이상의 국가보다 선(先)히 이상의 독립군을 제조"할 목적으로 창간하게 되었다는 취지를 밝혔다.[200] 이 창간사는 아나키즘적 세계관에 입각하여 계급투쟁으로 자본주의 사회의 모순을 극복하고 빈부의 차이가 없는 평등한 이상세계를 건설할 것을 주장하고 있고, '파괴가 곧 건설'이라는 바쿠닌의 주장에 근거하여 일제를 파괴하는 것이 곧 한국의 독립을 건설하는 것이라 주장하였다. 그리고 아나키즘적 국가관에 입각하여 국가보다는 독립군을 조직하는 것이 급선무임을 밝혔다.

그리고 고마(固麻)는 〈국제연맹에 대한 감상〉에서, 민족자결이 실행되면 "대소가 상안(相安)하고 강약이 상부(相扶)하여" 평화로운 세상이 될 것이며, 이것이 바로 세계인민이 평화회의 곧 파리강화회의에 바라는 바라고 하였다. 그리고 시세의 흐름은 자유의 길로 나아가고 있다며, 만약 "국제 당국들이 일시의 강력(强力)으로 약자를 무시하고 사리(私利)만 다툰다 하면", 자유를 갈망하는 인류들은 제1차세계대전보다 더한 대유혈의 참극을 열어서라도 자유를 찾을 것이라 하였다. 따라서 한국도 "강력자에 대한 요구보다 신기운에" 따라야 한다고 하였다.[201] 이 글은 크로포트킨의 상호부조론에 입각하여 대동

---

200) 〈新大韓創刊辭〉, 《新大韓》 창간호(1919. 10. 28)[日本外務省外交史料館 소장 마이크로 필름. 분류기호 M/T 4-3-2-2-1-1]. '파괴가 곧 건설'이라는 논리가 그대로 관철되어 있는 1923년 1월의 〈조선혁명선언〉을 보고 조완구가 그 자리에서 신채호를 그 필자로 지목하였는데(류자명, 앞의 책, 79쪽), 이것은 신채호가 그 전부터 '파괴가 곧 건설'이라는 논리를 펴고 있었다는 것과, 〈新大韓創刊辭〉의 필자가 신채호라는 것을 말해 준다.

세계를 건설하는 것이 시대의
흐름임을 강조하고, 사회진화론
적 입장에서 강자를 추구하던
1910년대의 국수주의적 사고를
부정하고 있다. 이는 결국 아나
키즘에 입각하여 민족해방운동
을 전개할 것을 주장하고 있는
것이다.

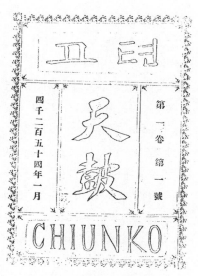

1921년 1월 중순 이후 임시
정부의 압력으로 《신대한》 발
행이 중단되자 신채호는 북경
으로 옮겨갔다. 거기서 1921년
1월 《천고》를 창간하여 아나키
즘을 선전하였다.[202] 《천고》는

1921년 1월 신채호가 창간한 잡지 《천고》.

일본 제국주의의 야만성, 일본 제국주의의 동양평화 교란, 한국독립
의 필요성, 항일무장투쟁의 필요성, 한·중항일연합전선의 필요, 일본
의 중·일 친선과 한·일 친선의 허위성, 일본 제국주의의 필연적 패망
등을 주장하였다.[203]

신채호는 《천고》의 창간사에서 일제의 죄악상을 하나하나 열거한

---

201) 固麻, 〈국제연맹에 대한 감상〉, 《新大韓》 창간호(1919. 10. 28).
202) 《天鼓》 발행에는 신채호, 김창숙, 남형우, 金正默, 柳林, 朴崇秉 등이 관
　　여하였다[〈연보〉(《신채호전집》 하, 501쪽) ; 〈旦洲 柳林先生 略歷〉(旦洲柳
　　林先生記念事業會 편, 1991 《旦洲柳林資料集(1)》, 262쪽) ; 김창숙, 〈자서
　　전〉(心山思想硏究會 편, 1985 《김창숙》, 한길사, 220쪽)]. 김창숙에 따르면
　　신채호는 1920년 11월 무렵 北京에서 박숭병과 함께 잡지 《天鼓》를 운영
　　하고 있었다. 《天鼓》에는 발행 지역이 上海로 표기되어 있으나, 이는 일제
　　경찰의 눈을 피하기 위해서였던 것으로 사료된다.
203) 최갑룡, 1996 《황야의 검은 깃발》, 이문, 75~76쪽.

뒤, 《천고》를 발행하는 뜻을 밝혔다. 이어 "안(국내 — 인용자)에서는 민기(民氣)가 날로 성장하여 암살폭동의 장거(壯擧)가 자주 보여(屢見) 끊이지 않고, 밖에서는 세운(世運)이 날로 새로워져(日新) 약한 나라와 약한 민족(孱邦弱族)의 자립운동이 속출하여 그치지 않고 있다"고 하면서, "도구(刀鉤)가 되고 창포(槍炮)가 되어 구분(寇氛)을 소탕"하고 "작탄비수(炸彈匕首)가 되어 적을 놀라게" 해야 한다고 하였다.[204]

〈자유를 다투는 천둥소리(爭自由的雷音)〉는 "20세기 이후 편협한 국가주의는 이미 과거의 명사가 되"어서 "열심히 문자나 수단으로 인도주의를 선전"하며, "누차 세계대동의 실현을 도모"하고 있고, "인도주의는 인류의 자유와 호조에 근본하고, 이로써 병쟁(兵爭)을 멈추게 하고 무사무위(無私無僞)케 하며, 이로써 영행(另行)하여 가장 이상적인 진선미의 사회를 창조하는 것을 꾀"하며, "조선인이 현재 요구하는 민족자결은 편협한 국가주의가 아니고 자유의 길을 찾아가고자 하는 주의"로서, "우리는 …… 인도주의를 잔적(殘賊)하는 강권국가에 대해서 최대의 경계를 하지 않을 수" 없다고 하였다.[205] 여기에서 《천고》는 국가주의와 제국주의를 부정하고 세계대동 실현을 주장하면서, 사회운영원리로서 상호부조론을 내세우고 있다. 즉 아나키즘에 입각한 세계질서를 수립해야 하며, 그 속에서 한국 민족의 해방을 추구해야 한다는 것이다.

이어 신채호는 제1차세계대전 이후 인도·정의·자유·평등의 논조가 점차 고창되어 전 지구를 뒤덮고 있으며, 그것과 함께 사회주의가 널리 전파되어 결코 파괴할 수 없는 세력을 가졌다고 하면서, 일본

---

204) 編輯人, 〈創刊辭〉, 《天鼓》 第1卷 第1號(윤병석 편, 1993 《한국독립운동사 자료집 : 중국편》, 한국정신문화연구원에 수록). 심훈의 회고에 따르면 《天鼓》 창간사의 필자는 신채호이다[심훈, 〈단재와 우당〉《신채호전집》 별집, 411쪽)].

205) 種樹, 〈爭自由的雷音〉, 《天鼓》 제1권 제1호. 種樹는 중국인이다.

제국주의는 몰락할 수밖에 없다고 주장하였다.[206] 신채호는 이러한 사회주의가 한국에서는 이미 고조선 시대부터 행해졌던 것으로 파악하였다. 즉 고조선 시대에 중국보다 앞서 시행되었던 정전제가 바로 '고농업시대(古農業時代)의 사회주의'로서 사회주의자들이 몽상하는 공산제도라는 것이다. 그리고 정전제의 '평균'정신은 그 이후에도 고려·조선으로 계속 이어진 것으로 파악하였다.[207]

　그러나 공산주의에 대해서는 반대하였다. 〈조선독립과 동양평화〉는 동양평화를 이룩할 수 있는 방도는 한국 독립밖에 없다고 하면서, 일본의 시베리아 점령과 함께 러시아의 동진(東進)에 대해서 경계하는 입장을 표명하였다. 즉 일본의 야심은 군벌자산(軍閥資産)의 악감(惡感)을 탄오(憚惡)하는 촉동황종각족(觸動黃種各族)으로 하여금 러시아와 연락하여 혁명을 도모하게끔 만들 것이고, 공산주의의 이념은 진실로 진리에 어긋나지 않으며, 인류의 심리에 부합하여, "비록 왜병을 총집(叢集)시키고 적탑지남(赤塔之南)에 성벽을 만들고 번리(藩籬)를 만들더라도 과격파의 무형탄환이 이 박약한 보장(保障)을 뚫고 지나가는 것을 막"을 수가 없기[208] 때문에 러시아가 동진할 것이라고 하였다. 그런데 동양평화를 이룩하기 위해서는 러시아의 동진 또한 막아야 하며, 그러기 위해서는 한국의 독립이 최우선이라는 것이다. 여기서 신채호가 공산주의가 추구하는 이상에 대해서는 동의하고 있지만, 프롤레타리아독재를 실시하고 있는 러시아가 새로운 세력을 형성하는 것에 대해서는 반대하고 있었음을 알 수 있다. 즉 아나키즘적 입장에서 새로운 강권으로 등장하는 공산주의 국가에 대한 반대 입

206) 我觀, 〈日本帝國主義之末運將至〉, 《天鼓》 第1卷 第1號. 我觀은 신채호의 필명으로 사료된다.
207) 震公, 〈朝鮮古代之社會主義〉, 《天鼓》 第1卷 제2號(1921. 2. 1). 震公은 신채호의 필명으로 사료된다.
208) 震公, 〈朝鮮獨立及東洋平和〉, 《天鼓》 第1卷 第1號 참조.

중한협회의 기관지 《광명》(1922년 12월 1일 창간). 중
국인 아나키스트의 글이 많이 실려 있다.

장을 밝힌 것이다. 신채호
는 〈크로포트킨의 죽음에
대한 감상〉에서도 레닌의
사상과 크로포트킨의 사상
즉 볼셰비즘과 아나키즘이
서로 다른 것으로 인식하
면서 볼셰비키당의 정치를
전제무단정치로 표현하여[209]
공산주의 대한 반대 입장
을 나타냈다.

아나키즘을 선전한 잡지
로는 《신대한》, 《천고》 외
에도 《광명》과 《투보》 등
이 있었다. 《광명》은 1921
년 12월 1일 중한협회가 창
간한 잡지이다.[210] 《광명》
은 〈발간선언〉에서 "이 월

보는 평민적이고 공리적"이라고 하면서, "한국 독립을 운동하는 총기
체(總機體)이며 강권을 소제하며 인도주의를 고취"한다고 하는 발간
취지를 밝혔다.[211] 〈발간사〉에서는 "광명월보를 간행하여 세계 혁명대

---

209) 南溟,〈對於古魯巴特金之死之感想〉,《天鼓》第1卷 第2號(1921. 2. 1). 南
溟은 신채호의 필명으로 보인다.
210) 배경한은 《光明》을 中韓協會의 기관지라고 하였지만(배경한,〈孫文과
上海韓國臨時政府〉,《동양사학연구》56, 동양사학회, 84쪽) 확인되지 않는
다. 그러나 《四民報》의 "(廣州) 中韓協會에서 현재 光明報를 만들고 있
다"(〈廣州社會之裏面觀(續)〉,《四民報》1921년 10월 15일자 ; 배경한, 같
은 글, 88쪽에서 재인용)는 보도로 보아, 中韓協會가 《光明》 발행에 상당
히 관계하고 있었던 것은 확실하다.

가의 의견을 종합하고 강권을 박멸할 방법을 강구한다. 일인이 희생
하면 백인이 행복을 얻을 수 있고, 백인이 희생하면 만인이 행복을
얻을 수 있다"고 하면서, 테러를 혁명의 수단으로 적극 권장하였다.[212]
〈광명운동의 앞길〉은 "광명운동의 앞길이 자유·평등·박애·호조의 세
계 안에 있다"고 하여[213] 상호부조론을 선전하였으며, 〈중한(中韓)의
광명운동〉은 중국은 정치혁명을 거쳤지만 아직 군벌압박의 혜사(惠
賜)를 누리고 있는 데 불과하다고 하면서, "중한 양국의 혁명목적은
사회혁명을 취하는 것"이어야 한다고 하여,[214] 정치와 권력교체에 불
과할 뿐인 정치혁명을 부정하고 사회혁명을 추구할 것을 주장하였다.
〈한국의 친구에게 고한다〉는 "한국을 망하게 한 것"도 정부이고, "한
국 독립이 아직 성공하지 못한 원인"도 "완전히 강권정부에 그 빌미
가 있다"고 하여,[215] 정부를 강권으로 규정하고 그것을 타도할 것을
주장하였다. 〈직접행동〉은 노동자들의 임금 상승, 노동시간 감소, 대
우 개선 등의 지엽적인 요구는 "결코 근본적인 해결방법이 아니며,
근본해결을 하려면 단지 '직접행동'이 있을 뿐"이며, 파업·파시(罷市)·
항병(抗兵)·항세(抗稅) 등의 '직접행동'으로 자본가와 싸워 "'능력에
따른 노동과 필요에 따른 분배[各盡所能 各取所需]'의 원칙에 따라 자
유롭게 생산하고 자유롭게 소비"하는 진정한 공산주의적 사회를 조
성하자고 선전하였다.[216] 이처럼 《광명》에 게재된 거의 모든 글은 아
나키즘을 선전하고 있다.

　1920년대 초에 상해에 있던 한국인 아나키스트들도 "강권에 복종

211) 新甫, 〈發刊宣言〉, 《光明》 創刊號(1921. 12. 1), 1쪽.
212) 垠貞, 〈發刊辭〉, 《光明》 創刊號(1921. 12. 1), 2쪽.
213) 耘公, 〈光明運動的前途〉, 《光明》 創刊號(1921. 12. 1), 10쪽.
214) 楚沈, 〈中韓的光明運動〉, 《光明》 創刊號(1921. 12. 1), 17쪽.
215) 大能, 〈告韓國的朋友〉, 《光明》 創刊號(1921. 12. 1), 28쪽.
216) 志平, 〈直接行動〉, 《光明》 創刊號(1921. 12. 1), 48쪽.

158

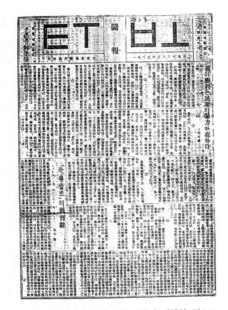

중국에 있던 한국인 아나키스트들이 간행한 것으로
추정되는 《투보》.

함은 죄악이다"는 슬로건을
내걸고,[217] 《투보》라는 아나키
즘 선전지를 발간하였다. 《투
보》 제2호에 게재된 〈선(善)
의 승리는 민중의 폭력에 재
(在)하다〉는 제목의 글은 "무
찔르라, 불살라라, 그리하여
야 자유를 얻을 것이다. 그리
하여야 선(善)의 승리도 있을
것이요, 그리하여야 애(愛)의
건설도 있을 것이다" 하면서,
한국 민족의 해방운동은 폭
력적 방법을 취해야 할 것이
라고 주장하였다. 폭력을 취
하는 이유는 악마의 유희와
바람 맑은 바다에 부침하는

사탄의 형세를 차마 볼 수 없기 때문이라 하였다. 그리고 한국 민족이
취하는 폭력은 "민중 각개의 선덕(善德)에서 양출(釀出)하는 폭력"으
로서, 진정한 정의 힘이며, 선(善)의 위력이라 하였다. 나아가 혁명지
도자로 자처하는 자들 즉 공산주의자들에게 "자기의 의사로 민중을
이용하지 말고 민중의 의사를 그대로 대표하는 자가 될" 것을 경고하

217) 《鬪報》 제2호(1922. 3. 25). 《鬪報》 발행을 누가 주도하였는지는 알 수 없
으나, "강권에 복종함은 죄악이다"는 슬로건을 내걸고 있는 것으로 보아
아나키스트들이 발행한 것으로 보인다. 발행장소는 天津 法租界로 되어 있
으나, 일제의 관헌자료는 활자로 보아 上海일 것으로 추정하고 있다[朝鮮
總督府警務局, "在外不穩新聞雜誌調査表(昭和2年11月調)", 《治安狀況》(昭
和2年 12月), p. 5].

였다. 이는 아나키즘에 입각해서 직업혁명가나 그들에 의한 민중 지
도를 부정하고, 민중의 직접행동에 의해 사회혁명을 달성해야 한다고
주장한 것이다. 이어 위의 글의 필자는 민중의 수족에 가해진 철쇄(鐵
鎖)를 해제할 절대적 힘을 지닌 자는 오직 민중 자신이 소유한 위대
한 폭력이라고 하면서, 민중이 취할 직접행동으로 암살, 봉기, 폭동,
부호의 사유재산 수용, 생산의 탈환, 권력자에 대한 반항, 총동맹파업,
자유출판, 자유항세(自由抗稅) 등을 제시하였다.[218]

〈배일사상론〉이라는 제목의 글은 "즉금(卽今) 조선인의 배일사상
은 일 개인이 타(他) 개인을 배척한다는 개개인의 배타심 곧 철학적
배타심이 아니요, 검극(劍戟)의 위(威)와 자본의 세(勢)에서 피정복된
동일한 경우에 재(在)한 자가 정복자란 동일한 지위에 입(立)한 자를
배척하는 곧 정치적 경제적 원인에서 생산한 배척"이라 하면서, "일
본 사람이 우리를 압박하는 자이므로 배척하는 것이요, 일본 사람이
우리를 착취하는 자이므로 이를 배척"한다는 것을 강조하였다.[219] 이
는 강권과 착취에 반대하는 아나키즘적 입장과 아나키즘의 세계주의
적 입장에서 배일사상을 논한 것이다. 즉 압박과 착취에 반대하고 자
유를 갈구한다는 점에서 일본 민중은 한국 민중과 같은 처지이며, 따
라서 한국 민중은 일본 민중과 호응해야 하고, 한국 지배계급은 한국
민중을 억압 착취한다는 점에서 일본 제국주의 세력과 동일하므로,
이들을 타도해야 한다는 것이다.

1920년대 초 중국의 한국인 아나키스트들이 전개한 아나키즘 선전
작업을 통해 그들의 아나키즘의 내용을 정리해 보면 다음과 같다. 우
선 중국의 한국인 아나키스트들은 파괴주의 경향을 띠고 있었다. 그

---

218) 不可殺, 〈善의 승리는 민중의 폭력에 在하다〉, 《鬪報》 제2호(1922. 3. 25)
   참조.
219) 燒也, 〈排日思想論〉, 《鬪報》 제2호(1922. 3. 25) 참조.

러한 파괴주의 경향 아래에서 민족해방과 아나키스트 사회를 건설하
는 방법론으로는 테러적 직접행동론을 취하고 있었다. 즉 중국의 한
국인 아나키스트들은 정치와 정치혁명에 반대하면서 암살·폭동 등에
의해 사회혁명을 성공시키고자 하였던 것이다. 또한 중국의 한국인
아나키스트들이 상호부조론을 중점적으로 선전하고 있었던 것으로
보아 아나코코뮤니즘이 재중국 한국인 아나키즘의 주류였음을 알 수
있다.

지금까지 서술한 바와 같이 아나키즘은 1880년대부터 국내에 소개
되기 시작하여 개인적 차원에서 수용되다가 1910년 국권상실을 전후
해서 민족해방운동 이념으로 수용되었고, 그 이후 제1차세계대전의
발발과 러시아혁명 그리고 3·1운동 등을 계기로 급속히 확산되어 갔
다. 그 요인은 무엇일까? 기존 연구에서는 아나키즘 수용시기를 3·1
운동 이후로 파악하면서, 3·1운동의 충격, 사회진화론적 강권주의 비
판, 민족주의에 대한 회의, 소련의 실상에 대한 실망과 공산주의에
대한 비판, 민족주의 진영의 분열과 대립에 대한 회의, 상해임시정부
(上海臨時政府)의 운동노선에 대한 거부감 등에 의해 아나키즘을 수
용한 것으로 설명하고 있다.[220] 그러나 소련의 실상에 대한 실망과 공
산주의에 대한 비판은 아나키즘의 수용 요인이 아니다. 공산주의에
대한 비판은 아나키즘적 사고를 가지고 있었기 때문에 가능했던 것
이다. 그리고 민족주의에 대한 회의와 민족주의 진영의 분열과 대립
에 대한 회의, 그리고 상해임시정부(上海臨時政府)의 운동노선에 대한
거부감 등은 곧바로 아나키즘 수용으로 이어지는 것은 아니다.

한국인들이 별 무리 없이 아나키즘을 수용하고 그것을 확산시킬

220) 오장환은 중국의 한국인들이 아나키즘을 수용한 원인으로 민족주의 진영
의 분열과 이에 대한 회의, 공산주의에 대한 거부감, 독립운동과 아나키즘
운동의 동일한 목표, 아나키즘의 자유연합적 요소 등을 들고 있다(오장환,
1998《한국 아나키즘운동사 연구》, 국학자료원, 129~135쪽 참조).

수 있었던 것은 다음에 연유한다고 할 수 있다. 첫째, 사회진화론 극복이라는 사상적 과제를 해결하는 데에서 아나키즘이 적합하였다는 점이다. 1910년 국권상실을 전후한 시기에 한국인들에게는 제국주의의 침략에 맞설 수 있는 사상체계가 절실하였다. 제국주의 세력의 식민지 지배를 합리화하는 사회진화론을 극복하는 데 가장 적합했던 것은 약육강식·적자생존의 원칙을 부정하는 상호부조론이었다. 따라서 한국인들은 1910년 국권상실을 전후한 시기에 민족해방운동 이념으로서 아나키즘을 자연스럽게 수용하였던 것이다. 이후 제1차세계대전, 러시아혁명 등 반제국주의적 정세가 조성될 때마다 아나키즘은 수용의 폭을 넓혀갔다. 윤자영은 크로포트킨의 상호부조론은 다윈이즘을 정해(正解) 혹은 보충한 것이라고 설명하면서, "《상호부조》의 신판은 이 시대사조(생존경쟁론 — 인용자)에 대항하여 새로운 의미의 생존경쟁 곧 상호부조의 사상을 보급하기 위하여 출현"하였다고 하여,[221] 상호부조론이 사회진화론의 생존경쟁론을 극복하는 새로운 사상체계로서 수용되었음을 밝히고 있다.

둘째, 전통사상 속에 아나키즘적 요소가 있었다는 점이다. 한국인들은 전통사상 속의 아나키즘적 요소를 기반으로 하여 아나키즘을 수용하였다. 대표적인 아나키스트 신채호나 이회영(李會榮), 유림 등은 전통사상을 부정하지 않았으며, 오히려 유교적 교양을 바탕으로 하여 아나키즘을 수용하였다. 이회영은 내가 하고 싶지 않는 바이면 다른 사람에게 베풀지 말아야[己所不欲勿施於人] 하며, 나 자신이 남에게 지배받고 싶지 않으면 나도 남을 지배해서는 안 된다고 하면서, 자신은 본래 자유주의적인 자유사상가라고 자임하였다고 한다. 이정규(李丁奎)는 이러한 이회영의 태도를 유교적 소양과 연결시키고 있다. 즉 이회영이 약관 때부터 자유·평등을 주장하고, 신분제도의 불

---

221) 윤자영, 앞의 글, 15쪽.

평등을 배척했으며, 관료들의 권위주의와 지배욕을 저주해서 관리가 되는 것을 단념한 것이라든지, 또 자기과시를 싫어하고 공명(功名)을 바라지 않은 것은 공자가 말한 부지불온(不知不溫)이라는 것이다.[222] 그리고 이회영 자신도 유교적 소양 위에서 아나키즘을 수용하였음을 밝히고 있다. 즉 아나키스트로 전환한 동기를 묻는 김종진의 질문에 "의식적으로 무정부주의자가 되었다거나 무정부주의자로 전환"한 것이 아니고, "나의 그 사고와 방책이 현대적인 사상적 견지에서 볼 때 무정부주의자들이 주장하는 것과 상통되니까 그럴 뿐이지, '지금이 옳고 어제가 잘못되었음을 깨닫는[覺今是而昨非]' 식으로, 본래는 딴 것이었던 내가 새로이 방향을 바꾸어 무정부주의자가 된 것은 아니라"고 하였던 것이다.[223] 그리고 "맹자(孟子)도 생(生) 역시 내가 하고자 하는 바이며[生亦我所慾], 의(義) 역시 내가 하고자 하는 바이나[義亦我所慾] 양자를 겸하는 것이 불가능하면[兩者不可得兼] 생을 버리고 의를 취하겠다[捨生就義]고 하지 않았는가"라 하면서 자신의 결의를 다졌는데,[224] 이는 이회영이 아나키스트로서의 자신의 행동방침을 유교적 교양에서 구하고 있었음을 말해 준다. 신채호도 1929년 2월 6일 제2회 공판에서, 예심조서에서 고토쿠 슈스이의 저서를 읽고 아나키스트가 되었다고 한 것을 수정하여, 자신은 책에서 얻은 이론으로 아나키스트가 되었던 것이 아니고 자신의 인간적 요구에 의한 것이라고 하여,[225] 기존의 자기 사상 즉 유교적 소양을 바탕으로 하여 아나키스트로 전환하였음을 밝혔다.

　노장사상 속에도 아나키즘적 요소가 상당히 들어 있다. 중국의 제1

---

222) 이정규, 1985 〈追慕 友堂 李會榮先生〉, 《友堂 李會榮先生 追悼》, 육영회, 17쪽 참조.

223) 이을규, 1963 《是也金宗鎭先生傳》, 한흥인쇄소, 42쪽.

224) 〈友堂 李會榮先生 略傳〉(이정규, 앞의 책, 73쪽).

225) 《自由聯合新聞》 第36號(1929. 6. 1).

세대 아나키스트로서 《천의(天義)》와 《형보(衡報)》를 발행한 도쿄그룹(東京그룹 ; 劉師培, 何震 등)은 허행(許行)이나 불교 등 중국 전통 사상에 입각해서 아나키즘을 주장하였다.[226] 특히 《천의》에서는 아나키즘의 기원을 노자(老子)에게서 찾고 있다.[227] 고순흠도 "17세에 성선(性善)과 성악(性惡) 양설을 다 부정하고 성(性)은 본래 무색투명한 것[性本無色透明]이라 자각"하였으며, 그 뒤에 "노자의 성소설(性素說)을 발견케 되어 19세에 불혹(不惑)이 되었다"고 회상하였다. 그리고 "세상을 태평하게 다스리는 도[治平之道]는 황제(黃帝)의 아무 일도 하지 않으면서 잘 다스리는 것[無爲而治]을 절대전법(絶對全法)으로 긍정케 된 것"이라고 하면서, 자신의 아나키스트 사상의 연원을 바쿠닌이나 크로포트킨에서 구하는 것을 부정하였다.[228] 이는 고순흠이 유교와 노장사상을 기반으로 하여 아나키즘을 수용하였음을 말해 준다. 박렬도 학생시절 노장사상에 심취했던 적이 있었다.[229]

셋째, 한국 사회에 강하게 남아 있는 공동체적 의식과 관습이다. 한국 사회에는 아직도 두레와 같은 공동체적 유제가 계나 품앗이와 같은 형태로 강하게 남아 있다. 그러한 공동체는 상부상조하는 정신을 바탕으로 하고 있다. 그리고 조선시대 재지사족(在地士族)들이 향

---

226) 안동범, 앞의 글, 7쪽.

227) 《天義》第5卷(1907. 8. 10)에는 老子를 중국 무정부주의 발명가로 묘사하고 있다.

228) 고순흠, 1967 〈무정부주의자가 된 동기〉(무정부주의운동사편찬위원회가 한국아나키즘운동사 편찬을 위하여 자료를 수집하는 과정에서 작성된 자료임).

229) 朴烈은 1934년 감옥에서 제출한 〈感想錄〉에서 "17년 전(1917년 ― 인용자)에 인생에 대한 대 의혹에 봉착하여 온갖 번민 끝에 노장의 가르침에 경도되어 단연 일체의 俗累를 끊고 금강산의 오지 연기가 두껍게 뒤덮여 있고 물 맑은 곳으로 가서 조용히 일생을 보내고자 하였던" 적이 있었다고 회고하였다[內務省警保局, 〈入監中のアナキスト鮮人朴烈の動静〉, 《特高月報》(1934년 12월분)(《資料集成》 3, p.231)].

촌사회를 통치하는 데 이용했던 향약 역시 상부상조의 정신을 강조하였다. 이 상부상조가 아나키즘의 상호부조론과 일맥상통하였던 것이다.[230] 그리하여 한국인들은 자연스럽게 상호부조론을 수용하였던 것으로 보인다.

넷째, 사회경제적 조건의 악화와 민중의 발견이다. 일제의 가혹한 식민지 수탈로 인하여 한국 경제는 악화일로를 걸었고, 민중들은 경제적으로 매우 비참한 생활을 영위하고 있었다. 그러한 생활에서 탈피하기 위하여 민중들은 투쟁에 참가하였다. 즉 노동자를 포함한 한국 민중들은 "생활을 위하여 일본인 자본가에 대항하되, 민족적 감정 이상에 절실한 사회적 생산권"을 주장하였던 것이다.[231] 민중들이 자발적으로 봉기를 일으켜 3·1운동에 참가하고, 투쟁을 주도해 가는 것을 목격한 지식인들은 민중을 사회변혁의 주체로 인식하게 되었다. 김약수는 3·1운동 과정에서의 노동자들의 투쟁에 커다란 감명을 받고,[232] 대중에 기반을 둔 운동을 전개할 것을 주장하였다.[233]

민중을 민족해방운동의 주력으로 인식한 지식인들은 민족주의를 대신할 새로운 사상을 추구하였고, 이로써 아나키즘이 널리 수용되었

---

230) 고병익에 의하면 이병도는 향약을 크로포트킨의 상호부조론과 같은 것이라고 설명하였다고 한다(고병익, 1999 〈서구 학문에의 관심〉, 《세월과 세대》, 서울대학교출판부, 407쪽).

231) 〈사회주의적 운동에 대하여〉, 《동아일보》 1922년 2월 18일자.

232) 김약수는 "작년(1919년 — 인용자) 중에 82건의 勞動係爭問題가 吾人의 眼下에 전개된 사실은 오인으로 하여금 凡常으로 觀過치 못할 大敎訓이 되"었다고 하여[김약수, 〈전후 세계 대세와 조선 노동문제〉, 《共濟》 제2호 (1920. 10), 6쪽], 당시 노동자들의 파업투쟁으로부터 큰 영향을 받았음을 밝히고 있다.

233) 김약수는 3·1운동 직후 김약산과 만난 자리에서 "독립운동은 반드시 해외에 나와서만 할 수 있는 것이 아니다. 우리는 다같이 국내로 돌아가 대중을 기초로 하여 일을 하자"(박태원, 앞의 책, 21쪽)고 하면서, 국내로 돌아와 노동자 대중에 대한 조직화사업을 전개하였다.

다. 그것은 아나키즘이 억압받고 착취당하는 피지배층, 곧 민중의 사상임을 천명하고 있었기 때문이다.[234] 그리하여 아나키즘은 사회변혁의 원동력인 민중들의 열악한 생활을 개혁할 사회운동을 지도하는 사상으로써 널리 보급되었다.[235]

　다섯째, 봉건적 질곡과 일제의 식민지 지배로부터 해방되고자 하는 자유에 대한 열망이다. 봉건적 억압과 폭압적인 식민지 지배에 억눌려온 한국인들의 자유에 대한 열망은 3·1운동을 통해 폭발하기 시작하였다. '민족대표' 33인 가운데 1인은 한국독립을 선언한 이유로 자유주의를 들고 있다. 즉 인생 생활의 목적은 진정한 자유에 있는 바, 자유를 얻기 위해서는 생명까지도 걸 수 있다는 것이며, 일본이 한국을 병합한 이후 억압과 압박만이 존재할 뿐 자유라곤 조금도 없은즉, 혈성(血性)이 없는 타력물(惰力物)이 아닌 바에야 이를 참을 수 없으며, 이에 독립을 선언하지 않을 수 없었다는 것이다.[236]

---

234) 크로포트킨은 "아나키란 관념이 대학에서 나오지 않았다는 것은 아주 명백하다. 사회주의 일반과 마찬가지로 또한 다른 어느 사회운동과도 마찬가지로 아나키즘은 민중 속에 기원을 갖고 있다. 그래서 민중의 운동으로서 전개되는 한에서만 그것은 활력과 창조력을 발휘한다"[크로포트킨(李乙奎 역), 1983《현대과학과 아나키즘》, 創文閣, 9쪽]고 하여, 아나키즘이 민중의 사상임을 강조하였다.

235) 당시의 글에서도 민중들의 처참한 경제적 조건이 사회주의 확산의 원인임이 지적되었다. 즉 朴重華는 1919년 한 해 동안 동맹파업이 줄기차게 일어난 것은 각 공장의 노동자, 점원, 통신사무원 등이 생활난 문제를 해결하기 위해 동맹파업에 참가하였기 때문이라고 하였으며(박중화, 〈조선노동공제회 主旨〉,《共濟》제1호, 167쪽), 또 다른 이는 "조선 민중을 포함한 노동자가 그 생활을 위하여 일본인 자본가에 대항하되, 민족적 감정 이상으로 절실한 사회적 생존권의 주장으로서 할 것이니, 이는 조선의 장래에 사회주의적 운동이 일어날 첫째의 원인"(〈사회주의적 운동에 대하여〉,《동아일보》1922년 2월 18일자)이라 하였다.

236) 〈조선독립에 대한 감상의 大要〉,《독립신문》1919년 11월 4일자. 이 글은 '민족대표' 가운데 1인이 감옥에서 日人 檢事總長의 요구에 응하여 작성한

내일이라도 당장 독립될 것 같은 시대적 상황 속에서 한국인들의 자유를 향한 열정은 불타올랐고, 그러한 한국인들이 개인의 절대적 자유를 추구하는 아나키즘으로 기울어지는 것은 당연하였을지도 모른다. 장지락도 1920년대 초 한국인들은 "단 두 가지만을 열망하고 있었다 — 독립과 민주주의. 실제로는 오직 한 가지만을 원했다 — 자유. …… 어떠한 종류의 자유든 그들에게는 신성한 것으로 보였던 것이다. 그들은 일제로부터의 자유, 결혼과 연애의 자유, 정상적이고 행복한 삶을 살아갈 자유, 자기 삶을 스스로 규정할 자유를 원했다"고 하면서, 아나키즘이 큰 호소력을 가질 수 있었던 것은 자유에 대한 열망 때문이라고 하였다.[237]

이상의 요인들로 인하여 아나키즘은 수용되어 급속하게 확산되어 갔다. 사상계에서는 대변동이 일어나 "경향 각처에서 …… 입으로 사회주의를 말하지 아니하면 시대에 뒤진 청년같이 생각하게" 되는 상황까지 전개되었다.[238]

2. 아나키즘과 공산주의의 분화

1919년 3·1운동 이후 사회주의가 급속히 보급되면서 한국 사상계는 민족주의와 사회주의로 양분되었다. 1920년대 초까지의 사회주의는 다양한 조류들을 포함하고 있었으며, 아나키즘이 그 주류를 이루고 있었다. 공산주의는 러시아혁명 이후부터 수용되기 시작하여 아직 초보적 수준에 머물러 있었다. 한국인의 공산주의 수용은 중국인이나 일본인과 마찬가지로 아나키즘이라는 매개물을 거쳐서 이루어졌다.

것이라 한다.
237) 김산·님 웨일즈, 앞의 책, 121쪽.
238)《조선지광》제67호(1927. 5), 76쪽.

그것은 초기 공산주의자 가운데 중심 인물이었던 윤자영·김사국·정백·정태신·김약수·유진희·장지락·조봉암 등이 1920년대 초반에는 아나키즘을 선전하고 있었던 사실과 서울청년회가 '생존경쟁 대 상호부조'의 토론회를 개최하여 상호부조론을 선전 보급한 것에서 단적으로 드러난다.

1920년대 한국의 대표적인 공산주의자였던 자들 가운데 상당수가 1920년대 초에는 아나키즘적 사고를 가지고 있었다는 것은 공산주의가 아나키즘을 사상적 기반으로 하여 수용되었음을 말해 준다.[239] 그러면 아나키즘과 공산주의의 분화가 어떠한 과정을 거쳐서 이루어졌는지에 대해서 살펴보자.

1) 공산주의 수용

공산주의는 러시아혁명 이후 일본과 러시아에 있던 한국인들에게 수용되기 시작한 것으로 보인다. 즉 러시아혁명의 영향으로 일본과 러시아에 있던 한국인들이 공산주의를 민족해방운동 이념으로 수용한 것이다.

김약수는 1917년 7월 〈사회문제에 대한 관념〉이라는 글에서 사회문제에 대한 해결책을 개인주의와 사회주의, 사회개량주의로 대별하고, 사회주의는 그 윤리적 기초를 인격의 평등에 두고 있다고 하였다. 그리고 인격의 평등권을 완전히 행사하는 데에는 경제상의 평등

---

239) 一波生은 〈무산 대중의 문화적 사명〉에서 민중의 상호부조에 의해 사회가 진화된 것으로 파악하고 상호부조론에 대해 설명하였다. 하지만 크로포트킨의 상호부조론에 관한 말을 하는 자를 모두 아나코코뮤니스트로 속단하는 경향에 대해서는 우스운 일이라고 일축하였다[一波生, 〈무산 대중의 문화적 사명〉, 《전진》 제4호(1922. 11), 154~160쪽 참조]. 하지만 一波生의 이러한 사고는 한국인 공산주의자들이 아나키즘을 기반으로 하여 공산주의를 수용하였다는 것을 반증한다.

한 지위를 확보하는 것이 지름길이며, 이러한 이상을 실현하기 위해서는 ① 생산수단(토지자본 등)의 공유 ② 생산에 대한 사회 전원의 협동 일치 ③ 평등한 분배 등의 방책이 필요하다고 하였다. 이어서 그는 사회주의를 '이상파'와 '과학파'로 분류하고, 이상파는 19세기 중엽에 출현한 사조로서 사회주의 발육 초기의 산물이라 하였다. 그리고 과학적 사회주의자는 이상주의자의 안연(晏然)한 가공적(架空的) 망상을 냉소하고, 유물사관과 계급투쟁에 입각하여 인류사회의 진화를 논증하였다고 설명한 뒤, 변증법적 유물론과 사적유물론에 대해서 서술하였다.[240] 김양수의 사회주의에 대한 이러한 설명은 그가 과학적 사회주의 즉 공산주의에 대한 이해를 바탕으로 사회주의 내의 다른 조류들과 차이점을 나름대로 파악하고 있었음을 말해 준다.

김범수(金範壽 ; 게이오대학생)는 1918년 11월 30일 고등상업학교 동창회 주최로 조선기독교청년회관에서 개최된 각학교유학생연합웅변회에서 '공산주의'라는 제목의 연설을 통해 러시아혁명을 높이 평가하면서 공산주의를 선전하였다. 그는 이 연설에서 "목하 세계 각국 중 공산주의·사회주의가 발달한 것은 러시아라고 믿는다. 세상의 식자(識者)는 러시아가 망한 것처럼 논하지만 나는 그것에 반대한다. 러시아는 세계 각국 중 사상 상에서의 선도자라고 생각하며, 그리고 금후 점차로 모든 나라를 가리지 않고 러시아의 자국을 밟지 않을 수 없게 될 것이다. 금일의 평화는 일시적인 것으로서 결코 영구한 평화는 아니다. 만약 영구한 평화를 유지하고자 하면 추세의 공산주의의 천하이지 않으면 안된다"고 운운하여,[241] 이 세계는 필연적으로 가장 선진적인 공산주의 사회로 나아갈 것이라고 단정하였다.

---

240) 김양수, 앞의 글, 500~507쪽 참조.
241) 〈特別要視察人狀勢一班 第9(1918年 5月 1日~1919年 11月 1日)〉[松尾尊兌 編, 앞의 책(1984), p.692].

이상의 사례들은 러시아혁명 이후 재일본 한국인들 사이에 공산주의가 수용되고 있었음을 나타내 준다. 그리고 김명식도 "사회주의 혹 공산주의를 주장하여 적극적 행동을 취하는 자 — 불소(不少)"하다고 하여,[242] 1917년 당시 공산주의를 수용한 사람들이 상당수 존재하고 있었다는 사실을 뒷받침해 주고 있다.

3·1운동 이후 재일본 한국인 사회주의자들은 공산주의에 대한 이해수준을 높여 나갔다. 고영환(高永煥)은 〈인생과 노동〉에서 러시아의 공산주의, 프랑스의 생디칼리슴, 영국의 길드사회주의, 미국의 I.W.W 등이 이끄는 노동운동의 목적은 임금인상과 노동시간 단축에 그치지 않고 "구사회조직을 다 타파한 후 자기네들의 사회이상에 따라서 '미래는 노동의 사회 혹은 노동의 천하가 될 것이며, 또는 누구든지 노동을 아니하는 자는 먹지 못한다'는 이상적인 최고 원칙에 따라서 한 새로운 사회조직을 창작"하는 것이라고 설명하였다.[243] 고영환은 공산주의·생디칼리슴·길드사회주의·I.W.W의 차이점을 제대로 파악하지는 못하였지만, 소비에트 러시아 헌법에 명시된 '일하지 않는 자는 먹지 못한다'는 원칙을 이상적인 최고 원칙으로 규정함으로써 공산주의적 입장을 취하였다.

고지영은 〈시대사조와 조선 청년〉에서 세계개조의 방법론으로 윌슨과 레닌의 주장을 소개하면서, 레닌주의에 대해 상세히 설명하고 있다. 즉 레닌은 세계 인류가 영원한 평화와 평등과 자유와 행복을 얻으려면 자본주의화된 현대국가를 깨뜨리고 사회주의화한 국가를 건설해야 하며, 이러한 이상적 국가를 건설하기 위해서는 계급투쟁을 거쳐야 하는바, 계급투쟁을 통해 국내에서는 유산계급의 전횡을 박멸

---

242) 김명식, 앞의 글, 22쪽.
243) 고영환, 〈인생과 노동〉(1920. 1. 28. 早稻田에서), 《曙光》 제5호(1920. 6), 32~33쪽.

170

하며 불평등한 경제조직을 타파하고, 국제적으로는 영토 침략 혹은
경제적 경쟁을 소멸시킬 수 있다고 주장하였다는 것이다.[244] 이는 레
닌주의가 한국인 사회주의자들이 세계를 개조할 것을 강조한 사상적
근거 가운데 하나였음을 말해 준다. 이처럼 공산주의는 세계개조를
이끌어 가는 사상으로 인식되기 시작하였고, 유물사관에 대한 지식도
상당히 일반화되어 갔다.[245]

국내에서의 공산주의 수용은 일본 유학생과 노령 지역에서 러시아
혁명을 목격하고 돌아온 사람들에 의한 선전활동[246]을 통하여 이루어
졌던 것으로 보인다. 하지만 3·1운동 이후의 공산주의 수용 사례만
발견될 뿐 그 이전의 공산주의 수용을 드러내 주는 자료는 아직 발견
되지 않고 있어서, 이들이 귀국하여 어떠한 활동을 하였는지에 대해
서는 알 수 없다. 그것은 이들이 국내에 들어와 공산주의를 선전하였
을 것이지만, 일제의 폭압적인 무단통치 하에서 잡지나 서적 그리고
강연 등의 공개적인 수단을 통해서는 공산주의를 선전할 수 없었기
때문으로 보인다.

3·1운동 이후 일본에서 귀국한 유학생들은 공산주의를 표방하는
그룹들을 결성하기 시작하였다. 1920년 3월 15일 15명의 '공산주의자'
들은 조선공산당을 조직할 목적으로 '공산주의자 발기 소그룹'을 결
성하였으며,[247] 정태신·김약수·정운해·조성돈·남상협 등 7명은 1920

244) 고지영, 〈시대사조와 조선 청년〉,《學之光》제20호(1920. 7. 6. 정정 재판)
특별대부록, 29~32쪽.
245) 유심론적 입장에서 유물적 사회관에 입각한 사회개조론을 비판하였던 최
정순도 유물사관에 대해서 초보적 수준에서나마 이해하고 있었다(최정순,
앞의 글, 5쪽 참조).
246) 利原 赤旗사건을 통해서 沿海州에서 러시아 10월혁명을 목격하고 돌아
온 사람들의 활동의 한 단면을 볼 수 있다.
247) 전우(정재달), 〈중립 조선공산당의 역사와 활동〉, 1쪽 ; 박철하, 1999〈1920
년대 전반기 '중립당'과 무산자동맹회에 관한 연구〉,《숭실사학》13, 6쪽에

년 5월 조선노동공제회 안에 공산주의 학습서클 '마르크스주의 쿠르조크'를 결성하였다.[248] 그리고 1919년 10월에는 '서울공산단체'가, 1920년 6월에는 장덕수·김철수 등에 의해서 사회혁명당(上海派)이, 1920년 6월에는 청년회연합회기성회를 발기한 소그룹 등이 결성되었다.[249] 그러나 이들 그룹은 공산주의를 연구하는 단계에서 크게 벗어나지 못하였던 것으로 보인다. 이들은 대중단체 속에서 활동하면서 유물사관을 중심으로 공산주의를 연구 선전하였다.

이와 함께 신문과 잡지를 통한 공산주의 선전작업이 전개되었다. 유진희는 "무릇 생산방법의 여하는 곧 사회경제적 구조를 결정하며, 그 경제적 관계는 곧 인류의 사회적과 정신적 생활을 결정하는 것이며, 따라서 사회는 이 생산력의 발전에 의하여 필연히 변혁"된다고 하여,[250] 초보적 수준에서나마 유물사관을 선전하였다. 정태신은 〈막쓰와 유물사관의 일별(一瞥)〉에서 마르크스 학설의 근거인 유물사관에 따르면, 경제적 조건이 역사적 진화의 근본 동력이 된다고 하여,[251] 유물사관을 어느 정도 이해하고 있었음을 보여준다. 김명식도 〈현대사상의 연구〉(《아성》 제4호, 1921. 10)에서 유물사관의 중요성을 강조하였다.

당시의 일간지에도 공산주의를 소개 선전하는 글들이 실렸다. 〈과격파와 조선〉(《동아일보》 1920년 5월 12일자 사설), 긍석(肯石)의 〈소위 공산주의에 대하여〉(《조선일보》 1920년 7월 9일자), 로바도 한다(허무

서 재인용.

248) 박철하, 1998 〈북풍파 공산주의 그룹의 형성〉, 《역사와 현실》 28(한국역사연구회 편), 63~65쪽.

249) 임경석, 1998 〈서울파 공산주의 그룹의 형성〉, 《역사와 현실》 28, 32~33쪽 참조.

250) 유진희, 〈노동운동의 사회주의적 고찰〉, 《共濟》 제2호(1920. 10), 14쪽.

251) 又影生, 〈막쓰와 유물사관의 一瞥〉, 《開闢》 제3호(1920. 8), 98~99쪽 참조.

생 역)의 〈근대 사회주의의 발생〉(《조선일보》 1920년 12월 15일자부터
게재), 〈산데가리줌파 혹(或) 실패〉(《조선일보》 1920년 12월 22일자부터
게재) 등이 그것이다. 이 글들은 사회주의의 연원과 발생 및 사회주
의 제 조류에 대한 설명, 《공산당선언》, 《자본론》 등에 대한 간단한
해설 등을 내용으로 하였다. 이처럼 1920년대 초에는 공산주의를 소
개하는 글들이 국내에서 다수 발표되었다. 그리고 이러한 선전작업을
통하여 공산주의가 유포되기 시작하였으며, 공산주의에 대한 이해는
점차 진전되어 갔다.

한편 한말부터 노령(露領) 지역으로 이주하여 한인사회를 형성하고
있던 한국인들은 노령 지역에서 러시아 공산주의자와의 접촉을 통해
서 공산주의를 수용하였다. 1910년대 초에 이미 사회주의에 대한 지
식을 습득하고[252] 있던 재노령 한국인들은 러시아 2월혁명 이후 제1
차세계대전에 출전했던 동포들을 중심으로 러시아인을 표방하면서
노병회(勞兵會 ; 회장 김기룡)를 조직하고 전아혁명당(全俄革命黨)과 보
조를 같이하였으며,[253] 10월혁명에는 수천 명의 한국인이 참가하였
다.[254] 이러한 사실은 재노령 한국인들이 2월혁명 이전부터 공산주의
를 수용하였음을 말해 주지만, 재노령 한국인들에 의해서 공산주의가

---

252) 신채호는 1910년대 초 노령지역에서 간행되던 신문지상에 사회주의에 대
　　해 언급하는 글을 발표하였다. 즉 〈청년노동자에게 바란다〉(《大洋報》 제
　　13호에 게재된 논설)에서 "노동의 신성(神聖)을 설(設)하고 그 노력을 장
　　려"한다고 하여 노동이 신성함을 선전하였으며, 시 〈이날(是日)〉에서는
　　"저의(일본 — 인용자) 귀족들은 음란·사치가 극도에 달하여 평민은 살 수
　　가 없으므로 사회주의자가 생겨"났다고 하면서 일본에서 사회주의가 널리
　　보급된 원인에 대해 설명하였다[〈是日〉, 《권업신문》 제18호(1912. 8. 29) ;
　　박정규 편, 《단재 신채호 시집》, 단재문화예술제전추진위원회에 수록]. 이
　　는 재노령 한국인들 사이에 사회주의에 대한 지식이 일반화되어 있었음을
　　말해 준다.
253) 뒤바보, 〈俄領實記〉, 《독립신문》 1920년 3월 30일자.
254) 김산·님 웨일즈, 앞의 책, 96쪽.

본격적으로 수용된 것은 러시아 2월혁명을 전후한 시기로 보인다. 재노령 한국인 공산주의자들은 1918년 4월 이동휘(李東輝)를 중심으로 하여 한인사회당을 창립하였다. 한인사회당은 이동휘가 1919년 4월 상해에서 수립된 대한민국 임시정부의 국무총리로 선출되자 그 근거지를 상해로 옮겼다.[255]

중국 관내에 있던 한국인들의 공산주의 수용은 3·1운동 이후에 이루어졌던 것으로 보인다. "공산주의운동은 이제(1920년대 초 — 인용자) 막 싹트고 있었으므로 나는 마르크시즘에 대해서도 별로 몰랐으며 레닌주의에 대해서는 하나도 몰랐다"는[256] 장지락의 회고는 1920년대 초까지의 재중국 한국인 사상계의 일반적 상황을 잘 나타내주는 것으로 보아도 무방할 것이다.

재중국 한국인 사이에서 공산주의가 전파되기 시작하는 것은 이동휘가 상해임시정부(上海臨時政府)의 국무총리에 취임하기 위해 1919년 9월 상해로 간 이후부터이다. 이동휘 일파는 1919년 9월경 재상해(在上海) 한인사회당을 조직하고 공산주의 선전작업을 전개하였다. 한인사회당 선전부는 기관지 《자유종》을 발행하는[257] 한편, 신민단(新民團)의 기관지인 《신민보(新民報)》와 《신민세계(新民世界)》, 블라디보스톡 한민회 기관지인 《한인신보》 등의 신문과 잡지를 통하여 당의 강령과 목표를 선전하고자 하였다.[258]

---

255) 在露領 한국인 공산주의자들의 사상과 활동에 대해서는 반병률의 《성재 이동휘 일대기》(범우사, 1998), 임경석의 〈고려공산당연구〉(성균관대 박사 학위논문, 1992), 마뜨베이 찌모피예비치 김의 《일제하 극동시베리아의 한인 사회주의자들》(이준형 역, 역사비평사, 1990) 등을 참조할 것.

256) 김산·님 웨일즈, 앞의 책, 98쪽.

257) 계봉우, 《꿈속의 꿈》 하(《北愚 桂奉瑀 자료집》 1, 독립기념관 한국독립운동사연구소, 1996, 252쪽).

258) Anosov, Koreitsy v Ussuriiskom Krae, 22 ; 반병률, 앞의 책, 185쪽에서 재인용.

이러한 선전작업을 통해 이동휘와 그 일파는 상해에서 어느 정도 기반을 구축하였으며, 상당수의 민족주의자들을 포섭하였다. 《신대한》, 《독립》, 《독립신문》 등에도 공산주의를 선전하는 글들이 게재되었다. 《신대한》에는 미국 공산당의 주의선언에 대한 소개와 함께 공산주의 신문기자의 체포와 공산당과 노동당에 대한 미국 경찰의 압수수색, 마르크스의 《자본론》, 《임금·노동·자본》, 《고타강령》 등을 소개하는 글과, 각국 공산당과 러시아의 실정에 관한 기사도 많이 게재되었다.

《독립》에도 하루라도 빨리 대한노동당을 창설해야 한다고 통규(痛叫)하는 내용의 글과,[259] 공산주의 사회의 도래를 확신하는[260] 글들이 실리는 등 공산주의에 입각한 주장들이 나타났다. 이 밖에 《독립신문》에도 러시아와 볼셰비즘에 호의적인 글들이 많이 게재되었는데, 그 목록은 다음의 표와 같다. 이 글들은 공산주의 이론을 피력하기보다는 호의적 입장에서 공산주의 그 자체를 소개하거나 고취하는 내용을 담고 있다.

이동휘는 보이친스키의 지원으로 여운형 등을 포섭한 뒤, 1920년 9월 초 당대표회의를 개최하여 한인사회당을 한인공산당으로 확대 개편하였다.[261] 이후 공산주의 선전작업이 본격적으로 시작되었다. 한인공산당은 유세와 출판을 통한 공산주의 선전을 주요 활동목표 가운데 하나로 설정하고,[262] 《공산당선언》(2만 부), 《거미와 하루살이》(5천

259) 默堂, 〈時務感言 : 대한노동당의 출현을 叫함〉, 《독립》 1919년 9월 27일자 참조.
260) 綿包, 〈勞動問題槪觀 — 발생과 유래〉, 《독립》 1919년 10월 2일자 ; 〈勞動問題槪觀(4) — 노동문제의 진보(2)〉, 《독립》 1919년 10월 11일자 참조.
261) 반병률, 앞의 책, 265쪽.
262) 한인공산당의 주된 활동목표는 공산주의 조직의 확대 강화, 유세와 출판을 통한 마르크스주의 선전, 독립전쟁을 위한 '무력준비의 急設' 등이었다 [〈여운형의 진술〉, 《朝鮮民族運動史(未定稿)》 1, 高麗書林, 1989, 464쪽 ;

표 3. 《독립신문》에 게재된 공산주의 관계 기사

기사 제목	필 자	게재일자	비 고
俄羅斯革命記	天才 역	1920. 1. 10 ~ 1920. 2. 26	러시아의 혁명과정을 소개
勞農共和國 각 방면 관찰	李露初	1920. 4. 10 ~ 1920. 4. 17	혁명에 의한 러시아 개조상황을 설명
김알렉산드라의 小傳	계봉우	1920. 4. 17 ~ 1920. 4. 22	김알렉산드라는 在露領 한국인 볼세비키
경성노동회에 대하야	계봉우	1920. 5. 27	공산주의를 고취하는 내용
최근의 德奥共産黨		1920. 4. 20	독일과 오스트리아 공산당의 현황을 소개
일본기자의 본 勞農共和國	布施勝(辰? -인용자)治	1920. 4. 27 ~ 1920. 6. 22	혁명 이후의 러시아 상황을 상당히 호의적으로 평가

부) 등의 팜플렛을 발간했으며, 신문 《신생활》(《新大韓獨立報》를 개
칭), 잡지 《공산》(《자유종》을 개칭)을 5천 부씩 발행하였다.[263] 그리고
김만겸(金萬謙)의 주선으로 러시아인을 초청하여 상해거류조선인회
(上海居留朝鮮人會)에서 매주 화·금 이틀 동안 공산주의 강연회가 개
최되었다. 매회 강연에는 상당수의 한국인들이 참가하였다.[264] 이러한
공산주의 선전작업을 통하여 재중국 한국인들 사이에 공산주의가 보
급되기 시작하였다. "국제공산당은 조선의 독립운동을 원조하고자
하는 방침과 결부해서 독립운동 주동자로서 귀하(여운형)와 같은 유
력자의 입당을 희망한다"고 하면서[265] 민족문제를 앞세워 민족해방운
동가들을 적극 끌어들이고자 한 보이친스키의 태도는 민족주의자들

　　임경석, 앞의 글(1992), 140쪽에서 재인용].
263) 〈고려공산당 창립대회〉; 임경석, 위의 글, 140쪽에서 재인용.
264) 姜德相·梶村秀樹 編, 1970 《現代史資料》 27, みすず書房, p. 313.
265) 〈在上海共産黨首領呂運亨取調狀況ニ關スル件(1929年8月21日附京畿道
　　　知事發信)〉, 《外務省警察史 ― 支那ノ部(未定稿)》, 在上海總領事館(《外務
　　　特殊文書》 28, p. 463).

의 공산주의 수용을 더욱 촉진시켰다. 그러한 결과 임시정부원과 그 관계자인 조완구(趙琬九), 조동우(趙東祐), 최창식(崔昌植), 양헌(梁憲), 선우혁(鮮于爀), 윤기섭(尹琦燮), 김두봉(金枓奉) 등이 여운형을 통해 한인공산당에 입당하였다.[266]

2) 공산주의 조직 건설

공산주의 수용의 폭이 점차 넓어지면서 1921년 무렵에는 한국인 사회주의자들의 공산주의에 대한 이해는 일정한 수준에 도달하여,[267] 공산주의 이론을 소개 내지 피력한 글들이 발표되기 시작하였다. 윤자영은 마르크스의 《경제학비판》 서문의 일부를 번역하여 〈유물사관요령기〉라는 제목으로 《아성》 제1호(1921. 3)에 실었다. 《공제》 제7호(1921. 4)는 신백우의 〈유물사관 개요〉 등을 게재하여 마르크스의 유물사관을 소개하였다. 나아가 공산주의적 계급관에 입각해서 계급을 분석한 글도 나타났다.[268] 그리고 아나키즘과 공산주의를 사회주의의 2대 조류로 규정하는 글과, 사회민주주의를 비판하면서 공산주의만이 진정한 사회주의라고 주장하는 글이 《동아일보》와 《조선일보》에 게재되었다.[269]

---

266) 〈呂運亨公判調書〉(김준엽·김창순 공편, 1979 《한국공산주의운동사자료편》1, 고려대학교출판부, 277쪽) ; 《外務特殊文書》 28, 462~463쪽. 위의 자료에는 여운형이 신채호·安秉瓚·李春塾 등도 가입시킨 것으로 기록되어 있으나, 이는 사실과 다르다. 이들은 여운형보다 먼저 공산주의에 접하였으며, 그들이 가입한 것은 한인공산당 내지 고려공산당이 아니라 한인사회당이었던 것으로 사료된다.

267) 李仁鐸에 의하면 1920년 당시에 이미 프롤타리아독재를 주장한 자도 있었다(이인탁, 〈我半島有産階級의 猛省을 促하노라〉, 《共濟》 제1호, 62쪽 참조).

268) 〈자본집중과 중산계급의 소멸(5)〉, 《조선일보》 1921년 3월 5일자 참조.

269) 一記者 역, 〈제4계급의 해방과 불란서 대혁명의 지위(10)〉, 《동아일보》 1921년 3월 7일자 ; 〈독일의 생활난과 사회주의의 경향(4)〉, 《조선일보》

공산주의에 대한 이해가 확대되면서 공산주의를 자신의 이념으로 하는 단체가 결성되기 시작하였다. 국내에는 1920년 무렵에 이미 공산주의를 연구하는 단체가 결성되어 이들을 중심으로 공산주의 선전 작업이 이루어졌다. 이를 바탕으로 해서 1921년 5월에는 조선공산당이 부활되고,[270] 사회혁명당(上海派)이 재상해(在上海) 고려공산당에 합류하여 국내 지부로 개편되었다. 즉 유진희·김명식·윤자영·장덕수·한위건·정노식·최팔용·이봉수·이증림 등이 1921년 5월 23일 상해에서 창건된 고려공산당(上海派) 국내 간부로 선임되었던 것이다.[271] 그리고 1921년 10월 도쿄에서 결성되었던 사회혁명당(서울파)이 활동무대를 서울로 옮겼으며,[272] 1921년 10월 이르쿠츠크파 고려공산당 서울뷰로(서울위원회) 등이 조직되었다.[273]

한편, 1921년이 되면서 재일본 한국인 사이에서도 공산주의 수용이 점차 확산되기 시작하였다. 변희용이 《현대》 신년호(1921)에 〈칼 마르쓰 약전〉을 게재하여[274] 마르크스를 소개하는 등 재일본 한국인 사회주의자들은 공산주의에 대한 관심을 고조시키면서 이해의 도를 높여 나갔다. 이를 기반으로 하여 재일본 한국인 사회주의자들은 1921년 10월 김사국·김사민·박상훈·임봉순 등을 중심으로 사회혁명당(서울파)이라는 공산주의 조직을 결성하였으며,[275] 이와는 별도로 도쿄로 이동한 정태신·김약수 등도 1921년 5월 7일 '재일본조선인공산단체'를 결성하였다.[276] '재일본조선인공산단체'는 조선혁명과 공산주

1921년 5월 26일자 참조.

270) 〈중립조선공산당의 역사와 활동 : 대표자 전우의 보고〉, 1쪽 ; 임경석, 앞의 글(1998), 32쪽에서 재인용.

271) 〈김철수 친필 유고〉,《역사비평》 1989년 여름호, 351쪽.

272) 임경석, 앞의 글(1998), 35쪽.

273) 박철하, 앞의 글(1999), 9쪽.

274)《開闢》 1921년 2월호, 광고란 참조.

275) 임경석, 앞의 글(1998), 34~35쪽.

의운동을 구체적으로 실천할 목적으로 1921년 가을 '공산주의비밀결사'로 변경되었다.[277] 그리고 고려공산당 상해파(上海派)의 조직도 결성되었다. 즉 변희용을 중심으로 한 5～6명의 한국인 공산주의자들이 고려공산당 상해파(上海派)와의 관계 아래 1921년 '사회주의 쿠르조크'를 조직하였던 것이다.[278]

재중국 한국인 공산주의자들의 조직인 한인공산당은 1921년 1월 무렵 레닌자금을 둘러싸고 분열되었다. 한인공산당 내 비한인사회당계 그룹은 이르쿠츠크파 고려공산당의 상해지부(上海支部)로 활동하였다. 이에 이동휘 일파는 1921년 5월 20～23일 상해에서 고려공산당 대표회를 개최하였으며, 국내와 일본 그리고 중국 각지로부터 대표들이 출석하였다. 이 대회에서 고려공산당(上海派)이 창립되었다.[279]

이동휘 일파의 한인사회당이 근거지를 상해로 옮긴 이후 재노령 한국인들 사이에서는 이르쿠츠크 지역을 중심으로 공산주의 조직이 결성되었다. 1920년 1월 22일에 결성된 이르쿠츠크공산당 한인부가 1920년 6월 말경 소비에트 러시아 내에 소재하는 한국인 공산주의단체의 대표자회의의 소집을 발기하여 7월 7일 이르쿠츠크에서 전로고려공산단체 대표자대회가 개최되었다. 이 대회에서 전로고려공산단체 중앙위원회가 조직되었다. 전로고려공산단체 중앙위원회는 1921

276) 정양명, 〈재동경공산단체〉; 박철하, 앞의 글(1998), 66쪽에서 재인용.

277) 〈까엔당보고〉, 3쪽; 박철하, 앞의 글(1998), 67쪽에서 재인용.《조선일보》1925년 1월 17일자에 따르면 1921년 겨울 일본에서 金若水·정태신·김종범·손영극 등에 의해 赤友會가 조직되었는데, 이 적우회가 바로 '공산주의 비밀결사'가 아닌가 여겨진다.

278) 이영선, 〈공산주의운동〉(1925. 11. 24); 박철하, 앞의 글(1998), 71쪽에서 재인용.《조선일보》1925년 1월 17일자에 의하면 변희용·박형병 등이 일본에서 十月會를 조직하였는데, 十月會와 '사회주의 쿠르조크'는 동일한 조직이 아닌가 여겨진다.

279) 임경석, 앞의 글(1992), 270～274쪽.

년 5월 4~15일 12일간 전한공산당 창립대회를 개최하여 이르쿠츠크
파 고려공산당을 창립하였다.[280]

지금까지 살펴본 것처럼 공산주의는 1920년대 초 국내외 한국인
사이에서 점차 그 수용의 폭을 넓혀 가고 있었다. 공산주의가 뿌리를
내리면서 그것을 기반으로 하여 1920~1921년에 국내외의 한국인 사
이에 공산주의 조직이 각각 결성되었다. 이를 기반으로 공산주의가
차차 유행되어 공산주의의 '공(共)'자만 알아도 개혁자인 양할 정도가
되었다.[281]

그러나 당시 한국인 공산주의자들은 아나키즘적 사고에서 완전히
벗어나지 못하는 등 공산주의를 정확하게 이해하지 못하고 있었다.
1920년대 초 공산주의운동의 핵심 인물들조차 1922년 무렵까지는 공
산주의보다는 아나키즘을 선전하고 있었다. 당시 공산주의자들이 발
행을 주도하던 《공제》, 《아성》, 《신생활》 등에 실린 유진희의 〈노동
자의 문명은 여사하다〉(《공제》 제1호),[282] 신백우의 〈의(蟻)와 봉(蜂)의
호상부조(互相扶助)〉(《공제》 제7호, 1921. 4), 윤자영의 〈상호부조론〉
(《아성》 제3호, 1921. 7),[283] 김명식의 〈현대사상의 연구〉(《아성》 제4호,
1921. 10),[284] 이성태의 〈크로포트킨학설연구〉(《신생활》 제7호, 1922. 7),

---

280) 위의 글, 123·157~158·163·252쪽.

281) 醉夢生, 〈隨感隨錄〉, 《學之光》 제22호(1921. 6. 21), 78쪽.

282) 유진희는 〈노동자의 문명은 여사하다〉에서 "생산자의 정치는 ……애(愛)
   의 정치이며 호상부조의 정치"라고 하면서 크로포트킨의 상호부조론적 입
   장을 견지하고 있었다.

283) 윤자영은 〈상호부조론〉을 통해 크로포트킨의 상호부조론과 다윈의 진화
   론을 상호 비교하면서 아나키즘을 선전하였다.

284) 김명식은 〈현대사상의 연구〉에서 "현대의 사상은 그 연원이 모든 불의와
   부정을 단자(亶恣)하는 강자의 비행(非行)으로 인하여 출래(出來)한 것이
   니 말하자면 강자적 계급사회의 불의를 명(鳴)하고 약자적 평등사회의 의
   (義)를 수립하려 하는 사상"이라고 하였는데, 이는 아나키즘적 계급관에
   입각한 표현이다.

정백의 〈유일자와 그 중심 사상〉(《신생활》제9호, 1922. 9) 등은 아나키즘을 선전하는 내용이거나 아나키즘적 입장에서 서술된 글들이다. 정태신도 《개벽》제1호(1920. 6)에 아나키즘적 입장에서 서술된 〈근대 노동문제의 진의〉라는 제목의 글을 게재하였다. 그리고 일제강점기 공산주의 3대 파벌의 하나인 서울청년회가 1921년에 상호부조론을 선전하는 토론회를 개최하기도 하였는데, 그 취지는 아나키즘의 주요한 이론인 상호부조론을 널리 선전하는 것이었다. 즉 지금은 사회개조의 시대로서 한국도 개조를 해야 하고, 그러기 위해서는 상호부조론을 선전하여 생존경쟁론을 극복해야 한다는 것이었다.[285]

이처럼 1920년대 초 국내 공산주의자들은 아직까지 아나키즘적 입장에서 공산주의를 수용하고 이해하고 있었다. 특히 김약수는 1920년까지 아나코코뮤니즘을 공산주의로 이해하고 있었다. 즉 그는 공산주의를 "계급제도·사유재산제도를 파괴하고 분배를 각인의 임의(任意)에 방(放)하여 각자 소욕(所慾)의 업무를 득(得)코저 하여 획재(獲財)의 도로(徒勞)를 성(省)하자는 사회 일부에서 창도하는 주의"로 이해하고 있었던 것이다.[286]

이러한 사정은 재일본 한국인 공산주의자들에게도 마찬가지였다. 1920년에 일본으로 건너간 김약수와 정태신이 1920년대 초에 일본에서 발행한 《대중시보》(大衆時報 ; 발행인 김약수)[287]와 《청년조선》(靑年朝鮮 ; 발행인 정태신)에는 공산주의를 본격적으로 선전하는 글은 별로 없고, 오히려 아나키즘적 입장이 강한 글들이 많이 게재되어 있다. 《청년조선》제1호(1922. 2)에 게재된 〈우리들의 양심〉은 아나키즘

---

285) 赫怒(寄稿), 앞의 글 참조.
286) 김약수, 〈통속유행어〉, 《共濟》제1호, 162쪽.
287) 《大衆時報》는 1921년에 창간된 在日本 한국인 최초의 정치·사회평론잡지이다. 김약수가 편집인이었으며, 정태신도 同人으로 참가하였다[〈同人의 말〉, 《장미촌》창간호(1921. 5. 24), 22쪽].

적 경향을 지닌 대표적인 글로서, "인간으로서 봉쇄된 사회의 해방을
요구하고, 그 해방 외에 완전한 자유의사의 결합을 비롯하여 인류 본
연의 이성을 고조"한다고 하여, 아나키즘의 자유연합주의를 고취하고
있었다. 《대중시보》 제2호에는 아나키스트 원종린의 〈중화(中華)의
사회주의〉가 게재되어 있다.[288]

이러한 사례는 김준연과 변희용에게서도 찾아볼 수 있다. 김준연
은 〈세계개조와 오인의 각오〉에서 어떻게 하면 잘살게 될 것인가에
대한 답안으로 '사회주의', '과격파주의', '조합사회주의', '산디칼리슴
공산주의', '무정부주의', '무정부공산주의' 등을 소개하면서, 국제연맹
과 노동회의를 중심으로 하여 호상부조하는 세계로 개조할 것을 주
장하였다.[289] 이는 제3차 조선공산당 책임비서를 역임하게 되는 김준
연이 1920년대 초까지는 아나키즘적 사고에서 벗어나지 못하고 있었
다는 것을 말해 준다. 변희용은 〈노동운동의 정신〉에서 노동조합을
노동자의 자주자율적 능력을 충실히 하려는 집단으로, 노동운동을 노
동자의 자기를 획득하는 운동이며, 노동자의 자주자율적 생활을 획득
하는 운동으로 정의하였다.[290] 이는 개인의 자주성과 자율성, 그리고
자유의지를 강조하는 아나키즘적 사고에 근거하는 것이다. 이처럼
1920년대 초 재일본 한국인 공산주의자들의 공산주의에 대한 이해는
대체로 낮은 수준에 머물렀으며, 아나키즘적 사고에서 크게 벗어나지
못하고 있었다.

재중국 한국인 공산주의자들의 경우는 그 사상 내용을 전해 주는
자료가 없어 대체적인 윤곽만 짐작할 수 있을 뿐이다. 윤해위(尹海葦)
는 〈의식주문제 해결의 연구〉[291]에서 "일부의 사람만 누릴 수 있었던

---

288) 《學之光》 제22호(1921. 6. 21), 광고란.
289) 김준연, 〈세계개조와 오인의 각오〉, 《學之光》 제20호(1920. 7. 6. 정정 재
　　판) 특별대부록, 23~25쪽.
290) 변희용, 〈노동운동의 정신〉, 《學之光》 제22호(1921. 6. 21), 66쪽.

182

신규식의 주도 아래 간행된 중한친우회의 기관지 《진단》(1920년 10월 10일 창간).

행복이 만인에게 골고루 나뉘어지 …… 는 이때는 어느 때인가? 즉 우리가 희망하는 바의 사회주의(공산주의 — 인용자) 세계의 성립일"이라 하면서,[292] 공산주의만이 의식주문제를 근본적으로 해결할 수 있다고 하여,[293] 공산주의 사회의 도래를 예상하고 있지만, 공산주의자와 아나키스트를 명확히 구별하고 있지 않다. 즉 전 인류의 희망을 위하여 모든 고통을 감수하는 사람들은 공산주의자와 아나키스트들이라고 하여,[294] 공산주의자와 아나키스트들을 하나로 묶어 이해하고 있었던 것이다. 장지락도 1921년부터 《공산당선언》, 레닌의 《국가와 혁명》, 《사회발전사》 등의 마르크스주의 문헌을 읽었지만 여전히 아나키스트에 머물러 있었다.[295]

이처럼 1920년대 초에는 아나키즘이 재중국 한국인 사회주의자들

---

291) 〈의식주문제 해결의 연구〉는 《震壇》 제8호(1922. 1. 28)에서부터 연재되었다. 《진단》은 한국문제에 대해서 한국인과 중국인의 제휴를 주장하던 中韓親友會의 기관지로서, 1920년 10월 10일 쌍십절을 기하여 신규식을 중심으로 하여 창간되었으며, 《民國日報》에서 인쇄하였다(《外務特殊文書》 24, 183~184쪽).

292) 尹海葦, 〈衣食住問題解決之研究(續)〉, 《震壇》 제9호(1920. 5. 12).

293) 尹海葦, 〈衣食住問題解決之研究(續)〉, 《震壇》 제10호(1920. 12. 12) 참조.

294) 위의 글 참조.

295) 김산·님 웨일즈, 앞의 책, 121~124쪽.

사이에서 전성기를 누리고 있었다.[296] 이동휘 일파는 공산주의적 입장
에 충실하였을지 몰라도, 다른 공산주의자들은 아직 아나키즘적 사고
에서 벗어나지 못하였던 것이다. 이것은 당시 아나키즘이 주류를 형
성하고 있던 중국 사상계와도 관련이 있었던 것으로 보인다.

　아나키즘적 사고에서의 미탈피는 실제 활동에서도 드러났다. 당시
공산주의자들은 아나키스트들과 하나의 조직체에서 활동을 함께하기
도 하였으며, 공산주의자들이 결성한 조직이 아나키즘적 색채를 띠기
도 하였다.

　1922년 1월 김윤식사회장이 추진되자 공산주의자들은 아나키스트
들과 함께 반대투쟁을 전개하였다. 즉 김한·원우관(이상 조선공산당),
김약수·정태신(이상 재일본조선인공산단체) 등이 1922년 2월 2일 재도
쿄신인동맹(在東京新人同盟)의 명의로 발표된 〈민중의 격 : 소위 김윤
식사회장이란 유령배의 잠칭 사회장을 매장하라〉에 박렬·원종린 등
아나키스트들과 함께 연서하였던 것이다.[297]

　1922년 10월 29일에는 경성자유노동조합이 노동대회의 지원으로
창립총회를 개최하였다. 당시 참석 노동자들은 검은 수건으로 머리를
동여매거나 검은 테를 두른 모자를 썼으며, 순전한 노동자끼리만 단
결하여 노동조합을 조직할 것을 주장하고, 부자계급 타도를 결성의
주지로 삼았다. 그리고 아나코생디칼리스트였던 나경석을 이사로 선
임하였다.[298] 이러한 사실은 공산주의계인 경성자유노동조합이 상당

---

296) 장지락은 1921년에서 1922년 사이의 기간이 한국인 아나키스트의 전성기
　　였다고 회고하였다(김산·님 웨일즈, 앞의 책, 103쪽).

297) 《매일신보》 1922년 2월 2일자.

298) 《동아일보》 1922년 10월 31일자 참조. 이 자료는 나경석을 羅公三으로
　　표기하고 있으나, 김창순·김준엽, 1986 《한국공산주의운동사》 2, 청계출판
　　사, 73쪽에는 羅公民(나경석)으로 수정되어 있다. 나경석은 생디칼리스트
　　임에도 불구하고 장덕수를 이어 上海派 고려공산당 국내 지부의 대표자로
　　선출되기도 하였다(〈內地黨事業報告 第一〉, 2쪽 ; 이애숙, 1998 〈1922～

부분 아나키즘적인 색채를 띠고 있었음을 말해 준다. 즉 검은 색은 아나키즘의 상징 색이며, 노동자끼리만의 단결을 주장한 것 또한 아나코생디칼리슴의 영향으로 볼 수 있다. 그리고 부자계급이라는 표현 역시 계급을 착취·피착취 혹은 지배·피지배계급으로만 나누는 아나키즘적 계급관을 반영하고 있다.

김사국·김약수·정태신·백무 등 재일본 한국인 공산주의자들도 당시 이미 공산주의 조직을 결성하고 있었음에도 불구하고 아나키스트 조직인 흑도회에 참가하여 아나키스트들과 함께 활동하였으며, 백무는 아나키스트인 신영우·손봉원과 함께 자유노동동맹에도 참가하였다.[299] 북성회의 자매회로서 1922년 11월 창립된 도쿄조선노동동맹(東京朝鮮勞動同盟)에도 아나키스트 손봉원이 참가하였으며,[300] 1922년 12월 1일 오사카에서 결성된 오사카조선노동동맹(大阪朝鮮勞動同盟) 또한 아나키스트 손명표가 송장복(宋章福), 지건홍(池健弘), 최태열(崔泰烈), 김활석(金闊錫) 등과 함께 발기인으로 참가하였다.[301] 오사카조선노동동맹의 회칙 제5조에 "본회는 오사카(大阪) 재류(在留) 조선인 순근육노동자로써 조직한다"고 규정하고 있는데,[302] 이는 아나코생디칼리슴의 영향으로 볼 수 있다. 그리고 정태신은 1922년 2월 《청년조

1924년 국내의 민족통일전선운동〉, 《역사와 현실》 28, 104쪽에서 재인용). 이 또한 공산주의자들이 아나키즘으로부터 탈피하지 못한 한 단면을 보여 주고 있다.

299) 자유노동동맹은 1922년 白武(공산주의자로서 北星會의 핵심인물), 申榮雨(아나키스트), 孫奉元(아나키스트) 등이 프롤레타리아사의 小池薫·南芳雄 등과 모의하여 조직한 단체이다[朝鮮總督府警務局 東京出張員, 〈在京朝鮮人狀況(1924年 5月)〉(《資料集成》 1, p. 145)].

300) 朝鮮總督府警務局 東京出張員, 위의 글, 139쪽.

301) 申熖波, 〈日本に於ける鮮人勞働運動〉, 《勞働運動》 第10號(1923. 1. 1).

302) 《大阪市を中心とする勞働組合運動》(調査報告No.32. 1924年 11月), pp. 377~378 ; 野村明美, 1979 〈朝鮮勞動同盟會について〉, 《在日朝鮮人史研究》 5號(在日朝鮮人運動史研究會 編), p. 76에서 재인용.

선》을 발행하면서 아나키스트 정태성의 도움을 많이 받았으며,[303] 도쿄고학생동우회의 계급투쟁선언문인 〈전국 노동자 제군에 격함〉에도 김약수, 김사국, 정태신, 이익상(李益相), 박석윤, 홍승로(洪承魯), 황석우, 임택룡 등과 함께 정태성·이용기·박렬·원종린 등의 아나키스트들이 연서하였다.[304]

중국의 한국인 공산주의자들 역시 공산주의를 연구하는 한편, 아나키스트들과 접촉하거나 그들과 함께 의열단에서 활동하였다.

위에서 살펴본 것처럼 공산주의를 실천하고자 하는 조직이 1921년 무렵 국내외에 결성되었다. 그러나 공산주의자들은 아직 아나키즘적 색채를 강하게 띠고 있었으며, 아나키스트들과 함께 활동하고 있었다. 이 사실은 한국인 공산주의자들 가운데 다수가 아나키즘의 사상적 기반 위에서 공산주의를 수용하였음을 말해 준다. 즉 한국인들 역시 중국인이나 일본인과 마찬가지로 곧바로 공산주의를 수용한 것이 아니라 아나키즘의 한계를 극복하는 과정에서 아나키즘을 사상적 기반으로 하여 공산주의를 수용하였던 것이다.

3) 아나키즘과 공산주의의 분화

아나키즘을 사상적 기반으로 하여 수용된 공산주의는 1920년대 초 대중운동이 활성화되면서 점차 확산되어 갔다. 그것은 3·1운동 이후 노동자·농민 대중의 투쟁이 점차 강화되면서 그들을 어떻게 민족해방운동 대열에 동참시킬 것인가 하는 문제가 화두로 등장하였으며, 공산주의 특히 레닌주의가 그 과제를 해결할 수 있는 전략과 전술 등의 방법론을 제공해 주었기 때문이다. 그리고 민족해방운동 방략을 둘러싼 민족주의자와의 논쟁 또한 공산주의를 확산시키는 데 일조를

---

303) 鄭又影, 〈創刊に際して〉, 《靑年朝鮮》 1號(1922. 2).
304) 《조선일보》 1922년 2월 4일자.

하였다. 공산주의가 확산되면서 사회주의계는 아나키스트계와 공산
주의계로 분화되었으며, 그 과정에서 정태신·조봉암[305]·장지락 등 많
은 아나키스트들이 공산주의자로 전환하였다.

(1) 국 내

1920년대 초 대중운동이 활성화되는 가운데 공산주의가 점차 한국
인들 사이에서 널리 퍼지기 시작하였다. 한국인 공산주의자들은 아
나키즘적 사고에서 완전히 벗어나지는 못하였지만, 그러한 가운데에
서도 공산주의에 대한 이해의 수준을 점차 높여갔다. '사기공산당 사
건'과 '김윤식사회장 사건'을 계기로 하여 공산주의에 대한 이해는 더
욱 진전되었다. 즉 민족주의자와 사회주의자 그리고 사회주의자들끼
리의 민족해방운동 방략을 둘러싼 논쟁과정에서 사회주의자들은 자
신들의 이론을 점차 논리정연하게 과학화시켜 갔던 것이다. 그것은
곧 과학적 사회주의를 표방하는 공산주의의 확산으로 나타났으며,
공산주의자는 아나키스트로부터 떨어져 나와 독립적인 활동체계를
갖추어 갔다.

신문지상에는 공산주의를 선전하는 글들이 대대적으로 게재되었
다. 즉 가와카미 하지메(河上肇)의 〈마르크스의 유물사관〉(《동아일
보》 1922년 4월 18일~5월 8일자)과 〈막스사상의 개요〉(《동아일보》 1922
년 5월 11일~6월 23일자), 고이즈미 신조(小泉信三)의 〈노동가치설과
평균이윤율의 문제〉(《동아일보》 1922년 7월 7~14일자)와 〈노동가치설
과 평균이윤율의 재론〉(《동아일보》 1922년 8월 9~15일자), 야마카와
히토시(山川均)의 〈맑스 노동가치설에 대한 비평의 비판〉(《동아일

---

305) 조봉암은 1920년대 초 아나키스트로서 박렬 등과 함께 흑도회의 결성에
참가하였으나, 소비에트혁명의 내막을 알게 되면서 공산주의자로 전환하
였다고 한다[조봉암, 〈내가 걸어온 길〉 ; 권대복 편, 1985 《진보당 ― 당의
활동과 사건 관계 자료집》, 지양사, 360~361쪽].

보》1922년 7월 16일~8월 8일자) 등이 번역 게재되었던 것이다.

그리고 정백은 일본의 대표적 공산주의자인 야마카와 히토시(山川均)의 〈무산계급의 역사적 사명〉을 《신생활》 제9호(1922. 9)에 번역하여 실었다. 신일용(辛日鎔)은 〈맑쓰사상의 연구〉(《신생활》 제6호, 1922. 6)라는 글에서 마르크스의 계급투쟁설을 소개하였으며, 〈사회주의의 이상〉[《신생활》 제9호(1922. 9)]에서는 공유재산제도, 분배, 직업의 선택 등에 대한 사회주의 제 조류의 주장을 비교 설명하면서, 사회주의와 아나키즘의 차이점을 지적하였다. 즉 사유재산제도의 철폐를 주장하는 점에서는 사회주의와 아나키즘이 동일하지만, 국가를 부인하는 점에서 아나키즘·생디칼리슴은 사회주의와 다르다는 것이다. 그리고 사회주의를 공산주의로 가는 과도기로 설명하면서, 공산주의와 사회주의의 차이점에 대해서도 언급하였다. 《공제》 제8호에 게재된 〈지식계급의 현상과 노동운동〉이라는 제목의 글은 러시아 지식계급이 노동운동에 많은 공헌을 하였다는 것은 모든 사람이 인정하는 바이며, 한국의 노동문제도 이와 같은 경로를 걸을 것이고, 그 결과 다소간 번역적 요소를 가미하게 될 것이라고 하여,[306] 반아나키즘적 주장을 제기하였다. 즉 공산주의에 입각하여 노동운동 초기에서의 지식계급의 지도와 역할을 적극적으로 평가한 것이다.

공산주의와 아나키즘의 차이가 드러나면서 사회주의를 막연하게 이해하고 있던 사회주의자들은 점차 공산주의자화하였고, 아나키스트들 가운데 상당수가 공산주의로 전향하였다. 그리고 공산주의자들은 점차 아나키즘의 영향에서 벗어나 독자적인 영역을 구축하기 시작하였다. 그것은 조선노동공제회의 분열로 나타났다. 조선노동공제회는 사회개조·세계개조론자와 범사회주의자들이 함께 창립하였지만, 공산주의가 확산되면서 공산주의자와 아나키스트 사이에 분열이

---

306) 赤旋風, 〈지식계급의 현상과 노동운동〉, 《共濟》 제8호(1921. 8), 8쪽.

일어난 것이다.[307]

조선노동공제회 내의 아나키스트들은 창립 초기부터 공산주의자들을 경계하고 있었다. 나경석은 조선노동공제회 기관지《공제》창간호에서 "일시의 가면을 쓰고 민중을 지도한다는 미명 하에서 권력의 집중을 몽상하는 정치광을 방축하고, …… 다만 번역적 사상을 생탄(生呑)하여 가지고 입만 열면 사회문제·노동문제(開口則社會問題勞動問題)를 괴변으로 화제를 삼는 과격파의 위험을 제거하고 노동자의 필연적 요구로 노동자의 계급전쟁책으로 귀(歸)"할 것을 강조하면서, 그 길만이 공제회를 완성하는 첫걸음이라고 주장하였다.[308] 나경석은 이 글에서 민중에 대한 지도를 강조하는 공산주의자들을 정치광이라고 비난하면서 공산주의자의 조직 내 침투를 경계할 것을 당부하는 한편, 노동자의 자율성을 강조하는 생디칼리슴적 입장을 개진하였다.

공산주의자들이 점차 조선노동공제회를 주도하게 되자 아나키스트들은 이러한 상황을 타개하고자 하였다. 아나키스트인 고순흠은 신일용에게 신백우 등이 재상해(在上海) 고려공산당과 연락하여 다수의 자금을 횡령했다고 비난하였다. 이에 신일용의 제의로 1922년 7월 9일 조선노동공제회 중앙집행위원회가 개최되었으며, 이 자리에서 고순흠 등은 신백우 등을 축출하고자 하였다. 그러나 오히려 고순흠을 축출하자는 의견이 대두되었고, 고순흠은 조선노동공제회를 탈퇴하였다. 고순흠은 7월 11일 윤덕병과 이수영(李遂榮)을 칼로 찌르고 조선노동공제회 간판과 서류를 불태웠다.[309] 고순흠은 이에 대해 조선노

---

307) 조선노동공제회의 분열은 '사기공산당 사건'과 함께 국내 공산주의들간의 대립에서 연유한[임경석, 앞의 글(1998), 40쪽 참조] 측면도 있지만, 아나키스트와 공산주의자의 대립에 따른 것이기도 하다.

308) 斗南, 〈들어안저서〉, 《共濟》 제1호, 145쪽. 〈연보〉(나경석, 1980 《公民文集》, 정우사, 260쪽)에 의하면 斗南은 나경석의 兒名이다.

309) 《동아일보》 1922년 7월 13일자.

동공제회 내에 "점차 볼셰비키가 침투케 되자 고질적인 사대주의자
가 발생이 되고 공산당 선전비 쟁취에 민족적 추태가 노골화케 되므
로 창립책임감에 분노를 금치 못하여 부득이 파괴를 감행"하였다고
그 이유를 밝히고 있다.[310] 이는 사회주의 분화가 진전됨에 따라 공산
주의자가 조선노동공제회를 주도하게 되자 아나키스트들이 반발하였
음을 말해 준다.

결국 조선노동공제회는 '서울파' 공산주의자들을 중심으로 하여
1922년 9월 23일 임시총회를 개최하여, 탈퇴서를 제출하였던 차금봉
을 임시의장으로 선출한 뒤 신임원을 선출하였다. 이어 10월 13일에
는 전 위원인 박중화·신백우·박이규 등 15명을 출회시켰다. 아직 아
나키즘적 사고를 충분히 청산하지 못하고 있던 이들은 계속해서 지
식계급과 신사벌(紳士閥) 위원 및 회원을 출회시키고 완전한 육체노
동자로만 회원을 구성할 것을 계획하였다.[311] 이에 반해 윤덕병·신백
우·김홍작 등은 1922년 10월 15일 조선노동공제회 제5회 임시총회를
따로 개최하여 조선노동공제회 해체를 결의하고, 동월 18일 10개 노
동단체의 참여 하에 새로이 조선노동연맹회를 창립하였다.[312]

조선노동공제회가 분열되면서 아나키스트와 공산주의자들은 독자
적으로 활동하기 시작하였다. 공산주의자들은 조선노동연맹회, 무산
자동맹회와 신사상연구회, 서울청년회, 북풍회 등을 중심으로 활동하
였고, 아나키스트들은 흑로회, 전진사, 흑풍회청년당 등을 조직하였
다.[313] 그러나 아나키스트들은 대중운동에 대한 영향력을 점차 상실해

---

310) 고순흠, 1967 〈조선노동공제회 창업의 동기 및 전말〉.
311) 《동명》 제9호(1922. 10. 15) ; 《동아일보》 1922년 9월 18일자 ; 一記者, 〈九
　　十兩月 중에 세계와 조선〉, 《開闢》 제29호(1922. 11. 1), 103쪽.
312) 신용하, 1989 〈조선노동연맹회의 창립과 노동운동〉, 《한국 근현대의 민족
　　문제와 노동운동》, 문학과지성사, 61~62쪽.
313) 흑로회는 金重漢·李允熙·李康夏·申基昌 등을 중심으로 하여 1923년 1월

갔다. 이후 공산주의가 국내 사회주의계를 주도하는 가운데 아나키스트와 공산주의자들은 상대방을 철저히 배격하면서 대립일로를 걸어갔다.

(2) 재일본 한국인

김약수·정태신·변희용 등 재일본 한국인 공산주의자 가운데 핵심 인물들은 1922년 이전까지만 하더라도 아나키즘적 사고에서 완전히 탈피하지는 못하였으나, 일본 사회주의계의 아나·볼 논쟁을 지켜보면서 공산주의에 대한 이해의 도를 점차 깊게 해나갔다. 이를 바탕으로 그들은 《대중시보》, 《청년조선》, 《전진》(발행인 변희용) 등을 발행하면서 공산주의를 선전하기 시작하였다.

《청년조선》 제1호에는 레닌이 제9회 공산당대회에서 행한 연설이 게재되었으며, 《대중시보》 제4호(1922. 6)는 이여성(李如星)의 〈사회주의강좌〉를 게재하여 사회주의의 본질이 무엇인지에 대해 설명하였다. 이여성은 이 글에서 사회주의의 표어는 "노동치 않으면 먹지 못한다"는 것이라고 하였는데, 이것은 러시아 헌법을 따른 것으로서 공산주의적 입장을 반영하고 있으며, 능력에 따라 일하고 필요에 따라 분배할 것을 주장하는 아나키즘에는 정면으로 배치되는 주장이었다.

《전진》에는 공산주의를 본격적으로 선전하는 글들이 많이 게재되

상순 서울에서 결성되었다[《現社會》 3(1923. 3. 25)]. 〈自大正11年至昭和10年內地及朝鮮ニ於ケル社會運動等ノ槪況對照(1)〉, 《思想彙報》 9(1936. 12), p. 3에는 흑로회의 결성일자를 1922년 12월로 기록하고 있으나 취하지 않는다. 三輪利三郎에 의하면 윤우열도 흑로회의 결성에 참가하였다[三輪利三郎, 〈허무당선언서의 사건과 그 전모〉(지중세 역편, 1946 《조선사상범검거실화집》, 16쪽)]. 흑로회와 함께 조직되어 있었던 조직으로 前進社[栗原一男, 〈叛逆者傳(2) ― 洪鎭祐〉, 《自由聯合新聞》 第41號(1929. 11. 1)]와 윤우열에 의해 조직된 흑풍회청년당(三輪利三郎, 같은 글, 16쪽)도 있었으나, 이름만 전할 뿐이다.

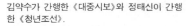
김약수가 간행한 《대중시보》와 정태신이 간행한 《청년조선》.

었다. 1~4호 네 차례에 걸쳐 〈유물사관학설의 연구〉가 변희용의 번역으로 게재되었는데,[314] 이 글은 매우 구체적 예를 들어가면서 유물사관에 대해 설명하고 있다. 제2호(1922. 5. 15)는 〈마릌쓰주의의 학술적 연구〉를 게재하여 공산주의를 선전하였다.[315] 이 글은 전해지지 않

---

314) 無産生, 〈자유인과 공산주의자와의 문답〉, 《전진》 제4호, 182쪽. 《전진》 제2호에 게재된 〈사회상의 유물적 설명〉은 〈유물사관학설의 연구〉의 2 회분인 것으로 보인다.

315) 《大衆時報》 제4호 광고란. 〈마릌쓰주의의 학술적 연구〉의 목차는 一. 사회주의란 명칭의 기원과 그 한계, 一. 공상적 사회주의와 과학적 사회주의의 구별, 一. 유물사관설, 一. 유물사관의 공식과 그 설명, 一. 사회주의경제학설, 一. 마르크스의 노동가치설 及 잉여가치론, 一. 자본제 경제조직의 필연적 붕괴론, 一. 사회주의운동론, 一. 결론 등이다. 당시 한국인 사회주의자들의 공산주의 이해 정도를 고려할 때 이 글은 외국 학자의 글을 번역한 것으로 사료된다.

아 그 내용을 알 수 없지만, 목차만 보면 공산주의에 대한 매우 정확하고 체계적인 이해가 전제되어 있음을 알 수 있다. 제4호는 엥겔스의 《공산당선언》 영역판 서문을 〈공산당선언의 역사적 의의〉라는 제목으로 일파생(一波生)이 번역 게재하여 사회주의 연구에 참고가 되게 하고자 하였다. 특히 제4호(1922. 11. 13)는 러시아 10월혁명의 의의를 "칼 맑스의 소위 인류의 '전역사'가 최후의 페이지를 닫히고 참 역사의 최초의 일 페이지가 기록"된 것으로 파악하고 있는데, 이는 러시아의 10월혁명에 의해 비로소 공산주의가 실현되어 새로운 인류의 역사가 시작되었다는 것으로서, 공산주의 사회의 도래에 대한 확신을 표명한 것이다.

재일본 한국인들의 공산주의에 대한 이해가 점차 깊어져 감에 따라, 재일본 한국인 공산주의자들은 아나키스트들과는 다른 노선을 걷기 시작하였다. 재일본 한국인 아나키스트들은 정치와 정치운동을 부정하면서 일본인 공산주의자들의 의회전술을 강도 높게 비판하였지만, 이여성은 보통선거운동을 민중들이 각성하여 계급적 차별을 철폐하고 자유를 획득하려는 민중운동으로 높게 평가하였다.[316]

재일본 한국인 사회주의자들의 사상분화는 결국 흑도회의 해체로 이어졌다. 즉 1922년 7월 나카츠가와 한국인 노동자 학살사건을 조사할 당시부터 분규를 계속해 오던 박렬 일파와 김약수 일파는 '시나노가와(信濃川)학살사건규탄대연설회' 직후 흑도회를 해산하고 1922년 9월 각각 흑우회와 북성회를 결성하였다.[317]

아나키스트와 공산주의자의 사고의 차이는 노동자 조직 결성과정에서도 나타났다. 즉 1922년 노동자진회(勞動自進會)[318] 결성을 둘러싸

---

316) 이여성, 〈淨玻璃鏡〉, 《大衆時報》 제4호(1922. 6) 참조.
317) 이호룡, 앞의 글(1998), 173쪽 ; 金一勉, 앞의 책, 79~80쪽.
318) 노동자진회는 박렬 등의 아나키스트들에 의해 조직된 단체다. 노동자진회 결성의 주역인 홍진유가 재일본조선노동자정황조사회 창립총회(1922. 9.

고 아나키스트와 공산주의자 사이에 의견충돌이 일어났던 것이다. 홍
진유를 비롯한 아나키스트계는 '현재 노동하고 있는 노동자'를 단위
로 하여 조직할 것과 자유로운 자율합의적 자주적 결속을 주장하였
지만, 공산주의계는 현재 노동하고 있지 않더라도 전에 노동자였던
사람에게 조합원의 자격을 주어야 한다는 것과 중앙집권적인 조직을
주장하였던 것이다. 홍진유 등 아나키스트들은 자신들의 주장을 관철
시켜 노동자진회를 현재 노동하고 있는 자들만의 조직으로 결성하였
다.[319] 재일본 한국인 공산주의자들은 아나키스트계로부터 떨어져 나
와 독자적인 사상체계를 갖추기 시작하였고, 점차 아나키스트계를 압
도하면서 재일본 한국인들의 사회주의운동을 주도하였다.

(3) 재중국 한국인

1921년 5월 한인공산당의 확대 개편을 통해 결성된 고려공산당은
고려공산당대표회의 명의로 발표한 〈선언서〉를 통해 한인사회당·사
회혁명당·노동자 각 단체로 조직되었음을 밝히고, "인류의 최고 행복
을 위해서 사람과 사람 사이에서 사명(使命)하고 분투하여 현대의 모
든 제도를 강제로 타파하고 만인이 모두 똑같이 사업을 하고 모두 똑
같이 구하며 모두 함께 사랑하는 대동사회를 건설하기 위해서 무산
자독재, 한국 소비에트 정치의 실현을 기"한다고 하였다.[320] 그리고 고
려공산당 강령은 프롤레타리아에 의한 권력장악을 공포하고 민족해

---

25)를 계기로 박렬 일파에 포섭되었으므로[홍진유의 "제2회 조서"(《裁判
記錄》, p. 159)] 勞動自進會는 1922년 말경에 결성된 것으로 추측된다.

319) 栗原一男, 앞의 글 참조. 洪鎭裕는 자료에 따라서 洪鎭祐, 洪鎭佑로도 기
록하였으나, 李復遠 외 8인의 "판결문"(1925年 刑公第846號 ; 한국역사연
구회 편, 1992 《일제하사회운동사자료총서》 12, 고려서림에 수록)에 따라
洪鎭裕가 정확한 것으로 보고 이에 따른다.

320) 朝鮮總督府警務局, 1922 《朝鮮治安狀況》其の二(國外)[《外務特殊文書》 4,
pp. 375~395].

방이 사회혁명의 전제임을 분명히 밝혔다.[321] 나아가 《공산주의와 무정부주의 및 의회파의 비교》와 《직접행동》 등의 팜플렛을 발행하여,[322] 공산주의와 아나키즘의 차이를 설명하였다.

게다가 1921년 9월 부산에서 5천여 부두노동자의 총파업, 1922년 11월 서울 시내 인력거들의 동맹파업 등이 전개되는 등 국내에서 대규모의 대중운동이 흥기하자,[323] 아나키스트들의 방법론인 테러리즘에 대한 비판이 제기되기 시작하였다. 즉 공산주의가 점차 확산되어가자 공산주의자들이 당시 민족해방운동을 주도하던 테러활동과 아나키즘에 대해 문제를 제기하였던 것이다. 이리하여 아나키스트와 공산주의자는 민족해방운동 방략을 둘러싸고 서로 대립하게 되었다.

1920년대 초 북경에 있던 한국인 학생들은 민족주의자가 통제하는 조선학생회와 공산주의자가 지도하는 한인학생동맹으로 나누어졌는데, 이 두 단체는 민족해방운동의 수단으로서의 테러활동을 둘러싸고 논쟁을 벌였다. 조선학생회는 테러활동을 민족해방운동의 주요한 수단으로 설정하였고, 이에 반해 한인학생동맹은 코민테른의 테러리즘 반대 방침에 따라 테러활동에 반대하였다. 이들은 7개나 되는 각종

---

321) 고려공산당(上海派) 강령의 개요는 '1. 私有적 생산방식과 자유경쟁을 革廢하고 集中共榮의 생산분배 방식으로 대체할 것. 생산기관, 교통운수기관, 일용필수에 관한 기관, 토지, 광산, 삼림을 公有共榮으로 할 것 2. 무료 국민교육제를 실행할 것 3. 노동을 의무화할 것 4. 여성을 해방할 것 5. 자본계급의 사유물건을 몰수할 것 등이다. 그리고 당장 해결해야 할 강목으로 ㄱ. 민족해방문제 ㄴ. 국민교양문제 ㄷ. 종교문제' 등을 들었다[朝鮮總督府警務局, 1922 《朝鮮治安狀況》 其の二(國外)(《外務特殊文書》 4, pp. 401~406)].

322) 朝鮮總督府警務局, 1922 《朝鮮治安狀況》其の二(國外)[《外務特殊文書》 4, 454쪽].

323) 노동자들의 투쟁은 1918년부터 매우 활발하게 전개되기 시작하였다. 즉 1917년의 8건에서 1918년 50건, 1919년 84건, 1920년 81건, 1921년 36건으로 급증하였다(《治安狀況 — 8年》, p. 143).

잡지를 발행하여 자신들의 이론과 전술의 정당성을 주장하였다.[324]

1920년대 초 아나키즘을 지도사상으로 하면서 테러활동으로 민족해방운동을 주도하고 있던 의열단 내에서도 민족해방운동 방법론을 둘러싼 논쟁이 전개되었다. 공산주의가 널리 보급되면서 공산주의자들이 의열단 내로 침투하기도 하였고, 의열단원 가운데에서도 공산주의를 수용하는 자들이 출현하였던 것이다. 의열단의 최고 간부 가운데 한 사람인 윤자영을 중심으로 하여 현정근(玄正根, 玄鼎健), 조덕진(趙德津, 趙德律) 등이 공산주의단체를 조직하고 의열단의 테러활동에 대하여 비판하는 글을 발표하였다.[325] 이들은 테러활동은 모험주의적이고 파괴적이며 소모적이라고 비판하고 노동자·농민 대중에 기반을 둔 민족해방운동을 전개할 것을 주장하였다.

민족주의자와 공산주의자, 아나키스트와 공산주의자 사이의 논쟁이 점차 가열화되면서 아나키즘의 지도 하에 있던 의열단도 1924년 이후 민족주의자·아나키스트·공산주의자로 분열되었다. 의열단이 분열되면서 윤자영은 의열단에서 탈퇴하고 김상덕(金尙德), 조덕진 등과 함께 1924년 4월 상해에서 청년동맹회를 결성하였다. 청년동맹회는 한국 청년들에게 혁명적 정신을 고취하는 것을 목적으로 하였다. 청년동맹회는 1924년 10월 4일 총회를 개최하여 새로이 규장(規章)을 제정하고 선언서를 발표하여 테러활동을 비판하였다.[326] 이리하여 재중국 한국인 공산주의자와 아나키스트들은 상대방을 비판하면서 독자적인 조직을 가지고 활동을 전개하였다. 이후 아나키스트들은 철저한 반공산주의적 입장을 견지하였다.

---

324) 김산·님 웨일즈, 앞의 책, 120~121쪽.

325) 류자명, 《한 혁명가의 회억록》, 130쪽.

326) 在上海領事館, 《朝鮮民族運動(未定稿) 第三(1923. 3 ~ 1926. 12)》(《外務
特殊文書》 25, p. 499·624) ; 〈在外 不逞鮮人 槪況〉, 《독립운동사자료집》
9(독립운동사편찬위원회 편), 700쪽.

IV. 일제강점기 민족해방운동 이념으로서의 아나키즘

1. 제3의 사상으로서의 아나키즘과 그 사회구상

1910년 국권상실을 전후하여 한국인들은 사회진화론 극복이라는 사상사적 과제를 해결하기 위해 아나키즘을 수용하였다. 즉 아나키즘은 일제강점기 한국인의 민족해방운동 이념으로서 기능하였다. 아나키즘은 민족주의·공산주의와는 독립된 제3의 사상으로서 한국인의 민족해방운동을 지도하였던 것이다. 일제강점기 한국인 아나키스트들은 일제의 식민지 지배로부터의 해방을 추구함과 동시에 새로운 권력을 추구하는 민족주의자와 공산주의자들을 비판하면서 억압과 지배가 없는 자유로운 사회를 건설하고자 하였다.

한국인들이 수용하였던 초기의 아나키즘에는 아나코코뮤니즘, 아나코생디칼리슴, 개인적 아나키즘, 허무주의적 아나키즘, 인도주의적 아나키즘 등 다양한 조류들이 섞여 있었다. 하지만 시간이 흐르면서 한국 아나키스트계는 일본과 국내의 경우 아나코코뮤니스트계와 아나코생디칼리스트계로 양분되었고, 재중국 한국인의 경우는 아나코코뮤니즘이 지배적이었다. 바쿠닌의 아나키즘이 품고 있는 파괴주의적 경향은 1920년대 초 한국인 아나키스트들에게 상당한 영향을 끼쳤지만, 바쿠닌의 집산주의적 아나키즘[1]은 거의 수용되지 않았다.

이 절에서는 일제강점기 한국인들이 수용하였던 아나키즘의 내용은 어떠한 것이었으며, 한국인 아나키스트들이 건설하고자 했던 사회는 어떠한 사회였는지에 대해서 살펴보기로 한다.

1) 제3의 사상으로서의 아나키즘

(1) 반제국주의 사상체계로서의 아나키즘

아나키즘은 개인의 절대적 자유를 추구한다. 개인에게서 절대적 자유를 박탈하는 것은 바로 권력이고 사회제도요 국가이다. 아나키스트에게 정부란 것은 유산계급이 무산계급을 마음대로 착취하기 위해 건립한 기구에 불과하다. 유산계급은 법률과 감옥과 군대 등을 만들어 자신의 지배를 유지한다.[2] 그리고 국가권력은 개인의 자유를 억압하는 만악(萬惡)의 근원으로서 최대의 강제적인 권력일 뿐이다. 바쿠닌은 국가 또는 정부에서 파생되는 권력은 역사발전의 필연이었지만 현대사회에서는 필요악이므로 제거되어야 한다고 주장하였다. 크로포트킨에 따르면 국가란 국민에 대한 지배권력과 인민의 착취를 보장하기 위해 지배계급 상호간에 맺어진 보험회사와 같은 것에 불과하였다.[3] 따라서 아나키스트는 권력과 모든 사회제도·국가를 타파하고, 개인의 자유의지의 연합에 의해 운영되는 무권력·무지배의 새로운 사회를 건설하고자 한다.

---

1) 바쿠닌을 따르는 집산주의자들은 경제의 집중화에 관심을 기울였고, 긴 과도기적 시기에는 필요에 따라 분배하기보다 노동시간에 따라 보수를 지불해야 한다고 생각하였다. 이에 대해서 크로포트킨과 말라테스타 등은 "너무 마르크스주의적 색채가 짙다"고 비난하였다[다니엘 게렝(하기락 역), 1993 《현대 아나키즘》, 신명, 146·218쪽 참조].

2) 南華韓人靑年聯盟, 〈宣言〉(《思想彙報》 第5號(1935. 12), 高等法院檢事局 思想部, p. 114) 참조.

3) 함용주, 1993 〈민족해방운동과정에서 아나키즘의 역할에 대한 연구 — 정치사상적 측면을 중심으로〉, 서강대 석사학위논문, 34쪽.

　한국인 아나키스트들도 모든 권력과 국가를 부정하였다. 그들은 인간 본능을 기본으로 하는 사회는 무강권·무지배의 사회이며, 강권이 지배하는 한 영원한 평화는 존재할 수 없다고 하면서 강권을 부정하였다.[4] 지배가 없다면 인간은 재차 야만상태로 돌아갈 것이라는 주장은 강권주의자들이 자신들의 지배를 합리화하기 위해 내놓은 억지일 뿐이며, 인류는 몇천 년 몇백 년 동안 전제와 강박에도 불구하고 그 심저(心底)에 흐르는 상호부조적 창조적 자주적 정신으로 생활을 영위해 왔다는 것이다.[5] 이러한 인식 위에서 권력을 인간본능을 말살하고 평화를 파괴하는 원흉으로 규정하였으며, 그러한 권력을 파괴할 것을 주장하였다.

　권력에 대한 부정은 곧 권력을 행사하는 기구인 국가에 대한 부정으로 이어졌다. 한국인 아나키스트들은 모든 국가를 "소수 강자가 극대 다수의 민중을 압박하는 공구이며 인간의 호상우애(互相友愛)를 방해하는 장애물"인 것으로 인식하고,[6] 국가는 민중의 피와 살을 박탈하지 않으면 존립할 수 없는 존재일 뿐이라고 주장하였다.[7] 그들에게 국가란 자본주의 국가이며 조국이란 자본주의 군벌의 조국이었다. 그리고 국가에 의해 행해지는 교육·군사 기타 등 일체는 대다수 민중을 착취하기 위한 행사에 불과할 뿐이었다.[8] 이러한 인식 위에서 국가의 폐지를 주장하였다.

---

4)〈무정부주의운동의 현실성을 강조함〉,《黑色新聞》제31호(1934. 8. 29). 이 글은 上海에 있던 아나키스트가 기고한 글이다.

5) 姜昌,〈我等の解放はアナキズムだ〉,《自由聯合新聞》第47號(1930. 5. 1).

6)〈奪還의 주장〉,《奪還》창간호(1928. 6. 1), 재중국조선무정부공산주의자연맹.

7) 南華韓人靑年聯盟,〈宣言〉(《思想彙報》第5號(1935. 12), 高等法院檢事局 思想部, p. 114) 참조.

8)〈愛國運動의 정체〉,《黑色新聞》제34호(1934. 12. 28). 이 글은 중국에 있던 아나키스트가 기고한 글이다.

제국주의의 지배를 받는 한국인에게 국가부정은 곧 식민지 권력의 타도를 의미하였다. "유족(裕足)한 생활과 자유로 살"기 위해서는 "조선에서 일본의 지배권력을 축출치 아니하면" 안 되었다.[9] 따라서 한국인의 아나키즘은 반제국주의적 성격을 띨 수밖에 없었다. 한국인 아나키스트들은 제국주의 세력을 최대의 강권으로 규정하고 반제국주의 투쟁을 전개함으로써, 아나키즘과 민족해방운동을 결합시켰다. 즉 한국인 아나키스트에게 반제국주의 투쟁은 곧 민족해방운동이요 아나키스트 사회를 건설하기 위한 투쟁이었다.

신채호는 〈조선혁명선언〉에서 한국의 국호·정권·생존의 필요조건을 모두 박탈하여 온갖 만행을 자행하고 있는 일본 제국주의를 '조선민족 생존의 적'으로 규정한 뒤, 일본 제국주의를 몰아내고 한국 민족의 생존을 유지하려면, 민중직접혁명을 통해 민중의 자유가 보장되고 민중이 주인인 사회를 건설해야 한다고 선언하였다.[10] 이는 민족해방운동이 곧 민중해방운동임을 역설한 것이다. 이회영 역시 동방무정부주의자연맹[11] 결성대회에 제출한 〈한국의 독립운동과 무정부주의운동〉이라는 제목의 글에서, 한국에서의 진정한 해방운동 곧 아나키스트 운동이 민족해방운동임을 밝혔다.[12] 남화한인청년연맹(南華韓人青年聯盟)[13]도 한국으로부터 일본 제국주의 세력을 박멸할 것을 기

---

9) 《黑色新聞》 제29호(1934. 6. 30).

10) 〈朝鮮革命宣言〉(1923. 1)[《신채호전집》 하, 35~46쪽] 참조.

11) 동방무정부주의자연맹은 1928년 6월 14일 중국 上海에서 한국·일본·중국·대만·안남·인도·필리핀 등의 아나키스트들이 조직한 국제아나키스트운동단체로서, 한국인 이정규·류기석, 일본인 秦希同(赤川啓來), 중국인 毛一波·汪樹仁·鄧夢仙·易子琦·吳克剛 등이 참가하였다.

12) 〈友堂 李會榮先生 略傳〉(이정규, 1974 《又觀文存》, 삼화인쇄, 57쪽).

13) 南華韓人青年聯盟은 1930년 4월 20일 류기석·류자명·張道善·鄭海理 등에 의해 결성되었으며, 鄭華岩·李達 등 1931년 9월 무렵 만주로부터 철수한 아나키스트들이 대거 참가하였다. 일제의 요인이나 기관, 그리고 일제

도하였으며,[14] "고국을 탈환하여 2천 5백만의 노예를 일본 제국주의의 철쇄(鐵鎖)로부터 해방"시킬 것을 청년들에게 호소하였다.[15] 이는 민족해방이 곧 민중해방이요, 민중해방은 민족해방을 통해 이루어진다는 사실을 말한 것이다.

그리하여 한국인 아나키스트들은 한국 민중을 억압하고 있는 일제 지배권력을 한국에서 축출하지 않으면, 한국사람은 불원간 유대민족과 동일한 입장에 서게 될 것이며, 그보다 더 처참할 것이라고 경고하면서,[16] 제국주의 세력을 몰아내기 위한 투쟁을 전개할 것을 역설하였다. 김제원(金濟元)은 약소민족이며 유린된 민중인 한국인들에게는, 부르주아계급이 프롤레타리아계급을 지배하고 착취하는 기관인 사회 제(諸) 제도를 그대로 유지하여 자기의 파멸을 도모하든가, 그렇지 않으면 현 제도를 변혁, 즉 일제의 식민지 지배로부터 벗어나서 생(生)의 길을 열든가 하는 두 길밖에 없다고 하면서,[17] 반제국주의 투쟁의 당위성을 강조하였다. 박렬은 〈한 불령선인(不逞鮮人)으로부터 일본의 권력자계급에게 전한다〉[18]에서 한일합방의 부당성, 일제의

의 밀정 등에 대한 테러활동을 활발하게 전개하였다.

14) 〈우리들의 말〉,《南華通訊》1936년 1월호[《思想彙報》第7號(1936. 6), 朝鮮總督府高等法院檢事局思想部, p. 179]. 1936년 1월에 창간된[〈中華民國南京及上海地方に於ける不逞朝鮮人團體の文書活動〉(《思想報告集》其の三, p. 37)]《南華通訊》은 南華韓人靑年聯盟이 발행한 것으로 보이지만, 원본이 전하지 않아 정확한 것은 알 수 없다.

15) 〈自滅의 길을 걷고 있는 上海在住靑年 '李'에게 고한다〉,《南華通訊》1936년 1월호(《思想彙報》第7號(1936. 6), 朝鮮總督府高等法院檢事局思想部, p. 180).

16) 《黑色新聞》 제29호(1934. 6. 30).

17) 金濟元, 〈生かすか?殺すか?朝鮮民衆を!〉,《自由聯合》 第17號(1927. 10. 5), 全國勞働組合自由聯合會 참조.

18) 〈一不逞鮮人より日本の權力者階級に與ふ〉(1924. 2)는 〈俺の宣言〉(1924. 12. 3), 〈働かずにどしどし喰ひ倒す論〉(1924. 12. 29), 〈陰謀論〉(1925. 3. 1)과 함

한국 수탈상, 일제의 식민지정책, 한국독립의 당위성, 한국 민중들의 독립쟁취에 대한 의지, 일제의 식민지 지배논리의 허구성 등을 서술하면서 자신의 반제국주의론을 체계적으로 피력하였다.

1930년대에 들어서면서 한국인 아나키스트들의 제국주의 비판은 파시즘에 대한 반대로 이어졌다. 즉 1920년대 말 자본주의의 내적 모순에 의해 세계대공황이 발생하자, 후발자본주의 국가들에서는 이 위기를 빌미로 파시스트 세력이 등장하여 정권을 장악하였다. 한국인 아나키스트들은 1929년 세계대공황이 발생하여 정치위기로 전화하면서 파시즘의 독재정치가 출현하고, 경제적으로는 자본주의 통제경제가 시행된 것으로 파악하고,[19] 파쇼체제는 몰락해 가는 자본주의를 옹호하기 위한 자본가들의 마지막 몸부림이라고 하면서 다음과 같이 비판하였다.

최근 사회의 정세를 보면 이대로 진전한다면 미구(未久)에 자본주의가 몰락할 운명에 처해 있는 고로 자본주의의 노예인 군벌주의와 제국주의와 결합하여 새로운 형태인 독재주의 즉 파쇼라는 것이 구남(歐南) 일각(一角)에서 일어나 그 사조가 동서대륙에 흐르고 있다. (중략) 그러면 (파쇼 내각의 출현은 — 인용자) 우리 민중에게 어떠한 영향을 줄 것인가? 지금까지 행해 온 정책을 보든가 금춘(今春) 의회제안을 본다면 극압의 강압으로 자유를 속박하고 임종의 신음을 하는 자본주의를 옹호하기 위하여 근로민중의 여혈(餘血)을 착취하여 기아선상으로 추방하여 아사를 강요하는 이 외에 아무 소득이 없다는 것을 확실히 증명할 수 있

께 박렬이 감옥에서 쓴 글로서, 박렬의 "第17回 訊問調書"(《裁判記錄》에 수록)에 첨부되어 있다. 이 가운데 〈한 불령선인으로부터 일본의 권력자계급에게 전한다〉와 〈나의 선언〉은 김삼웅의 《朴烈評傳》(가람기획, 1996)에 번역·수록되어 있다. 〈働かずにどしどし喰ひ倒す論〉과 《現社會》第3號(1923. 3. 25)에 게재된 〈働かずにどんどん食ひ倒す論〉은 다른 글이다.

19) 林生, 〈최근 세계 정치경제의 동향〉, 《南華通訊》 1936년 1월호[《思想彙報》 第7號(1936. 6), 朝鮮總督府高等法院檢事局思想部, p. 180].

다. (중략) 이와 같이 파쇼의회는 비상시라는 미명하에 민중을 기만하고 극도로 탄압할 법규로 개악하여 민중의 언론, 행동, 사고, 단결의 모든 자유를 속박하고 탄압하는 것이 그들의 모듬이다.[20]

위의 글에서 보는 것처럼 한국인 아나키스트들에게는 파시즘은 자본주의를 유지하기 위한 최후의 이데올로기로서 민중에 대한 탄압을 더욱 강화하며, 파쇼의회는 그 수단 가운데 하나에 불과한 것으로 보였다. 따라서 한국인 아나키스트들은 "의회의 해산이니 비해산이니 하는 문제"가 중요한 것이 아니라 "그 근간인 지배착취의 정권을 파괴"하는 것이 급선무라고 하면서,[21] 파쇼체제 그 자체를 타파해야 한다고 주장하였다. 파쇼타도를 위한 투쟁으로 메이데이기념집회 등에서 3반투쟁(파쇼 반대, 제국주의전쟁 반대, 실업 반대)이 전개되었고, 삐라 살포를 통해 파쇼 배격을 위한 선전작업 등이 전개되었다.

한국인 아나키스트들은 파시스트들이 민중을 호도하기 위하여 선전하던 '애국주의'를 비판하고, '애국운동'의 정체를 폭로하였다.

최근 사회상태는 세계적으로 반동과 천박한 애국주의의 풍조에 지배되는 감이 있다. (중략) 현재 국가 명의로 실행하고 있는 사업이란 지배착취뿐이고 그 외에는 아무 것도 없다. (중략) 국가사업을 보호하는 것이 애국이며 동시에 호국이니 저들이 말하는 애국과 조국운동에 투신한 자는 저들의 노예가 된다. 교육은 인간적 교육이 아니고 정부자본가의 노예적 교육이며 군사 산업 등 일체가 또 저들 자신의 지위를 보호하기 위한 존재이다. 우리는 저들의 애국주의 조국의식을 철저히 파괴하자.
금일 자본주의는 재래의 지배상태로는 그 존재를 계속할 수 없게 된다. 파멸이 절박하여 온다. 이 파멸을 방호(防護)하며 그 존재를 지속하기 위하여 안출된 것이 저들이 절규하는 애국운동이다. 그러므로 저들이

---

20) 〈해방운동압살본영 파쇼의회에 방비하라〉, 《黑色新聞》 제35호(1935. 2. 1).
21) 위와 같음.

떠드는 국난이란 곧 저들의 지배난이며 착취난이다(일본의 소위 비상시라는 것도 일본자본가의 지배난 착취난을 말함이다 — 편집자). 민중이 자기를 결박하고 자기들을 억제하는 주인을 존재시키기 위한 운동이 애국운동의 정체이다.[22]

위의 글에서 보는 바와 같이 한국인 아나키스트들은 '애국'이란 지배착취 기관인 국가의 사업을 보호하는 것이라고 하면서 '애국주의'를 철저히 파괴할 것을 주장하였다. 그들에 따르면 '애국운동'은 파멸위기에 처한 자본가들이 자신들의 존재를 지속시키기 위한 사업에 민중을 동원하기 위해 만들어낸 허구일 뿐이며, '애국운동'을 전개한다는 것은 곧 지배계급의 노예가 되는 것을 의미할 뿐이었다. 따라서 한국인 아나키스트들은 자본가들의 감언이설에 속지 말고 '애국운동'을 철저히 분쇄할 것을 민중들에게 호소하였다.

(2) 민족주의 비판

한국인 아나키스트들은 일본 제국주의의 지배에 맞서서 한국 민족의 해방을 추구하였다. 일제강점기 민족해방운동을 지도하던 사상에는 민족주의, 공산주의, 아나키즘 등이 있었다. 아나키스트들은 민족주의자에 대해서는 일본 제국주의와 봉건지배계급을 대신하여 권력을 장악하고자 하는 지극히 불순한 세력이라고 비판하고, 공산주의자에 대해서는 혁명을 내세워 공산독재를 획책하는 사대주의자라고 배척하면서,[23] 아나키즘에 입각한 민족해방운동을 전개하였다.

---

22) 〈愛國運動의 정체〉, 《黑色新聞》 제34호(1934. 12. 28).

23) 한국인 아나키스트들의 민족주의·공산주의에 대한 비판은 재중국조선무정부공산주의자연맹의 슬로건에 단적으로 드러난다. 재중국조선무정부공산주의자연맹의 슬로건은 1) 극도로 불순한 現下의 조선민족운동 반대 2) 일체의 정치운동 부정 3) 사이비 혁명적 虛飾인 共産專制 배척 4) 共産黨 利用主義者의 애매한 사대사상 청산 등이다(《治安狀況 — 8年》, p. 276).

아나키스트들이 민족해방운동을 전개한 것은 "민중을 마음대로 착취 압박하다가 결국 일본제국에게 이 토지를 빼앗긴 그 제왕을 다시 조출(造出)"하기 위해서도 아니고, 또 "전 민중의 백분의 일도 되지 않는 자본가계급에게 권력을 위임하여 전 민중을 재차 기아에 빠뜨리"기 위해서도 아니었다.[24] 그들은 민중들이 진정한 자유와 평등을 누리는 사회를 건설하고자 하였으며, "(민족해방 뒤 ― 인용자) 어떤 신통치계급이 다시 착취의 뿌리를 조선 민중 안에 심으려고 하는 것을 배격"하였다.[25] 즉 그들이 민족해방운동에 참가한 것은 강권으로써 한국 민족을 억압하고 있는 식민지 권력을 타도하고, 한국 민족을 해방시켜 자유로운 삶을 영위할 수 있도록 하기 위한 것이지, 또 하나의 억압기구일 수밖에 없는 민족국가를 건설하기 위한 것은 아니었다. 식민지·반식민지 상황에서 가장 억압적인 기구가 바로 식민지 권력이었으므로, 모든 강권과 억압에 반대하는 아나키스트들의 1차 타도대상은 바로 식민지 권력일 수밖에 없었다.

여기서 아나키스트들이 강조하는 민족은 국제사회를 구성하고 있는 단위 주체로서의 민족이지, 민족주의에서 내세우는 배타적인 민족은 아니다. 즉 사회관계에서 각 개인의 자주성을 강조하듯이, 국제관계에서는 자주적 개인의 확장체로서의 민족을 하나의 단위로 설정하여 민족의 주체성을 강조한 것이다. 따라서 한국인 아나키스트들은 일제 식민지 지배로부터의 해방을 추구하였지만, 그것이 곧 민족국가

재중국조선무정부공산주의자연맹은 1927년 말에 결성된 재중국 한국인 아나키스트 단체로서, 테러적 직접행동론에 입각해서 아나키스트 운동을 전개하였다.

24) 南華韓人靑年聯盟, 〈宣言〉[《思想彙報》 第5號(1935. 12), 高等法院檢事局思想部, p. 113] 참조.

25) 〈우리들의 말〉, 《南華通訊》 1936년 1월호[《思想彙報》 第7號(1936. 6), 朝鮮總督府高等法院檢事局思想部, p. 179].

206

수립으로 이어지는 것은 아니었다. 어느 아나키스트는 "전 세계를 자본주의와 지배계급의 장중(掌中)에서 완전무결히 탈환"하고, "악마의 현사회를 근본적으로 ○○(개혁 ― 인용자)"할 것을 주장하였다. 나아가 국경간의 경계 표말(標抹)을 없앨 것을 주장하며[26] 조국을 부정하였다.

한국인 아나키스트들의 국가 부정은 민족국가 수립을 추구하는 민족주의에 대한 비판으로 이어졌다. 민족주의자들은 정치적으로는 부르주아민주주의체제를, 경제적으로는 자본주의체제를 지향하였으나, 한국인 아나키스트들은 자본주의와 부르주아민주주의를 모두 부정하였다.

한국인 아나키스트들은 자본주의 사회에서는 노동자가 자본가에게 착취당할 수밖에 없으며, 그러한 자본주의 사회의 불합리성은 사유재산제도에서 초래되는 것으로 인식하였다. 즉 사유재산제도는 자본주의의 원천으로서, 소수의 유산계급으로 하여금 일하지 않고서도 췌택(贅澤)한 생활을 할 수 있도록 해주며, 소수의 유산계급은 사유재산제도를 영원히 유지하기 위해 노력하는 동시에, 교육기관을 독점하여 사유재산제도가 정당하다는 것을 어릴 때부터 가르쳐 왔다는 것이다.[27] 때문에 한국인 아나키스트들은 한결같이 사유재산제도의 폐지를 주장하였다. 나아가 자본주의 사회를 타도하고, "생산자 자치를 위주한 자유평등원리상에 기초한 신사회로써 자본주의의 사회를 대신"할 것을 주장하였다.[28]

---

26) 狂, 〈자유·평등의 신사회를 건설하자〉, 《解放運動》 혁신호(1929. 5), 朝鮮東興勞動同盟, 14쪽. 《解放運動》은 朝鮮東興勞動同盟의 기관지로서 《東興勞動》을 개칭한 것이다.
27) 南華韓人靑年聯盟, 〈宣言〉[《思想彙報》 第5號(1935. 12), 高等法院檢事局思想部, p. 114] 참조.
28) 〈奪還의 주장〉, 《奪還》 창간호(1928. 6. 1), 재중국조선무정부공산주의자연맹.

아나키즘의 기본이념 가운데 하나가 바로 대의제로 대표되는 부르주아민주주의에 대한 적개심이다.[29] 한국인 아나키스트들도 부르주아민주주의에 대해서 비판적 입장을 취하였다. 그들에 의하면 부르주아민주주의는 "우리 전선의 배후에 숨어서 기회를 틈타 권력을 횡탈(橫奪)하고자 하는 야심가"들이 정권을 장악하기 위하여 주장하는[30] 것일 뿐이다. 부르주아민주주의에 대한 비판은 대의정치와 다수결원칙에 대한 부정으로 나타났다.

아나키즘에서는 타인의 개입이 없는 직접적인 자아의 실현을 중시한다.[31] 따라서 위임제에 바탕을 두고 있는 대의정치에는 반대한다. 한국인 아나키스트들은 의회는 민중들의 의사를 대변하는 기구가 아니라 "민중의 혈한(血汗)을 흡취하는 중산계급 이상의 분자"로 구성되어 있는, "민중에게 대하여 유해무익한 집합"에 불과한[32] 것이라면서 대의정치를 부정하였다. 의회에서 할 수 있는 일이란 "개량주의를 제창하여 자본가들로 하여금 온정주의를 가지게 하고 노동자에게 노예근성을 양성시키고 노자협조를 도모"하는 것이 고작이라고 하였다.[33]

한국인 아나키스트들은 대의정치의 기본인 다수결 원칙도 부정하였는데, 그것은 아나키즘이 질은 중시하되 양을 경멸하고, 창조자·선구자로서의 소수자는 예찬하지만 추수자·비겁자로서의 대중은 천시하는[34] 것과 관련된다. 육홍균(陸洪均)은 다음과 같이 다수결의 허점

---

29) 아나키스트들의 부르주아민주주의에 대한 적개심에 대해서는 다니엘 게랭, 앞의 책, 59~64쪽 참조.

30) 南華韓人靑年聯盟, 〈宣言〉[《思想彙報》 第5號(1935. 12), 高等法院檢事局 思想部, p. 113] 참조.

31) 玉川信明(이은순 역), 1991 《아나키즘》, 오월, 28쪽.

32) 〈해방운동압살본영 파쇼의회에 방비하라〉, 《黑色新聞》 제35호(1935. 2. 1).

33) S生, 〈大杉君が代議士に成つたら〉, 《黑濤》 第2號(1922. 8. 10) 참조

34) 玉川信明, 앞의 책, 22~23쪽.

을 지적하였다.

　도대체 다수란 무엇인가. …… 다수란 두뇌를 빼앗긴 오로지 기계시되
는 인간의 모임을 의미하고, 이 두뇌를 빼앗긴 다수는 혹은 소수 간부의
의지에 의해서 맹목적으로 선동되었을 때 그것이 소위 다수의 힘으로
되는 것이기 때문에 소위 다수의 힘이라고 하는 것은 결코 진정한 다수
민중의 의지로부터 나오는 힘이 아니다.[35]

　위의 육홍균의 말에 따르면 자아실현의 의지가 없는 다수는 단지
기계에 불과하며, 강권주의자들의 지배욕을 충족시켜 주는 도구일 따
름이다. 결국 한국인 아나키스트들에게는 부르주아민주주의란 정신
이 거세된 민중들을 대상으로 다수결 원칙을 시행하여 부르주아들로
하여금 영원토록 지배할 수 있도록 해주는 이데올로기에 지나지 않
았다.
　한국인 아나키스트들의 민족주의 비판은 민족주의에 입각한 민족
해방운동에 대한 부정으로 이어졌다. 아나키스트들은 우선 민족주의
운동의 계급적 기반인 자본가들이 지니고 있는 모순과 한계를 지적
하였다. 《탈환》은 "아무리 식민지의 특수한 자본계급이라도 그 이해
상 관계에서 결국엔 정복자인 자본계급과 타협하여 그 잔명(殘命)을
유지하려 한다. 이것은 우리가 조선 내지(內地)에서 흔히 보는 현상
이다. 자기의 약간 금전을 보전하기 위하여 심지어 독립군을 적에게
밀고하여 단두대 위의 이슬이 되게 한다"고 하여,[36] 자신의 생존을 위
해서는 식민지 권력과 타협할 수밖에 없는 한국 자본가계급의 취약
성을 강조하였다.
　다음에는 민족주의운동의 반동성을 지적하였다. 《흑색신문》은 민

---

35) 陸洪均, 〈所謂多數の正體〉, 《現社會》 제4호(1923. 6. 30).
36) 〈奪還의 주장〉, 《奪還》 창간호(1928. 6. 1), 재중국조선무정부공산주의자연맹.

족주의운동이 지니고 있는 반동성을 근본모순으로 보고, 다음과 같이 비판하였다.

우리는 우리 입장에 입각하여 민족주의운동의 내재적 근본모순을 분절 구명하고자 한다. 식민지 혹은 약소민족의 해방은 결코 애국적 민족주의운동으로는 성취하지 못할 것은 이론과 사실이 증명한다. 이족(異族)의 통치와 민족적 모멸 내지 사회적 불평에 대한 민중의 반항성을 역용(逆用)하여 민족이니 독립국가이니 하는 미명으로 민중의 정의와 자유를 탈환하기 위한 정당한 반역운동을 마비시키고 자가(自家)의 지배적 착취적 권력확립을 기도하는 민족주의혁명은 벌써 민중의 거부 내지 배격의 대상이 되고 있다. 이족(異族)의 통치를 도궤(倒潰)하고 자족(自族) 일부의 지배적 권력을 수립하는 것은 즉 민중의 착취적 주인의 지위를 교대하는 것뿐이고 민중 자신은 의연히 노예와 압박으로부터 해방되지 못하는 까닭이다. 계급적 민족적 이중 압제를 받는 식민지혁명운동은 민족주의적 기조를 철저히 방기하고 최초 민족적 불평과 민족적 의식과 투쟁에까지 발전하면서 있다.[37]

위의 글에 의하면 민족주의운동은 민족주의자들이 식민지 권력에 대한 민중들의 반항을 이용하여 자신들의 권력욕을 채우고자 하는 운동에 불과한 것으로서, 이 운동은 민족해방과 민중해방을 목표로 하지 않고, 오히려 민중들의 자유를 쟁취하기 위한 투쟁을 방해할 뿐이다. 즉 민족주의운동이 독립국가 건설이라는 명분을 내세우는 것은 자본가계급이 자신의 지배적 착취적 권력을 확립하기 위한 운동에 민중을 동원하기 위해서는 자신들의 지배적 착취적 야망을 가릴 필요가 있기 때문이며, 민족주의의 지도에 의하여 민족해방이 이루어질 경우, 비록 일제의 지배에서는 벗어난다고 하더라도 일본 제국주의자를 대신하여 신흥 지배계급 즉 자본가계급이 나타나 민중을 지배한

---

37) 〈민족운동의 오류〉, 《黑色新聞》 제26호(1934. 2. 28).

다는 것이다. 이홍근(李宏根)[38]은 아일랜드나 터키, 그리고 중국국민당을 예로 들면서 민족주의운동으로는 민중의 완전한 해방을 성취할수 없다고 역설하였으며,[39] 이달(李達)은 〈재중 조선민족주의운동 객관적 해부(解副 ; '解剖'의 잘못 — 인용자)〉에서 민족주의는 "진정한 혁명 앞에 골동화(骨董化)"하였으며, 한인애국단·한국혁명단·조선독립당·조선혁명당·의열단 등 민족주의 운동단체들은 자신들의 권력욕을 채우기에만 급급한 지방파벌에 불과하다고 하면서[40] 민족주의운동을 통렬히 비판하였다. 이는 민족국가 건설을 추구하는 민족주의운동의 허구성을 밝힌 것으로서, 민중이 지배계급의 지배로부터 벗어나자유롭게 살기 위해서는 어떠한 국가의 존재도 부정해야 한다는 것을 강조하고 있다.

한국인 아나키스트들의 민족주의운동에 대한 비판은 민족통일전선 결성에 대한 반대로 이어졌다. 한국인 아나키스트들은 민족해방과 식민지 권력과의 사이에서 끊임없이 동요하면서 새로운 지배권력을 꿈꾸는 자본가계급과의 연합을 도저히 불가능한 것으로 간주하였다. "부르주아든지 프롤레타리아든지 농민이든지 모두 반드시 민족적으로 일치단결하지 않으면 안된다고 하는 것은 공상"이라는 것이다.[41] 이홍근은 민족주의자와 연합전선을 결성하고자 하는 공산주의자들의 논리를 다음과 같이 비판하였다.

---

38) 자료에 따라서는 李宏根을 李弘根, 李宖根으로 기록하기도 하나, 이 책에서는 李宏根 외 7인 "판결문"(1933年 刑控 第146號·147號·148號)[한국역사연구회 편, 1992 《일제하사회운동사자료총서》 12, 고려서림에 수록]의기록에 따라 李宏根으로 통일한다.

39) 李弘根, 〈解放運動と民族運動〉, 《自由聯合新聞》 第40號(1929. 10. 1).

40) 《黑色新聞》 제34호(1934. 12. 28).

41) 柳絮(鎌田恙吉 譯), 〈東洋に於ける我等〉, 《黑旗》 1930年 1月號.

민족혁명은 사회혁명에 도달하고자 하는 과도정책이라고 하는 주장
을 우리들은 종종 부르주아 급진분자와 공산당에게서 들었다. (중략) 조
선공산당이 민족단일정당을 표방하는 신간회를 지지하는 것도 그 일례
이다. 그들은 말한다. 식민지 무산계급운동의 현단계는 민족주의의 강령
을 지지하는 바에 있다라고. 이리하여 부르주아의(국민당과 신간회) 군
문(軍門)에 항복한 것이다. (중략) 혁명세력의 대부분이 노동자농민운동
으로 넘어가 버리고 민족주의진영을 영락으로 이끌었다. 여기에서 사회
해방운동으로 심화된 식민지해방운동의 새로운 형식으로서의 식민지 노
동자농민운동을 본다. 그러나 공산당은 그것과는 반대로 이 현상을 마비
시키기 위해서 부심한다. 현 계급에 있어서는 민족주의강령을 지지하든
가 사회해방으로 가는 방편으로서 민족해방의 과정을 지나가게 하든가
의 호령을 하고 있다.[42]

위의 글에서 이홍근이 주장하는 바는, 공산주의자들이 '민족혁명'
을 사회주의혁명으로 가는 과정으로 보고 민족주의자와 연합하여 신
간회를 결성한 것은 결국 부르주아지에게 이용당한 것에 불과하며,
민중해방에는 전혀 도움이 되지 않는다는 것이다. 노동자·농민운동
이 발전함에 따라 민족주의 진영은 영락하였으며, 그러한 민족주의자
와 연합하는 것은 오히려 노동자·농민운동의 성장을 가로막을 뿐이
라고 하면서, 민족주의자와의 연합에 반대하였다.

공산주의자와 민족주의자 사이에 연합이 이루어져 신간회가 결성
되자, 한국인 아나키스트들은 공산주의자들의 신간회 참가를 맹렬하
게 비판하였다. 즉 공산주의자들이 신간회에 참가하여 "민족해방을
부르짖는 것은 결코 조선민족을 해방시키려는 의도에서가 아니라 신
간회를 지배하여 자신의 권세욕을 충족시키기 위한 정책으로, 신간회
를 정치운동의 도구로 만들어 적색 러시아의 환심을 사고, 조선을 러
시아제국주의의 식민지로 만들려고 하"기 때문이라는 것이다.[43] 한국

---

42) 李弘根, 앞의 글.

인 아나키스트들은 신간회 비판에서 나아가 이 연합체를 파괴하고자
하였다. 《탈환》제9호에서는 "신간회를 타도할 것"이라는 표어를 내
걸었으며,[44] 재일본 한국인 아나키스트들은 신간회 도쿄지회(東京支
會) 사무소를 습격하기까지 하였다.

일제강점기 한국인 아나키스트들은 기본적으로 민족주의를 비판하
였다. 그러나 재중국 한국인 아나키스트들 가운데 혁명근거지건설론
에 입각하여 아나키스트 운동을 전개하였던 자들은 중국국민당 정부
나 한국 민족주의자들과의 합작이나 연합 하에 활동을 전개하였다.
즉 1920년대에 전개되었던 이정규와 이을규 등이 중심이 된 농민자
위운동은 중국인 아나키스트와 중국국민당 정부의 지원으로 전개되
었다. 그리고 1920년대 말 만주에서 아나키스트 운동을 전개했던 재
만조선무정부주의자연맹은 당면강령에서 "항일독립전선에서 민족주
의자들과는 우군적인 협조와 협동작전적 의무를 가진다"는 것을 천
명하면서,[45] 민족주의계열인 신민부와 연합하여 한족총연합회를 결성

---

43) 〈新幹會を埋葬せよ〉,《黑色青年》第16號(1928. 2. 5).

44) 〈不逞鮮人刊行物『奪還』金佐鎭ニ關スル記事 — 奪還4月20日發行第9號譯
   文〉(1930年 6月 27日附 在北平矢野公使館一等書記官→幣原外務大臣報
   告)(《아나키즘연구》창간호, 자유사회운동연구회에 수록).

45) 재만조선무정부주의자연맹의 당면강령은 다음과 같다(이을규, 1963 《是
   也金宗鎭先生傳》, 한흥인쇄소, 89쪽).
   一. 우리는 재만 동포들의 항일반공사상 계몽 및 생활개혁에 헌신한다.
   二. 우리는 재만 동포들의 경제적·문화적 향상발전을 촉성키 위하여 동포
      들의 자치합작적 협동조직으로 동포들의 조직화 촉성에 헌신한다.
   三. 우리는 항일전력의 증강을 위하여 또는 청소년들의 문화적 계발을
      위하여 청소년교육에 전력을 바친다.
   四. 우리는 한 개의 농민으로서 농민 대중과 같이 共同勞作하여 자력으
      로 자기생활을 영위하는 동시에 농민들의 생활개선과 영농방법의 개
      선 및 사상의 계몽에 주력한다.
   五. 우리는 자기사업에 대한 연구와 자기비판을 정기적으로 보고할 책임
      을 진다.

하여 민족해방운동기지건설운동을 전개하였다. 1930년대 초에는 만
주에서 철수하였던 정화암 등이 김구의 한인애국단과 합작하여 테러
활동을 전개하였다.

혁명근거지건설론자들이 민족주의자들과 연합 내지 합작한 것은
그들의 국가관, 중국국민당 정부와의 관계 및 공산주의에 대한 적대
감 등에 기인하였다. 혁명근거지건설론자들은 아나키스트 사회로 넘
어가는 과도기에서는 국가의 존재를 인정할 수도 있다는 인식 아래
민족국가 수립을 목표로 설정하고 있었고, 그 점에서 민족주의자와
공감대를 형성하였다. 이 공감대를 기반으로 상호 연합이 이루어졌던
것이다. 혁명근거지건설론자들과 민족주의자들의 연합체인 한족총연
합회의 강령에는 "본회는 국가의 완전한 독립과 민족의 철저한 해방
을 도모한다"는 항목이 포함되어 있는데,[46] 이 항목은 민족해방과 함
께 국가의 독립을 명시하고 있다. 민족해방과 국가의 독립은 동일한
측면을 지니고 있기도 하지만 서로 상반된 측면도 지니고 있다. 즉
민족해방은 개인의 자유를 억압하는 일제의 식민지 지배로부터 한국
민중을 해방시킨다는 의미이나, 국가의 독립은 일제의 식민지 권력을
타도한 뒤 또 다른 지배권력을 확립한다는 것을 전제로 하고 있는 것
이다. 아나키스트들에게 국가란 개인의 절대적 자유를 억압하는 최고
의 강권조직이다. 그럼에도 불구하고 강령에 국가의 독립을 명시하였
다는 것은 아나키스트들이 민족주의자들과 연합하는 과정에서 그들
의 요구를 일정 부분 수용하였음을 의미하는 것으로서, 이는 혁명근
거지건설론자들의 국가관의 전환을 의미하는 것은 아니라 할지라도

六. 우리는 항일독립전선에서 민족주의자들과는 우군적인 협조와 협동작
　　전적 의무를 갖는다.

46) 《外務省警察史-滿洲の部》(外務省文書 SP 205—4) 12827～12833 ; 堀內
　　稔, 1993 〈韓族總連合會について〉,《朝鮮民族運動史硏究》9號, 朝鮮民族
　　運動史硏究會, p. 48에서 재인용.

아나키즘 본령에서의 일탈인 것은 사실이다.

혁명근거지건설론자들이 중국국민당 정부에 참가하고 있던 중국인 아나키스트와 연계하여 활동을 전개하였던 점 또한 민족주의자와의 연합을 가능하게 만들었다. 즉 중국국민당 정부의 지원을 받음으로써, 그들은 민족주의자들에 대해서 동류의식을 가지게 되었고, 그것은 민족주의자에 대한 비판의식을 희석시켰다. 그 대신 혁명근거지건설론자들과 공산주의자와의 대립은 심화되어 갔다. 혁명근거지건설론자들이 민족주의자와 연합한 것에는 공산주의자에 대항하고자 하는 의도도 있었다. 이는 공산주의자와의 관계를 더욱 악화시켜 무력충돌까지 불러일으켰다.

(3) 공산주의 비판

아나키즘이나 공산주의나 자본주의 사회 타도와 사유재산제 철폐, 무계급·무착취사회 건설 등 그 지향하는 바는 동일하다.[47] 그러나 이상사회를 건설하는 방법, 그 사회를 운영하는 원리나 철학적 기초 등은 다르다. 그리고 아나키즘은 주요 목표를 자유에 대한 관심과 통치기구의 폐지를 촉진하는 데 두고[48] 개인의 자율성과 자유의지의 자유연합을 강조하나, 공산주의는 철저한 조직규율과 중앙집권, 그리고 프롤레타리아독재를 강조한다. 이러한 점들은 아나키스트로 하여금 공산주의에 대해 반대하도록 만들었다.

한국인 아나키스트들의 공산주의 비판은 우선 공산주의의 철학적 기초인 변증법적 유물론과 사적유물론 부정으로 나타났다. 류기석(柳

---

47) 다니엘 게렝은 "아나키즘은 사실상 사회주의와 동의어이다. 아나키스트는 본래 인간에 의한 인간의 착취를 폐지할 것을 목적으로 하는 사회주의자"라고 하여(다니엘 게렝, 앞의 책, 52쪽), 아나키즘을 사회주의에 속하고 있는 것으로 파악하고 있다.

48) 위의 책, 52쪽.

基石)은 변증법적 유물론 대신에 귀납법적 유물론을 제시하여 아나키즘의 철학적 기초와 방법론을 확립하였다.[49] 그리고 이달은 관념론의 입장에 서서 유물론을 다음과 같이 비판하였다.

　　그것(관념 ― 인용자)은 인간의식의 기본이어서 모든 인간이 무의식이 아닌 한에는 관념 없는 인간은 인간일 수 없다. 관념 없이 동(動)하는 것은 물질이고 생명은 아니다. 고등한 생명일수록 복잡한 관념의 소유자이다. (중략) 필경 관념이란 말을 매도(罵倒)의 언사를 사용하는 사람들은 유물론자이다. 인간을 돌과 쇠와 같이 해석하는 맑스중독자이다. (중략) 그러나 관념론자는 옛날 그대로의 유심론자가 아니다. 아니 유심론도 유물론도 필경은 동일물이다. (중략) 유물론은 강권기초(强權基礎)의 필요한 철학이다. (중략) 강권을 부정하는 아나키스트는 유물론을 부정하여야 된다. 유물론의 원리는 필연의 원리이고 자유의 후리(厚理 ; 原理의 잘못 ― 인용자)는 아니다. 자유를 부정하는 유물론이다. (중략) 우리가 자유를 긍정하고 유물론을 부정한다고 해서 우리를 부르주아 혹은 종교가라고 말할 이유는 없다. 왜 그러냐 하면 부르주아는 유물론자의 망자이어서 안중에는 물질뿐이기 때문이다. 종교는 신과 불(佛)의 명의로 개인의 절대자유를 부정하는 까닭이다. (중략) 우리는 자유를 위하여 싸우는 아나키스트이므로 필연의 원리에 의한 강권주의 철학 유물론에 반대한다.[50]

이달은 위의 글에서 유물론을 공산주의자와 자유부르주아지가 신봉하는 강권주의 철학으로 규정하고 그것에 반대하였다. 세계의 중심인 인간은 관념을 가진 존재로서 유물론적으로 해석될 수 없으며, 인간을 사물과 같이 유물론적으로 해석하는 것이 바로 공산주의의 오

---

49) 정래동·오남기의 증언(《운동사》, 296쪽에서 재인용). 柳基石이 제시한 귀납법적 유물론이 어떠한 내용을 담고 있는지에 대해서는 알 수 없다.

50) 今月(上海), 〈관념이란 무엇인가?〉, 《黑色新聞》 제35호(1935. 2. 1). 今月은 李達의 필명으로 보인다.

류라는 것이다. 따라서 개인의 절대자유를 추구하기 위해서는 유물론
을 부정해야 한다고 역설하였다.

박렬 또한 〈학자의 허튼소리〉에서 다음과 같이 공산주의자들의 유
물론적 입장을 비판하였다.

> 가와카미(河上)씨는 그가 주재하는 《사회문제연구(社會問題硏究)》에
> 서 "하나의 사회조직은 사회에 생산력이 그 조직 중에서 발전할 여지가
> 있는 한 발전하고, 끝나지 않는다면 결코 붕괴할 염려가 없다. 그러므로
> 이 조건이 갖추어져 있지 않을 때의 사회혁명은 인정되지 않는다"고 말
> 하고 있다. 이것은 바꾸어 말하면 자본주의가 지금의 사회조직내에서 그
> 발전이 막힌다면 필연적으로 붕괴한다. 그리고 이러한 때에만 사회혁명
> 은 인정될 수 있다고 하는 것이다. (삭제) 자본주의가 만약 필연적으로
> 붕괴할 운명에 있다고 한다면 일부러 다대한 희생을 지불하면서 사회혁
> 명을 일으킬 필요는 없을 것임에도, 가와카미(河上)씨는 이것을 필요로
> 하고 있다. (중략) 이것은 요약하자면 한 부르주아학자가 부르주아를 옹
> 호하기 위해 정직한 프롤레타리아를 기만하는 언어에 불과한 것이다.[51]

위에서 보는 바와 같이 박렬은 마르크스의 사적유물론을 '생산력
결정론'적 관점에서 해석한 가와카미 하지메(河上肇)의 견해에 대해
반박하고 있다. 즉 자본주의는 내적 모순에 의해 필연적으로 붕괴할
수밖에 없다는 논리와 자본주의 사회를 타도하기 위해 싸우는 공산
주의자들의 행동은 서로 모순되는 것으로서, 이는 생산력결정론의 허
구성을 드러내 준다는 것이다.

생산력결정론에 대한 비판은 사적유물론 부정으로 이어졌다. 이달
은 이 세상을 변화시키는 것은 인간의 본능적 욕구라는 것을 다음과
같이 설명하고 있다.

---

51) 烈生, 〈學者の戱言〉, 《太い鮮人》 第2號.

굴욕과 궁핍 속에서 나날이 생명의 위협을 받는 우리가 이 현사회를
파괴하고 자유, 행복의 신사회를 건설하려는 것은 학리도 아니고 철학도
아닌 생명 그것이 명하는 당연한 요구이다. (중략) 지식계급은 민상(民
象 ; 民衆의 잘못 ― 인용자)에게 자본론과 레닌의 교리를 강제하며 그
교리 앞에 민상(民象 ; 民衆의 잘못 ― 인용자)의 정당한 요구를 교묘히
말살시키고 자가(自家)의 지배권을 확립하려고 한다. (중략) 훼조(毀造)
한 학리(學理)와 이론과 방법이 가령 일시적으로 이 본능을 억압할 수
있다 할지라도 얼마 되지 않아서 이 본능은 자기자신의 자유 발양(發揚)
을 주장하고 만다. (중략) 불란서혁명이 실패하고 러시아혁명의 유혈의
희생이 민중해방을 성취치 못한 것은 완전히 인간으로서의 욕구에서 출
발하지 안한 원인이 있다. (중략) 번쇄한 이론을 배격하여라. 그래서 자
기의 인간으로서의 높은 욕망으로부터 대담한 실행에 서로 나아가자![52]

이달은 위의 글에서 사적유물론을 부정하고 사회발전의 동력을 인
간의 본능적 욕구에서 구하고 있다. 즉 인류사회는 생산력과 생산관
계의 모순을 해결하는 과정을 통해 발전해 온 것이 아니라, 해방과
자유를 추구하는 민중의 본능적 욕구에 의해서 이 사회가 발전되어
왔다는 것이다. 이 인간의 욕구에서 출발하지 않으면 어떠한 혁명도
성공할 수 없다고 하였다. 본능아연맹(本能兒聯盟)[53]도 "역사적 비약
을 유물론적 변증법적 원리로 간주하지 않고 그 실은 본능적인 투쟁

---

52) 今月(上海), 〈인간적 욕구와 지도이론의 불필요〉, 《黑色新聞》 제33호(1934.
   10. 24).

53) 본능아연맹은 1926년 李鄕, 金大權, 趙複性, 趙時元, 黃基然, 柳愚錫, 元
   道益, 韓何然, 金演彰, 金光冕 등 45인이 원산에서 결성한 아나키스트 단체
   로서 사상계몽에 주력하였다[金貴, 〈朝鮮に於ける 黑色運動〉, 《黑色戰線》
   1卷 6號(1929. 10. 5), 黑色戰線社 ; 〈韓何然鬪爭功蹟記〉(무정부주의운동사
   편찬위원회가 한국아나키즘운동사 편찬을 위하여 자료를 수집하는 과정에
   서 작성된 자료임) ; 朝鮮憲兵隊司令部, 《輓近ニ於スル鮮內思想運動ノ情
   勢(1928年 4月 18日 朝第990號)》(한국역사연구회 편, 1992 《일제하사회운
   동사자료총서》 7, 고려서림, p. 82)].

원리의 현상임을 인정한다"고 하여,[54] 역사발전의 동력을 본능적 욕구에서 구하였다.

흑파(黑坡)[55]는 공산주의의 일체 이론과 사상은 유물사관에 근거하고 있다고 하면서, 그 유물사관의 주된 내용을 일정한 발전단계에서의 생산관계는 물질적 생산력에 적응되고 이들의 총화가 사회의 경제적 구조를 이루며 "법제 정치 일체 사회적 의식의 토대"가 된다는 사회구성론, 사회의 생산력이 일정한 발전단계에 도달하면 생산관계와 충돌하며 생산관계는 생산력 발전의 질곡이 된다는 사회변천론, 생산력의 증장(增長)과 생산관계의 충돌로 일어나는 것이 사회혁명이라는 것, 사회변천은 전적으로 생산력의 발전에 의한다는 것 등으로 요약한 뒤 유물사관을 비판하였다. 즉 유물사관 공식을 따르면 "인간이 사회의 주인공 즉 사회구성분자가 되는 것이 아니라 인간은 인간이외에 존재한 별개물인 사회라는 것의 피동적인 일 부속품"에 불과해진다는 것이다. 그리고 사회변천론은 생산력이 사회변천을 결정하며 인간의 의식은 전혀 관여하지 못한다고 주장하는데, 이것은 잠꼬대이며 정신병자의 미친 소리에 불과하다는 것이며, 사화변천론에 따르면 일제의 식민지 지배로 인해 생산력이 증장(增長)되지 못할 처지에 놓여 있는 한국은, 말하자면, 발전할 만한 생산력을 보기도 전에 민족적으로 멸망할 수밖에 없는 운명에 처하고 만다는 것이다.[56]

---

54) 朝鮮憲兵隊司令部, 《輓近ニ於スル鮮內思想運動ノ情勢(1928年 4月 18日 朝第990號)》(한국역사연구회 편, 1992 《일제하사회운동사자료총서》 7, 고려서림, p. 83).

55) 黑坡는 黑波의 誤記가 아닌가 여겨진다. 黑波는 아나키즘 이론에 밝았던 徐學伊의 호이다. 서학이는 1925년 9월 29일 대구에서 결성된 아나키스트 단체 진우연맹의 창립회원이었으며, 1926년 진우연맹사건으로 투옥되어 징역 5년형을 선고받았다.

56) 黑坡, 〈조선의 해방과 공산주의〉, 《解放運動》 혁신호(1929. 5), 朝鮮東興 勞動同盟, 18~19쪽.

나아가 흑파(黑坡)는 유물사관에 입각한 계급투쟁론까지 부정하였다. 그는 공산주의자들은 폭력적 반항, 군중적 반항 혹은 시가전 등과 같은 수단을 통하여 직접 사회혁명을 목적하는 아나코코뮤니스트들의 노력을 공상·미몽(美夢)에 불과한 것이라고 조소하면서, 생산력이 발달되지 않은 사회에서는 "자본가의 정구(政區)에 들어가서 정권절취(政權竊取)하는 것이 당면의 목적"이라고 주장하고 있으나, 그러한 공산주의자들은 "적국에 들어가서 타협하여 가지고 암암리에 정권을 독점하고, 그래서 정부라는 기관을 운용하여 자본을 절정에까지 발전시키어 유물사관 공식에 맞는 혁명이 저절로 되기를 바라는" 자들에 불과하다고 하면서 계급투쟁론을 비판하였다.[57] 즉 계급투쟁론에 입각해서는 사회혁명을 달성할 수 없다는 것이다.

한국인 아나키스트들은 공산주의의 프롤레타리아독재론과 중앙집권주의에 대해서도 비판하였다. 즉 공산주의자들이 프롤레타리아독재를 사회변혁기인 과도기에는 피할 수 없는 수단으로 정당화하는 것은 민중에 대한 기만책이라는 것이다.[58] 한국인 아나키스트들에 따르면 프롤레타리아독재는 "이론적으로는 무산대중이 정권을 행사하여 전일의 지배계급이고 적인 자본계급을 지배"하는 것이지만, "실질에서는 무산대중을 대표하는 무산당, 그 가운데에서도 당의 간부, 그 간부 중에서도 중앙 최고간부인 1·2인의 독재정치"에 불과한 것이며,[59] "소수 간부의 폭정 하에 민중의 자유가 억압되고 민중의 일체 재산은 국유재산으로서 강탈되는 변형적 자본주의 사회의 연장"에 불과할 뿐이었다.[60] 결국 프롤레타리아독재론은 권력광들이 자신의

57) 黑坡, 앞의 글, 20~21쪽 참조.

58) 白民, 〈무정부주의란 무엇인가〉, 《南華通訊》 1936년 1월호[《思想彙報》 第7號(1936. 6), 朝鮮總督府高等法院檢事局思想部, p. 183].

59) 有何, 〈정치운동의 오류〉, 《南華通訊》 1936년 1월호[《思想彙報》 第7號 (1936. 6), p. 185]. 有何는 李何有의 필명으로 사료된다.

220

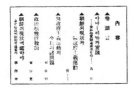

號 刊 創

일본에 있던 한국인 아나키스트들이 간행한 잡지 《자유콤뮨》.

권력 장악을 위해 민중들을 동원할 목적으로 조작한 이론에 불과하다는 것이다.

나아가 프롤레타리아독재론의 태생적 한계를 지적하기도 하였다. 즉 마르크스가 프롤레타리아독재정치를 시인하게 된 것은 《자본론》에서 현대 자본주의 사회의 구성요소인 자본의 사회적 착취활동과 그 수단방법에 대해서는 예리하게 해부하였지만, 권력과 자본의 관계, 정치와 착취의 관계를 끝끝내 발견하지 못하였기 때문이라는 것이다.[61]

아나키스트들이 프롤레타리아독재론과 중앙집권주의를 비판한 것은 그것들이 지니고 있는 강권적이고 권력지향적인 측면 때문이었다. 강권은 개인의 자유의지의 실현을 가로막는 가장 큰 장애물로서 아나키스트들은 이를 철저히 배격하였다. 한국인 아나키스트들에게 프롤레타리아독재정치는 정치체의 변혁과 지배자의 경질에 불과할 뿐이었다. 박렬은 공산주의자들의 강권적이고 권력지향적인 측면을 다음과 같이 비판하였다.

작년 5월 일본에서 볼셰비키의 원로로 말해지고 있는 야마카와(山川) 대선생이 무산계급의 방향전환이라는 것을 주장한 이래, 일본의 사기꾼적인 권력광들은 빨리 이 방향전환론의 호령에 맞추어 왕성하게 프롤레타리아의 정치운동을 설명하고, 또 무산계급 정당의 필요, 정치적 전 권

---

60) 〈이상과 혁명〉, 《南華通訊》 1936년 12월호(《思想報告集》 其の二, p. 497).
61) 哲, 〈조선의 현상과 무정부주의운동〉, 《自由콤뮨》 창간호(1932. 12), 6쪽,

력의 수탈을 강하게 주장하였다. 그러자 최근에 이르러서는 도쿄에 재류하는 일부 조선의 사회운동자, 노동운동자의 가운데에까지 이러한 지배적 권력광이 나타나고 있는 모양이다. 정치와 권력은 그 사물의 본질에서 소수의 사람들이 자신들의 지배적 지위를 옹호하고 다수의 정직한 사람들을 착취하고 압박하기 위한 무기이다. (중략) 이것은 요약하면 그들 볼셰비키의 권력광적인 야심가들의, 그들 자신이 현재의 부르주아를 대신해서 민중을 지배하고 착조(搾助 ; 搾取의 잘못 — 인용자)하고자 새로운 특권계급이고자 하는 속임수, 그것도 민중을 기만하여 현재의 자본주의국가의 권력에 아첨하고자 하는 사이비혁명가적 비굴한(卑屈漢)의 소행에 불과한 것이다.[62]

박렬은 위의 글에서 야마카와 히토시(山川均)의 방향전환론에 입각하여 공산주의자들이 무산계급 정당의 필요성과 권력 탈취를 주장하는 것에 대해 강도 높게 비판하고 있다. 즉 정치와 권력의 필요성을 주장하는 것은 권력광적인 야심가들인 볼셰비키들이 노동자·농민을 이용해서 자신들의 권력욕과 지배욕을 채우기 위해 내세우는 술책에 불과할 뿐이라는 것이다.

한국인 아나키스트들의 공산주의 비판은 소비에트 러시아에 대한 실망감으로 인해 더욱 촉진되었다. 러시아에서 사회주의혁명이 일어나자 아나키스트들은 초기에는 여기에 상당히 고무되고 이를 지지하였다. 그러나 소련에서 반혁명세력으로부터 혁명을 지킨다는 명분으로 프롤레타리아독재가 행해지자 아나키스트들은 실망하고 소련을 비판하기 시작하였다. 한국인 아나키스트들도 소련의 실상을 접하면서 소련에 대해 비판적 입장을 가지게 되었다. 《후토이센징(太い鮮人)》 제1호는 1917년 11월 7일을 볼셰비키에 의해서 러시아혁명이 타락하는 최초의 날로 규정하고, 볼셰비키가 로마노프가(家)를 대신하

---

62) 朴烈,〈朝鮮の民衆と政治運動 — 詐欺師的權力狂共を排す〉,《現社會》第4號(1923. 6. 30).

흑도회가 분열된 뒤 박렬과 가네코 후미코(金子文子)가 간행한 《후토이센징(太い鮮人)》(왼쪽). 그리고 《후토이센징》의 후신인 《현사회》.

여 러시아의 프롤레타리아를 착취하기 시작하였다고 비난하였다.[63]

나아가 한국인 아나키스트들은 프롤레타리아독재를 시행하고 있는 소련을 파시스트국가보다 더한 전무후무한 독재국가라고 비판하면서 볼셰비키와는 도저히 융합할 수 없다고 선언하였다.

러시아혁명 당시와 십수 성상을 지낸 오늘 과거를 회고하고 현실을 정시(正視)할 때 그의 가면 쓴 기만행동은 인도상 또는 사회도덕상 도저히 묵인할 수 없다. (중략) 볼셰비키는 자기의 목적을 달성하기 위하여 — 정권을 획득하기 위하여 강권으로 희생적 혁명분자인 아나키스트와 자기의 반대파를 잔인 무도하게도 총살, 축방(逐放) 감금 등 형형색색의 행위로 반대파를 없애고 1국1당주의로 프로독재정권을 확립하였다. (중략) 저들 쏘베트정부는 프롤레타리아혁명을 표방하고 프롤레타리아와

---

63) 〈記憶すべき 日!?〉, 《太い鮮人》 第1號.

농민 노동자의 고혈의 최후의 한 방울까지 착취 약탈하면서 프롤레타리
아국가의 탈을 쓰고 민중을 기만하고 전제와 횡포를 다하고 있다. (중
략) 보라! 적로(赤露)는 쌓였던 야심을 감추지 못하고 대외적으로는 표
면으로 갖은 욕을 다하는 자본주의 그 중에도 세계 일류인 미국과 악수
하고 이어서 제국주의와 자본주의의 동업조합인 국제연맹에 가입하여
당임(當任 ; 常任의 잘못 ― 인용자)자리를 차지하고 세력을 다투고, 대
내적으로는 파시스트적 독재 ― 아니 그보다 더한 세계 무쌍의 프로독재
를 행사하여 민중을 혹사하고 아사와 총살을 여지없이 하고 있다. 이것
이 현 적로(赤露)의 진상이다.[64]

위의 글에 의하면 소련은 더 이상 노동자·농민의 나라가 아니라
오히려 역대의 어떠한 정권보다 노동자·농민을 혹심하게 억압 수탈
하는 나라에 불과하며, 러시아혁명에서 가장 다대한 공을 세운 아나
키스트들을 무참히 학살한 독재정권이었다. 공산주의자들의 목적은
정권을 장악하는 것일 뿐이며 세계혁명 운운하는 것은 무산대중의
안목을 흐리게 하기 위한 것에 불과하며, 프롤레타리아독재는 민중을
해방시키는 것이 아니라 오히려 민중을 압살하고 아사케 하는 것일
뿐이었다.

러시아의 실정을 파악한 한국인 아나키스트들은 반대의 차원을 넘
어 공산주의자들을 "씨도 없이 모조리 박멸해야" 할[65] 타도의 대상으
로 설정하고 인류의 적으로 규정하였다.[66] 《탈환》 제9호(1930. 4. 20)는
공산당을 한국혁명선상의 일본의 주구와 동일하게 최대 장애물로 규
정하였으며,[67] 흑풍회(黑風會)[68]는 사무실 벽에다 "자본가와 동일한 적

---

64) 〈赤露獨裁의 정체 폭로〉, 《黑色新聞》 제34호(1934. 12. 28).

65) 〈크론스타트 水兵의 반역〉, 《黑色新聞》 제36호(1935. 3. 18).

66) 〈朝鮮民衆に訴ふ ― 新興獨裁運動を排擊せよ〉, 《黑色青年》 第12號(1927.
9. 5).

67) 〈不逞鮮人刊行物『奪還』金佐鎭ニ關スル記事 ― 奪還4月20日發行第9號
譯文〉(1930年 6月 27日附 在北平矢野公使館一等書記官 → 幣原外務大臣

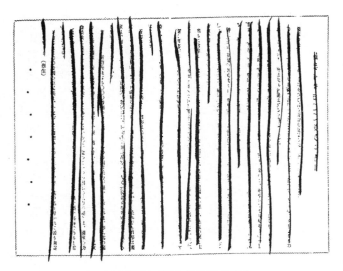

일제의 검열로 삭제된 《현사회》의 지면.

인 공산당 일파를 배격하자”, “직업적 운동자를 방축하고 정치운동자를 매장하자”, “중앙집권주의를 배척하고 자유연합주의를 고창하자”, “중앙주권주의의 공산당을 박멸하자” 등과 같은 공산주의자를 제1의 적으로 간주하는 표어들을 부착하여[69] 놓고 공산주의자들에 대한 전의를 불태웠다.

한국인 아나키스트들의 공산주의에 대한 투쟁은 《후토이센징(太い鮮人)》, 《현사회》, 《민중운동》, 《정의공보(正義公報)》, 《탈환》, 《남

報告).

68) 흑풍회는 1927년 2월 不逞社(黑色戰線聯盟의 후신)를 개칭한 재일본 한
국인 아나키스트 단체이다. 주요 회원은 張祥重·李宏根·朴芒·鄭泰成·金鍵·
元心昌 등이었으며, 1928년 1월 다시 黑友聯盟으로 개칭되었다.

69) 朴尙僖, 〈東京朝鮮人團體歷訪記(33)〉, 《朝鮮思想通信》 1927년 12월 13일
자(《在日朝鮮人史研究》 第5號, 在日朝鮮人運動史研究會, 1979, p. 135).

화통신》,《흑색신문》 등의 각종 잡지를 통한 반공산주의 선전활동과
함께 무력충돌의 형태로 전개되었다. 1927년 원산청년회 안에서 발생
한 이주하(李舟河)·김삼룡(金三龍) 일파의 공산주의 세력과 조시원(趙
時元), 이향(李鄕) 등의 본능아연맹 사이의 분규는 당시 국내에서의
아나키즘과 볼셰비즘의 대립을 상징하는 사건이었다.[70] 평양에서도
아나키스트와 공산주의자 사이에 대립이 발생하여, 아나키스트들은
1927년에 "신흥 독재가들(볼셰비키 — 인용자)의 철저한 박멸"을 그 취
지로 하는 관서동우회(關西同友會)를 결성하여[71] 공산주의자들에 대
항하였다. 그리고 1930년 5월 30일 단천 천도관(天道館 ; 天道敎의 잘
못 — 인용자) 회당(會堂)에서 개최된 신흥청년연맹(新興靑年聯盟) 창
립대회에서도 아나키스트와 공산주의자 사이에 물리적 충돌이 일어
났다. 이 충돌은 신흥청년동맹이 자유연합주의에 의한 인류해방운동
을 그 기조로 하는 선언·강령을 낭독하자 거기에 공산주의자들이 반
발하면서 일어났다.[72] 1931년 1월에 또 한 차례 충돌이 발생하여 칼부
림까지 일어났는데, 신흥청년연맹원 김형종이 단천농민조합(端川農民
組合 ; 공산주의계)에 가입한 것이 원인이었다.[73]

한국인 아나키스트들의 공산주의에 대한 투쟁이 가장 활발하게 일
어난 곳은 일본이었다. 재일본 한국인 아나키스트들은 1927년 5월 7
일 아나키스트계 단체만 참가하지 않은 채 신간회 도쿄지회가 결성
되자,[74] 공산주의자에 대한 투쟁을 더욱 치열하게 전개하였다. 1927년
10월 24일 흑풍회가 주도한 신간회(지회장 조헌영)와 조선청년연맹(朝

---

70) 신일철, 1988 〈한국무정부주의운동〉,《한민족독립운동사》 4(국사편찬위
   원회 편), 525쪽.
71)《小作人》第3卷 第2號(1928. 2. 5).
72)《自由聯合新聞》第49號(1930. 7. 1) 참조.
73)《동아일보》1931년 1월 9일자.
74)《朝鮮人の共産主義運動》, p. 26·65 ; 朴尙僖, 앞의 글, p. 117·145 등을 종합.

鮮靑年同盟) 습격사건, 1928년 5월 이용대(李龍大), 원심창(원훈) 등의 도쿄조선노동조합(東京朝鮮勞動組合) 북부지부 사무소 습격사건, 1929년 6월 도쿄유학생학우회(東京留學生學友會)의 춘계운동회사건 등은 재일본 한국인 아나키스트들의 대표적인 반공산주의투쟁이었다. 조선자유노동자조합(朝鮮自由勞動者組合)[75]과 조선동흥노동동맹(朝鮮東興勞動同盟),[76] 그리고 극동노동조합 등 재일본 한국인 아나키스트들의 노동단체들도 간토토목건축노동조합(關東土木建築勞働組合) 도쿄지부(東京支部) 고토바시분회(江東橋分會) 사무소를 습격 파괴하는 등 공산주의자와의 투쟁을 적극적으로 전개하였다.[77]

재중국 한국인 아나키스트들의 공산주의에 대한 투쟁은 재중국조선무정부공산주의자연맹이 신간회 결성에 반대하면서부터 본격적으로 전개되었다. 재중국조선무정부공산주의자연맹 상해부(上海部)는 1928년 7월 9일 '상해(上海) 교민에게 격(檄)한다'는 제목의 격문을 발행하여 독립유일당운동을 주도하던 중국본부한인청년동맹 상해지부(上海支部) 내의 파벌투쟁을 비판하고 혁명운동자의 자유연맹을 조직할 것을 주장하였으며, 1928년 8월 19일에는 "신자치파인 공산당을 주토(誅討)한다"는 글을 발표하여,[78] 공산주의자의 운동노선을 비판하

---

75) 朝鮮自由勞動者組合은 자유노동자를 대상으로 1927년 2월 말 張祥重·吳宇泳·卞榮宇·鄭甲辰(振의 잘못 — 인용자)·李宗文 등에 의해 결성되었다.

76) 朝鮮東興勞動同盟은 자료에 따라서는 東興勞動同盟會로 기록하기도 하였다. 필자도 〈在日本 조선인 아나키스트들의 조직과 활동〉에서 東興勞動同盟會로 서술하였다. 그러나 기관지 《解放運動》에 朝鮮東興勞動同盟으로 기록되어 있으므로, 朝鮮東興勞動同盟이 정확한 명칭이다. 1926년 9월 결성될 당시에는 재일본조선노동총동맹에 가입하고 있었으나, 1927년 9월 18일 제3회 정기총회에서 공산주의와 결별하고 아나키즘을 그 지도사상으로 하였다[〈ボル主義を捨て更生の朝鮮東興勞動〉, 《自由聯合》 第17號(1927. 10. 5), 全國勞働組合自由聯合會].

77) 재일본 한국인 아나키스트들의 반공산주의투쟁에 대해서는 이호룡, 앞의 글(1998), 183~184·195~196쪽 참조.

였다. 1929년 국내에서 광주학생운동이 일어나자 재중국조선무정부
공산주의자연맹에서는 세포단체 흑치단(黑幟團) 명의로 같은 해 12월
25일자로 '자치권 획득 및 합법운동자 박멸 선언'이라는 제목의 격문
을 배포하여, "볼세비키는 학생운동을 강간한 이후 합법운동을 절규
하였다. 그들은 어제까지는 절대독립을 주장하였으나 지금은 자치를
요구"하고 있다면서 민족주의·공산주의 양파를 공격하였다. 중동선
(中東線) 해림(海林)을 근거로 하는 재만조선무정부주의자연맹에서도
"학생사건(광주학생운동 — 인용자)은 정복자 대 피정복자의 항쟁"이라
고 하고 "현재의 민족·공산 양파의 운동은 무익하여 박멸해야 한다"
는 뜻의 격문을 배포하였다.[79] 만주에서의 한국인 아나키스트와 공산
주의자의 대립과정에서 김좌진이 암살당하기도 하였다.

2) 사회구상

(1) 아나코코뮤니즘

한국인 아나코코뮤니스트들은 건강한 사람은 각자의 능력에 따라
일하고, 노인·유아·병자 등은 일하지 않고도 필요에 따라 취하며, 상
호부조와 공동연대의 책임 하에 동생공락(同生共樂)을 추구하는 것을
아나키즘의 근본원리로 규정하고,[80] 그 원리가 실현되는 아나코코뮤
니스트 사회를 건설하고자 하였다. 그들이 구상하였던 아나코코뮤니
스트 사회의 모습을 남화한인청년연맹의 〈선언〉을 통해 살펴보면 다
음과 같다.

조선 민중이 조선에 건설하려는 사회는 이러한 사회적 병근(病根), 사

---

78) 在上海日本總領事館警察部第2課, 《朝鮮民族運動年鑑》, pp. 307～308·311.

79) 朝鮮總督府警務局 編, 《光州抗日學生事件資料》, p. 223·227 참조.

80) 白民, 앞의 글, p. 183.

유재산, 국가정부의 조직 및 위도덕(僞道德)을 완전히 파괴한 후에 비로소 건설할 수 있을 것이다. 만물은 누구라도 내 것이라고 주장할 권리가 없다. 각 개인이 자기의 필요에 응(應)하여 취하고 자기의 능력에 따라 일하는 절체적(絕體的) 공산사회이지 않으면 안된다. 그렇게 되면 가장 먼저 금전의 필요가 없어지게 된다. 농업과 공업을 과학적으로 종합하여 가장 유리하게 생산하는 것이 가능해진다. 농촌의 형식을 가진 도시, 또한 도시처럼 편리한 농촌이 각각 자유로이 연합하는 것이 가능한 지구상의 예술적 사회로 되지 않으면 안된다. 각인이 자유의지로써 선택한 사회를 만들고 또 자유롭게 일할 수 있는 사회이다. 그런 까닭에 지능노동(智能勞動)과 근육노동의 구별이 없게 되고, 각인이 마음대로 그 개성을 신장하는 것이 가능해진다. 어느 누구도 일하는 것을 싫어하지 않게 된다. (중략) 이와 같이 신사회에서는 종래와 같이 위도덕(僞道德)의 압박을 받아 부모만이 아무런 의식 없이 소년소녀를 결합시키는 결혼제도는 당연히 소멸될 것이다.[81]

위의 〈선언〉에 나타나는 바와 같이 남화한인청년연맹이 건설하고자 하였던 사회는 첫째, 사유재산제도와 국가·정부의 조직이 파괴되어 존재하지 않으며, 능력에 따른 노동과 필요에 따른 분배[各盡所能 各取所需] 원칙에 의해 운영되는 아나코코뮤니스트 사회였다. 아나코코뮤니스트 사회에서는 국가제도가 폐지되는 대신 코뮨을 단위로 자유연합에 의한 사회조직으로 변혁되며,[82] 사유재산제도가 철폐되는 대신 공산제가 실시된다. 이 "공산제는 자본을 정부로 집중하는 집산주의 맑스의 간판적 공산주의 ─ 정부 어용의 공산주의 ─ 강권적 공산주의가 아니라 정부가 없는 생산단체 자치의 자유공산주의 ─ 무정부공산주의"로서,[83] 모든 재화는 사적 소유나 국가 소유가 아니라 단

81) 南華韓人靑年聯盟,〈宣言〉[《思想彙報》第5號(1935. 12), 高等法院檢事局, pp. 114~115].

82)〈朝鮮共産無政府主義者聯盟の綱領〉,《自由聯合新聞》第79號(1933. 4. 10) ; 최갑룡, 1995 《어느 혁명가의 일생》, 이문출판사, 30쪽.

위조직인 코뮨의 공동소유로 된다. 그리고 자신이 노동한 만큼 분배 받는 집산주의적 아나키스트 사회나, "노동하지 않는 자는 먹지 말라"고 하는 원칙에 의해서 "임금노예로 되지 않으면 먹을 수 없"는[83) 소비에트 사회와는 달리, 각 개인은 능력껏 일하고 필요한 만큼 분배 받는다.

둘째, 각 개인이 자신의 욕구를 충족시키면서 살아갈 수 있도록 생산구조가 재편된 예술적 사회였다. 자본주의 사회에서는 사람의 필요에 의해서가 아니라 자본가의 이윤추구에 따라 생산이 이루어진다. 그 결과 산업간, 지역간 불균등 발전이 이루어져 농업과 공업, 도시와 농촌 사이의 격차가 현격하게 벌어진다. 그리고 이윤의 최대화를 추구하는 과정에서 능률을 본위로 하는 분업제도가 실시됨에 따라 정신노동과 육체노동이 분열된다. 이와는 달리 아나코코뮤니스트 사회에서는 각 개인이 자신이 하고 싶은 일을 하면서 개성을 발전시키며 육체노동과 정신노동이 통합된다. 그리고 전 사회와 전 산업이 서로 유기적 관련을 맺으면서 균형 있게 발전함에 따라 공업과 도시만이 발달하는 것이 아니라, 공업과 농업이 일체화되며 "지방분산적 산업조직으로 개혁"되어[85) 산업이 분산된다. 이리하여 생산은 민중의 생활을 풍족하게 하는 데 복무한다.

셋째, 각 개인이 자신의 본능적 욕구와 자유의사에 따라 생활하는, 위도덕(僞道德)의 압박이 사라진 자유로운 사회였다. 아나코코뮤니스트 사회에서는 도덕과 종교, 가족제도 등이 소멸된다. 그것은 도덕이나 종교는 지배계급이 자신의 지배를 합리화하고 민중을 기만하기

---

83) 〈奪還의 주장〉, 《奪還》 창간호(1928. 6. 1), 在中國朝鮮無政府共産主義者 聯盟.

84) 白民, 앞의 글, p. 182 참조.

85) 〈朝鮮共産無政府主義者聯盟の綱領〉, 《自由聯合新聞》第79號(1933. 4. 10) ; 최갑룡, 앞의 책, 30쪽.

위해 만들어 놓은 이데올로기에 불과하고, 가족제도 또한 개인의 자유의사를 구속하는 제도에 불과하기 때문이다. 위도덕의 압박에 의해 부모가 일방적으로 정하는 결혼 또한 부정되고 남녀간의 자유연애가 보장된다.

재중국조선무정부공산주의자연맹이 건설하고자 한 사회의 모습도 남화한인청년연맹의 〈선언〉에 나타난 사회와 거의 동일하다. 즉 재중국조선무정부공산주의자연맹이 건설하고자 한 사회는 국가를 비롯한 일체의 집권적 조직, 사유재산제도, 종교, 결혼제도 — 가족제도가 폐지되고, 산업적 집중이 없어지고 공업과 농업의 병합 즉 산업의 지방적 분산이 실행되며, 공산주의가 실행되는 사회였다.[86] 재만조선무정부주의자연맹 역시 "각인은 능력껏 생산에 근로를 바치며 각인(各人)의 수요에 응(應)하여 소비하는 경제질서"를 확립하여,[87] 아나코코뮤니스트 사회를 건설하고자 하였다.

한국인 아나코코뮤니스트들은 상호부조를 사회운영원리로 수용하였다. 재만조선무정부주의자연맹의 강령 속에는 "모든 사람은 평등하므로 각인은 자주 창의로 또는 상호부조적 자유합작으로써 각인의 자유로운 발전을 기한다"는 항목이 포함되어 있다.[88] 한국인 아나코코뮤니스트들에 따르면 각 개인이 자아의 강한 요구에 근거해서 행동함에도 불구하고 각 개인이 서로 으르렁거리지 않고 서로 친합(親合)하고 부합(扶合)하면서 살아가는[89] 것은 인간사회가 공동성과 연대성에 기초하고 있기 때문이다. 이와 관련해서 이달은 다음과 같이 말하고 있다.

---

86) 〈在中國朝鮮無政府共産主義者聯盟綱領草案〉, 《奪還》 창간호 증간(1928. 6. 15), 在中國朝鮮無政府共産主義者聯盟 참조.
87) 이을규, 앞의 책, 88쪽.
88) 위와 같음.
89) 黑濤會, 〈宣言〉, 《黑濤》 第1號(1922. 7. 10) 참조.

최초 동물은 …… 그 개체라 볼 수 있는 것은 전체의 일 요소이고 독립한 개인성을 갖지 못한즉 사회만이 존재하고 개인이 존재하지 않는 상태이었다. (중략) 그 다음에 비록 개체가 사회로부터 분리되어 있으나 그러나 분업제도에 의하여 개체와 사회로부터 분리되어 개체는 그 구조상 사회의 기계로 되어버린 것이다. (중략) 셋째는 개체가 완전히 개성을 획득하고 사회와 분리되어 자유로 되어 있다. (중략) 이상에 의하여 동물은 개인과 사회와의 완전한 조화와 공동에 향하여 진화되고 있음을 알 수 있다. 사회가 본위이고 개인이 종위(從位)되는 것은 진화법칙에 위반된다. 공산주의자와 같이 계급을 긍정하고 개인과 자유를 부정하는 방식은 확실히 동물진화의 법칙을 파괴하고 …… 퇴화한 것이다. 또 인간만을 인정하고 사회를 부인하는 방식도 진화법칙에 위반되며 자본주의와 개인주의가 그것이다. (중략) 지금 한 가지 특필할 것은 하등 고등 일체의 동물을 통하여 정부를 가지지 않는 것이다. 개미의 유전적(遺傳的) 사회본능은 정부 지도자 경찰 법률 없이 훌륭한 무정부주의적 조직에로 발전시켰다. 이 조직의 조정율은 심오한 사회연대성이다.[90]

위의 글에 의하면 인류사회는 '① 개체는 전체의 일 요소일 뿐 독립한 개인성을 가지지 못하는, 즉 사회만이 존재하고 개인이 존재하지 않는 상태 → ② 개체가 사회로부터 분리되어 있으나 분업제도에 의하여 그 구조상 사회의 기계로 되어 버린 상태 → ③ 개체가 완전히 개성을 획득하고 사회와 분리되어 자유로운 상태'로 개인과 사회와의 완전한 조화와 공동을 향하여 진화되어 왔다. 그리고 인류사회를 발전시켜 온 것은 정부나 경찰과 같은 지배권력이 아니라 사회연대성이다. 따라서 지배나 강권의 필요성을 강조하는 것은 강권주의자나 지배욕에 사로잡힌 자들이 자신의 지배를 유지하고 합리화하기 위한 것에 불과하다.

강창(姜昌)은 인류사회는 상호부조에 의해서 발전되어 왔으며, 자

---

90) 今月, 〈동물의 共同性과 사회의 연대성〉, 《黑色新聞》 제31호(1934. 8. 29).

유연합주의에 의해서만 진정한 해방을 쟁취할 수 있다고 주장하였다. 즉,

> 강권적 지배욕자(支配慾者)들은 말한다. 지배가 없다면 인간은 재차 야만상태로 돌아갈 것이라고 ― 곧 강권이 없다면 인간은 일종의 호랑이 일종의 사자와 같이 서로 잡아먹으려고 한다고 한다. (중략) 인류는 몇 천년 몇 백년 간 그 전제 그 강박에 억눌려도 그 심저에 흐르는 상호부조적, 창조적, 자주적으로 생활을 영위하는 것이다. 인간은 결코 놈들이 말하는 것과 같은 것이 아니다.
> 과거 몇 백년이라고 하는 오랜 역사의 영야(領野)를 통하여 인류의 가장 광휘가 있는 ― 즉 안전시대는 강권이 존재하였기 때문이 아니고 그것은 자유와 지방생활이 아직 ??(강권?―인용자)에 의해서 파괴되지 않았던 시대이다 ― 그 때에는 대중은 코뮨(촌락공산체)과 자유연합의 가운데에서 인간은 비로소 본능적 생활을 영위하는 것이다. (중략) 민중의 진정한 해방은 마르크시즘도 아니며 파시즘도 아니며 또 자본주의도 아닌 것이다. 그것은 확실히 지배적이지도 않으며 복종적이지도 않다 ― 곧 인류의 본능의 발로이다. 고로 자유합의적인 자유연합주의라야만 비로소 가능한 것이다.[91]

라고 하여, 인류사회는 강권에 의해서가 아니라 상호부조에 의해서 유지 발전되어 왔으며, 개인의 자유의지의 연합 즉 자유연합을 추구하는 것은 인간의 본능이라고 하면서, 민중이 억압과 착취의 굴레에서 진정으로 해방되기 위해서는 강권을 타파하고 자유연합주의에 근거해야 한다고 주장하였다.

한국인 아나키스트들은 크로포트킨의 유언을 따라 상호부조의 원리에 의해 운영되는 아나코코뮤니스트 사회를 건설하는 것은 자신들의 의무이며,[92] 그러한 사회를 건설하는 원동력은 공동(共動)과 연대

---

91) 姜昌, 앞의 글.
92) 〈2월 8일! 크로옹의 추억, 무정부공산사회건설투쟁을!〉,《黑色新聞》제35

라고 역설하였다.[93] 아나코코뮤니즘을 표방하고 지식인의 지도를 배척하기 위해 노동자만으로 조직되었던 조선자유노동자조합은 자기생활을 향상시키기 위해 노력하는 것과 함께 상호부조의 도덕으로 외적(外的) 제물(諸物)을 대하는 것을 조합의 정신으로 삼았다.[94]

(2) 아나코생디칼리슴

한국인 아나키즘은 아나코코뮤니즘이 주류를 이루었으나, 아나코생디칼리슴도 국내와 재일본 한국인 아나키스트들에게 일정한 영향을 미쳤다. 1920년대 초 아나코생디칼리슴이 일본 사회주의 사상계를 주도하고 있었음에도 불구하고, 일본 아나키스트들의 영향 아래 있던 재일본 한국인 아나키스트들은 1920년대 초까지 아나코생디칼리슴을 거의 수용하지 않았다. 그러나 1922년 니가타현 나카츠가와 댐 공사장에서 한국인 노동자 집단학살사건이 일어나자 일본에 있는 한국인 노동자 문제에 대해 관심을 기울이기 시작하였다. 이를 계기로 재일본 한국인 아나키스트들은 아나코생디칼리슴의 영향을 받기 시작하였다.

재일본 한국인 아나키스트들은 재일본 한국인 노동자들을 조직하고자 노력하였다. 이들은 재일본 한국인 노동자 사이에서 노동운동을 일으킬 목적으로 노동자유연맹과 노동자진회(勞動自進會)를 결성하였으며,[95] 이외 흑운노동회(黑雲勞動會), 자유노동자동맹, 조선노동동맹회 등의 결성에도 참가하였다.

재일본 한국인 아나키스트들은 노동자 단체를 조직하면서 아나코

호(1935. 2. 1).

93) 〈노동쟁의와 소작쟁의의 최근의 경향 — 共働과 연대적 정신에 대하여〉, 《黑色新聞》 제31호(1934. 8. 29).

94) K生(朝鮮自由), 〈朝鮮自由勞動者組合の産れた理由〉, 《自由聯合》 第11號(1927. 4. 5), 全國勞働組合自由聯合會.

95) 栗原一男의 "第4回 訊問調書"(《裁判記錄》, p. 191).

생디칼리슴에 입각한 조직원칙을 제기하였다. 홍진유(洪鎭裕)는 "노동자는 노동운동을 하지만 노동자 자신이 하는 것이다. 공산주의자와 같이 노동경험이 없는 놈들이 야심 때문에 노동자 위에 서 있다. 노동자는 노동자 자신이 자신의 이해관계를 고려하고 자신이 하는 것"이라고 하여[96] 노동자에 의한 노동운동을 강조한 뒤, 노동자들만으로 조직을 결성할 것을 주장하였다. 즉 노동자진회를 결성할 당시 '현재 노동하고 있는 노동자'를 단위로 조직하여야 한다고 주장하여, 현재 노동하고 있지 않은 자가 전에 노동자였다고 하는 이유만으로 조합원의 자격을 가지는 것을 거부하였다.[97] 노동자들만의 조직을 강조한 것은 아나코생디칼리슴의 영향이다.[98]

그러나 재일본 한국인 아나키스트와 국내 아나키스트 사이에서 아나코생디칼리슴이 하나의 조류를 형성하기 시작하는 것은 1920년대 후반부터이다. 1923년부터 일본에 있는 한국인 노동자 수가 급증하면서 재일본 한국인 공산주의자들은 노동자 조직화에 집중하였고, 노동운동에 대한 공산주의자들의 영향력은 점차 증대하였다. 이에 자극을

---

96) 洪鎭裕의 "第2回 調書"(《裁判記錄》, p. 159).
97) 栗原一男, 〈叛逆者傳(2) ― 洪鎭祐〉, 《自由聯合新聞》 第41號(1929. 11. 1).
98) 아나코생디칼리슴만이 노동자의 자율성을 강조하는 것은 아니다. 마르크시즘에서도 노동자의 주체성과 자율성을 강조한다. 즉 마르크스는 1864년 국제노동자협회(제1인터내셔널)의 잠정규약 첫머리에서 "노동자 계급의 해방은 노동자 계급 자신의 과업일 수밖에 없다"고 하여(마르크스·엥겔스, 1988 《마르크스·엥겔스저작선》, 거름, 150쪽) 노동운동에서의 노동자의 주체성을 강조하였으며, "국제노동자협회의 임무는 노동자계급으로부터 자연발생적으로 생겨나는 다양한 운동들을 서로 연결시키고 일반화하며, 그것들에 통일성을 부여하는 것이지 특정한 이론체계를 운동이 받아들이도록 명령하거나 혹은 강요하는 것이 아니다"라고 하여(마르크스·엥겔스, 1988 《맑스·엥겔스의 노동조합 이론》, 샛길, 77쪽) 전위조직에 의한 일방적 지도를 부정하였다. 그러나 1920년대의 마르크시스트들은 전위조직이 노동운동을 비롯한 대중운동을 지도해야 한다는 것을 강조하고 있었다.

받은 아나키스트들도 노동자 조직화에 관심을 기울이게 되었다. 그
결과 1927년 2월 말에 재일본 한국인 아나키스트들의 대표적 노동단
체 가운데 하나인 조선자유노동자조합이 결성되었고, 1927년 9월에
는 조선동흥노동동맹이 공산주의의 영향권에서 벗어나 아나키즘을
표방하게 되었다. 노동자단체임에도 불구하고 사상단체로서 기능하
였던 조선자유노동자조합과는 달리 조선동흥노동동맹은 노동자들의
권익 옹호를 목적으로 하였다. 대표적인 아나코생디칼리스트였던 이
홍근이 조선동흥노동동맹에 깊숙이 관계하면서[99] 조선동흥노동동맹
은 점차 아나코생디칼리슴적 경향을 띠어 갔다.[100] 재일본 한국인 아

---

99) 《要史》, pp. 162~163 참조. 《治安狀況 — 8年》, p. 28에는 이홍근을 黑戰
    派로 분류하고 있다. 黑戰派 내지 黑戰系는 아나코생디칼리스트들을, 黑旗
    派 내지 黑旗系는 순정아나키스트들을 지칭한다. 그것은 순정아나키스트들
    과 아나코생디칼리스트들이 각각 《黑旗》와 《黑戰》을 간행하였던 데에서
    연유한다. 《黑色文藝》, 《二十世紀》, 《黑蜂》의 3개 문예지를 합동시켜 1929
    년 1월에 《黑色戰線》을 창간하였는데, 이 잡지에 점차 아나코생디칼리슴적
    논조를 띤 글이 발표되기 시작하였다. 이를 둘러싸고 논쟁이 벌어져 《黑色
    戰線》은 순정아나키스트계와 아나코생디칼리스트계로 분열되었으며, 순정
    아나키스트들은 1930년 1월부터 《黑旗》를, 아나코생디칼리스트들은 1930
    년 2월부터 《黑戰》을 발행하였다. 그러나 《黑色戰線》의 주력은 《黑戰》으
    로 갔다(星野準二, 1975 〈『黑色戰線』解說資料 黑色戰線の頃〉, 《黑色戰
    線》, pp. 1~2 ; 塩長五郎, 1975 〈『黑色戰線』について〉, 《黑色戰線》, pp. 3~
    4). 內務省警保局, 〈在留朝鮮人の運動〉, 《社會運動の狀況(1931)》(《資料
    集成》 2, p. 308)에는 이홍근이 대표적인 한국인 순정아나키스트단체인 조
    선자유노동자조합 결성에도 관계한 것으로 기록되어 있지만, 이는 張贊壽
    (張祥重 — 인용자)·이홍근 등이 흑우회 재건에 참여한 것을 조선자유노동
    자조합 결성에까지 연장시켜 서술한 것으로 추측된다. 內務省警保局, 〈在
    留朝鮮人の運動狀況〉, 《社會運動の狀況(1929)》(《資料集成》 2, p. 60)과 內
    務省警保局, 〈在留朝鮮人運動〉, 《社會運動の狀況(1933)》(《資料集成》 2,
    p. 784)에는 이홍근이 조선자유노동자조합 결성의 주역으로 기록되어 있지
    않다.
100) 조선동흥노동동맹이 아나코생디칼리슴을 표방하였지만, 구성원 모두가
    아나코생디칼리스트였던 것은 아니었다. 《治安狀況 — 8年》, p. 29에는 黑

나코생디칼리스트 운동은 일본 아나코생디칼리스트계와 밀접한 관련
을 가지면서 전개되었다.

1920년대 후반 일본 아나키스트 진영 내에서는 순정아나키스트[101]
와 아나코생디칼리스트 사이의 이론적 대립이 시작되었다. 전자의 대
변자는 이와사 사쿠타로와 핫타 슈조(八太舟三)이고 후자의 대변자는
이시가와 산시로(石川三四郞)였다. 핫타 슈조는 노동운동사는 실패의
역사라고 하면서 노동운동으로는 사회혁명을 달성할 수 없다고 하였
다. 즉 노동운동은 ① 지배자와의 타협을 배우는 참정운동이 되거나,
② 자본가와의 타협을 배우는 경제적 직접행동론이 되거나, ③ 독재
정치로 연결되는 (강권적) 혁명운동이 되거나 세 가지 가운데 어느
하나라고 하면서, 노동운동도 그것에 입각하는 아나코생디칼리슴도
모두 부정하였다. 이리하여 노동조합운동을 경시 또는 무시하는 태도
를 취하였다.[102] 이와 반대로 이시가와 산시로는 아나키스트는 사정이
허락하는 한, 될 수 있는 대로 많이 각종의 노동조합 안으로 들어가
서 내외 호응하여 개량적 조합을 혁명적 조합으로 만들고, 혁명적 조
합을 아나키즘적으로 개혁해 나가야 하며, 아나코생디칼리슴과 아나
키즘은 다같이 자치와 자유연합을 제일의(第一義)로 하고 있고, 강권
을 부정하는 점에서도 양자는 또한 일치하므로 아나키스트와 아나코

旗系 李革을 동경동흥자유노동동맹원(조선동흥노동동맹원 ― 인용자)으로
서술하고 있다. 《운동사》, 216쪽에 의하면 李革은 日本大學 政經學部 졸
업 후 조선동흥노동동맹뿐 아니라 조선자유노동자조합에도 참여하였다.
이러한 사실은 재일본 한국인 아나키스트들의 단체 출입이 매우 자유로웠
음을 말해 준다.

101) 순정아나키스트란 용어는, 日本勞働組合自由聯合協議會와는 달리 아나
키즘을 방기하지 않았다는 의미에서 全國勞働組合自由聯合會를 순정아나
키스트파로 규정하였던(相澤尙夫, 1984〈全國自連의 分裂·第2回大會〉,《ア
ナキズム》25號, JCA出版, p. 89) 데에서 비롯되었다.

102) 八太舟三,《社會問題講座》;《운동사》, 407~408쪽에서 재인용.

생디칼리스트는 서로 손잡고 협동하지 않으면 안 된다고 주장하였
다.[103] 순정아나키스트들은 계급투쟁을 기조로 하는 운동은 영구히 지
배관계를 소멸시키는 운동으로 되지 않고, 그 본질에서는 자본주의와
조금도 다르지 않는 경제적 이익추구이고 권력주의이며, 독재를 용인
하는 운동이라고 비판하였다. 이러한 주장에 대해서 아나코생디칼리
스트들은 일상투쟁을 무시하는 추상적인 관념주의, 부정주의(否定主
義)라고 반격하였다.[104]

  아나키스트 진영 내의 이론적 대립은 마침내 일본인 아나키스트
노동운동 전선의 분열을 초래하였다. 1928년 3월 전국노동조합자유
연합회 제2회 속행대회에서 강령 개정을 둘러싸고 순정아나키스트와
아나코생디칼리스트는 극한적으로 대립하였고, 그 결과 도쿄자유노
동자조합(東京自由勞働者組合)을 중심으로 한 아나코생디칼리스트들
은 퇴장하고 말았다. 아나코생디칼리스트들은 떨어져 나와 일본노동
조합자유연합협의회(日本勞働組合自由聯合協議會)을 결성하였다.

  일본 아나키스트계의 분열은 재일본 한국인 아나키스트들에게 상
당한 영향을 끼쳤다. 재일본 한국인 아나키스트들은 조선자유노동자
조합을 중심으로 한 순정아나키스트계와 조선동흥노동동맹을 중심으
로 한 아나코생디칼리스트계로 분열되어 갔다. 그러나 재일본 한국인
순정아나키스트들이 조직한 노동단체들은 여전히 아나코생디칼리슴
의 일정한 영향을 받고 있었다. 그것은 순정아나키스트 노동단체의
강령에 "일체의 정치운동 반대", "계급투쟁" 등의 아나코생디칼리슴
적 경향을 띤 용어가 사용되고 있는 것에서 알 수 있다. 조선자유노
동자조합의 강령은 一. 우리는 계급투쟁의 수단으로써 노동자계급의
해방을 기함 一. 우리는 정치운동을 배척하고 경제적 행동을 주장함

---

103) 石川三四郞, 〈無政府主義トサンジカリズム〉;《운동사》, 408쪽에서 재인용.
104) 近藤憲二, 앞의 책, 77쪽.

一. 우리는 중앙집권주의를 배격하고 자유연합주의를 제창함 一. 우리는 우리 조합과 동일한 주장을 가진 단체와 제휴를 착(捉)함 등인데,[105] 이 강령에는 계급투쟁이나 노동자계급의 해방, 경제적 직접행동을 강조하는 등 아나코생디칼리슴적 요소가 포함되어 있다. 그것은 조선자유노동자조합이 전국노동조합자유연합회(全國勞働組合自由聯合會)에 소속되어 있었던 관계로 전국노동조합자유연합회의 강령과 거의 비슷하였기 때문이다. 이러한 아나코생디칼리슴적 요소는 순정아나키스트와 아나코생디칼리스트간의 대립과정에서 거의 불식되었다. 순정아나키스트와 아나코생디칼리스트의 대립이 격화된 이후 결성된 극동노동조합의 강령은 1. 우리들은 자유연합주의로써 노동자·농민의 해방을 기한다 2. 우리들은 정치운동을 배격하고 경제적 직접행동을 주장한다 3. 우리들은 제국주의적 침략주의를 배격하고 노동자의 국제적 단결을 주장한다 등으로서,[106] 조선자유노동자조합의 강령에 비해 계급투쟁이 삭제되는 등 아나코생디칼리슴적 요소가 많이 희석되었다. 아나코생디칼리슴적 요소는 조선일반노동조합의 강령에서 완전히 청산된다.

조선동흥노동동맹의 이념을 전해 주는 자료가 거의 남아 있지 않아, 재일본 한국인 아나코생디칼리스트들이 품고 있던 사상의 구체적인 내용을 알 수는 없다. 단지 일본노동조합자유연합협의회(日本勞働組合自由聯合協議會)의 아나코생디칼리슴을 통해 유추해 볼 수 있을 뿐이다. 일본노동조합자유연합협의회는 아나코생디칼리슴의 이상은 자유코뮨에 있고, 자유코뮨은 아나코생디칼리슴의 전술에 의해서 달성된다고 보며, 다시 나아가 아나코생디칼리슴을 아나키즘이 나아가

---

105) 조선자유노동자조합, 〈강령·규약〉(1927. 2. 22).
106) 內務省警保局, 〈極東勞働組合創立大會〉, 《特別高等警察資料》(1930年 1月分)[《資料集成》 2, p. 202].

야 할 방향으로 파악하였다. 일본노동조합자유연합협의회의 연구회의 《보고(報告)》에 따르면, 자유코뮨은 아나키즘의 정치적 언어이고 사회적 이상이며, 지역적 구획과 행정적 구획을 의미하고, 무강권·경제적 공산(共産)을 내용으로 한다. 그리고 생디카, 즉 생산자단체의 연합이 모든 생산수단의 수용·관리를 담당하며, 미래사회에서는 공업경제가 중요하다고 하여 도시생디카를 혁명의 주체, 신사회 형성의 주체로 규정한다.[107] 이시가와 산시로(石川三四郎)는 실행수단으로서의 노동조합의 중요성을 인정하고, 총파업 여하에 따라 미래사회는 결정된다고 하였다.[108]

  일본노동조합자유연합협의회가 조선동흥노동동맹에 상당한 영향을 끼쳤다고 보면, 조선동흥노동동맹의 아나코생디칼리슴은 일본노동조합자유연합협의회의 그것과 별다른 차이가 없을 것이다. 그러나 조선동흥노동동맹이 노동조합을 혁명과 신사회 건설의 주체로 규정하였을지라도, 사유재산제도가 철폐되어 노동조합이 모든 재화를 소유하며 노동조합이 모든 생산과정을 관리 조정하는 사회를 건설하고자 하였을지에 대해서는 명확하지 않다. 그것은 조선동흥노동동맹이 강령에서 정치운동을 배격하고 경제적 직접행동을 취할 것을 주장하면서도 아나코코뮤니즘 실현을 추구하였기 때문이다. 그리고 1931년 4월 7일에 개정된 강령에도 자주관리 등의 아나코생디칼리슴적 사회체제 건설에 대한 언급이 없다.[109] 그렇다고 해서 조선동흥노동동맹이

---

107) 〈自由コンミユンとアナルコサンチカリズンズム ― 日本自協の見解に對する批判〉,《自由聯合新聞》第84號(1933. 9. 10) 참조.

108) 《デイナミッグ》第11號 ; 鷹樹壽之介,〈石川イズムの迷妄〉,《自由聯合新聞》第51號(1932. 9. 1)에서 재인용.

109) 조선동흥노동동맹의 강령은 "우리는 자유연합주의로써 전 피압박민중의 해방을 기함", "우리는 정치운동을 배격하고 경제적 직접행동을 주장함", "우리는 강권 공산주의를 박멸하고 무정부공산주의의 ○○(실현? ― 인용자)을 기함" 등이다[《解放運動》 혁신호(1929. 5)]. 아나코생디칼리스트단체

아나코생디칼리스트 단체가 아니라고 할 수는 없다. 그것은 조선동흥
노동동맹이 노동운동단체로서 아나코생디칼리슴의 방법론인 경제적
직접행동론을 노동운동방법론으로 채택하였기 때문이다.

재일본 한국인 아나키스트들 사이에서 아나코생디칼리슴이 대두하
자, 그들의 영향 아래 있던 국내 아나키스트계에도 아나코생디칼리슴
적 경향이 나타나기 시작하였다. 즉 1927년 10월 이홍근과 최갑룡 등
의 귀국을 계기로 평양 지방의 아나키스트 운동이 활기를 띠기 시작
하면서 관서동우회(창립 후 관서흑우회로 개칭)가 결성되었는데, 이 단
체가 아나코생디칼리슴적 경향을 띠고 있었던 것이다.[110] 관서흑우회
는 1927년 12월 22일 오후 7시 평양 천도교 강당에서 오치섭의 사회
로 개최된 창립대회에서 다음과 같은 선언문을 발표하였다.

인 조선동흥노동동맹이 '무정부공산주의의 실현'을 주장하였다는 것은 재
일본 한국인 아나키스트들의 이론적 미성숙을 보여주는 것으로서, 조선동
흥노동동맹 관계자들이 아나코생디칼리스트 사회가 어떠한 사회인지에 대
한 명확한 인식 없이 경제적 직접행동론을 수용하였음을 말해 준다. 그러
나 순정아나키스트와 아나코생디칼리스트의 대립이 첨예화되면서 조선동
흥노동동맹은 1931년 4월 7일 제9회 대회를 개최하여 강령을 수정하였다.
수정된 강령은 "우리들은 자유연합주의로 노동자의 해방을 기한다", "우리
들은 중앙집권주의조직을 배격하고 자유연합조직을 고창한다", "우리들은
일체의 정치운동을 배격한다" 등으로서[《自由聯合新聞》 第57號(1931. 4.
10) ; 內務省警保局, 〈在留朝鮮人の運動〉, 《社會運動の狀況(1931)》(《資料
集成》 2, p. 309)], 아나코코뮤니즘적 요소를 불식하였다.

110) 朝鮮總督府警務局, 《治安狀況(昭和5年 10月)》, p. 16[靑丘文庫에서 《朝
鮮の治安狀況》(昭和5年版)이란 제목으로 1984년에 復刻. 이 자료는 관서
동우회를 黑戰系(아나코생디칼리스트파 — 인용자)에 속하는 것으로 기술
하고 있으며, 다른 일제 관련 자료도 관서흑우회 주역인 이홍근(《중외일
보》 1927년 12월 25일자에는 관서동우회 창립대회에서 선임된 위원 명단
에 이홍근이 빠져 있다)과 崔甲龍을 모두 黑戰系로 분류하고 있다(《治安
狀況 — 8年》, pp. 28~29). 관서동우회는 《黑色戰線》 支局을 경영하고 있
었다(《治安狀況 — 8年》, p. 28).

　현하 조선의 노동운동은 일대 위기에 함(陷)하여 있다. 그것은 소위 단일적 미명하에서 전 무산대중의 전투의식을 마비하여 노동운동의 근본정신을 말살하려 하는 적색개량주의 일파의 소위 방향전환운동이 곧 그것이다. 이 때에 있어서 우리는 더욱 명확한 계급적 기치 하에서 피등(彼等)에게 농락을 당하는 대중을 바른 길로 구출하지 않으면 아니 될 것을 절실히 느끼는 바이다. 이에서 우리는 최후의 역량을 다하여서 일체 중앙집권적 주의를 배격하는 동시에 자유연합적 행동으로 일관하여 전 노동계급의 해방을 기한다.[111]

　위의 글에서 보는 바와 같이 관서흑우회는 공산주의자들의 이른바 방향전환운동이 노동운동의 근본정신을 말살시키며 노동운동을 위기에 빠뜨리고 있다고 하면서, 계급적 기치를 분명히 하고 자유연합주의적 행동으로 노동계급의 해방을 도모할 것을 선언하였다. 노동계급 해방에 대한 강조는 관서흑우회의 강령이나 슬로건에도 나타나 있다. 즉 관서흑우회는 강령에서 "빈천계급의 완전한 해방"을, 슬로건에서는 "노동계급의 해방"을 도모할 것을 천명하였다.[112]

---

111) 《중외일보》 1927년 12월 25일자.
112) 관서흑우회의 강령은 '1. 우리는 중앙집권주의와 강권주의를 배격하고 자유연합주의를 강조한다 2. 우리는 빈천계급의 완전한 해방을 기한다 3. 우리는 有像無像의 우상숭배를 배격한다' 등이며[《운동사》, 256쪽 ; 崔甲龍의 증언(박환, 〈조선공산무정부주의자연맹의 결성〉, 《국사관논총》 제41집, 211~212쪽에서 재인용)], 관서흑우회의 슬로건은 '1. 우리는 자유연합주의적 기치 하에 노동계급의 해방을 기한다 1. 우리는 직업적 운동자와 강권주의자를 적극적으로 배격한다' 등이다[《小作人》 第3卷 第2號(1928. 2. 5), 小作人社]. 《治安狀況 ― 8年》, p. 28에는 관서흑우회의 강령을 노농대중의 각성과 조직의 촉진 및 그 자주적 능력의 증진 등으로 기록하였으며, 《중외일보》 1927년 12월 25일자와 朝鮮憲兵隊司令部, 《輓近ニ於スル鮮內思想運動ノ情勢(1928年4月18日 朝 第990號)》(한국역사연구회 편, 1992 《일제하사회운동사자료총서》 7, 고려서림, 75쪽)에는 슬로건을 관서동우회의 강령으로 소개하였다. 《小作人》에 실린 글의 필자는 '조선 평양 최'이지만, 관서흑우회 창립 주역인 崔甲龍으로 추정된다. 따라서 이 책에서는 《小作

관서흑우회 관계자들은 노동자계급 해방이라는 목적을 달성하기 위하여 노동자대중을 조직화하는 데 주력하였다. 최갑룡은 노동야학을 개설하여 노학정신을 고취하는 동시에 노동자들의 사회의식을 개발하기 위해 노력하였다. 이러한 노력의 결과 1929년 5월 21일 최갑룡에 의해 평양노동자조합이 조직되었고,[113] 관서흑우회원의 주도로 평양양화직공조합·평양목공조합 등이 결성되었다.[114]

한편 아나코생디칼리스트들은 생산조합 조직에도 관여하였다.[115] 평양목공조합이 1931년 초에 3개월에 걸친 파업투쟁 과정에서 단결을 공고히 할 목적으로 작업부를 설치하였다.[116] 그리고 1931년 5월 평원고무공장에서 해고된 여성노동자들도 생계유지를 위해 평화고무공장 건설을 추진하였는데, 평화고무공장 건설 추진과정에 관서흑우회 창립회원 승도경(承道京)이 참가하였다.[117] 이 밖에도 노동조합 내에 작업부 등을 설치하여 노동조합 운영이나 노동자의 복지, 해고노동자의 고용 확보, 파업기금 마련 등을 모색하였다. 이러한 공장이나 작업부 등은 생산조합의 성격을 띠고 있었고, "공정한 임금을 표준하고 값싼 물품을 제공'하고 '우리의 생활을 유지토록 하여 자본가 측에 대항하여 끝까지 싸우려는 것"에 주요 목표를 설정하였으며, 생산기관의 사회화, 노동생활의 합리화, 이윤분배의 균등화를 표방하였다.[118] 이는 국내 아나코생디칼리스트들이 모든 생산수단을 생산조합 공유로 하고, 노동조합 등 생산조합을 사회의 기본단위로 설정하여

人》의 기사가 정확한 것으로 보고 이를 따른다.

113) 박환, 위의 글, 216쪽.

114) 최갑룡, 앞의 책, 26~27쪽 참조.

115) 국내 아나코생디칼리스트들의 생산조합건설운동에 대해서는 김경일, 1992 《일제하 노동운동사》, 창작과비평사, 413~426쪽을 참조할 것.

116) 《조선일보》 1931년 3월 29일자.

117) 김경일, 앞의 글, 424쪽.

118) 위와 같음.

생산조합을 중심으로 사회를 운영하고자 하였음을 말해 준다.

관서흑우회가 점차 아나코생디칼리슴적 경향을 띠게 되자 회내에 순정아나키스트파와 아나코생디칼리스트파의 대립이 발생하였다.[119] 이홍근 등 아나코생디칼리스트들은 "우리들은 일본·구미에서의 아나키즘 운동의 번역주의자는 아니다. 조선 독특의 운동체계를 수립한다"고 하면서 순정아나키스트들의 운동을 맹동적이고 관념적이라고 비판하였다. 이에 대해 순정아나키스트들은 이홍근 일파를 타협개량주의를 만능으로 여기는 자들이라고 비판하고, 민중의 머리 위에 군림하려고 하기보다 민중의 진정한 의도가 어디에 있는지를 먼저 알아야 할 것이라고 하였다. 그리고 관서흑우회의 지도로 평양양화 직공들이 임금인하에 반대하여 전개한 파업투쟁의 결과에 대해 혹평하였다.[120]

회 외부에서도 관서흑우회의 아나코생디칼리슴적 경향에 대한 비판이 대두하였다. 즉 1930년 6월 20일 평남 안주군 안주읍에서 노농대중의 진정한 해방운동과 상호부조적 정신을 기조로 하는 자유연합주의적 운동을 고창할 목적으로 창립된[121] 안주흑우회[122]가 "소위 생디칼리슴으로 변절한 관서흑우회 일파의 음모를 폭로"하였던 것이다.[123]

---

119) 《治安狀況 ― 8年》, p. 28. 순정아나키스트와 아나코생디칼리스트의 대립에 대한 구체적인 내용을 전해 주는 자료는 현전하지 않는다.

120) 《自由聯合新聞》 第56號(1931. 2. 10).

121) 〈自大正11年至昭和10年內地及朝鮮ニ於ケル社會運動等ノ槪況對照(3)〉, 《思想彙報》 第9號(1936. 12), 高等法院檢事局思想部, p. 35. 《운동사》, 253쪽에는 안주흑우회의 창립일을 1929년 4월로 기록하고 있으나 취하지 않는다.

122) 안주흑우회는 安鳳淵·金翰洙·李順昌·朴東葳 등에 의해 결성되었으며, 金魯泰·韓明龍·金龍浩 등이 추후에 참여하였다. 순정아나키스트 李革(李龍大)도 안주흑우회에 관계했다(《운동사》, 253·262쪽 ; 최갑룡, 앞의 책, 160쪽 ; 하기락, 1993 《자기를 해방하려는 백성들의 의지》, 신명, 152쪽).

123) 《自由聯合新聞》 第51號(1930. 9. 1). 폭로 내용에 대해서는 알 수 없다.

한국인 아나키스트들의 글과 한국인 아나키스트 운동에 관한 기사가 많이 실렸던 일본의 아나키스트 신문 《자유연합》(오른쪽)과 그 후신인 《자유연합신문》.

위의 사실로 볼 때 관서흑우회 관계자들은 노동조합을 사회혁명의 주체로 보고, 경제적 직접행동을 통해 노동자계급을 해방하고 사회혁명을 달성하고자 하였음을 알 수 있다. 그리고 노동자들의 현실을 무시하고 관념적인 혁명성만을 선전하거나 모험주의적인 투쟁을 전개하는 방식으로는 사회혁명을 달성할 수 없다고 인식하고, 한국 노동자들의 실정에 맞는 투쟁방법을 모색하였다.

그러나 순정아나키스트들이 관서흑우회 관계자들을 대중 획득에 급급해 한다고 비판한[124] 것으로 보아, 관서흑우회 관계자들은 노동자 대중으로 하여금 자본주의 사회를 근본적으로 타도하기 위한 투쟁에 직접 참가하도록 노동자 대중에게 아나키즘을 선전하기보다는, 대중 추수주의에 매몰되어 노동자들의 경제적 이해를 관철시키기 위한 일상투쟁에 주력하였음을 알 수 있다. 순정아나키스트가 보기에는 아나

---

124) 《自由聯合新聞》 第56號(1931. 2. 10).

코생디칼리스트들의 투쟁은 자본가와 타협하는 것에 불과할 뿐이며, 자본주의 사회를 근본적으로 변혁시킬 수 없는 것이었다.

재중국 한국인 아나키스트들은 아나코생디칼리슴에 대해 비판적이었다. 남화한인청년연맹은 강령에서 "일체의 정치운동과 노동조합지상운동을 부인한다"고 하여,[125] 아나코생디칼리슴에 대한 반대입장을 분명히 하였다. 재중국 한국인 아나키스트 사이에 아나코생디칼리슴이 수용되지 않은 것

중국에 있던 한국인 아나키스트 단체 재중국조선무정부공산주의자연맹의 기관지 《탈환》.

은 중국에는 한국인 노동자 사회가 형성되어 있지 않았기 때문으로 보인다.

그렇지만 재중국 한국인 아나키스트들도 아나코생디칼리슴의 영향을 어느 정도 받은 것은 사실인 듯하다. 《탈환》 창간호에는 여군서(呂君瑞)가 번역한 〈무정부공단주의(無政府工團主義)로 가는 길〉과 흑노

---

125) 남화한인청년연맹의 강령은 다음과 같다. 一. 우리들의 일체의 조직은 자유연합원리를 기본으로 한다 一. 일체의 정치운동과 노동조합지상운동을 부인한다 一. 사유재산제도를 부인한다 一. 僞도덕적 종교와 가족제도를 부인한다 一. 우리들은 만인이 절대적으로 자유 평등한 이상적 신사회를 건설한다[《自由聯合新聞》 第47號(1930. 5. 1) ; 〈在上海南華韓人靑年聯盟の綱領規約及宣言〉, 《思想彙報》 第5號(1935. 12), 高等法院檢事局思想部, p. 112].

(黑奴)의 〈연해주의 조선농민을 옹호하라〉가 실려 있다. 〈무정부공단
주의로 가는 길〉은 아나코생디칼리슴을 소개하는 글이며, 〈연해주의
조선농민을 옹호하라〉는 "경제적 직접투쟁으로 현자본주의의 흔적까
지 박멸해 버리려는 진정한 자유공산주의를 주창"한다고 하여 아나
코생디칼리슴적 경향을 보이고 있다. 그리고 재중국조선무정부공산
주의자연맹의 슬로건에도 "일체의 정치운동 부정"이라는 조항이 들
어 있어서 아나코생디칼리슴의 영향을 엿볼 수 있게 한다.

(3) 기 타

한국인 아나키즘에는 아나코코뮤니즘과 아나코생디칼리슴 외에도
허무주의적 아나키즘, 개인적 아나키즘, 인도주의적 아나키즘 등 다
양한 조류가 있었다. 특히 허무주의적 아나키즘은 1920년대 초기 재
일본 한국인 아나키스트들 사이에 널리 퍼져 있었다.

아나키즘의 수용 초기 재일본 한국인 아나키스트들 사이에는 원종
린[126]을 비롯하여 허무주의적 경향을 지닌 자가 상당수 있었다. 허무
주의적 아나키즘을 체계화한 것은 박렬과 가네코 후미코(金子文子)이
다. 박렬과 가네코 후미코는 허무주의적 아나키즘을 실천하기 위하여
불령사(不逞社)를 조직하였다.[127] 일본 경찰이 1923년 불령사 회원들을
기소하면서 제출하였던 예심청구서에는, 박렬이 허무사상을 품고 권
력의 파괴를 기도하여, 아나키즘적 경향의 동지들을 규합 단결시키
고, 그 주의상 필요한 사회운동과 폭력에 의한 직접행동을 목적으로

---

126) 金子文子는 "第4回 被告人訊問調書"(《裁判記錄》, p. 19)에서 元鐘麟을
허무주의자로 기술하고 있다.
127) 불령사의 회원은 박렬, 金子文子, 홍진유, 최규종, 육홍균, 서동성, 정태성,
小川武, 김중한, 新山初代, 장상중, 한현상, 서상경, 하세명(하일), 野口品二,
栗原一男, 永田圭三郎, 이필현, 최영환, 김철, 박홍곤 등이다[金子文子의
"第1回 調書"(《裁判記錄》, p. 8) ; 洪鎭裕의 "第1回 調書"(《裁判記錄》, p.
157) ; 洪鎭裕의 "第2回 調書"(《裁判記錄》, p. 162)].

불령사를 조직한 것으로 기록되어 있다.[128] 박렬이 아나키스트를 주축
으로 해서 불령사를 조직한 것은 아나키즘의 선전과 그 실현이 곧 자
신의 허무사상을 실현하기 위한 제일보라 생각하였기 때문이라 한
다.[129]

> 일부의 러시아풍에 충동된 사회주의자와 노동자가 "일하지 않는 자는
> 먹을 수 없다"라고 하는 모토를 사용해왔 …… 다. 그러나 여하히 일하지
> 않고 놀고먹는 자가 많다. 현재의 사회에서 "일하지 않는 자는 먹지 말
> 라"고 하여 비명을 지르지만, 현재의 자본주의 사회의 문명을 지탱하고
> 있는 노동을 멈추지 않는 한, 일하지 않고 먹는 종자는 결코 지금 세상
> 에서 없어지지 않을 것이다. (중략) 지금 세상 가운데에서 가난한 자 1
> 명이 노동에 종사하면 그만큼 자본가의 주머니는 살찌고, 혐오스러운 현
> 사회의 명은 그만큼 연장되는 것이다. (중략) 또 지금 세상 가운데에 건
> 달이랑 놀고먹는 자가 1명 늘어난다면 그만큼 지금 사회는 부패하게 되
> 고 또 그만큼 지금 사회의 기초는 무너지게 된다. (중략) 노동자는 현사
> 회의 문명을 그 손으로 지탱하고 있는 것을 자랑하기 전에 먼저 스스로
> 를 수치스럽게 여기지 않으면 안된다. (중략) 하루라도 빨리 종사하고
> 있는 노동에서 이탈하여 …… 일하지 않고 놀고먹어야 한다.[130]

위의 〈무위도식론(働かずにどんどん食ひ倒す論)〉에서 박렬은 노동
이 계속되는 한, 노동자를 착취하는 자본주의 사회는 유지될 것이며
일하지 않고 먹는 자도 계속 존재할 것이라면서, 일하지 않고 놀고먹
는 것이 현사회를 타도하는 첩경임을 설파하고 있다. 이것은 박렬의
허무주의적 입장을 잘 드러내 준다.[131]

---

128) 布施辰治·張祥重·鄭泰成, 1946 《運命の勝利者朴烈》, 世紀書房, p. 14 참조.
129) 박렬의 "第6回 訊問調書"(《裁判記錄》, p. 38).
130) 朴烈, 〈働かずにどんどん食ひ倒す論〉, 《現社會》 第3號(1923. 3. 25).
131) 박렬의 허무주의 사상은 〈俺の宣言〉과 〈働かずにどしどし喰ひ倒す論〉
   에, 허무주의자로서의 전략은 〈陰謀論〉에 피력되어 있다고 한다[박렬의

　박렬이 허무주의자로 바뀐 것은 인간성에 대한 불신에서 비롯되었다. 즉 인간의 본성은 원래 추악한 것이어서 아나키즘이라는 이상은 결코 실현될 수 없다는[132] 생각이 박렬로 하여금 허무주의자로 변하게 한 것이다. 박렬은 "인류는 태어나면서부터 오직 어떻게든지 죽지 않으려는 생명욕의 소유자임과 동시에 가장 추악하고 우열한 우월욕의 소유자"이며, 따라서 "가장 강렬하고 무반성하는 정복욕·지배욕의 덩어리"인 것으로 인식하였다. 인간성에 대한 불신은 박렬로 하여금, "현실의 인류사회는 폭력으로써 그 근본기초를 이루며 정복·착취를 그 목적으로 하고 있"어서, 정의라는 것이 도대체 존재할 수 없고 오직 약육강식만이 존재할 뿐이며, 따라서 "인류는 항상 서로 속이고 헐뜯으며 서로 죽이는 것을 계속하면서 어느 불가피한 운명을 위해서 멸망해 가는 것"으로 인식하게 만들었다.[133]

　인간성에 대한 불신은 민중에 대한 불신으로 이어졌다. 민중은 국가의 강권에 의해 항상 협박 유린당하고 있으면서도, 국가의 강권으로부터 벗어나려고 하지 않는다는 것이다. 그리고 "인류의 최대 다수인 노동자계급은 그 생활과 운명이 일부 소수의 욕심이 끝없는 흡혈귀인 자본가들의 악랄한 손아귀에 잡혀 있"어서, "그 전 생애를 통하여 끊임없이 절망적인 노동과 궁핍에 허덕이고 있"음에도 불구하고, 이들은 많은 불만을 가슴속에 가지고 있을 뿐 "자본가들에 대한 절대적 복종의 생활로부터, 노예생활로부터 자신을 해방시키려고 하지 않"고, 오히려 "이 저주스러운 산업제도를 지지하고 있"다는 것이다. 나아가 한편으로는 "비굴한 복종자이면서 다른 면으로는 극히 악랄한 압제자"이기도 하다는 것이다.[134]

　"第17回 訊問調書"(《裁判記錄》, p. 72)].

132) 박렬의 "第5回 訊問調書"(《裁判記錄》, p. 36) 참조.

133) 朴烈, 〈나의 선언〉(김삼웅, 앞의 책, 231쪽)

134) 위의 글(김삼웅, 위의 책, 231~234쪽).

민중에 대한 불신은 테러적 직접행동론과 결부되어 모든 것을 파괴하는 데로 나아갔다. 즉 박렬은 약육강식의 논리가 지배적인 인간사회에서 약자인 한국인으로 태어난 것을 저주하면서, 만물의 존재를 부정함과 동시에 "모든 것에 대한 반역·복수로써 억압하는 모든 것을 멸하는 것이 자연에 대한 합리적인 행동"이라고 생각하였다. 한국 민족의 한 사람으로서, 약자인 한국을 학대하는 강자인 일본의 "권력자 계급뿐 아니라, 우주 만물까지도 멸망시키고자" 하였다.[135] 박렬의 이러한 파괴적인 허무주의 사상의 정화는 다음 구호에 잘 나타나 있다.

"멸하라! 모든 것을 멸하라!"
"모든 것을 멸할 것이다. 붉은 피로써 가장 추악하고 어리석은 인류에 의해 더럽혀진 세계를 깨끗이 씻을 것이다"
"그리고 나 자신도 죽어갈 것이다. 거기에 참된 자유가 있고, 평등이 있고, 평화가 있다. 참으로 선량하고 아름다운 허무의 세계가 있는 것이다."[136]

위의 구호에는 자신의 존재조차 부정하는 극도의 허무주의 사상이 잘 나타나 있다. 이러한 허무주의 사상이 박렬로 하여금 일본 천황과 황태자의 폭살을 계획하게 하였고, 검찰의 신문과정에서 삶을 포기하게 만들고 모든 것을 순순히 자백하게 하였던 것이다. 박렬은 사형이 선고된 뒤 제출한 사형집행에 관한 3개조의 요구에서도 자신의 허무주의적 사상을 잘 나타내고 있다. 즉 자신은 갑자기 목을 졸라 죽이는 '학살'을 희망한다는 표현이나, 나 자신의 삶을 부정하고 천황의 삶을 부정한다는[137] 표현 등이 그것이다.[138]

---

135) 박렬의 "第5回 訊問調書"(《裁判記錄》, p. 37).
136) 朴烈, 앞의 글(김삼웅, 앞의 책, 248쪽).
137) 布施辰治·張祥重·鄭泰成, 앞의 책, 20쪽.
138) 박렬의 허무주의적 경향은 결국 사상전향으로 귀결되었다. 박렬은 1934

국내 아나키스트 사이에서도 허무주의적 아나키스트가 출현하였
다. 1926년 1월 4일 서울에서 윤우열이 작성한 허무당 선언서가 살포

년 5월 이후 사상적 동요를 가져와 사회주의사상을 검토 비판하기에 이르
렀으며, 또 1934년 10월 31일 千葉刑務所 내에서 일반 在監者에게 관람시
킨 行刑協會 映畵에 관해 上申書(감상록)을 제출하여 전향을 표명하였다
[務省警保局, 〈在留朝鮮人運動〉, 《社會運動の狀況(1934)》(《資料集成》 3,
p. 166) ; 內務省警保局, 〈入監中のアナキスト鮮人朴烈の動靜〉, 《特高月報》
(1934년 12월분), p. 166 ; 《資料集成》 3, pp. 230~231]. 박렬은 그 〈감상록〉
에서 천황의 따뜻한 자비의 손길을 뿌리치고 그것을 거슬러 불로 날아드
는 여름의 곤충처럼 파멸의 길을 걸었던 자신을 반성하고, 그러한 자신을
끝까지 포기하지 않은 국가의 노력에 감격을 표시하였다. 그리고 東鄉元
帥가 러시아와의 海戰에서 잘못되어 러일전쟁에서 러시아가 승리하였다면
어떻게 되었을 것인가를 생각하니 東鄉元帥에 대한 존경심과 사모의 정을
억누를 길이 없다고 자신의 마음을 토로하면서 아나키즘을 근본에서부터
부정하였다. 박렬은 1935년 3월 8일 형무소 敎務主任에게 면접을 신청하
여 자신의 심경을 피력하고 다시 그 眞意를 표명하였으며, 5월 1일에 이르
러 〈恭順上申書〉라는 제목의 장문의 문서를 작성하고, 恭順誓約으로서
"금후 단연 혼을 바꾸어 다시 태어나 대일본제국의 忠良한 일 臣民으로서
황제폐하의 일 적자로서 새로이 태어났다" 운운으로 冒頭하고 "잘못된 과
거의 자신을 청산한다" 운운으로 끝맺어 전향의 동기 및 금후의 신념에 대
해 누차 기술하여 형무소장에게 제출함과 함께 행동 방면에서도 종래와
같은 태도를 고쳐 獄則을 준수하고 작업에 精勵하는 등 극히 從順히 복역
하였다[內務省警保局, 〈在留朝鮮人運動〉, 《社會運動の狀況(1935)》(《資料
集成》 3, p. 358·365) ; 〈入監中のアナキスト朴準植の思想轉向〉, 《特高月報》
(1935년 4월분), 內務省警保局, p.365(《資料集成》 3, pp. 426~427)]. 그리
고 1938년에는 현영섭의 《조선인의 나아갈 길》에 대한 자신의 소감을 밝
힌 〈所感〉에서 "우리 조선 이천만 민중을 그 비참함으로부터 영구히 구제
하여준 것은 日韓合倂"이라고 하여 일제에 의한 강점을 미화하였으며, "민
족주의라고 하는 것은 세계사의 방향에 역행하는 것"으로서 한국인이 취
할 바가 못 되며, "우리 조선인은 자신의 존립을 도모하기 위해서도 장차
세계역사의 창조에도 참여하는 영광을 누리기 위해서도 속히 內地人과 合
體하여 신민족을 형성하고, 빨리 內鮮融合을 완성하여 日韓倂合의 實을
擧할 필요가 있다"고 자신의 심정을 피력하였다[〈所感〉, 《思想彙報》 第16
號(1938. 9), 朝鮮總督府高等法院檢事局思想部, p. 322].

되었다.[139] 이 선언서는 "희망도 이상도 장래도 아무 것도 없고 포악한 적의 착취와 학대와 살육과 조소와 회욕이 있을 뿐"인 암흑의 아수라장과 같은 "이 전율할 현상을 타파치 못하면 조선은 영원히 멸망될 것"이라고 경고하면서, 이 현상을 근본으로부터 파괴할 수 있는 것은 직접행동뿐이라고 주장하였다. 그리고 합법적으로 현 질서 내에서 혁명을 완수하고자 하는 자는 저능아에 불과하다면서, 폭력으로써 한국혁명의 완성을 기하고자 허무당을 조직하고자 한다고 하였다.[140] 윤우열의 이러한 주장은 그의 허무주의적 아나키즘을 잘 표현해 주고 있다.[141]

허무주의적 아나키즘의 영향은 1930년대 초반까지도 한국인 아나키스트 사이에 지속되었던 것으로 보인다. 재만 한국인 아나키스트들이 만주에서 철수한 이후 테러적 직접행동에 적극적으로 참여하였는데, 여기에는 만주를 상실한 이후의 허탈감도 상당 부분 작용한 것으로 보인다. 아리요시 아키라(有吉明) 공사 암살모의 과정에서 이 사건을 맡기 위해 치열한 경쟁을 하였던 것은 당시 한국인 아나키스트들의 허무적인 감정을 잘 나타내 준다. 실제로 이강훈(李康勳)은 허무주의의 영향으로 아리요시 아키라 암살에 참여하였다. 양자추(楊子秋)는 이강훈이 아리요시 아키라 공사 암살을 맡고 나선 것은 근본적으로는 자신의 철저한 의식에 따른 것이겠지만, 파금(巴金)의 《허무당

---

139) 三輪利三郎,〈허무당선언서의 사건과 그 전모〉(지중세 역편, 1946《조선 사상범검거실화집》, 18쪽) 참조.

140)〈파괴의 투탄을! ― 허무당선언서〉(1926. 1. 1. 허무당)(《對日民族宣言》, 일 우문고, 1972, 122~124쪽).

141) 일제 관헌은 윤우열이 허무주의를 품게 된 배경에 대해서 "家産이 점차 기우는 것과 함께 庶子로서의 비애와 지병인 늑막염이 날로 중태로 되면서부터 지금은 병사냐 餓死의 두 개의 길 중 어느 하나에 다다를 수밖에 없게" 된 절박한 상황으로 인해 사회와 친족에 대한 반감이 생겼고, "과격 행동에 의해 보복하고자 하였다"고 지적하였다(《要史》, p. 236).

전집(虛無黨全集)》과 《아국10대여당원집(俄國10大女黨員集)》의 영향이
라고 회고하였다.[142]

한국인 아나키즘의 또 한 조류는 스티르너로 대표되는 개인적 아
나키즘이다. 아나키즘은 개인의 절대적 자유를 추구하는 사상으로서
개인주의적 속성을 그 속에 지니고 있다. 사회적 아나키즘조차 개인
주의를 부정하지 않고 사회성의 기초로서 개인주의를 인정하고 있다.
개인적 아나키스트들은 사회적 아나키스트들보다 개인주의적 속성을
강하게 지니고 있으며, 무권력상태보다도 자아의 옹호를 강조한다.
개인적 아나키스트들은 제한된 범위에서나마 재산의 사유를 허락한
다.[143]

재일본 한국인 아나키스트들 가운데 일부는 개인적 아나키즘을 수
용하였다. 재일본 한국인 아나키스트들은 폭력적 실력행사를 직접행
동의 주요 수단으로 하는 테러적 직접행동론을 채택하였는데, 이 테
러적 직접행동론은 개인주의적 속성을 강하게 지니고 있다. 즉 테러
를 행하는 주체는 개인이며, 그 행위에 대한 책임도 전적으로 개인에
게 있는 것이다. 그렇다면 재일본 한국인 아나키스트들의 개인주의적
속성에 대해서 살펴보자.

재일본 한국인 아나키스트들은 "인간 각자의 개성은 출생하면서부
터 절대의 자유"이며, "자유와 평등을 거부하는 일체를 파괴하고 각
자의 자유와 평등을 탈환해야" 하며,[144] 그것이 곧 사회혁명이고, 그
사회혁명은 민중 각자가 자기 입장에서 궐기하는 자주행동에 의해서
달성된다고 하였다. 이필현(李弼鉉)은 "하늘을 나는 새조차도 자유롭
게 날지 않는가? 우리들 인간은 무슨 이유로 자유롭게는 살아가지

---

142) 楊子秋, 〈동지 李康勳군을 회상함〉, 《黑色新聞》 제27호(1934. 4. 18).

143) 玉川信明, 앞의 책, 45~46쪽.

144) 〈무정부주의운동의 현실성을 강조함〉, 《黑色新聞》 제31호(1934. 8. 29).

않는 것인가. 각양각색의 법규를 만들어 스스로를 속박하는 것이 인
간인가?"라고 하면서,[145] 모든 개인이 자유롭게 살아갈 것을 절규하였
다. 재일본 한국인 아나키스트들이 개인의 절대적 자유를 추구하였다
는 점에서 그들은 개인주의자일 수밖에 없다. 그들에게는 "나는 나"
이고, 따라서 "나 자신은 자신의 문제이고 결코 제3자는 참견할 수
있는 권리가 없으며", "자유란 결코 다른 사람으로부터 가르쳐지고
주어져서 획득될 수 있는 것이 결코 아니라",[146] 자신이 직접 찾아야
하는 것이었다.

국내 아나키스트 가운데에서도 개인적 아나키즘의 경향을 띤 사람
들이 나타났다. 1923년 1월 상순에 서울에서 김중한(金重漢), 이윤희
(李允熙), 이강하(李康夏), 신기창(申基昌) 등이 결성한 흑로회(黑勞會)
는 다음과 같은 내용의 선언을 발표하였다.

1. 우리들은 철저하게 자아를 각(覺)하는 동시에 자아에 살고자 한다.
2. 우리들은 어디까지나 자유롭고, 우리들은 평생의 일거일동을 우리
   들의 이성과 감정하에 움직이고자 한다.
3. 우리들은 각자의 자유를 무시하고 개성의 자유발전을 저해하는 인
   공적 조직에는 어디까지라도 반항하고 전력을 다하여 파괴하고자
   노력하고자 한다.
4. 우리들은 기아의 자유밖에 없는 자본주의 본위의 경제조직하에서
   경제봉건노예를 면하고자 한다.
5. 우리들에게는 일정 불변의 보통의 대법칙은 없고 자유합의와 자유
   발의가 있을 뿐이다.
6. 우리들은 인간파괴의 악성(惡性)인 생존경쟁에 반하여 상호부조의
   인간사회를 향하여 돌진할 뿐이다.[147]

---

145) 李弼鉉, 〈俺達の自由〉, 《現社會》 第3號(1923. 3. 25).
146) 韓睍相, 〈慾求〉, 《現社會》 제4호(1923. 6).
147) 〈自大正11年至昭和10年內地及朝鮮ニ於ケル社會運動等ノ概況對照(1)〉,

위의 선언은 상호부조의 원칙이 관철되는 사회를 건설하고자 한 점에서는 아나코코뮤니즘에 입각하였다고 할 수 있다. 그러나 철저히 자아에 살고자 한 점, 자신의 이성과 감정에 따라 행동하고자 한 점, 각자의 자유를 무시하고 개성의 자유발전을 저해하는 인공적 조직에 반대한 점, 절대적 진리를 부정한 점 등에서 흑도회 선언과 그 내용이 거의 일치한다. 이것은 재일본 한국인 아나키즘의 영향으로 국내 아나키즘에도 개인주의적 속성이 많이 침투하였음을 말해 준다.

이처럼 한국인 아나키즘 속에는 개인주의적 속성이 상당히 포함되어 있는데, 여기서 나아가 김중한은 자신이 개인적 아나키스트임을 천명하였다. 김중한은 스티르너의 주장에 따라, "나 자신은 개인의 철저한 자유를 인정하고 나 자신의 의사대로 마음대로 살고 싶다"고 하면서, 절대적 개인주의에 의한 자기향락을 추구할 것을 주장하였다.[148]

한국인이 수용한 아나키즘의 여러 조류 가운데에는 인도주의적 아나키즘도 포함되어 있었다. 정태성은 자신은 동포주의 내지 인도주의적 아나키스트라고 하면서,[149] 다음과 같이 자신의 생각을 피력하였다.

나는 개인의 절대적 자유를 주장하는 것은 아니지만, 사회인은 적어도 평등하게 상대적 자유이지 않으면 안된다고 믿고 있다. 노자(勞資) 두 계급이 대립하고 그 사이의 관계가 상대적 불평등인 한은 나는 이 현대사회제도를 파괴라고 하든가 혁명이라고 하든가 어쨌든 근본적으로 개혁하지 않으면 안된다고 생각하고 있다.

그러나 나는 파괴를 위해서 파괴를 한다고 하는 생각에는 반대한다. 왜 그런가 하면 물(物)의 판단에는 정사선악(正邪善惡)을 구별하여 사악(邪惡)을 버리고 정선(正善)을 조장하지 않으면 안된다. 그러나 파괴를

《思想彙報》第9號(1936. 12), 高等法院檢事局思想部, pp. 3~4.
148) 金重漢의 "第5回 訊問調書"(《裁判記錄》, p. 203).
149) 鄭泰成의 "第2回 調書"(《裁判記錄》, p. 329).

위한 파괴는 자신을 비롯하여 사회인, 사회제도의 모든 것을 부인하는 것이기 때문에 자신을 위해서 만인의 불행을 고려하지 않는다고 하는 일종의 이기주의로부터 출발하고 있는 것이기 때문에 나는 그것에 반대한다.

그러한 까닭에 나는 현대의 사악한 자본주의적 제도를 복수적으로 파괴하고, 정선(正善)의 노자(勞資)가 상대적으로 자유로운 사회를 만들기 위해 현대 사회제도의 건설적 파괴를 주장한다. 그 실행으로서 나는 피를 보지 않는 파괴혁명을 꾀하고 있다.[150]

위의 진술에서 정태성은 상대적 평등을 실현하기 위한 혁명은 완수해야 하지만, 파괴를 위한 파괴에는 반대하고 건설적인 파괴를 주장하였다. 그것은 파괴를 위한 파괴가 이기주의에서 비롯되는 것이기 때문이라 하였다. 그리고 피를 보지 않는 파괴혁명을 도모한다고 하여, 평화적인 방법에 의해 사회혁명을 완수할 것을 강조하였다. 정태성의 이러한 사고는 인도주의에 바탕을 두고 있는 것이다. 이러한 인도주의적 아나키즘은 톨스토이즘의 영향으로 상당수 한국인들에게 수용되었다. 장지락에 따르면 톨스토이즘은 아나키즘 및 공산주의로 나아가는 논리적인 디딤돌이기도 하였으며, 20세기 초 중국, 일본, 한국, 인도 그 밖의 나라에서 광범위한 인기와 추종자를 갖고 있었다.[151] 그러나 이러한 흐름들은 박렬의 '대역사건' 이후 거의 정리되고, 한국의 아나키스트계는 아나코코뮤니즘과 아나코생디칼리슴으로 양분되었다.

---

150) 鄭泰成의 "第5回 調書"(《裁判記錄》, p. 347).
151) 김산·님 웨일즈, 앞의 책, 124쪽.

2. 사회혁명론과 투쟁방법론

한국인 아나키스트들은 정치와 정치혁명을 부정하고 사회혁명으로 나아가야 하며, 사회혁명은 지식인이나 전위조직의 지도에 의해서가 아니라 민중의 직접행동에 의해 완수되어야 한다고 역설하였다. 그 방법론으로는 테러적 직접행동론, 혁명근거지건설론, 경제적 직접행동론 등을 제시하였다.

그러나 한국인 아나키스트들의 방법론은 지역에 따라 편차를 보였다. 즉 테러적 직접행동론은 모든 지역의 한국인 아나키스트들이 채택하였지만, 혁명근거지건설론은 재중국 한국인 아나키스트들만 채택하였으며, 경제적 직접행동론은 국내와 재일본 한국인 아나키스트들만 채택하였다.

이 절에서는 일제강점기 한국인 아나키스트들이 주장했던 사회혁명론의 내용과 사회혁명을 완수하기 위한 방법론에 대해서 살펴보기로 한다.

1) 직접행동에 의한 사회혁명론

아나키즘은 식욕·성욕과 함께 인간의 3대 본능 가운데 하나인 절대적 자유를 추구한다. 따라서 아나키스트들은 개인의 자유를 억압하는 강제적인 권력을 철저히 배격하고, 억압이나 강제에 의해서가 아니라, 개인의 자유의지의 연합에 의해서 모든 인간이 자유롭게 살아가는 이상사회를 건설하고자 한다. 이 자유연합사회의 건설은 어느 누구의 지도나 대리혁명에 의해서는 결코 불가능하고, 오로지 민중들의 직접행동에 의해서만 가능하다고 본다. 즉 대의제도나 전위조직의 지도에 의한 혁명을 부정하고, 민중 스스로가 투쟁에 떨쳐 일어나는 봉기나 폭동, 총파업 등의 직접행동을 통해 국가조직을 타파해야 한다는 것이다. 아나키스트들은 민중을 피동적 타율적 존재가 아닌 자기 자신의 이성적 판단과 양심의 결정에 따라 자율적으로 자기의 행위를 결정할 능력이 있는 독립된 주체적 인격체로서의 집합체로 인식한다.[152]

자아의 직접실현을 꾀하는 아나키스트들은 민중의 직접행동에 의한 혁명을 주장하면서, 그 혁명은 사회혁명이어야 한다고 강조한다. 그것은 사회혁명이 수반되지 않으면 비록 정치운동과 정치혁명에 의해 권력이 바뀌더라도 새로운 권력이 또다시 민중을 억압하기 때문이다. 크로포트킨은 《현대과학과 아나키즘》에서 모든 혁명은 "의회 기타 어떤 대의집회(代議集會)의 저항이나 공세에서 유래"하는 것이 아니라 민중 속에서 시작된다면서,[153] 민중의 직접행동에 의한 사회혁명을 통해 아나코코뮤니스트 사회를 건설해야 한다고 다음과 같이 주장하였다.

  우리가 이해하는 혁명은 광범하게 확대하는 혁명이고, 그 사이에 대중이 봉기하는 지방의 모든 도시, 모든 농촌에서 민중이 스스로 사회의 재건사업에 착수하지 않으면 안된다. 민중 ― 즉 농민과 도시의 노동자 ― 이 위로부터의 명령이나 지령을 기다리지 않고 다소간에 광범한 콤뮨주의적 원칙에 입각하여 스스로 건설적 계몽적 활동을 개시하지 않으면 안된다.[154]

위의 글에서 크로포트킨은 민중 자신에 의한 아나코코뮤니스트 사회 건설을 제기하였다. 어떤 지도세력의 계획에 따라 건설사업을 진행하는 것이 아니라 민중이 자신의 창의력을 발휘하면서 스스로 건

---

152) 《운동사》, 21~22쪽.
153) 크로포트킨(이을규 역), 1983(재판) 《현대과학과 아나키즘》, 창문각, 139쪽.
154) 위의 책, 137쪽.

설에 참여하는 방식에 따라 아나코코뮤니스트 사회를 건설해야 하며, 그 사회는 중앙집권적인 권력에 의해 운영되는 것이 아니라 코뮨을 기초로 하고 그 연합으로 운영된다는 것이다.

한국인 아나키스트 가운데 민중의 직접행동에 의한 사회혁명론을 체계적으로 서술한 사람이 바로 신채호다. 신채호는 〈조선혁명선언〉에서 외교론과 준비론의 허구성을 폭로하고 '민중직접혁명론'을 제창하였다. 그 내용을 보면 첫째, 지금까지의 혁명은 인민을 지배하는 상전, 즉 특수세력의 명칭을 변경한 것에 불과하였으나, 앞으로의 혁명은 민중이 민중 자신을 위하여 하는 혁명 즉 민중직접혁명이어야 한다고 하였다. 이것은 권력계급의 교체에 불과한 정치혁명을 부정하고 사회혁명으로 나아가야 한다는 것이다.

둘째, 민중직접혁명을 완수하기 위해서는 민중 각오가 요구되며, 민중을 각오시키는 방법은 신인(神人), 성인, 영웅호걸 등의 지도가 아니라, 선각한 민중이 민중 전체를 위하여 혁명적 선구가 되는 것이 유일하다고 하였다. 선각한 민중이 먼저 자신을 압박하는 강도들을 격폐(擊斃)하고 강도의 일체 시설을 파괴하면, 이에 고통받는 자들이 하나씩 둘씩 각성하게 되고 모든 민중이 혁명의 길로 들어서게 된다는 것이다. 암살·파괴 등과 같은 테러활동은 일제의 식민지 권력 그 자체를 타도하기 위한 수단이 아니라, 민중들을 각성시켜 봉기·폭동을 일으키도록 하기 위한 선전수단으로 채택되고 있다. 즉 '사실에 의한 선전'을 통해 민중들을 각성시키고 이들을 혁명운동에 직접 참가하도록 유도한다는 것이다. 이는 전위조직이나 지식인을 비롯한 운동가집단의 지도를 거부하고 민중들이 직접 혁명에 참가하여 스스로의 힘으로 자신들을 해방시켜야 한다는 직접행동론에 기초하고 있다.

셋째, 일제를 구축하고 민중을 해방하기 위해서는 민중의 폭력적 혁명이 일어나야 한다고 하였다. 즉 민중과 폭력 가운데 하나가 빠지면 그것이 비록 굉열장쾌(轟烈壯快)한 거동이라 할지라도 전뢰(電雷)

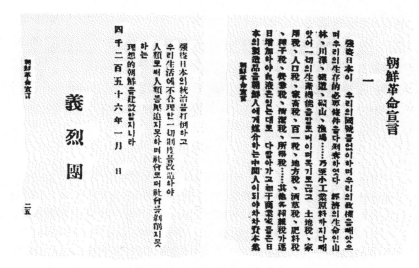

신채호의 《조선혁명선언》 원본 가운데 1쪽과 25쪽.

같이 수속(收束)될 수밖에 없다는 것이다. 폭력혁명의 수단으로는 암살·파괴·폭동 등이 채택되었다.

넷째, 폭력 ─ 암살·파괴·폭동 ─ 의 대상물로는 ① 조선총독과 각 관공리 ② 일본 천황과 각 관공리 ③ 정탐노(偵探奴), 매국적(賣國賊) ④ 적의 일체 시설물 등을 규정하였다.

신채호의 민중직접혁명론은 민중의 직접행동에 의한 사회혁명론을 한국의 실정에 맞도록 변형한 것이다. 남화한인청년연맹도 민중직접혁명론에 입각하여 "전 민중의 불굴의 직접행동에 의한 전체의 봉기에 의해 일거에 그들(일본 제국주의 ─ 인용자)을 축출"할 것을 주장하였다.[155]

한국인 아나키스트들은 민중의 직접행동을 강조하면서 지식인이나

155) 南華韓人靑年聯盟, 〈宣言〉[《思想彙報》第5號(1935. 12), 高等法院檢事局
     思想部, p. 115].

전위조직의 지도를 부정하였다. 민중은 지식인의 지도를 거부하고 자신의 자유의지에 따른 직접행동을 통해 자신들의 당면 이익을 위해 투쟁해야 한다는 것이다. 이러한 민중의 직접행동에 대한 강조는 조선자유노동자조합의 선언문과 조선일반노동조합의 선언문에 잘 나타나 있다. 조선자유노동자조합은 선언문을 통해, 다음과 같이 노동자들의 직접행동을 강조하였다.

> "노동자의 해방은 노동자 자신의 힘으로 이루어내지 않으면 안된다!" (중략) 노동자가 아닌 지식계급이랑 신사계급으로 우리들을 돕고자 하는 사람도 있지만 그들은 자신의 야심을 만족시키는 데 급급해 할 위험성을 가지고 있다. (중략) 협동하고자 하는 자에게는 우의적 태도로 대할 뿐이고, 지도를 받는다든지 지배된다든지 하는 의무는 조금도 없다. (중략) 노동조합이 중앙집권주의로 된다든지 또는 어느 정당이랑 정치운동과 관계하는 것은 지배욕과 권력욕에 굶주린 야심가랑 정치가의 야심을 만족시키는 이용물로 될 위험성을 가지고 있기 때문에, 우리들은 야심가의 침략, 혹은 발생을 방어하는 수단으로 중앙집권주의와 정치운동에 대해서 항쟁하지 않으면 안된다.[156]

위의 선언문에서 보는 바와 같이, 조선자유노동자조합은 모든 지배와 강권을 배제하기 위해서는 중앙집권적인 조직과, 또 다른 권력장악을 목표로 하는 정치운동을 철저히 배척해야 하며, 그러기 위해서는 지식인들이나 정당에 의한 지도를 거부해야 한다고 하였다. 노동자를 비롯한 민중의 직접행동에 의한 사회혁명을 통해서 일본 제국주의의 지배에서 벗어나고, 나아가서 지배와 강권이 없는 아나키스트 사회를 건설해야 한다는 것이다. 조선일반노동조합의 〈선언〉도 "노동자·농민의 진실한 해방은 강권주의와 정치에 의해서 만들어지

---

156) 朝鮮自由勞動者組合, 〈선언〉(1927. 2).

는 것이 아니다. 오직 노동자·농민 자신의 힘에 의해서 싸워 취하지 않으면 안된다. 우리들은 민족별을 가리지 않고 노동자의 연대와 동일한 입장으로부터 노동자·농민의 자주적 단결에 의한 타도자본주의·타도강권주의로 돌진할 것을 서약한다"고 하여,[157] 민중의 직접행동에 의한 사회혁명을 주장하였다.

이하유(李何有)에 의하면, 정치는 "인류의 본능적 요구인 자유·평등을 파괴하는 강권·지배·착취의 요구에 의해 구성"된 것으로, "제왕정치랑 봉건정치랑 민주정치랑 프로정치는 그 형식의 형태 여하에 불구하고, 전부가 극소수의 권력옹호와 지배·착취의 기관"이며, "대다수의 민중을 혹사하고 압축하는 기관"에 불과할 뿐이다. 따라서 정치는 "민중에 있어서는 백해무익한 해독물임과 동시에 전 인류사회 진보의 장애물"로서, 인류사회에는 하등의 필요가 없을 뿐 아니라, 오히려 정치가 발달할수록 그 사회는 경제적으로 궁핍해지고 비사회적 비도덕적인 암흑상태에 빠진다. 소비에트 러시아에서 새로이 대두한 무산정치(無産政治)에서조차 민중들의 의사는 제대로 관철되지 않는다. 즉 무산정치는 "이론적으로는 무산대중이 정권을 행사하여 전일의 지배계급이고 적인 자본계급을 지배하고 상하가 전도된 것"이기는 하지만, "실질에서는 무산대중을 대표하는 무산당 그 가운데에서도 당의 간부 그 간부 중에서도 중앙최고간부인 1·2인의 독재정치"에 불과하다는 것이다.[158]

따라서 한국인 아나키스트들은 민중들이 정치에 직접 참여하는 것을 배제하는 대의정치는 물론이고 무산정치까지 포함한 모든 정치는 죄의 근원이며, 추악함 그 자체인 것으로 파악하였다. 즉 "정치가 존

---

157) 內務省警保局,〈在留朝鮮人運動〉,《社會運動の狀況(1934)》(《資料集成》 3, p. 170).
158) 有何, 앞의 글, 183~185쪽.

재한 곳에 반드시 죄악이 있고, 과거 수천 년의 인류역사를 관찰하건
대 정치가의 죄악사는 그침이 없"으며, "최근의 정치상은 과연 탐욕
과 파렴치의 합전(合戰)이며, 교묘한 술책과 도덕과 법률이란 무기로
민중을 기만하여" 왔다는 것이다.[159]

그리하여 《흑색신문》은 정치에 의존한 일체의 해방운동을 배격하
고 자주연대에 입각한 해방운동에 매진할 것을 주장하였다.[160] 이하유
에 의하면 "정치운동이란 것은 인류사회에서 야심가가 기성권력을
파괴하고 자기권력을 확립하고자 하는 권력쟁탈전이고, 또 이기운동
(利己運動)"일 뿐이었다. 따라서 한국 민중을 해방시키기 위해서는
"정치운동을 버리고, 민중해방운동인 사회혁명운동에서 재출발하지
않으면 안된다"고 주장하였다.[161] 박렬 또한 다음과 같이 정치운동의
허구성을 지적하였다.

> 프랑스, 영국, 미국 등의 사회당, 노동당으로부터 선출된 국회의원, 대
> 신 등은 어떠한가. 그들은 노동자를 위해서 도대체 무엇을 하였는가? 실
> 제로 아무 것도 하고 있지 않은 것은 아닌가? (중략) 또 무산계급의 정
> 치 그것에 대해 말하더라도 일부 권력광들이 말하는 것과 같이 용이하
> 게 프로레타리아의 의회 수용으로부터 그 결과로서의 권력장악, 즉 무산
> 계급 국가수립의 목적을 달성하는 것이 가능한가? (중략) 이것은 아마
> 일본과 같은 경찰국에 있어서 총파업에 의해서 일거에 자본주의를 분쇄
> 하고자 하는 설(說) 이상의 공상이지는 않는가?[162]

박렬은 위의 글에서 민중들의 직접적인 정치 참여가 배제되는 대
의정치를 통해서, 자본주의 사회를 타도하고 노동자를 해방시키는 것
은 불가능하다고 하면서, 정치운동을 통해서는 아무 것도 얻을 수 없

---

159) 〈일본지배계급은 민중의 唾棄의 的〉, 《黑色新聞》 제30호(1934. 7. 31).
160) 〈전 민족의 逆徒 崔麟 일파의 時中會를 박멸하라!〉, 《黑色新聞》 제32호
     (1934. 9. 20).

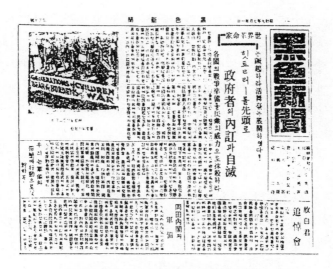

일본에 있던 한국인 아나키스트들의 신문인 《흑색신문》.

다고 주장하였다. 이하유에 따르면 정치운동을 위해 의회로 진출한
무산당(無産黨) 의원 등이 할 수 있는 역할이란 "사회보장·빈민구제·
주택개선·공장법 등의 노자협조적 정책을 제안하여, 폭발하려고 하
는 민중혁명을 지연시키고 방지시키며, 붕괴하고 있는 자본주의를 조
장하고 연장"하는 것밖에 없다.[163]

한국인 아나키스트들은 정치와 정치운동을 부정하는 것에서 나아
가 정치운동가들을 적으로 규정하였다. 일본에 있던 어느 한국인 아
나키스트는 〈자유노동자의 생활〉이라는 제목의 글을 통해 "어떠한
정당을 물론하고 정당인 이상에는 우리의 적"이며, 그들은 "노동자·

161) 有何, 앞의 글, 184·187쪽.
162) 朴烈, 〈朝鮮の民衆と政治運動 ― 詐欺師的權力狂共を排す〉, 《現社會》 第
4號(1923. 6. 30).
163) 有何, 앞의 글, 187쪽.

농민을 도구로 사용"할 뿐이라 하였다. 그리고 "우리의 정당을 조직하고 우리의 대표로 대의사(代議士 ; 국회의원 — 인용자)를 의회에 다수로 참석시킨다 할지라도 무산대의사(無産代議士)가 우리를 해방시켜 주지 못"한다고 하면서, 노동자는 정권을 장악할 것이 아니라 빵을 탈환해야 한다고 주장하였다.[164] 나아가 모든 정치운동이 소멸되지 않으면 인류사회는 영원히 수라항(修羅巷)에서 멸망의 비운을 면치 못할 것이라고[165] 경고한 아나키스트도 있었다. 조선동흥노동동맹도 개정된 강령에서 "우리들은 일체의 정치운동을 배격한다"고 하여,[166] 정치운동을 철저히 배격할 것을 주장하였다.

강허봉(姜虛峰)은 한국 역사에서 정치와 착취는 글자만 다를 뿐 뜻은 같다고 하면서, 공산주의자의 지도 아래 정치운동노선을 채택한 재일조선노동총동맹을 다음과 같이 비판하였다.

가여운 소화불량인들이여, 사상을 소화해라. 서양과 일본의 지리적 사회적 제 사정의 차위(差違)를 그리고 일본과 조선의 상위를 숙고하라. 현재 조선이 정치운동이라고 하는 흐리멍텅한 행동으로 살아난다고 생각하는가. (중략) 주제넘은 지식으로 순박한 조합내의 노동자를 이용하여 정치운동을 하려고 하는 그들의 파렴치, 이러면서도 나는 무산계급의 구주(救主)이다라고 할 정도의 방약무인한 태도, 이 철면피한 자들이여. 우리는 자본가계급에 대한 것과 똑같이 군등(君等)에 대해서도 적으로서 선전을 포고한다. (중략) 재일조선노동총동맹의 간부진이여, 노동운동은 …… 죽음을 무릅쓴 운동이다. 깨어나라! 그리고 노동운동의 정도로 되돌아오라.[167]

---

164) H生, 〈자유노동자의 생활〉, 《解放運動》 혁신호(1929. 5), 11쪽.
165) 狂, 〈자유·평등의 신사회를 건설하자〉, 《解放運動》 혁신호(1929. 5), 16쪽.
166) 《自由聯合新聞》 第57號(1931. 4. 10) ; 內務省警保局, 〈在留朝鮮人の運動〉, 《社會運動の狀況(1931)》(《資料集成》 2, p. 309).
167) 虛峰, 〈汝何處へ行く? — 認識不足の在日朝鮮勞動總同盟〉, 《自由聯合》 第14號(1927. 7. 5), 全國勞働組合自由聯合會. 虛峰은 姜虛峰으로 사료된다.

위의 글에서 알 수 있는 바와 같이 강허봉은 한국의 특수성을 강
조하면서, 공산주의를 교조적으로 받아들이고 있는 한국인 공산주의
자들을 비판하였다. 그는 한국 노동자 해방은 정치운동에 의해서 이
루어지지 않는다고 주장하면서, 노동자들을 이용하여 정치운동을 전
개하고 그것을 통하여 자신들의 권력욕을 채우고자 하는 정치운동가
들을 적으로 간주하고 그들과 맞서 싸울 것을 천명하였다.

한국인 아나키스트들에게는 사회혁명을 추구하는 아나키스트 운동
만이 한국 민족을 해방시킬 수 있었다. 이하유는 "피압박민족의 해방
은 정치운동에 의해서가 아니고 진정한 혁명운동(혁명적 수단으로써
기성제도를 파괴하고 전 민중을 토대로 하는 혁명적 건설)에 의해서만 달
성될 수 있다"고 하였다.[168] 이홍근도 〈해방운동과 민족운동〉에서 아
나키스트 운동만이 진정한 민중해방·민족해방을 담보할 수 있다고
역설하였다.

식민지(혹은 약소민족)에서의 혁명운동이 애국운동에 빠지기 쉬운 민
족주의운동으로서는 도저히 민중의 완전한 해방을 성취할 수 없는 것은
단지 핑계 때문만이 아니고 사실로서, 아일랜드에서 터어키에서 중국 국
민당 운동에서 증명되었다. 고로 식민지의 민중은 그 완전한 해방을 위
해서 단연코 민족주의를 버리지 않으면 안된다. (중략) 식민지의 민중
(노동계급, 농민계급, 백정계급 등등)은 결코 민족이라든가 독립국가라
든가 하는 미명(美名)으로 가려서 부르주아가 자기계급의 지배적 착취
적 야망의 확립을 기도하는 민족주의혁명의 환상으로부터 깨어나지 않
으면 안된다. (중략) 올바른 의미에서의 민족해방이라 하는 점에 있어서
사민당과 공산당이 무력한 것은 영국의 노동당정부가 인도를 해방시키
지 않을 뿐 아니라 오히려 압제의 법률을 제정한 사실과, 러시아공산당
의 지배하에서 그루지아와 몽고 등의 민족이 압제되고 있는 사실을 보

---

168) 何, 〈우리 청년의 책임과 그 사명〉(摘譯), 《南華通訊》 제2권 6월호(《思
想報告集》 其の三, p. 69). 何는 李何有로 사료된다.

는 것만으로 충분하다. 사회당과 공산당은 결코 약소민족을 해방할 의도
는 없는 것이다. 고로 식민지해방운동이 제휴할 수 있는 유일한 아군은
자유연합주의자뿐이다.[169]

위의 글에서 보는 바와 같이 이홍근은 민족주의운동이나 공산주의
운동으로는 한국 민족과 한국 민중의 해방을 담보할 수 없다고 비판
하였다. 즉 민족주의운동은 비록 민족해방이나 독립국가를 앞에 내세
워 분식하더라도 결국은 부르주아계급이 제국주의 세력을 대신해서
민중을 지배 착취하고자 하는 목적에서 벌이는 운동에 불과하다는
것이다. 또한 공산주의운동도 비록 억압과 착취가 없는 자유로운 사
회를 건설하기 위해 노동자·농민의 이름으로 혁명을 추진하지만, 자
국의 혁명을 위해서는 약소민족이나 소수민족의 민족문제는 돌보지
않기 때문에, 공산주의운동에 의해서는 민족해방을 달성할 수 없다는
것이다. 한국인 아나키스트들에게는 진정한 민족해방과 민중해방은
오직 자유 합의적인 자유연합주의 즉 아나키즘에 의해서만 달성될
수 있을 뿐이었다.

2) 투쟁방법론

(1) 테러적 직접행동론

1876년 베른대회에서 '사실에 의한 선전'이 슬로건으로 채택된 이
후 아나키스트들은 테러를 주요한 수단으로 채택하였다. '사실에 의
한 선전'은 직접행동에 의한 선전을 의미하지만, 거기에서의 직접행
동은 주로 테러를 지칭하였다. 1880년 12월 25일 크로포트킨은 그가
간행하던 신문 《반항자》에서 "말에 의한, 문서에 의한, 단도에 의한,
총탄에 의한, 다이나마이트에 의한 반항 …… 합법성을 문제로 삼지

---

169) 李弘根, 앞의 글.

않는 우리에게는 이 모든 것이 정당하다"고 하였다.[170] 이는 목적이 수단을 정당화시킨다는 논리로서 테러·폭동 등 아나키스트들의 모든 행동을 정당화하고 있다.[171]

한국인 아나키스트들도 '사실에 의한 선전'과 테러를 동일시하였다. 즉 한국인 아나키스트들은 1910년대 말부터 테러적 직접행동론을 방법론으로 채택하여, 테러라는 수단을 통하여 아나키즘을 선전하고 민중들을 각성시켜 그들로 하여금 폭동·봉기·총파업 등을 일으키도록 하고, 그것을 통해 일본 제국주의를 타도하고 아나키스트 사회를 건설하고자 하였다. 직접행동이 곧 테러인 것은 결코 아니지만, 폭동·봉기·총파업 등의 실력행사나 무력행동이 불가능한 상태에서 한국인 아나키스트들이 취할 수 있었던 것은 테러였다.

박렬은 〈음모론〉에서 테러적 직접행동만이 유일한 수단임을 밝히고 있다. 박렬의 테러적 직접행동론의 골자는 지배와 착취를 목적으로 구성된 제국주의적 자본주의 국가를 붕괴시키지 않고서는 무산자 계급이 자유를 회복할 수 없다는 것, 이 국가를 타도하는 데에는 의회주의 즉 참정권 획득운동으로서는 불가능하며, 무권력자와 무산자가 국가를 타도할 수 있기 위해서는 군대와 경찰을 말살할 수 있는 힘을 키워야 한다는 것, 무산자들이 당연히 취해야 되는 것은 직접행동이며, 소요·폭동·반란 등이 가장 유효한 수단이라는 것, 폭동이나 반란은 어느 정도 국가의 규율과 권위가 이완되고 또 사회적 정세가

---

170) 다니엘 게렝, 앞의 책, 146쪽.
171) 크로포트킨은 나중에 자기의 잘못을 고백하고 '사실에 의한 선전'의 불모성을 인정하였다. 1890년 일련의 기사 가운데서 그는 "고립한 행동을 원치 않고 동료로서의 행동을 바라고 있는 민중과 함께 있지 않으면 안된다"라고 주장하였으며, "몇 파운드의 폭발물을 가지고 착취자들의 동맹을 처부술 수 있다고 하는 환상"을 경계하면서(다니엘 게렝, 앞의 책, 151~152쪽), 직접행동을 테러 등의 파괴행위와 동일시하는 것에 대해 반대하였다.

혼란스러운 무대를 필요로 한다는 것, 일본에서는 경제적 직접행동인
총파업 등으로는 폭동화·반란화에 이를 수 없으며 음모에 의해서만
가능하다는 것, 목적이 수단을 정당화시키므로 음모가는 어떠한 수단
을 사용해서라도 자신의 목적을 관철시켜야 한다는 것 등이다.[172]

재일본 한국인 아나키스트 단체 가운데 테러적 직접행동론에 입각
하여 활동을 전개한 대표적인 조직은 불령사이다. 박렬·가네코 후미
코 등에 의해 1923년 4월에 조직된 불령사는 반대파에게 폭행을 가
하는 등 테러라는 수단에 의거하여 활동하였다.[173] 박렬은 불령사를
기반으로 하여 일본 천황과 황태자를 폭살하려던 이른바 '대역(大逆)
사건'[174]을 도모하기도 하였다.

재일본 한국인 아나키스트들은 일본인 아나키스트의 영향 아래 있
었음에도 불구하고, 그 당시 일본 사상계를 풍미하던 아나코생디칼리
슴의 방법론을 채택하지 않고 테러적 직접행동론을 채택하였다.[175] 그
것은 일본인 아나키스트와 한국인 아나키스트가 처한 상황의 차이에
서 비롯되었다. 제1차세계대전 이후 일본에서는 자본주의가 급성장
함에 따라 노동운동 또한 매우 활성화되었고, 아나코생디칼리슴이 그
전성기를 구가하였던 것에 비해, 한국인의 경우는 사정이 달랐던 것
이다. 1920년대 초는 민족해방운동이 활발하게 전개되던 시기로서 장
기간의 시일을 요하는 노동운동보다는 소규모의 투쟁으로 당장 커다
란 선전효과를 낼 수 있는 테러적 직접행동에 매력을 느낄 수밖에 없

---

172) 朴烈, 〈陰謀論〉(《裁判記錄》, pp. 89~96) 참조.
173) 이호룡, 앞의 글(1998), 176~177쪽.
174) 박렬의 '大逆事件'에 대해서는 이호룡, 앞의 글(1997), 158~159쪽 참조할 것.
175) 박렬이 테러적 직접행동론을 취하게 된 데에는 1920년 4월 28일 한국 왕
    세자 李垠과 일본 황족 梨本宮方子의 결혼식장에서의 投彈事件과 梁根煥
    에 의한 閔元植 살해사건 등이 일정한 역할을 하였다(金一勉, 1973 《朴
    烈》, 合同出版, pp. 25~35 참조).

었다. 그리고 조직화할 대상인 한국인 노동자의 수가 적었던 것도 한 요인이 되었다. 이리하여 재일본 한국인 아나키스트들은 사회주의운동의 대중화론보다는 소수정예주의를 취하였고,[176] 노동자들을 조직화하고 그것을 기반으로 반제국주의투쟁을 전개하는 것에 관심을 기울이기보다는, 테러적 직접행동에 의한 제국주의 타도에 몰두하였던 것이다. 이후 재일본 한국인 아나키스트들의 공산주의자나 반동단체와의 투쟁도 테러적 직접행동론에 입각하여 전개되었다.

국내에서는 진우연맹이 테러적 직접행동론을 채택하였다. 1925년 9월에 결성된 진우연맹은 1926년 4월 연맹원 12명이 모여 "우리는 마땅히 전 조선 주의자를 선동하여 전선(全鮮)에서 파괴 분위기가 심심 농욱(沉深濃郁)해지면, 먼저 파괴의 봉(鋒)을 들어 대구 도청과 경서(警署)·재판소·정거장 모두를 일거에 파괴하고, 또 도지사 이하 중요 관헌 역시 암살한 후 일인(日人) 시가지 원정(元町) 일대를 또 파괴하며, 계속하여 전선(全鮮)에 무정부주의 선전을 실행"하기로 의논하고,[177] 그것을 실행할 파괴단을 조직하였다.[178] 이를 통해 진우연맹이 테러활동을 하고자 한 것은 테러 그 자체가 목적이 아니라, 그것을 통하여 민중들에게 선전선동작업을 전개하고 그들로 하여금 폭동·봉기를 일으키도록 유도하기 위한 것임을 알 수 있다.

재중국 한국인 아나키스트들도 테러적 직접행동론을 취하고, 테러

---

176) 박렬은 혁명이나 한국 민족의 독립은 직접행동에 의해서만 달성될 수 있으며, 그것은 대중들이 할 수 있는 일이 아니고 오로지 죽음을 불사하는 소수정예의 직접행동파 아나키스트에 의해서만 가능하다고 믿었다(金一勉, 앞의 책, 106쪽 참조).

177) 宋相燾, 1971《騎驢隨筆》, 국사편찬위원회, 353쪽.

178)《要史》, p. 240 ;《治安狀況 — 8年》, p. 28.《동아일보》1927년 6월 15일자에 따르면 진우연맹 관계자들은 파괴단에 관한 혐의는 증거불충분으로 예심에서 면소되었다. 그러나 증거불충분으로 면소되었다는 사실이 곧 파괴단을 조직하지 않았다는 것을 의미하지는 않는다.

활동을 활발하게 전개하였다. 3·1운동 이후 김성도·안근생 등이 손문(孫文)과 협의 아래 폭탄공장 건설과 암살활동을 계획하였으며, 1920년대 초에는 의열단을 중심으로 하여 재중국 한국인 아나키스트들이 테러활동을 활발하게 전개하였다.

그러나 당시 한국인 아나키스트들에 의해 테러활동이 활발하게 전개된 것은 민족해방운동이 고양되어 가는 상황 속에서 매국노나 일본 제국주의자 그리고 일제의 식민지 기관을 암살 파괴함으로써 나라를 잃은 울분을 풀기 위해서였거나, 테러행위를 계속하면 일제가 물러갈 것이라고 소박하게 생각하였기 때문이다. 한국인들에 의해 행해진 테러의 상당수는 개인적이고 감상적인 차원에서 이루어진 것이었다. 테러활동은 민중들을 각성시키는 데에는 어느 정도 효과가 있었는지 모르지만, 민중들과 점차 격리되어 가는 결과를 초래하였다.

거기에다가 국내에서 대중운동이 점차 성장하면서 대중에 근거를 둔 투쟁의 필요성이 제기되고 테러의 비대중성·무모성을 지적되기 시작하였다. 그 과정에서 공산주의가 점차 부각되기 시작하였고, 공산주의자들은 테러에 반대하는 코민테른의 방침에 따라 아나키스트들의 테러행위를 모험주의로 비판하였다.[179] 즉 공산주의자들은 의열단의 테러활동을 "암살과 파괴를 독립운동의 유일한 방법으로 하여, 적 괴수를 암살하고, 적의 시설을 파괴하여, 강도 일본을 축출"하고자 하는 개인적 공포주의 만능론으로 규정하고, "현재 한국의 운동은

179) 張志樂은 "한국 자체의 대중운동이 상당한 수준까지 솟구쳐" 올라 "1924년이 되면 대중운동이 공산주의 이데올로기로 기울어졌"으며, "대중운동의 발전은 의열단원들에게 커다란 자극을 주었"고, "마르크스주의의 정당성을 새로이 증명해 주었"으며, "개인적인 테러리즘은 더 이상 필요가 없게 되었다"고 하면서(김산·님 웨일즈, 앞의 책, 104~105쪽), 대중운동의 흥기를 의열단이 민족주의자·아나키스트·공산주의자로 분열된 원인으로 들었다. 여기서 대중투쟁이 고양되면서 테러활동이 비판받기 시작했다는 것을 알 수 있다.

그 파괴의 목적물은 개인 또는 건물에 있지 않고, 정치상 경제상 기타 각 방면의 현상제도, 조직, 그 이민족의 통치권을 파괴하는 데 있다"고 하면서,[180] 테러투쟁의 오류를 지적하였던 것이다.

공산주의자들의 테러적 직접행동론에 대한 비판에 대응하기 위하여 의열단에서는 신채호에게 〈조선혁명선언〉을 작성해 달라고 의뢰하였다. 신채호는 〈조선혁명선언〉에서 테러적 직접행동론을 민족해방운동의 방법론으로, 그리고 아나키스트 사회건설방법론으로 체계화하였다.

> 금일 혁명으로 말하면 민중이 곧 민중 자기를 위하여 하는 혁명인 고로, '민중혁명'이라 '직접혁명'이라 칭함이며, …… 우리 혁명의 제1보는 민중각오의 요구니라.
> 민중이 어떻게 각오하느뇨?
> 민중은 신인(神人)이나 성인이나 어떤 영웅호걸이 있어 '민중을 각오' 하도록 지도하는 데서 각오하는 것도 아니요, '민중아, 각오하자' '민중이여, 각오하여라' 그런 열규(熱叫)의 소리에서 각오하는 것도 아니오.
> 오직 민중이 민중을 위하여 일체 불평·부자연·불합리한 민중 향상의 장애부터 먼저 타파함이 곧 민중을 각오케 하는 유일 방법이니, 다시 말하자면 곧 선각한 민중이 민중의 전체를 위하여 혁명적 선구가 됨이 민중 각오의 제1로(路)니라.
> …… 우리의 민중을 환성(喚醒)하여 강도의 통치를 타도하고 우리 민족의 신생명을 개척하자면 양병(養兵) 10만이 일척(一擲)의 작탄(灼彈) 만 못하며 억천장 신문·잡지가 일회 폭동만 못할지니라.[181]

---

180) 청년동맹회의 〈선언〉(1924. 10)[독립운동사편찬위원회 편, 1975 《독립운동사자료집》 9, 723~724쪽]. 이 자료는 〈조선혁명선언〉(1923. 1)이 발표된 이후의 것이기는 하지만, 그 이전의 공산주의자들의 생각과 대동소이하였던 것으로 보인다.

181) 〈朝鮮革命宣言〉(1923. 1)[《신채호전집》 하, 41~42쪽].

위의 글에서 알 수 있는 바와 같이, 신채호는 한국 민족이 해방되는 길은 민중직접혁명이며, 혁명을 하기 위해서는 민중이 각성되어야 하고, 민중을 각성케 하는 유일한 방법은 바로 테러적 직접행동이라고 단정하고 있다. 이는 적 요인이나 적의 기관에 대한 암살·파괴 활동은 일제의 식민지 통치구조에 파열구를 낼 뿐 아니라, 민중들의 독립의식과 해방의지를 자극하여, 민중들 스스로 봉기·폭동 등을 일으키도록 만든다는 것으로서 선전수단으로서의 테러의 역할을 강조한 것이다.[182] 이러한 봉기·폭동·총파업 등과 같은 민중의 직접행동이 계속해서 일어나서 모든 민중이 참가하게 되면, 결국 일제의 식민지 권력과 자본주의 사회는 타도된다는 것이다.

〈조선혁명선언〉에 의해서 테러적 직접행동론은 단지 복수적 감정에서 매국노나 일본 제국주의자들을 처단하던 차원에서 벗어나, 민족해방운동의 방법론으로 체계화되었다. 신채호의 테러적 직접행동론은 일제강점기 한국인 아나키스트들의 가장 주요한 투쟁방법론으로 되었다. 1928년 4월 천진(天津)에서 개최된 재중국 한국인 아나키스트대회[183]는 북경 교외에 폭탄과 총기공장을 건설하고, 독일인 기사를

___

182) 김창숙도 선전수단으로서의 테러활동의 필요성을 역설하였다. 국내에서 자금모집운동에 실패하고 중국으로 돌아간 김창숙은 1926년 5월 그믐께 이동녕·김구·김두봉·류자명·정세호 등과 만난 자리에서 국내의 정세를 설명하고, "인심이 이미 죽었으니 만약 비상수단을 써서 진작시키지 않으면 우리들 해외에 있는 사람들도 또한 돌아갈 곳이 없이 궁박하게 됨을 면치 못할 것"이라고 하면서, "청년결사대에게 자금을 주어 무기를 가지고 국내로 들어가서, 倭政機關을 파괴하고 親日富豪를 박멸하여 한 번 국민의 의기를 고취시켜 봅시다"라고 제의하였다[김창숙, 〈자서전〉(心山思想研究會 편, 1985 《김창숙》, 한길사, 239쪽)].

183) 재중국 한국인 아나키스트대회는 무정부주의동방연맹 결성대회에 한국인 대표로 참석하였던 신채호가 그 대회에서의 결정을 실행에 옮길 목적 하에 중국에 있던 한국인 아나키스트들의 역량을 한곳으로 모으고자 개최되었던 것이다. 무정부주의동방연맹은 1927년 9월 중국인 黍健의 발의로

초빙하여 폭탄과 총기를 제조하고, 그것을 각국으로 보내 대관을 암살하고 대건물을 파괴하는 한편, 선전기관을 설치하고 선전문을 인쇄하여 세계 각국에 배부 발송하기로 결정하였으며,[184] 재중국조선무정부공산주의자연맹은 '직접선전'과 '폭력적 직접행동'의 직접방법으로 운동을 전개한다는 것을 강령으로 삼았다.[185] 즉 재중국 한국인 아나키스트들은 '사실에 의한 선전' 즉 테러를 민족해방운동의 수단으로 삼아 민족해방운동을 전개해 나갔다.

일본 제국주의의 침략이 강화되는 1930년대부터는 테러적 직접행동만이 민족해방을 달성할 수 있다고 보고, 여기에 매달리는 경향을 보였다. 즉 원심창은 "출판·결사의 자유가 없는 식민지에서의 혁명은 직접행동에 의한 적극적 투쟁에 의하지 않으면 불가능하다"고 주장하였으며,[186] 직접행동만이 제국주의 세력의 강압에 반항할 수 있는 유일한 무기인 것으로 간주되었다.[187]

북경연맹(北京聯盟)[188]은 기관지《이튿날》을 발행하여 아나키즘을

조선·일본·중국·대만·안남·연도 등 6국 대표자 120여 명이 北京에서 회합하여 조직하였다.《조선일보》1928년 12월 28일자는 한국인 아나키스트대회가 北京에서 개최된 것으로 보도하였으나, 신채호의 4회 공판기록(《동아일보》1929년 10월 7일자에 게재)에 따르면 대회가 개최된 장소는 天津이다.

184)《조선일보》1928년 12월 28일자 ;《自由聯合新聞》第32號(1929. 2. 1).

185) 〈재중국조선무정부공산주의자연맹강령초안〉,《奪還》창간호 증간(1928. 6. 15), 재중국조선무정부공산주의자연맹 참조.

186) 梁一東, 〈元心昌傳〉,《自由聯合新聞》제93號(1934. 8. 5). 자료에 따라서는 梁一童, 梁一東, 梁一龍 등으로 기록하기도 하였으나, 본인이 작성한 기록(1935년 5월 大原社會問題硏究所에서 각 단체의 실정을 조사)에는 梁一童으로 서술되어 있다.

187) 〈果敢に鬪つた在支朝鮮同志逮捕〉,《自由聯合新聞》第80號(1933. 5. 10) 참조.

188) 北京聯盟은 류기석이 1928년 10월에 北京으로 가서 조직한 재중국조선무정부공산주의자연맹을 지칭한다.

선전하는 한편, 테러적 직접행동을 적극적으로 수행하였다. 특히 1932
년 10월에서 1933년 3월 사이에는 한인학우회 등 자유혁명운동기관
과 함께 중국인 아나키스트와 연합하여 직접행동을 행사하였다.[189] 류
기석은 1932년 11월 상해로 가서 류자명과 협의하여 천진에 있는 일
본 각 기관에 폭탄을 투척하기로 하고, 12월 15일 원심창·이용준 등
과 함께 천진으로 가서 일본 총영사관저와 일본군사령부 및 일본 기
선 등에 폭탄을 투척하였다.[190]

만주에서 민족해방운동기지 건설에 참여하였던 재만조선무정부주
의자연맹 관계자들도 1931년 중국 관내(關內)로 이동한 이후 테러활
동에 주력하였다. 정화암 등은 만주에서 민족주의자와 연합하여 이상
촌을 건설하고, 그것을 민족해방운동 내지 혁명운동의 근거지로 삼고
자 하였지만, 1930년 김좌진 암살 이후 민족주의자와의 갈등으로 인
해 실패하고 말았다. 이에 정화암 등은 중국 관내(關內)로 철수하여
테러적 직접행동론을 방법론으로 채택하고 있던 상해연맹(上海聯
盟)[191]과 남화한인청년연맹에 합류한 뒤 테러활동에 주력하였다. 그것

189) 楊子秋, 앞의 글.
190) 〈有吉公使暗殺陰謀無政府主義者檢擧ノ件〉(1933年 3月 27日附 在上海石
    射總領事 → 內田外務大臣報告),《外務省警察史 ― 支那ノ部(未定稿)》, 在
    上海總領事館(《外務特殊文書》28, pp. 845~846·857). 村田生,〈上海及南
    京方面ニ於ケル朝鮮人ノ思想狀況〉,《思想彙報》第7號(1936. 6), 朝鮮總督府
    高等法院檢事局思想部, p. 177에는 1932년 11월에 폭탄을 투척한 것으로 기
    술하고 있으나 취하지 않는다. 〈有吉公使暗殺陰謀無政府主義者檢擧ノ件〉에
    는 일본군사령부에는 폭탄을 투척하기로 협의하였다는 기록만 나오고, 폭
    탄을 투척하였다는 기록은 없다. 그러나 1932년 12월 일본 신문지상에 "天
    津 일본군사령부 파괴되다"는 제목의 기사가 보도된(梁一東, 앞의 글) 사실
    이나, 일본영사관과 일본주둔군사령부에 폭탄을 투척하였다는 주장[林友
    (上海),〈在中國 조선무정부주의운동 개황〉,《黑色新聞》제29호(1934. 6. 30)]
    으로 보아, 일본군사령부에도 폭탄이 투척된 것으로 보는 것이 타당하다.
191) 上海聯盟은 1928년 3월 류기석·한일원·윤호연 등에 의하여 결성된 재중

은 중국에는 한국인 대중이 없는 데다가 만주에서의 민족해방운동기
지건설운동마저 좌절된 상황에서 추구할 수 있는 것은 테러활동밖에
없었기 때문이다. 이후 중국에서의 한국인 아나키스트 운동은 테러활
동이 주축을 이루었다.

이들은 테러활동에 주력하면서 김구의 한인애국단(韓人愛國團)과
합작하였다. 재중국 한국인 아나키스트들이 김구의 한인애국단과 합
작하였던 것은 양 집단이 모두 민족해방을 목표로 하고 있었던 점과
테러를 수단으로 채택하고 있었던 점에 기인한 것으로 보인다. 즉 양
집단 모두 테러활동을 민족해방운동의 수단으로 채택하고 있었던 점
에서 합작할 공간이 있었던 것이다. 합작은 양 집단이 지니고 있던
문제점을 서로 해결해 주었다. 즉 김구는 자금은 풍부했으나 테러를
단행할 만한 인물이 없었고, 한국인 아나키스트계는 인물은 풍부했으
나 자금이 없어 활발한 활동을 전개하지 못하고 있었던 것이다.[192]

상해연맹(上海聯盟)은 양여주(楊汝舟 ; 오면직)와 엄형순으로 하여
금 1933년 8월 1일 밤 일본 제국주의의 주구 옥관빈(玉觀彬)을 사살
케 한 뒤, 한인제간단(韓人除奸團)의 명의로 '역도 옥관빈의 죄상을
선포한다'는 제목의 참간장(斬奸狀)을 배포하여, 옥관빈의 주구적 죄
상을 만천하에 공개하였다.[193] 항일구국연맹과 남화한인청년연맹은

국조선무정부공산주의자연맹 上海支部를 지칭한다.

192) 정화암, 1982 《이 조국 어디로 갈 것인가》, 자유문고, 161쪽.

193) 在上海領事館, 〈在滬有力鮮人玉觀彬暗殺事件〉(1933년 8월 11일부 在上
海 石射總領事 → 內田外務大臣 報告), 《朝鮮民族運動(未定稿) 第5-1(1933.
1～1937. 12)》(《外務特殊文書》 26, p. 681) ; 林友(上海), 앞의 글, 《동아일
보》 1933년 8월 15일자 ; 內務省警保局, 〈在上海留朝鮮人の不穩狀況〉, 《社
會運動の狀況(1933年)》(《資料集成》 2, p. 842). 일각에서는 "臨政의 財力과
南華聯盟(南華韓人靑年聯盟 ― 인용자)의 人力이 합작"하여 옥관빈을 살해
하였고, "남화연맹은 鋤奸團이란 명의로 玉의 죄상을 세상에 폭로했다"고
주장하고 있으나(정화암, 앞의 책, 161～163쪽 ; 《운동사》, 349쪽), 취하지 않

1933년 3월 17일을 기하여 원심창·이강훈·백정기(白貞基) 등으로 하여금 흑색공포단(黑色恐怖團) 명의로 아리요시 아키라(有吉明) 공사를 암살하도록 하였으나, 거사 직전에 검거되었다. 재중국 한국인 아나키스트들은 이 밖에도 1933년 12월 18일의 옥성빈(玉成彬) 암살사건, 1935년 3월 25일의 이용로(李容魯) 암살사건, 연충렬(延忠烈)·이규서(李圭瑞) 암살사건, 이종홍(李鐘洪) 암살사건, 1936년 11월 11일 상해거류조선인회장(上海居留朝鮮人會長) 이갑녕(李甲寧) 저격사건, 각종 강도사건 등을 단행하였다.

(2) 혁명근거지건설론

혁명근거지 건설론은 테러적 직접행동론, 경제적 직접행동론과 함께 한국인 아나키스트 운동의 3대 방법론 가운데 하나였다. 혁명근거지건설운동[194]은 우선 민족해방운동기지건설계획으로부터 시작되었다. 1921년 이회영·정화암·이을규·이정규 등은 영정하(永定河) 개간사업을 추진하였다. 영정하 개간사업은 하천부지 개간을 통해 민족해방운동 자금의 자력 해결을 목적으로 하였는데,[195] 이는 자주성을 강조하는 아나키즘에 근거하고 있었다고 하겠다.[196]

영정하 개간사업이 자금모집 실패로 중단된 뒤, 1923년 중국인 아나키스트 진위기(陳偉器)의 요청으로 이정규와 이을규는 신촌운동(新

는다.

194) 재중국 한국인 아나키스트들의 혁명근거지건설운동에 대해서는 이호룡, 2001 〈재중국 한국인 아나키스트들의 민족해방운동 — 혁명근거지 건설을 위한 활동을 중심으로〉,《한국독립운동사연구》 16, 한국독립운동사연구소를 참조할 것.

195) 정화암, 앞의 책, 35쪽.

196) 당시 이회영은 아나키즘을 수용하고 있었던 것으로 보이나, 정화암·이을규·이정규 등은 아직 아나키즘을 자신의 사상으로 수용하지는 않았던 것으로 사료된다.

村運動)[197]의 연장선에서 일어난 이상촌건설운동에 참가하였다. 이 운동은 중국인 주모(周某)가 양도촌(洋濤村)에 소유하고 있던 전 농지를 기반으로 하여 이상촌을 건설하고자 한 것으로서, 자유합작의 이상농촌건설조합을 만들고, 이를 통하여 공동경작·공동소비·공동소유하는 마을을 건설하자는 것이었다. 이 운동은 상호부조의 자위자치적 농촌공동체인 자주적 코뮨의 건설을 목표로 하고 있었으며,[198] 이 자유공동체를 근거지로 삼아 아나키스트 사회 건설을 전 중국으로 확산시켜 가고자 하였다.

이상촌건설운동은 주씨(周氏) 마을의 내부사정 때문에 실패하고 말았지만, 그 정신은 농민자위운동으로 이어졌다. 1927~1928년 이정규·이을규·류기석·이기환·유지청 등을 비롯한 재중국 한국인 아나키스트들은 중국인 아나키스트 양용광(梁龍光), 진망산(秦望山) 등과 함께 천주(泉州) 지역을 중심으로 천영이속민단편련처를 조직하여 농민자위운동을 전개하였다.[199] 이 운동의 목적은 천주(泉州)·영춘(永春) 지역에 혁명근거지를 건설하고 이를 아나키스트 운동의 지반으로 삼는 것이었다.[200] 즉 이들은 천주·영춘 지역에 농민들이 자주자치의 생활·

---

197) 新村運動은 朱作人이 1919년 3월《신청년(新青年)》에 일본의 '新村'실험 (武者小路實篤 등은 톨스토이의 인도주의에 촉발되어 1918년 宮崎縣에서 생활공동체인 '新村'을 공개적으로 건설하여 농업을 중심으로 한 조화된 이상사회 건설을 시도하였다)을 소개하는 글을 게재한[李澤厚(김형종 역), 1992《중국현대사상사의 굴절》, 지식산업사, 35쪽] 이후 전개된 것으로서, 농촌에 이상촌을 건설하는 것을 목표로 하였다.

198) 함용주, 앞의 글, 18쪽.

199) 泉永二屬民團編練處運動에 대해서는〈중국 福建省 農民自衛運動과 한국 동지들의 활동〉(이정규, 앞의 책)을 참조할 것.

200)〈訪問范天均先生的紀錄〉(葛懋春·蔣俊·李興芝 編, 1984《無政府主義思想資料選》下, 北京人民大學出版社, pp.1040~1041). 이 글에는 泉永二屬民團編練處運動에 참여한 한국인으로 于關과 又觀을 倂記하고 있으나, 이정규에 의하면 于關(字關)은 이정규가 中國 福建省에서 사용한 별명이다

협동노작(協同勞作)의 생활, 협동자위(協同自衛)의 생활을 영위할 수
있는 사회를 건설하고,[201] 이를 근거지로 삼아 아나키스트 혁명을 중
국 전역으로 전파시키고자 하였다.

혁명근거지를 건설하기 위해서는 우선 각 부락의 중견 청년으로
향토조직을 만들고 아울러 무장자위의 조직을 겸하게 해야 하며, 그
향토조직이 경제적 문화적 임무를 띠고 활동해야 한다는 것을 운동
방침으로 정하였다.[202] 이 방침 아래 1,500~3,000명을 모집하여 기본
대오로 삼고, 이들에 대해 군사훈련을 실시하여 아나키스트 활동의
주력군으로 만들며, 선전원양성소에서 훈련받은 청년들을 지방 곳곳
에 파견하여 군중들에게 농민을 조직할 것을 선전하여 민단을 조직
한다는 계획을 세웠다.[203] 이 계획에 입각하여 활동을 전개했지만, 농
민자위운동은 결국 실패로 돌아갔다.

이상촌건설운동이나 농민자위운동은 중국인 아나키스트나 중국국
민당 정부와의 합작으로 아나키스트 혁명의 근거지를 건설하기 위하
여 전개한 운동으로서, 민족해방이 그 목표는 아니었다. 그것은 이
운동의 물적 기반이 전적으로 중국 아나키스트들에게 있었기 때문이
다. 그리고 아나키즘의 세계주의적 속성에 기인하기도 하였다. 하지
만 이상촌건설운동과 농민자위운동에 참여한 한국인 아나키스트들이
민족해방운동을 부정한 것은 결코 아니다. 그것은 이들이 1920년대
말에서 1930년대 초에 걸친 만주에서의 민족해방운동기지건설운동을
주도한 것에서 알 수 있다.

(이정규, 위의 책, 140쪽). 정화암은 1928년 초 농민자위운동이 거의 끝날
　무렵 합류하였다(《운동사》, 307쪽).
201) 〈중국 福建省 農民自衛運動과 한국 동지들의 활동〉(이정규, 앞의 책, 146~
　147쪽) 참조.
202) 위의 글(이정규, 위의 책, 146쪽).
203) 〈訪問范天均先生的紀錄〉(葛懋春·蔣俊·李興芝 編, 앞의 책, 1040~1041쪽).

이회영의 영향으로 아나키즘에 공명하게 된 김종진은 만주로 가서 신민부에 합류한 뒤, 김좌진과 협의하여 신민부를 한족총연합회로 개편하고, 한족총연합회를 중심으로 아나키즘에 입각한 민족해방운동을 전개하였다.[204] 김종진이 만주에서 계획했던 것은 한국독립을 위하여 둔전양병(屯田養兵)하는 것이었다. 즉 만주에 민족해방운동기지를 건설하는 것이었다. 그것은 민족해방운동과 혁명운동은 치밀한 계획과 완전한 조직으로 끈기 있게 장기투쟁을 계속하는 데서만 성공을 거둘 수 있으며, 장기투쟁을 전개하기에는 인적 물적 조건에서, 또는 지리적인 조건에서 만주가 유리한 조건을 갖추고 있었기 때문이다. 김종진은 주민 자신들의 생활을 위한 공동체로서 그들의 경제적 협력기구를 조직하고, 그것을 중심으로 인보상조(隣保相助)하는 농촌자치체를 조직하고자 하였다. 농민들의 생활조직이 확립되어 재만(在滿) 동포의 삶이 안정되고 경제적으로 실력이 증진되어 간다면, 이 조직은 곧 항일투쟁의 조직이고, 증진되는 부력(富力)은 곧 항일투쟁의 재정적인 뒷받침으로 된다는 것이다.[205]

만주에 민족해방운동기지를 건설할 주체로서, 1929년 7월 해림소학교(海林小學校)에서 김종진·이을규·이준근·이강훈·이붕해·이덕재·이달·김야봉·김야운·엄형순 등에 의해 재만조선무정부주의자연맹이 조직되었다.[206] 재만조선무정부주의자연맹은 다음과 같은 당면강령을 발표하여 행동방침을 정하였다.

---

204) 김종진은 민족해방운동을 "온 국민이 다같이 잘살기 위"한 운동이고, "일제에 빼앗긴 민족적 자주권과 개인의 정치적·경제적 자유이권을 되찾아서 억울과 착취가 없는 사회를 만들자는 운동"이라 하였다. 따라서 "독립운동자가 목적하는 사회나 국가는 특권과 차별이 인정되지 않는 萬民平等한 사회, 전 국민이 완전한 모든 자유를 향유하고 자유 발전할 수 있는 국가가 되어야" 한다고 하였다(이을규, 앞의 책, 78~79쪽).
205) 이을규, 위의 책, 51~58쪽.
206) 위의 책, 88~89쪽.

一. 우리는 재만 동포들의 항일반공사상 계몽 및 생활개혁에 헌신한
다.

二. 우리는 재만 동포들의 경제적·문화적 향상발전을 촉성키 위하여
동포들의 자치합작적 협동조직으로 동포들의 조직화 촉성에 헌신
한다.

三. 우리는 항일전력의 증강을 위하여 또는 청소년들의 문화적 계발
을 위하여 청소년교육에 전력을 바친다.

四. 우리는 한 개의 농민으로서 농민 대중과 같이 공동노작(共同勞作)
하여 자력으로 자기생활을 영위하는 동시에 농민들의 생활개선과
영농방법의 개선 및 사상의 계몽에 주력한다.

五. 우리는 자기사업에 대한 연구와 자기비판을 정기적으로 보고할
책임을 진다.

六. 우리는 항일독립전선에서 민족주의자들과는 우군적인 협조와 협
동작전적 의무를 갖는다.[207]

위의 당면강령을 통해 재만조선무정부주의자연맹이 농민들의 의식
개혁과 생활개혁을 통한 이상사회의 건설을 지향하였고, 그 이상사회
를 근거지로 삼아서 민족해방운동을 지속적으로 전개하고자 하였다
는 사실을 알 수 있다. 당면강령의 내용에서 특기할 만한 사실은 공
산주의에 대해서는 적대시하면서 민족주의자와는 협력관계를 유지하
고자 하였다는 점이다. 이 점은 재중국조선무정부공산주의자연맹이
민족주의자들의 타락상을 지적하면서, 민족주의자와의 연합을 추구
하던 공산주의자들을 비판하고 신간회 타도를 외치는 등 민족주의자

---

207) 위의 책, 89쪽. 在滿朝鮮無政府主義者聯盟의 강령은 一. 우리는 인간의
존엄과 개인의 자유를 완전보장하는 무지배의 사회의 구현을 기한다 二.
사회적으로 모든 사람은 평등하므로 各人은 自主創意로 또는 상호부조적
자유합작으로써 各人의 자유발전을 기한다 三. 각인은 능력껏 생산에 근로
를 바치며 各人의 수요에 應하여 소비하는 경제질서 확립을 기한다 등이
다(같은 책, 88쪽).

들을 철저히 배척했던 것과는 대조된다. 재만 한국인 아나키스트들이
민족주의자와 연합한 것은 만주에 지역적 기반을 확보하기 위해서였
다. 즉 민족주의자와 연합함으로써 만주에 민족해방운동과 사회혁명
근거지를 건설하는 데 필수적인 지역적 기반을 민족주의자들로부터
제공받을 수 있었던 것이다.

만주의 한국인 아나키스트와 민족주의자와의 연합은 신민부의 한
족총연합회로의 개편으로 나타났다. 김종진은 8개월에 걸쳐 만주 각
지방을 여행하면서 실정을 조사한 뒤,[208] 김좌진에게 공산주의자들의
침투·교란을 막을 수 있고, 또 사상적으로 능히 이른바 과학적 사회
주의라고 떠드는 자들을 구축할 수 있으며, 왜적들과도 장기 항전할
수 있는 정신적 힘을 얻기 위해서는, 신민부를 개편하여 재만 동포
자신의 조직으로 만들어야 한다는 내용의 요지를 김좌진에게 제안했
고,[209] 그 제안을 김좌진이 받아들여 신민부를 확대 개편한 것이다. 이
리하여 아나키스트들의 사상과 신민부의 무력이 결합되었고, 이 결합
으로 한족총연합회가 탄생되었다.

이처럼 재중국 한국인 아나키스트들은 한국에 인접해 있는 만주에
다 사회혁명 내지 민족해방운동 기지를 건설하고자 하였는데, 한국인
아나키스트들의 민족해방운동은 곧 아나키스트 사회를 건설하기 위
한 투쟁이었다. 그러나 공산주의자와 대립하면서 파생한 김좌진 암
살, 이후 심화된 한족총연합회 내의 아나키스트와 민족주의자 사이의
대립과 이로 인한 이준근·김야운·김종진 암살[210] 등으로 인해 민족해

---

208) 위의 책, 72쪽.
209) 위의 책, 79쪽.
210) 자료에 따라서는 金是也, 李俊根, 金野雲 등이 공산주의자에 의해서 암
　　살되었다고 하나, 이는 잘못이다. 이들은 민족주의 일파 朴來春·이백호·李
　　益和 등에게 암살되었다[林友(上海), 앞의 글 ;《동아일보》1931년 9월 11
　　일자].

방운동기지건설운동은 결국 실패하고 말았다. 이후 만주의 한국인 아나키스트들은 만주를 포기하고 중국 관내(關內)로 철수하여, 김구 등과의 합작으로 테러활동에 주력하였다. 이로써 몇 차례에 걸쳐 시도되었던 중국에서의 민족해방운동 내지 혁명근거지건설운동은 좌절되었다.

(3) 경제적 직접행동론과 일상투쟁론

① 경제적 직접행동론

경제적 직접행동론은 아나코생디칼리슴의 방법론으로서 노동현장에서 보이코트·태업·파업 등을 행하고, 나아가 총파업으로 자본주의사회를 타도하자는 주장인데, 재일본 한국인 아나키스트들과 국내 아나키스트들을 중심으로 전개되었다. 아나코생디칼리슴을 수용하지 않은 재중국 한국인 아나키스트들 사이에서는 경제적 직접행동론에 입각한 활동이 전개되지 않았다.

재일본 한국인 아나키스트들은 1922년 나카츠가와 댐 공사장에서의 한국인 노동자 학살사건 이후 노동자에 의한 노동운동을 표방하기도 하였지만 경제적 직접행동론을 취하지는 않았다. 오히려 경제적 직접행동론에 대해 비판적 입장을 취하였다. 박렬은 〈음모론〉에서 다음과 같이 경제적 직접행동론을 비판하였다.

> 혹자는 …… 경제적 직접행동으로 나아갈 것을 우리에게 권한다. 그들은 그 주요한 전투수단으로서 총파업을 주장한다. 즉 스트라이크, 사보타쥬, 보이콧트에 의해서 일보일보 현대의 제국적 자본주의국가조직의 생명을 쇠멸시켜 가고 결국에는 저 총파업에 호소하여 완전하게 그 목적을 달성한다고 하는 것이다. (중략) 국가는 혹은 우리들에게 그 스트라이크, 사보타쥬, 보이콧트 등을 허용해줄지도 모른다. 그러나 그것은 하시(何時)라도 소위 국가의 안녕질서를 문란하게 하지 않는 정도에서인 것이다. 조금이라도 그 정도를 넘어서보라! 국가는 그것에 대해 바로

국가에 대한 반역적 행위라 하여 예의 군대와 경관대를 보내어 너희들을 혹은 그 장소에서 학살하거나 혹은 감옥으로 보낼 것이다.[211]

위의 글에서 보는 바와 같이 박렬은 경제적 직접행동에 의해서는 결코 국가를 타도할 수 없다고 하면서 경제적 직접행동론을 비판하고 있다. 경제적 직접행동은 국가가 인정하는 범위 안에서만 전개될 수 있을 뿐이며, 그 결과 아나코생디칼리스트 운동은 개량주의적 운동으로 전락할 수밖에 없다는 것이다. 그리고 〈조선의 민중과 정치운동 ― 사기꾼인 권력광들을 배격한다〉에서도 "일본과 같은 경찰국에 있어서 총파업에 의해서 일거에 자본주의를 분쇄하고자 하는" 것은 공상이라고 하면서,[212] 경제적 직접행동론을 비판하였다.

그러나 1920년대 중반 이후에 일본에서 한국인 노동자들의 조직화가 진전되면서 아나키스트들 가운데에도 노동운동의 중요성을 자각한 자들이 나오기 시작하였다. 이들은 노동자들을 조직화하기 위해 모든 노력을 기울였으며, 그에 따라 경제적 직접행동론이 대두하였다. 조선동흥노동동맹은 강령에서 "정치운동을 배격하고 경제적 직접행동"을 취할 것을 주장하였다.[213] 이는 권력장악을 위한 모든 정치투쟁과 정치혁명을 부정하고, 보이코트·태업·파업·총파업 등의 경제적 직접행동을 통해서 자본주의 사회를 타도하고 사회혁명을 달성하자는 것이다.

조선동흥노동동맹의 기관지인 《해방운동》 혁신호(1929. 5)는 롤레어 (A. Rolaer)의 〈총동맹파업〉을 번역 게재하여 경제적 직접행동의 중요성을 강조하였다. 이 글은 총동맹파업을 의회정책의 무능이 드러난

---

211) 朴烈, 앞의 글(《裁判記錄》, p. 91).
212) 朴烈, 〈朝鮮の民衆と政治運動 ― 詐欺師的權力狂共を排す〉, 《現社會》 第 4號(1923. 6).
213) 《解放運動》 혁신호(1929. 5).

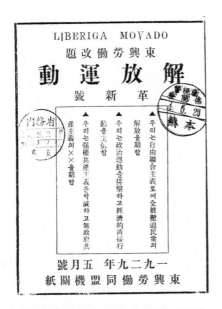

일본에 있던 한국인 아나키스트 노동단체 조선동흥노동동맹의 기관지 《해방운동》.

상황에서 전투적 평민에게 가장 효과 있는 무기라고 소개하면서, 총동맹파업의 취지는 "목하의 사회조직을 근본적으로 개혁하려는 즉 사회혁명이다. 온갖 정부를 ○○(타도ー인용자)하고 자유자치의 무정부○○○○(주의사회?ー 인용자)를 건설"하는 데 있다고 하였다. 그리고 총동맹파업을 사회혁명의 개단(開端)으로 인정하였다.[214]

《흑색신문》 제1호(1930. 8. 1)도 재일본 한국인 아나키스트들에게 경제적 직접행동으로 돌진할 것을 주장하였으며,[215] 순정아나키스트들도 경제적 직접행동을 취하자는 주장을 제기하였다. 즉 조선자유노동자조합과 극동노동조합의 강령 속에는 경제적 직접행동을 주장한다는 조항이 들어 있다.[216] 이것은 이들 단체가 노동자 조직이고, 노동자들이 취할 수 있는 가장 일반적인 투쟁수단이 바로

214) A. Rolaer, 〈총동맹파업〉, 《解放運動》 혁신호(1929. 5), 조선동흥노동동맹, 22~23쪽 참조.

215) 內務省警保局, 〈在留朝鮮人の運動〉, 《社會運動の狀況(1930)》(《資料集成》 2, p. 155).

216) 조선자유노동자조합과 극동노동조합이 경제적 직접행동을 주장하였다는 것은 이들 조직이 비록 순정아나키스트 단체라 하더라도 일정 정도 아나코생디칼리슴의 영향을 받고 있었다는 사실을 말해 준다.

태업·파업 등의 경제적 직접행동이기 때문이었던 것으로 사료된다.

그러나 재일본 한국인 아나키스트들이 경제적 직접행동론을 제기하였지만, 경제적 직접행동을 직접 취한 사례는 보이지 않는다. 그것은 재일본 한국인 아나키스트들이 경제적 직접행동을 더욱 용이하게 취할 수 있는 공장노동자를 대상으로 하지 않고 주로 자유노동자들을 중심으로 노동단체를 조직하였기 때문인 것으로 사료된다. 재일본 한국인 아나키스트 노동단체들이 주로 취한 투쟁수단은 폭력적 테러였으며, 경제적 직접행동과 관련해서는 일본인 노동자들의 노동쟁의를 지원하고 응원하였을 뿐이다.

재일본 한국인 아나키스트들의 노동쟁의 지원투쟁 가운데 확인되는 사례는 다음과 같다. 도쿄에서 전개된 투쟁으로는 조선동흥노동동맹과 조선일반노동조합의 1934년 닛카츠(日活) 닛코(日興) 쟁의 지원투쟁과 1934년 9월 도쿄시전(東京市電) 종업원의 총파업과 호류샤인쇄소(豊隆社印刷所)[217] 종업원의 해고, 임금인하, 공장폐쇄 반대 파업에 대한 응원투쟁, 조선일반노동조합의 1934년 8월 18일 도쿄 혼조구(本所區) 기쿠가와정(菊川町) 소재 미츠바야가구제작소(三葉屋家具製作所) 직공들의 파업투쟁에 대한 응원투쟁 등이 있다.[218] 오사카(大阪)에서는 간사이금속노동조합(關西金屬勞働組合)이 다카하시 도금공장, ○○○ 주물공장, 호시다카 알루미늄공장 노동자들의 노동조건 개선투쟁을 적극 응원하였다.[219]

국내에서도 아나키스트들에 의한 노동운동이 전개되었다. 1927년 9월 8일 원산에서 노동자자유동맹이 결성되었는데, 이 조합의 강령 속

---

217) 〈1934년의 自聯戰線及戰蹟〉, 《黑色新聞》 제34호(1934. 12. 28)에는 風隆社印刷所로 기록되어 있다.

218) 東京에 있던 한국인 아나키스트들의 노동쟁의 지원투쟁에 대해서는 이호룡, 앞의 글(1998), 210쪽을 참조.

219) 《우리동무》 제1호·제2호, 關西勞働組合自由聯合會.

관서노동조합자유연합회가 간행한 한국어판 소식지 《우리동무》(편집인 한국동)

에 "우리들은 정치운동을 배척하고 경제적 행동에 매진한다"는 조항이 들어 있다.[220] 이는 경제적 직접행동론에 입각해서 투쟁을 전개할 것을 천명한 것이다. 그리고 국내의 대표적인 아나키스트 조직 가운데 하나인 관서흑우회 역시 아나코생디칼리슴에 입각해서 노동운동을 지도하였다. 따라서 관서흑우회의 영향을 받는 노동조합들은 경제적 직접행동론에 입각해서 파업투쟁을 전개하였던 것으로 보인다.

관서흑우회는 창립 초부터 대중조직에 주력하였다.[221] 이효묵(李孝

─────────────

220) 노동자자유동맹의 강령은 다음과 같다[《自由聯合》第17號(1927. 10. 5), 全國勞働組合自由聯合會].

　1. 우리들은 당면의 문제를 해결함과 동시에 신사회건설에 노력한다.
　1. 우리들은 자유연합을 제창하고 중앙집권을 배격한다.
　1. 우리들은 일상생활의 개혁과 상호 교화에 의한 사상의 계발에 매진한다.
　1. 우리들은 정치운동을 배척하고 경제적 행동에 매진한다.
　1. 우리들은 자주자치의 자유연합주의를 강조하고 강권·집중주의를 배격한다.
　1. 우리들은 상호부조 본능을 앙양하여 자유협동사회의 맹아로 한다.
　1. 우리들은 무산계급의 세계적 단결을 도모한다.
　1. 우리들의 해방은 우리들 자신의 일이지 않으면 안된다.

默), 한명암(韓明岩), 박내훈(朴來訓), 김찬오(金贊五) 등에 의해 개편된 평양양화직공조합이 임금인하에 반대하여 파업을 일으키자,[222] 관서흑우회는 이 파업투쟁을 지도하였다. 그리고 평양고무공장 노동자들이 총파업을 전개하였을 때는 파업을 후원하기 위하여 배반자들을 응징하였다. 최복선(崔福善)과 박도성(朴道成) 형제가 협의하여 결성한 평양목공조합이 1931년 1월 파업투쟁을 전개하자, 관서흑우회는 3월 24일에 개최된 임시대회에서 열렬한 축사를 하여[223] 목공조합 노동자들의 투쟁을 지원하였다. 그 밖에도 국내 아나키스트들에 의해 평양노동자조합(1929. 5. 21, 최갑룡), 평양 일반노동조합, 한천자유노동조합(전창섭·박종하), 청진 한산(閑散)노동조합, 나주 일반노동조합(1929. 8. 11) 등이 결성되었다.[224]

② 일상투쟁론

일제의 만주 침략 이후 일제에 의한 극도의 탄압과, 순정아나키스트와 아나코생디칼리스트의 대립으로 아나키스트 진영은 약화되었다. 이에 위기를 느낀 일본인 아나키스트들은 대중투쟁론을 앞세워 통합된 흐름을 형성하였다. 이러한 흐름은 일본인 아나키스트들의 다음과 같은 정세인식을 바탕으로 하였다. 즉 일본인 아나키스트들은

---

221) 최갑룡, 앞의 책, 26쪽.
222) 최갑룡의 증언(박환, 앞의 글, 215쪽에서 재인용) ;《自由聯合新聞》第56號(1931. 2. 10) 등을 종합. 평양양화직공들이 파업투쟁을 전개하여 자본가 측으로부터 양보를 얻어낸 것에 대해 순정아나키스트들은 "자본가의 총애의 보답을 받았던 것"에 불과하다고 비판했다[《自由聯合新聞》第56號(1931. 2. 10)].
223) 최갑룡, 앞의 책, 27쪽 ;《조선일보》1931년 3월 29일자 등을 종합.
224)《自由聯合新聞》第36號(1929. 6. 1)·第39號(1929. 9. 1)·第68號(1932. 2. 24) ; 旦洲柳林先生記念事業會 편, 1991《旦洲柳林資料集(1)》, 36쪽 ;《운동사》, 263쪽 등을 종합.

일제의 만주침략 이후 관헌이 비상시라는 명목으로 노동조합과 일반 사회운동에 탄압을 가하였고, 이에 힘을 얻은 자본가들이 공세를 취하여 노동자·농민들의 생활이 더욱 빈궁해졌으며, 이러한 궁핍으로부터 노동자·농민의 생활을 올바로 방위하고 향상시키기 위해서는 전 노동자가 협력하여 자본가계급에 대한 대중적 요구투쟁을 일으키지 않으면 안 된다고 인식하였다.

전국노동조합자유연합회(全國勞働組合自由聯合會)는 노동자의 생활권 옹호 입장에서 임금저하방지책과 인상책을 목표로, 여하한 대중이나 사상경향을 일소하고 참가를 허가한다는 새로운 방침을 수립하는 등 1933년 4월 대회에서 결정한 행동강령을 실천해 나갔다.[225] 즉 전국노동조합자유연합회는 "사상단체와 노동조합의 혼합성 즉 일상투쟁의 폐기"가 아나키스트 운동의 쇠퇴를 초래하였다고 자기비판하고,[226] 이를 극복하기 위해서는 일상투쟁을 중심으로 투쟁을 전개해야 한다고 주장하였다. 간토노동조합회의(關東勞働組合會議)는 노동대중의 생활방위를 위해서 임금인상, 대우개선 등의 기본적 요구를 적극적으로 전개할 필요성을 역설하고,[227] 생활방위공동투쟁위원회를 조직하여 연말을 기하여 노동자 대중의 생활투쟁을 대중적으로 전개하였다.[228]

일본노동조합자유연합협의회(日本勞働組合自由聯合協議會)도 노동조합중심주의에 빠진 것을 아나키스트 운동의 침체 원인으로 인식하

---

225) 《黑色新聞》 제27호(1934. 4. 18) 참조.
226) 〈日本無政府共産黨事件第1審及第2審判決〉(1940年 8月)[奧平康弘 編, 1991 《昭和思想統制史資料》 1(共産主義·無政府主義篇), 高麗書林, pp. 145~146] 참조.
227) 〈生活防衛鬪爭の指標、反政治運動の強行 ― 關東に大衆鬪爭起る〉, 《自由聯合新聞》 第86號(1933. 11. 10).
228) 〈積極的に歲末鬪爭その先頭に立つ〉, 《自由聯合新聞》 第87號(1933. 12. 10).

고,[229] 전국노동조합자유연합회와 함께 생활방위투쟁을 공동으로 전개하였다. 그 과정에서 일본노동조합자유연합협의회가 전국노동조합자유연합회로 복귀하는 형식으로 통합되었다. 통합 전국노동조합자유연합회는 생활방위투쟁 등의 일상투쟁을 중심으로 대중투쟁을 전개할 것을 강조하였다.

이러한 일본 아나키스트계의 변화된 흐름의 영향으로 재일본 한국인 아나키스트들 사이에서도 지금까지의 운동방식에 대해 반성하고 새로운 형태의 운동을 모색하고자 하는 경향이 생겨났다. 1933년 후반에 들어서면서 조선자유노동자조합을 중심으로 해서 재일본 한국인 아나키스트 단체의 전선 통일을 위한 움직임이 생겨났으며, 그것은 조선일반노동조합의 성립으로 귀결되었다.

재일본 한국인 아나키스트의 통합조직으로 결성된 조선일반노동조합은 대중투쟁노선 아래 일상투쟁론을 방법론으로 채택하였다. 조선일반노동조합은 강령에서 "우리들은 자주적 단결에 의한 일상투쟁을 통하여 노동자·농민의 해방에 매진한다"고 밝혀 일상투쟁을 강조하였으며,[230] 규약에서도 차가인부(借家人部)를 하나의 부서로 설치하여 일상투쟁에 유념하였다.[231] 그리고 〈선언〉에서도 "지배자의 모든 탄압

---

229) 〈日本無政府共産黨事件第1審及第2審判決〉(1940年 8月)(奧平康弘 編, 앞의 책, 145～146쪽) 참조.
230) 조선일반노동조합의 강령은 다음과 같다[內務省警保局, 〈在留朝鮮人運動〉,《社會運動の狀況(1934)》(《資料集成》3, p. 169)].
　　1. 우리들은 자주적 단결에 의한 일상투쟁을 통하여 노동자·농민의 해방에 매진한다.
　　2. 우리들은 중앙집권조직을 배격하고 자유연합조직을 강조한다.
　　3. 우리들은 연대·우애·協動을 사회생활의 정신으로 한다.
231) 조선일반노동조합은 규약에서 산업별로 자유노동부, 공장노동부, 잡업노동부, 借家人部 등의 부서를 설치한다고 규정하였다[內務省警保局, 〈在留朝鮮人運動〉,《社會運動の狀況(1934)》(《資料集成》3, 169쪽)].

과 자본가의 포학(暴虐)한 공세에도 불구하고 지배계급과 부르주아에 대한 원망의 목소리는 전국의 진포(津浦 ; 방방곡곡 — 인용자)로부터 일어나 변혁적 기운에까지 양성되고 있다. 우리들 노동자는 일상생활의 허다한 고통스러운 경험으로부터 이러한 사회적 불안과 생활적 비참이 자본주의 제도의 근간으로부터 발하고 있다는 것을 인식함과 동시에 자본주의 제도가 존속하는 한 이러한 불안과 비참이 결코 제거되지 않는다는 것을 통감한다"고 하면서,[232] 노동자들의 일상생활상의 요구에 기초한 투쟁을 통하여 자본주의를 타도할 것을 주장하였다.

조선동흥노동동맹도 전국노동조합자유연합회·일본노동조합자유연합협의회와의 한층 더 긴밀한 공동투쟁 아래 연말투쟁으로서 수당 요구, 해고 반대, 임금 인상 등의 노동자 대중의 요구에 기초한 투쟁을 적극적으로 전개하였다.[233] 조선동흥노동동맹은 "혁명적 무정부주의자들의 단호한 무단적 행동으로써 …… 전 간토(關東)를 거(據)하여 반동 상애회의 전 세력을 완전히 소진"시켰으나, "그 위대한 정력의 소모와 혁명적 우수한 동지의 희생에 비하면 우리가 기대한 바 그 효과가 너무 적었다"고 상애회타도투쟁에 대해 평가한 뒤, 그 원인을 "조선 노동대중의 실제생활이 직접 요구한 투쟁이라는 그 명확한 활동의 인식이 결하였기 때문"이라고 분석하였다. 그리고 노동대중의 일상생활에서 일어나는 문제조차도 대중적으로 해결하지 않고, 소수의 힘만으로 해결하여 결국 사건 해결사 노릇만 하였기 때문이라고 하였다.[234] 이것은 조직역량과 투쟁역량을 강화하기 위해서는 일상생활상의 요구에 근거하여 노동대중과 함께 투쟁을 전개해야 한다는

---

232) 內務省警保局, 〈在留朝鮮人運動〉,《社會運動の狀況(1934)》(《資料集成》 3, pp. 169~170) 참조.
233) 〈積極的に歲末鬪爭 その先頭に立つ〉,《自由聯合新聞》 第87號(1933. 12. 10).
234)《黑色新聞》 제36호(1935. 3. 18).

것을 말한 것이다. 그리하여 조선동흥노동동맹은 노동대중의 생활상의 요구에 근거하여 투쟁한다는 새로운 운동방침을 수립하고 내부적 활동기관을 재편하고 조직확대를 위해 노력하였다.

1934년 11월 23일 개최된 조선동흥노동동맹 북부 제2회 대회는 다음과 같은 의안을 심의 결정하였다.[235]

ㄱ. 미조직노동대중 조직확대의 건 (명 삭제)
ㄴ. 민별(民別 ; 民族의 오식? — 인용자)을 가리지 않고 계급적 연대성에 입각해서 제 노동단체와의 공동투쟁에 관한 건 (명 삭제)
ㄷ. 동일 노동에 임금차별 절대 반대 (명 삭제)
ㄹ. 연말 생활방위에 관한 건 (명 삭제)
ㅁ. 기관지 확립의 건 (명 의사 중지)
ㅂ. 조선인 거주권 확립 투쟁의 건 (명 삭제)
ㅅ. 조선내지 농민운동과의 연락투쟁의 건 (명 삭제)
ㅇ. 조선인 인치키(インチキ)단체[236] 박멸의 건 (명 삭제)
ㅈ. 파쇼사회 파쇼 제운동 배격의 건 (명 의사 중지)
ㅊ. 명칭 변경에 관한 건

위의 의안 가운데에는 임금차별 반대, 연말 생활방위, 거주권 확립 등 일상투쟁에 관한 3개의 건이 포함되어 있다. 이는 조선동흥노동동맹 북부가 일상투쟁을 중심으로 한 대중투쟁노선을 수립하고 있었음

---

235) 內務省警保局, 〈朝鮮東興勞動同盟北部大會開催狀況〉, 《特高月報》(1934년 11월분), p. 170(《資料集成》 3, p. 232). 朝鮮東興勞動同盟 제2회 대회는 荒川區 三河島町 소재 城北佛敎修養會館에서 개최되었는데, 참석자는 金學俊·吳宇泳 이하 62명이고, 김학준 사회로 오우영을 의장으로 추대하였다. 선언·강령·규약 기타의 의안을 심의 결정하고, 조합명을 朝鮮勞動者合同組合으로 개칭하고 산회하였다[《資料集成》 3, 231쪽 ; 《自由聯合新聞》 第96號(1934. 12. 25)].

236) '인치키단체'란 相愛會와 같은 친일단체를 지칭한다.

을 말해 준다. 이러한 점은 강령과 선언에서도 나타난다. 즉 강령에서 "우리들은 자유적 단결의 힘으로써, 일상투쟁을 통하여 노동자·농민의 해방에 매진한다"고 밝혀 일상투쟁을 주요한 수단으로 채택하였으며, 〈선언〉에서도 "우리들은 이 의의 깊은 대회를 통하여 백절불굴의 용기와 과감한 일상투쟁으로써 조선노동자의 생활을 대담하게 옹호하고 전 노동계급의 유일한 전투적 전위가 되어 최후의 승리까지 돌진할 것을 서약한다"고 하여,[237] 일상투쟁을 전개할 것을 주장하였다. 이처럼 재일본 한국인 아나키스트들은 일제의 만주침략 이후 일제의 탄압이 강화되는 가운데 아나키스트 운동의 쇠퇴를 극복하기 위해 대중투쟁노선을 수립하고, 노동자 대중의 생활상의 요구를 관철하기 위한 일상투쟁에 주력할 것을 강조하였다.

재일본 한국인 아나키스트들은 일상투쟁을 통해 역량을 강화하여 파쇼 반대로 나아가고자 하였다. 재일본 한국인 아나키스트들의 반파쇼 투쟁은 1930년대 초 파시스트 세력이 등장하면서부터 이미 시작되고 있었다. 즉 1931년 7월 이른바 만보산(萬寶山)사건이 발생하자 흑우연맹이 중심이 되어 일본의 중국침략을 비판하면서 반파쇼 투쟁을 전개하였으며,[238] 1933년 5월 상순 이후에는 나치스배격운동 등에 적극적으로 참가하였다.[239] 나아가 파시스트들이 민중을 호도하기 위하여 전개하던 '애국주의'와 '애국운동'의 본질을 폭로하는 한편, 일제의 만주 점령 이후 강화되어 가는 정치적 폭압과 동북아시아의 험악한 정세 속에서 제2의 결전의 필요성을 절감하고, 이를 위해 자유연합전

---

237) 內務省警保局,〈朝鮮東興勞動同盟北部大會開催狀況〉,《特高月報》(1934년 11월분), p. 170(《資料集成》 3, p. 232).

238) 〈1931年の共産主義運動〉(金正明 編, 1967 《朝鮮獨立運動》 4, 原書房, p. 180) 참조.

239) 內務省警保局,〈在留朝鮮人運動〉,《社會運動の狀況(1933)》(《資料集成》 2, p. 786).

선을 확대 강화할 것과 아나키즘을 민중화할 것을 주장하였다.[240] 이
러한 주장은 민중의 힘에 근거하지 않고 아나키스트 진영 단독의 힘
으로는 도저히 파시스트 세력을 타도할 수 없다는 판단에 근거하였
다. 이에 따라 재일본 한국인 아나키스트들은 아나키즘을 민중화하기
위한 대중활동의 구체적인 활동방침을 제시하였다.

> 요컨대 문제는 어떻게 하면 이제 대두하려는 반동세력(파시스트 세력
> ― 인용자)을 보이코트시킬 수 있으며 …… 그들(민중 ― 인용자)에게 군
> 국주의에 대한 자본주의 사회에 대한 반역심을 고취시킬 수 있겠는가?
> 에 관한 실제적 문제 이것이다. (중략) 좌담회 연구반 또는 잡담석에 있
> 어서도 자본가 관료배가 무용(無用)의 존재임을 설명하고, 민중을 착취
> 하고 민중을 권력으로써 강압하는 비인간적 만행을 폭로시켜 반역의 힘
> 을 양성시킬 수 있다. 그러나 반드시 과격한 언어나 과격한 행동으로써
> 만 이 민중을 각성시킴에 효과적이 아니라는 것을 인식하지 않으면 안
> 된다. (중략) 우리들의 진영은 그 힘이 너무도 미약한 감이 있고 …… 그
> 힘이 장수라 하더라도 파시즘에 독신으로는 결코 대적할 수 없다. 어째
> 서라도 민중층에 무정부주의를 침투시켜 그 위대한 힘에 기대할 수밖에
> 없다.[241]

위의 글에서 보는 바와 같이 재일본 한국인 아나키스트들은 파시
즘은 군국주의의 최후의 발악으로 민중에 대한 탄압의 강도를 더욱
강화할 것으로 파악하고, 그에 대한 준비를 해야 하며, 객관적 상황
에 맞는 전술을 수립하고, 대중들의 정서에 맞는 활동을 전개할 것을
주장하였다. 그리고 대중활동과 함께 민중들 사이에 아나키즘을 선전
하여 아나키즘을 민중화하고, 그것에 의해 민중으로 하여금 파쇼 반
대 투쟁에 떨쳐 일어나게끔 해야 한다고 역설하여, 대중투쟁노선에

---

240) 〈3·1운동에 사상이 있게〉, 《黑色新聞》 제26호(1934. 2. 28).
241) Z生, 〈기술적 실천운동의 愚見 ABC〉, 《黑色新聞》 제37호(1935. 4. 22).

입각해서 파쇼 타도를 전개할 것을 주장하였다.

3. 아나키즘 본령에서의 일탈[242]

1930년대 중반 이후 한국인 아나키스트 운동은 점차 침체기에 빠져들었다. 국내의 아나키스트 운동은 거의 소멸되었고, 재일본 한국인들의 아나키스트 운동은 더욱 가중되는 일제의 탄압, 순정아나키스트와 아나코생디칼리스트 사이의 대립 등으로 말미암아 아나키스트 단체들이 거의 유명무실한 상태에 빠져들고 있었다. 재중국 한국인 아나키스트 단체 역시 테러활동에 따른 검거로 인하여 별다른 활동을 전개하지 못하였다.

이에 아나키스트 운동의 부진을 극복하고자 재일본 한국인 아나키스트들은 중앙집권적 조직론을, 재중국 한국인 아나키스트들은 민족전선론을 제창하였다. 그러나 이러한 해결책들은 국가와 정부 그리고 중앙집권적 조직 등의 존재를 인정함으로써 모두 아나키즘의 본령에서 벗어났다. 이 절에서는 아나키즘 본령에서 벗어나기 시작한 한국인 아나키즘의 내용을 살펴보기로 한다.

---

242) 아나키즘의 본령이 무엇인가에 대해서는 명확하게 규정을 내릴 수 없다. 그것은 아나키스트들 사이에는 상당히 큰 사상적 편차가 있으며, 아나키즘을 체계적으로 입론화시킨 사상가가 없기 때문이다. 하지만 아나키즘에 포괄되는 다양한 조류들 사이에는 공통된 부분이 존재한다. 다니엘 게렝은 이 공통 부분 즉 아나키즘의 기본이념으로 반역정신, 국가에 대한 혐오, 부르주아민주주의에 대한 적개심, 권력적 사회주의에 대한 비판, 과도적 독재 부정, 개인의 절대적 존엄, 자유의지에 기초한 연대, 대중의 자발성 중시와 전위조직에 의한 지도 부정 등을 제시하였다(다니엘 게렝, 앞의 책, 49~95쪽). 게렝의 규정에 준하여 이 책에서는 정부와 국가와 같은 일체의 권력 부정, 개인의 자유의지 존중, 그리고 민중의 직접행동 중시 등을 아나키즘의 본령으로 잠정적으로 규정한다.

1) 중앙집권적 조직론과 '민중독재론'

　1930년대 중반에 들어서면서 재일본 한국인 아나키스트 운동은 침체기를 맞이하였다. 일제의 강력한 탄압과 계속되는 테러로 인한 검거 때문이었다. 아나키스트들은 막대한 희생에도 불구하고 아나키스트 운동이 발전하지 못하고 오히려 침체하자, 아나키스트 운동 전반에 대해 검토하고 새로운 노선을 수립하고자 노력하였다. 그러한 경향은 일본인 아나키스트들의 흐름과 맥을 같이하고 있었다.

　1931년 일제의 만주 침략 이후 일본의 아나키스트 운동은 침체기에 들어갔다. 일본인 아나키스트들은 아나키스트 운동 침체의 원인이 강력한 지도조직의 부재에 있다고 보고, 중앙집권적인 지도조직을 결성하여 아나키스트 운동을 재흥하고자 하였다. 그리하여 일본무정부공산주의자연맹을 거쳐 1934년 1월 30일 일본무정부공산당이 결성되었으며, 일본무정부공산당은 중앙집권적 조직론과 '민중독재론'을 내걸었다. 이 중앙집권적 조직론과 '민중독재론'은 종래의 아나키스트 운동에서의 자유연합주의, 무조직·무계획방침을 버리고, 강제력 있는 중앙집권적 전국적 조직을 갖추어야 하며, 계획적 집중적 활동방침으로써 아나키스트 운동의 전 전선을 정비·통일해야 한다는 것이다. 그리고 점차 사회정세가 절박해져 혁명의 기운이 무르익을 경우에는, 노동자·농민·무산시민 등을 선동 지도하여 일거에 무장봉기시켜 현 사회제도를 파괴하고, 또 일시적으로 변혁사회에서의 정치권력을 장악해야 하며, 정치권력을 장악한 뒤에는 독재정치에 의하여 반혁명세력의 공격을 배제하고, 민중의 이상사회건설활동을 도와야 한다는 것이다. 그렇지만 독재정치는 장기간 지속되어서는 안 되고, 이상사회건설이 진척되면 적극적으로 자기의 권력을 폐기해야 한다고 하였다. 이로써 아나키스트의 이상인 일체의 권력이 없고, 사유착취가 없는 자유코뮨을 기간으로 하는 자주·자치·아나코코뮤니스트 사회가 실현된다는 것이다.[243] 간단히 말해서 중앙집권적 조직을 결성하고, 그 조직의 지도 아래 정치투쟁을 전개하여 정치권력을 장악하고, 민중들이 이상사회를 건설할 동안 반혁명세력의 반격을 분쇄하기 위하여 '민중독재'를 실시해야 한다는 것이다.

이동순·한국동·홍성환·이수룡·진녹근 등 재일본 한국인 아나키스트들은 일본무정부공산당의 중앙집권적 조직론과 '민중독재론'에 찬성하고, 일본무정부공산당에 입당하여 활동하였다. 조선동흥노동동맹의 한국동은 1934년 11월 3일 입당하여, 같은 달 하순 이후 일본무정부공산당 간사이지방위원회(關西地方委員會) 확립 책임자가 되었다. 이동순은 1935년 10월 15일 일본무정부공산당에 가입하고, 가입과 동시에 이 당 간토지방위원회(關東地方委員會) 식민지부에 소속되어 활동하였다.[244]

이후 중일전쟁이 장기화되자 재일본 한국인 아나키스트들은 국제정세가 일본에 불리하게 되고 있다고 파악하고, 일본의 패전을 필지의 사실로 여겼다. 그리하여 1940년 3월경부터 아나키스트 조직 재건을 기도하였다. 문성훈·이종문·정갑진 등은 1940년 3월 31일 회합하여 다음의 사실에 합의하였다. 즉 일본이 패전하면 필연적으로 일본 국내에는 혼란이 생길 것이고, 이때 한국인 특히 사상운동 전력자는 학살 또는 감금을 면하기 어려울 것이지만, 오히려 이것을 호기로 하여 아나코코뮤니스트 사회의 건설을 위해 봉기할 것이며, 이때 주저하거나 머뭇거리면 볼셰비키계에 기선을 제압당하여 그들의 지배에

---

243) 〈日本無政府共産黨事件第1審及第2審判決〉(1940年 8月)(奧平康弘 編, 앞의 책, pp. 21~22) 참조.

244) 內務省警保局, 〈在留朝鮮人運動〉, 《社會運動の狀況(1935)》(《資料集成》 3, pp. 360~363) ; 《朝鮮人の共産主義運動》, p. 33 ; 內務省警保局, 〈海外不逞鮮人と連絡ある朝鮮人の檢擧〉, 《特高月報》(1936年 4月分), p. 499(《資料集成》 3, pp. 629~630) 등을 종합.

굴복당할 것이므로 속히 활동을 개시한다는 것이었다. 이는 일본이 패전하면 일본에는 혁명적 상황이 전개될 것이고, 그 혁명적 상황에서 공산주의자들에게 주도권을 빼앗기지 않기 위해서는 아나키스트들이 무장봉기를 일으켜 정권을 장악해야 하며, 무장봉기를 계획 지도할 전위조직이 있어야 한다는 것이다. 그러한 전위조직으로서 1940년 6월 11일 문성훈·이종문·정갑진 등의 주도로 건달회(建達會)가 결성되었다. 건달회는 일본무정부공산당의 무장봉기 전술을 채택하였으며, 그 전술 아래 폭력봉기계획을 세우고, 그 계획을 실행하기 위해 무기를 입수하고 자금을 획득하고자 하였다.[245]

1930년대 후반 이후 재일본 한국인 아나키스트들이 취하였던 중앙집권적 조직론과 '민중독재론'은 공산주의의 민주집중제에 근거한 중앙집권식 조직과 프롤레타리아독재론의 일부를 수용한 것이다. 그러

---

245) 內務省警保局, 〈內地在住朝鮮人運動〉,《社會運動の狀況(1941)》(《資料集成》4, pp. 652~656). 건달회의 폭력봉기 계획은 다음과 같다.
    ① 습격목표 : ㄱ. 宮城二重橋를 습격하여 천황제를 타도하고 일본 국내를 완전히 무정부주의 상태에 빠뜨리는 것, ㄴ. 참모본부·육해군 兩省을 습격하여 군대의 최고지휘기관의 활동을 정지시키는 것, ㄷ. 내무성·경시청을 습격하여 경찰력의 발동을 정지시키는 것, ㄹ. 대장성·일본은행을 습격하여 경제를 혼란에 빠뜨리는 것
    ② 폭력봉기의 시기 : 일본 국내의 물자결핍으로 일반 대중이 빵을 구하러 가두에 밀집할 1941년 3·4월 무렵
    ③ 습격방법 : 동원할 수 있는 인물을 확보하고, 봉기시 그들을 일정 장소에 집합시키고 목적을 명시하여 강제적으로 폭동에 참가시킬 것
  그러나 鄭哲은 건달회사건 관련자들은 모두 무죄석방되었다고 하면서, 태평양전쟁 전야라는 상황에서 아나키스트들을 일망타진할 필요성이 있었기 때문에 일제가 이 사건을 조작하였다고 주장한다[鄭哲,〈建達會事件の眞相〉(農村靑年社運動史刊行會 編, 1994《農村靑年社事件資料集》3, 黑色戰線社, pp. 394~395)]. 이로 보아 건달회의 결성은 사실일지라도 폭력봉기 계획은 일제에 의해 과장되었을 가능성이 많다. 건달회의 폭력봉기 계획이 현실과는 너무 동떨어진 점은 이를 뒷받침해 준다.

나 아나키즘은 중앙집권주의를 부정하고 개인의 자유의지를 강조하는 자유연합주의를 내세우며, 어떠한 독재도 부정한다. 그것은 중앙집권주의는 강권으로 갈 수밖에 없으며, 독재는 개인의 자유와 양립할 수 없기 때문이다. 따라서 재일본 한국인 아나키스트들의 중앙집권적 조직론과 '민중독재론'은 비록 아나키즘의 관념론적 측면이 현실에서 초래하는 문제점을 극복하기 위하여 취한 조치라 하더라도 아나키즘 본령에서는 벗어난 것이다.

2) 민족전선론

1920년대 후반에 들어서면서 비타협적 민족주의자들과 공산주의자들 사이에 연합이 모색되기 시작하였다. 공산주의자들은 민족주의자에 대한 자신감에 기반하여[246] 비타협적 민족주의자와의 연합을 모색하였으며, 그 결과 1927년 제3차 조선공산당과 비타협적 민족주의자 사이에 신간회가 결성되었다. 그리고 국외에서는 민족유일당운동이 활발히 전개되었다.

그러나 아나키스트들은 연합전선을 결성하는 것에 반대하였다. 우선 재중국 한국인 아나키스트들은 민족적 통일전선을 결성하는 것은 일본과 대항한다는 명분 아래 국내 자본계급과 타협하는 것에 불과할 뿐이라고 하면서 이를 영원히 거절할 것을 주장하였다.[247] 아나키

---

246) 안광천은 "식민지해방운동은 민족주의운동—사회주의운동과의 양대 조류로 나뉘고, 초기에는 전자가 후자를 지배하였고, 후기에는 후자가 전자를 지배하는 것으로 되었다. 고로 사회주의자는 민족주의에 대해서 초기에는 그 기만을 민중 앞에 지적 공격하였지만, 후기에 이르러서는 사회운동의 민중적 지지가 완강하게 되어 민족운동을 콘트롤할 자신이 생겨났고, 그 반역성을 사랑하여 제휴하고자 하기에 이르렀다. 조선 사회운동은 이미 안심하고 민족운동과 제휴할 수 있는 때가 되었다"고 하면서[《신사회》제1호(1925. 7)(《資料集成》1, p. 328)], 민족주의에 대한 자신감을 표현하고 민족주의운동을 추동할 필요성을 제기하였다.

스트들의 이러한 태도는 민족주의와 민족주의운동에 대한 불신에서
비롯되었다. 양자추는 김구 등을 비롯한 임시정부 각료들을 '지배욕
광 위선독립배'라고 비난하였으며,[248] 이달은 민족주의운동은 '본래 강
권을 배경하고 모순된 주장을 가진 불구자'에 불과하다고 비판하였
다.[249] 아나키스트들은 민족주의자와 공산주의 사이의 연합전선을 비
판하는 것에서 나아가 민족주의자와 공산주의자가 연합하여 결성한
신간회를 타도하고자 하였다.[250]

재일본 한국인 아나키스트들도 연합전선에 반대하였다. 1927년 국
내에서 신간회가 결성되자 재일본 한국인들 사이에서도 연합전선 결
성 움직임이 일어났다. 1927년 1월 말 조선유학생학우회 위원장 김상
혁에 의해 일치단결된 기관 결성이 발의된 뒤, 2월 19일 재일본조선
노동총동맹 본부에서 각 단체가 집합하여 첫 모임을 가졌다.[251] 이후
민족운동 통일기구로서 17개 한국인단체로 구성된 조선인단체협의회
가 결성되었으나,[252] 아나키스트들은 여기에 참여하지 않았다. 처음에

---

247) 〈탈환의 주장〉,《奪還》창간호(1928. 6. 1), 재중국조선무정부공산주의자연
맹 참조.
248) 楊子秋, 〈동지 백정기군을 회상함〉,《黑色新聞》제26호(1934. 2. 28) 참조.
249) 今月(上海), 〈재중 조선 민족주의운동 객관적 해부〉,《黑色新聞》제34호
(1934. 12. 28) 참조.
250)《奪還》제9호(1930. 4. 20)에 실린 표어 속에 "신간회를 타도할 것"이라는
조항이 들어 있다. 그리고 "자유연합주의를 수립할 것", "한족총연합회를
극력 지지할 것", "족(族 ; 在의 잘못 — 인용자)중한인자유청년연맹을 수립
할 것", "국수주의를 배격할 것" 등의 표어도 실려 있다[〈不逞鮮人刊行物
『奪還』金佐鎭ニ關スル記事 — 奪還4月20日發行第9號譯文〉(1930年 6月 27
日附 在北平矢野公使館一等書記官 → 幣原外務大臣報告) 참조].
251) 內務省警保局, 〈在留朝鮮人の運動狀況〉,《社會運動の狀況(1929)》(《資料
集成》2, p. 61) ; 朴尙僖, 앞의 글, pp. 144~145. 〈1931年の共産主義運動〉
(金正明 編, 1967《朝鮮獨立運動》4, 原書房, p. 147)에는 조선청년동맹 사
무소에서 회합을 한 것으로 기록되어 있다.
252)《동아일보》1927년 3월 2일자.

는 아나키스트들도 참여하였으나 조직원칙을 둘러싸고 의견충돌이 일어나 아나키스트들은 탈퇴하고 말았다. 즉 재일본 한국인 아나키스트들은 자유연합주의를 주장하였으나 공산주의자들의 주장에 따라 조선인단체협의회는 결의기관으로 결정되었고, 이에 아나키스트들은 조선인단체협의회에 관여하지 않았던 것이다.[253] 조선인단체협의회에 이어 도쿄에서 신간회 지회가 결성되자, 재일본 한국인 아나키스트들은 신간회 사무소를 습격하는 등 신간회 파괴투쟁을 전개하였다. 이처럼 재일본 한국인 아나키스트들은 연합전선 결성에 적극적으로 반대하였다.

그러나 1936년 2월 스페인에서 인민전선이 선거에 참가하여 승리하고, 1936년 6월 프랑스에서 인민전선정부가 수립되자, 재중국 한국인 아나키스트들은 민족해방을 최우선의 과제로 설정하고 민족통일전선에 대한 인식을 달리하기 시작하였다. 즉 반파시스트 전선으로서 결성된 인민전선의 승리는 그동안 아나키즘의 정당성을 주장하면서 민족주의와 공산주의를 배격하던 재중국 한국인 아나키스트들로 하여금 연합전선에 대한 입장을 재고하도록 하였다.[254] 재중국 한국인 아나키스트들은 1936년 후반부터 민족전선 결성을 제기하기 시작하였다.[255]

---

253) 朴尚僖, 앞의 글, 138·145~146쪽 참조.

254) 《南華通訊》 제1권 제10기(11월호)에 게재된 〈민족전선의 가능성〉은 "歐洲에서의 인민전선의 승리는 국제적인 반향을 일으켰으며, 식민지 혹은 반식민지에서는 민족의 총단결이 민족해방운동의 최선의 책략이라는 것을 계시하"였다고 주장하였는데(《思想報告集》 其の二, p. 482), 이는 유럽에서의 인민전선정부의 수립이 재중국 한국인 아나키스트들의 인식전환에 상당한 영향을 미쳤음을 말해 준다.

255) 〈民族陣線의 第1 階段〉, 《韓民》 제14호(1937. 6. 30)(《思想報告集》 其の三, p.40)에 "과거에 《南華通訊》에서 民族陣線문제를 주장하였고, 최근에는 《민족혁명》에서 이 문제를 논한" 것으로 기록되어 있다. 이는 《南華通

재중국 한국인 아나키스트들은 《남화통신》을 통하여 민족전선의 필요성과 결성방법 등을 집중적으로 선전하였다. 즉 "조선민족의 독립운동을 하는 데에 있어서도 정치적·경제적·사회적 자유평등을 탈환하고 만인공영의 이상적 사회를 건설하는 데에 있어서도 먼저 최대의 적 일본 제국주의를 타도하지 않고서는 어떠한 운동도 전개할 수 없"다고 하면

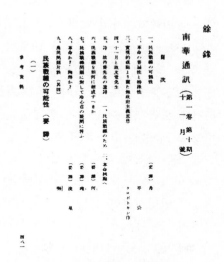

일본 정보기관이 번역한 《남화통신》.

서, 일제가 지배하고 있는 현실을 타파하는 데 가장 적합한 투쟁방식이 바로 인민전선 혹은 민족전선이라고 단정하였다.[256] 각당, 각파, 각계급을 단결시켜 광범한 대중적 기초 위에 결성된 민족전선만이 민족해방운동의 진로를 타개할 수 있다는 것이다.[257]

민족전선에 대한 인식을 달리하게 되면서 재중국 한국인 아나키스

訊》이 제일 먼저 민족전선 결성문제를 제기하였음을 알려준다. 柳子明에 의하면 《南華通訊》 1936년 10월호에 〈조선민족전선의 중심 문제〉라는 제목의 글이 실렸는데[瑾, 〈민족전선문제에 대한 冷心君의 의문에 답한다〉(要譯), 《南華通訊》 제1권 제10기(11월호)(《思想報告集》 其の二, p. 486)], 확인되는 바로는 이 글이 민족전선에 관한 글로는 최초이다. 瑾은 柳友權(류자명)으로 사료된다.

256) 〈민족전선 결성을 촉구한다〉, 《南華通訊》 12월호(《思想報告集》 其の二, p. 491).

257) 〈민족전선의 가능성〉, 《南華通訊》 제1권 제10기(11월호)[《思想報告集》 其の二, p. 482].

트들은 민족자본가에 대한 입장을 전환하였다. 즉 "민족전선의 기본
역량으로 되고 있는 근로대중 이외에 광범한 소자본계급과 지식분자
도 혁명 진영에 전입하였으며, 또 일부의 자본가 및 가장 낙오한 계
층까지도 중립 혹은 참가의 가능성을 가지고 있다"고 하여,[258] 그동안
부정해 오던 민족자본가의 혁명성을 인정하고 그들을 민족해방운동
진영에 끌어들이고자 하였다.

재중국 한국인 아나키스트와는 달리 재일본 한국인 아나키스트와
국내 아나키스트 사이에서는 민족통일전선 결성이 제기되지 않았다.
그것은 인민전선이 전세계적으로 고창되는 1936년 무렵이 되면 국내
아나키스트 세력과 재일본 한국인 아나키스트 세력은 거의 소멸하였
기 때문이다. 즉 국내 아나키스트 운동은 1934년 10월 제일루사건을
끝으로 자취를 거의 감추었으며, 재일본 한국인 아나키스트 운동 또
한 쇠퇴하여 그 명맥만 겨우 유지하고 있었다. 1937·1938년 무렵에
가면 재일본 한국인 아나키스트 단체는 모두 해체되고 만다.

재중국 한국인 아나키스트들이 민족전선 결성을 주장하고 나서자,
한국국민당은 이에 이의를 제기하였다. 즉 한국국민당은 "만일 진실
로 민족진선(民族陣線)을 촉성하고자 하는 결심이 있다면 공산당도
무정부당도 우리들 광복단체들도 먼저 자기의 몸을 강화하고 정리하
는 것에 노력하지 않으면 안된다. 자기 몸을 통제하는 힘도 없이 자
기 몸을 파악하는 혁명이론을 통일시키지 않고 대립하는 단체와 연
합하는 것은 불가능하다"고 하여,[259] 민족전선을 결성하기 앞서 각 자
기 단체의 내부부터 정리하여 자신을 강화시켜야 한다고 주장하였던
것이다. 그리고 "아직 우리들에게는 통일을 절대적으로 지지해야 할

---

258) 위의 글(《思想報告集》 其の二, pp.482~483).

259) 〈民族陣線의 第1 階段〉,《韓民》 제14호(1937. 6. 30)[《思想報告集》 其の
      三, p. 40].

객관적 조건이 그 정도로 심각한 것은 아니다"고 하면서, "단일당의 실현이란 모든 의미에서 곤란한 것이고 불가능하다"고 결론지었다.[260] 결국 민족전선 결성이란 "공산당 일파가 '단일전선'의 미명 아래 우리의 진선(陣線)을 코민테른의 괴뢰화"하기 위해 부리는 술책에 불과하다는 것이다.[261]

한국국민당의 비난에 대해 재중국 한국인 아나키스트들은 "인민전선운동이 제3국제의 책동에 의해 진전되고 있는 것처럼 단정하는 것은 마치 3·1운동이 윌슨의 민족자결의 주장에 의해 일어난 것이라고 하는 것과 똑같이 피상론이다. …… 제3국제는 현재의 백배 이상의 역량을 보태더라도 그것을 결성할 가능성이 없다"고 일축하였다.[262] 나아가 재중국 한국인 아나키스트들은 민족전선을 "(민족의 — 인용자) 최대의 역량을 집중하여 대외적으로는 민족의 공동의 적인 일본 제국주의에 대항하고, 대내적으로는 파쇼의 발생을 방지하여 일체의 반동세력과 항쟁"하는 것으로 규정하였다.[263] 민족 내부의 파쇼세력으로는 한국국민당이 거론되었고,[264] 이를 둘러싸고 한국국민당과 재중

---

260) 〈民族陣線問題座談會〉(要譯), 《前線》(《思想報告集》 其の三, p. 49).

261) 方圓夢, 〈如是我觀〉, 《韓靑》 제1권 제4기(1936. 11. 25)[《思想報告集》 其の二, p. 500].

262) 瑾, 앞의 글, pp. 487~488.

263) 〈민족전선의 가능성〉(要譯), 《南華通訊》 제1권 제10기(11월호)(《思想報告集》 其の二, p. 482) 참조.

264) 공산주의자들은 이미 1930년 무렵부터 한국국민당을 파시스트로 규정하였다. 즉 재중국한인청년동맹은 1930년 7월부로 발표한 공개장을 통해 만주의 국민부·한족연합회·한국국민당·병인의용대 등을 봉건적 정치투기주의자로 몰아붙이면서 그들을 파시스트로 규정하였다〔〈제국주의의 주구화한 留滬 민족 파시스트의 정체를 폭로한다 — 丙寅義勇隊를 전제로 하는 야수적 강도행위에 대한 공개장〉(在中國韓人靑年同盟 第1區 上海支部 公開狀), 《朝鮮民族運動(未定稿)》第四(1927. 12~1932. 12), 在上海領事館(《外務特殊文書》 26, pp. 160~176) 참조〕.

국 한국인 아나키스트들 사이에 논쟁이 벌어졌다.[265]

재중국 한국인 아나키스트들은 민족전선 결성을 위한 준비회 개최를 제의하고,[266] 그 준비작업의 일환으로서 17개조의 민족전선 행동강령 초안을 제시하였다. 민족전선 결성이 준비되는 가운데, 1937년 일본 제국주의가 중일전쟁을 도발하여 중국 대륙에 대한 침략성을 노골적으로 드러내는 한편, 한국 민족해방운동에 대한 탄압의 강도를 더해 갔다. 이에 재중국 한국인 아나키스트들은 전면적인 항일전쟁의 필요성을 더욱 절실하게 느끼게 되었고, 일제와의 전면적인 전쟁을 전개하기 위해서 전 민족의 역량 결집을 서둘렀다. 조선혁명자연맹[267]은 《남화통신》의 주장에 따라 민족전선론을 실행에 옮기기 위하여,

---

265) 한국국민당과 재중국 한국인 아나키스트 사이의 논쟁은 아나키스트들의 잡지 《南華通訊》과 한국국민당청년단 기관지 《韓靑》, 그리고 한국청년전위단 기관지 《前線》을 통해 전개되었다. 《南華通訊》 1937년 4월호에서 玄先生이 한국국민당의 領袖中心說에 대해 비판하자, 이에 대해 狂湖가 《韓靑》을 통해 반박하였으며, 《南華通訊》이 민족전선을 제창하면서도 領袖 중심적인 파쇼조직이라는 이유로 한국국민당이 참가하는 것에 반대하자 한국국민당 측에서는 1937년 4월 2일 民族陣線問題座談會를 개최하여 반박하였다. 반박의 요지는 민족전선 구성단체의 조직체계가 민주적인가 파쇼적인가는 문제되지 않으며, 파쇼적 단체라고 해서 연합하지 않으면 民族陣線은 불가능하다는 것이었다[狂湖, 〈韓靑讀者에게〉(要譯), 《韓靑》 제2권 제4기(1937. 6. 15)(《思想報告集》 其の三, p. 41) ; 〈民族陣線問題座談會〉(要譯), 《前線》(《思想報告集》其の三, pp. 47~50) 참조].

266) 〈민족전선 결성을 촉구한다〉, 《南華通訊》 12월호(《思想報告集》 其の二, p. 492).

267) 조선혁명자연맹은 남화한인청년연맹의 후신으로서 1937년에 결성되었으며, 구성원수는 20여 명이었다. 주요 인물은 柳子明(위원장), 鄭華岩, 류기석, 羅月煥, 李何有 등이었다〈韓國各政黨現況〉(1944. 4. 22. 吳鐵城에게 보내는 보고서)(추헌수, 1972 《資料 韓國 獨立運動》 2, 연세대학교출판부, 77~78쪽 ; 이하 《독립운동》이라 함)]. 일제 관헌자료에 의하면 朴基成·李升來 등도 조선혁명자연맹의 주요 인물이었다[朝鮮總督府警務局, 1940 《華中·華南·北中美洲朝鮮人槪況》, p.117(《資料彙編》 上冊, p.254)].

종전의 공산주의에 반대하고 적대시하던 태도를 버리고 공산주의자와 함께 통일전선 결성에 적극적으로 참가하였다.[268] 그리하여 조선민족혁명당·조선민족해방운동자동맹[269]과 함께 1937년 11월 12일 3개 단체의 대표대회를 정식으로 소집하여, 네댓 차례의 회의를 거쳐 조선민족전선연맹을 성립시키고, 명칭·규약·강령 및 선언 등을 통과시켰으며, 12월 초에 무한(武漢)에서 창립선언을 발표하였다.[270]

민족전선을 결성하는 과정에서 재중국 한국인 아나키스트들의 국가와 정부에 대한 인식이 달라졌다. 그동안 부정해 오던 국가와 정부의 존재를 인정하면서 한국혁명의 성격을 민족혁명으로 규정하였다. 조선민족전선연맹에 참가한 재중국 한국인 아나키스트들은 민족혁명을 통하여 "일본 제국주의를 타도하고 조선민족의 자유독립을 완성"하고자 하였다.[271] 이것은 재중국 한국인 아나키스트들이 민족국가 건설을 목표로 설정하고 그를 위해 노력하고자 하였음을 말해 준다.

재중국 한국인 아나키스트들의 변화된 정부·국가관은 《남화통신》에 게재된 17개조의 민족전선 행동강령 초안에 잘 나타나 있다.

---

268) 〈韓國各政黨現況〉(1944. 4. 22, 吳鐵城에게 보내는 보고서)(《독립운동》 2, 77쪽). 조선혁명자연맹은 공산주의자와는 연합하였지만, 민족주의자, 특히 한국국민당에 대해서는 일정한 거리를 두었다. 그것은 김구가 주도하는 한국국민당이 영수 중심의 조직으로서 파쇼적 성향이 강하다는 판단에서였다. 그러나 김구가 주도하던 대한민국임시정부에 참여하면서부터는 오히려 민족주의 세력에 흡수되는 경향을 보였다.

269) 조선민족해방운동자동맹은 자료에 따라 조선민족해방동맹 등으로 기록되기도 한다. 그러나 〈조선민족전선연맹 창립선언〉[《朝鮮民族戰線》 창간호(1938. 4. 10), 조선민족전선사에 게재]에 조선민족해방운동자동맹이라는 명칭으로 서명되어 있으므로, 이를 따른다. 張志樂에 의하면 조선민족해방운동자동맹에도 3명의 아나키스트가 참여하였다(김산·님 웨일즈, 앞의 책, 293쪽).

270) 류자명, 〈조선민족전선연맹 결성경과〉, 《朝鮮民族戰線》 창간호(1938. 4. 10).

271) 〈조선민족전선연맹 창립선언〉, 《朝鮮民族戰線》 창간호(1938. 4. 10).

1. 현하의 조선 민족은 민족적 존망(存亡)의 추(秋)에 처하여 우리들에게 유리하게 전개되고 있는 국제정세를 인식하고 민족해방의 목적을 신속하게 달성하기 위해서 각당 각파의 혁명세력 연합진선 결성의 필요를 통절(痛切)하게 느낀다.
2. 조선 민족의 자유해방을 위해서 일본 제국주의에 대항하는 자는 단체이건 개인이건 가리지 않고 민족진선(民族陣線) 구성에 참가해야 한다.
3. 민족진선(民族陣線)은 그것을 구성하는 각 단체의 해체를 요구하지 않지만 혁명공작에서 보취(步驟)의 일치와 국호의 통일을 요구한다.
4. 민족진선(民族陣線)은 대다수의 근로 민중을 기본대오로 삼는다.
5. 민족진선(民族陣線)은 오로지 반일투쟁시기의 전략적 결합에만 그치는 것이 아니라 장래의 건설시기에서도 협동 노력해야 하는 것을 약속한다.
6. 독재정치를 거부하고 철저한 전 민족적 민주주의를 지지한다.
7. 경제기구의 독점권을 폐제(廢除)하고 만인평등의 경제제도를 건설한다.
8. 일체의 봉건적 세력을 배제하고 과학적 신문화를 건설한다.
9. 일본 제국주의의 통치를 타도함과 동시에 공유·사유를 가리지 않고 일본 제국주의에 침점(侵占)되었던 일체의 토지를 몰수하고 농민의 공동경영제도를 설립한다.
10. 매국적(賣國賊)의 일체 사유재산을 몰수하여 건설사업에 충용한다.
11. 조선 내에 있는 일본인이 소유한 일체의 금융기관 및 상공업기관을 몰수한다.
12. 일본인이 소유한 광산·어장·산림을 일체 몰수한다.
13. 조선 내에 설치되어 있는 일체의 해륙(海陸)교통기관을 몰수한다.
14. 생산본위의 교육제도를 건립한다.
15. 의무노동제도를 건립한다.
16. 공업의 도시집중을 방지하고 농촌의 공업화, 기계화에 주중(注重)한다.
17. 동아(東亞)의 일체의 항일혁명세력과 연합한다.[272]

위의 강령 초안은 ① 근로민중을 기본대오로 삼는다는 것, ② 독재정치를 거부하고 전민족적 민주주의를 지지한다는 것, ③ 경제기구의 독점권을 폐지하고 만인평등의 경제제도를 건설한다는 것, ④ 일제 소유의 모든 토지를 몰수하고 농민의 공동경영제도를 설립한다는 것, ⑤ 의무노동제를 건립한다는 것, ⑥ 공업의 도시집중을 방지하고 농촌의 공업화·기계화를 중시한다는 것 등을 주장하였다는 점에서 아나키즘에 입각하고 있었음을 알 수 있다. 그러나 위의 강령 초안은 민족진선(民族陣線)을 구성하는 각 단체는 혁명공작에서 단계의 일치와 국호의 통일을 요구한다고 하여 국가의 존재를 인정하고 있다. 그리고 일본 제국주의의 공·사유토지, 매국적(賣國賊)의 일체의 사유재산, 일본인 소유의 일체의 금융기관 및 상공업기관, 일본인 소유의 일체의 광산·어장·산림, 일체의 해륙(海陸)교통기관 등 일제와 친일파들의 사유재산을 몰수할 것을 주장하였을 뿐 사유재산제 그 자체를 완전히 부정하지는 않았다.

위의 강령 초안이 《남화통신》에 게재되었다고 하는 것은 조선혁명자연맹이 이 강령 초안을 작성하였음을 의미하며, 그것은 조선혁명자연맹이 정부와 국가의 존재 그리고 사유재산제를 인정함으로써[273] 아나키즘 본령에서 일탈하였음을 말해 준다.

재중국 한국인 아나키스트들 가운데 일부는 변화된 정부·국가관

---

272) 平公, 〈민족전선의 행동강령 초안〉, 《南華通訊》 12월호(《思想報告集》 其の二, pp. 494~495). 한편 張志樂은 조선민족해방운동자동맹의 주도로 민족전선 결성 작업이 추진되었고, 1936년 7월 행동강령이 정식으로 작성되었는데, 그 강령의 열다섯 번째 조항은 "사회적 계급, 정당, 정치적 신념이나 종교적 신념에 관계없이 한국독립의 원칙에 동의하는 모든 한국 사람의" 단결을 규정하였다고 하였다(김산·님 웨일즈, 앞의 책, 293쪽).

273) 〈韓國各政黨現況〉(1944. 4. 22, 吳鐵城에게 보내는 보고서)(《독립운동》 2, 78쪽)에서도 조선혁명자연맹이 "현재는 정부와 국가의 존재를 부정하지 않는다"고 하였다.

아래 대한민국임시정부에 참여하여 활동하였다. 즉 유림은 "각자의 주의·주장을 일시 보류하고, 덮어놓고 일치단결하여 독립이란 산을 넘은 후에 다시 각자의 주의를 위하여 매진"한다는[274] 취지에서 조선무정부주의자총연맹 대표 자격으로 임시정부에 참가하여, 외교연구위원회 연구위원, 선전위원회 위원, 건국강령수개위원회(建國綱領修改委員會) 위원 등으로 활동하였다. 류자명도 조선혁명자연맹의 대표로서 대한민국임시정부에 참여하여 의정원 의원으로 활동하였다. 이외 무정부주의자연맹(조선무정부주의자총연맹?— 인용자)원이었던 구양군(박기성)은 광복군총사령부 서무과 과원으로 활동하였으며,[275] 안우생(安偶生)은 주석판공비서(主席辦公秘書) 겸 선전위원회의 위원으로 활동하였다.[276]

아나키즘 본령에서 일탈하면서 재중국 한국인 아나키스트들의 조직관도 변화되었다. 조선민족전선연맹의 투쟁강령에는 "전 민족의 반일통일전선은 민주집권제를 채택해야 한다"는 조항이 포함되어 있다.[277] 이것은 재중국 한국인 아나키스트들 자신들의 조직원칙이었던 자유연합주의를 폐기하였음을 의미한다. 중앙집권적 조직체 인정은

274) 《조선일보》 1945년 12월 7일자.
275) 閔石麟, 1944 《臨政·議政院·各黨派 名單》(《독립운동》 1, 314·319쪽). 歐陽軍은 박기성이 중국군관학교 재학중 중국인으로 위장하기 위하여 사용하던 이름이다(박기성, 1984 《나와 조국 — 회고록》, 시온, 138~139쪽 참조).
276) 국사편찬위원회 편, 1978 《일제침략하 한국 36년사》 13, 467쪽. 內務省警保局, 〈1938年の在支不逞朝鮮人の不穩策動狀況〉, 《社會運動ノ狀況(1938)》(金正明 編, 1967 《朝鮮獨立運動》 2, 原書房, p. 627)에 따르면 安偶生(安恭根의 子)은 아나키스트로서 柳基石·안공근 등과 연락하면서 아나키스트 金麟과 함께 활동하였다. 위의 자료에는 安禹生으로 기록되어 있으나, 이는 安偶生의 잘못으로 보인다.
277) 조선민족전선연맹의 투쟁강령은 《朝鮮民族戰線》 창간호(1938. 4. 10)에 수록되어 있다.

군대 창설로 이어졌다. 신채호가 〈조선혁명선언〉에서 제시하고 있는 폭력수단 가운데 군대에 의한 전쟁이 빠져 있는 것처럼, 아나키스트들은 원칙적으로 군대를 부정한다. 혹 군대를 조직하더라도 그것은 자위를 위한 군대에 한정될 뿐이며, 군대의 조직체계도 일사불란한 상명하달식의 지휘체계에 의한 것이 아니라 병사들의 자발성에 기초하여 군대를 꾸려 나가는 방식이었다. 그러나 재중국 한국인 아나키스트들이 조직한 군대는 전면적인 항일전쟁을 수행해야 하는 공격적인 군대였으며, 중앙집권적인 조직체계를 갖춘 군대였다.

재중국 한국인 아나키스트들이 참가·조직한 군대로는 조선의용대와 한국청년전지공작대가 대표적이다. 조선민족전선연맹은 투쟁강령으로 군사행동을 적극 전개할 것과 중국 항일전쟁에 참가할 것을 제시하면서 일본과 전면전을 펼 것을 주장하였다. 그리고 일제와 전쟁을 하기 위해 무장부대인 조선의용대를 창설하였고, 여기에 조선혁명자연맹의 중앙위원이었던 류자명·이달 등이 참가하였다.[278]

한국청년전지공작대는 1939년 초 나월환·김동수·이하유·박기성·이재현 등이 주축이 되어 조직되었다.[279] 한국청년전지공작대는 일본 제국주의는 한·중 양국의 공동의 적으로서 "중국 항일전쟁의 승리는 곧 한국 독립, 한국 민족해방 승리의 개시"를 의미하므로 "우리들의 역

---

278) 朝鮮總督府警務局, 1940 《華中·華南·北中美洲朝鮮人槪況》, p. 145(《資料彙編》 下冊, p. 862).

279) 〈在生長中的幼苗〉, 《韓國靑年》 제1권 제1기(1940. 7. 15), 한국청년전지공작대(《독립운동》 3, 114쪽) ; 《新華日報》 1939년 11월 17일자(《資料彙編》 上冊, p. 249) ; 박기성, 앞의 책, 152쪽 ; 정화암, 앞의 책, 215쪽. 한국청년전지공작대는 1940년 11월에 광복군과 합작하여 광복군 제5지대로 되었다가 [〈韓靑隊1年略記〉, 《韓國靑年》 제1권 제3기(1941. 6. 10), 한국청년월간사], 1941년 1월 정식으로 한국광복군총사령부 제5지대로 편입되었다[〈韓國靑年戰地工作隊編入爲韓國光復軍第五支隊〉, 《光復》 제1권 제1기(1941. 2. 1), 한국광복군총사령부정훈처(《독립운동》 3, 210쪽)].

한국청년전지공작대의 기관지 《한국청년》.

량을 다해서 중국 항전의 최후 승리를 촉진해야 한다. 중국 항일전쟁과 한국독립·한국민족해방운동은 일본 제국주의를 타도하는 의의와 행동 상에서 분리할 수 없으며 분리해서도 안된다"고 주장하면서,[280] 중국과 연합전선을 결성하여 항일전쟁을 전개할 것을 촉구하였다. 이 밖에도 재중국 한국인 아나키스트들이 조직한 군대로는 정화암의 한·중합동유격대와 전시공작대,[281] 류기석의 한교전지공작대(韓僑戰地工作隊)[282]

등이 있었다.

재중국 한국인 아나키스트들의 아나키즘 본령에서의 일탈은 민족

---

280) 〈발간사〉,《韓國靑年》제1권 제1기(1940. 7. 15), 한국청년전지공작대(《독립운동》 3, 136쪽).

281) 한·중합동유격대는 정화암이 建陽 주둔 중국군의 협조를 얻어 1939년 초가을에 조직한 군대이다. 전시공작대는 한·중합동유격대를 개편한 것으로서, 上饒·建陽을 중심으로 일본군에서 탈출하여 모여드는 한국인 병사들로 조직되었다(정화암, 앞의 책, 215~222쪽).

282) 韓僑戰地工作隊는 류기석이 皖南에서 조선 청년과의 합작을 거쳐 조직한 단체로서, 策反工作을 중심 임무로 하였다(沈克秋, 1990 〈浮沈在硝烟彌漫的時代浪潮中 ― 記柳樹人的一生〉,《懷念集》 第5集, 泉州平民中學·晉江民生農校校友會, p. 38). 정화암은 류기석이 蕪湖를 중심으로 戰時工作隊를 조직하였다고 회고하였는데(정화암, 앞의 책, 225쪽), 韓僑戰地工作隊와 동일한 것으로 보인다.

재중국 한국인 청년 아나키스트들이 중심이 되어 조직한 한국청년전지공작대. 앞줄 가운데 앉아 있는 김구는 1930년대 후반부터 본령에서 이탈하기 시작한 한국인 아나키즘의 모습을 상징적으로 보여준다.

전선 결성을 통해 민족혁명을 1차적으로 달성하고, 그 후 아나키스트 사회를 건설한다고 하는 단계혁명론적 사고에서 비롯되었다. 재중국 한국인 아나키스트들은 일제의 탄압이 극도로 강화되는 속에서 민족해방을 최우선 과제로 설정하였다. 민족해방을 쟁취하기 위해서는 전 민족세력을 하나로 결집해야만 가능한 것으로 인식하였고, 그러한 인식 위에서 민족혁명을 지향하는 민족전선을 결성할 것을 주장하였다.

민족국가 수립을 지상과제로 설정하는 민족혁명을 제1차 혁명으로 규정함에 따라 재중국 한국인 아나키스트들은 국가와 정부의 존재를 인정할 수밖에 없었다. 이때 아나키스트들이 인정한 정부나 국가는 전 민족이 자율적으로 조직한 기관이었으며, 결코 강권적 기구는 아니었다.[283] 이러한 인식 전환 하에 유림은 대한민국임시정부를 중심으로 무조건 단결할 것을 주장하면서 임시정부에 참여하였다. 유림이 임시정부를 중심으로 무조건 단결할 것을 주장한 것은 한국 민족이 독립을 달성하고 아름다운 낙원을 창조하려면 우선 민족을 대표할 만한 어떤 근거가 있어야 하는바, 바로 임시정부가 3·1운동을 통해서 탄생한 독립운동의 구심점이요 근거라고 판단하였기 때문이다.[284]

재중국 한국인 아나키스트들이 단계혁명론적 입장에서 정부와 국가의 존재를 인정하고 거기에 참가하는 등 아나키즘 본령에서 일탈하였다고 해서 그들이 아나키즘 그 자체를 포기하였다든가 아나키스트가 아니라고는 할 수 없다. 아나키스트들이 완전한 공산사회를 건설하기 전에 과도기로서 프롤레타리아 독재기를 설정하는 공산주의자들을 비판한 것은 사실이지만, 곧바로 아나키스트 사회를 건설한다는 것이 현실적으로 거의 불가능에 가까운 것 또한 사실이다. 따라서 푸르동도 권력은 가능한 한 분할하는 것이 좋으며 연합체에 모든 권력을 집중하는 것은 위험하다고 하면서, 권력의 상호감시(정확하게는 연합적 권력)와 집중배제라는 의미에서 연합체와 같은 비중의 국가적 역할을 가진 아나키스트 기구가 필요하다고 생각했던 것이다. 크로포트킨 또한 단계적 과도적 무정부사회를 중간단계로 인정했었다.[285]

이러한 점 외에도 1930년대 후반 이후 재중국 한국인 아나키스트들을 아나키스트로 규정할 수 있는 여러 측면이 있다. 재중국 한국인 아나키스트들이 인정한 정부는 강압적이고 국민을 지배하는 강권적인 기구는 아니었다. 즉 조선혁명자연맹이 완수하고자 하였던 한국혁명은 "가장 광범한 민주주의제도를 건립"하는 것이었고, 가장 광범한 민주주의제도란 "이미 자산계급의 민주가 아니고 또한 무산계급의

283) 유림은 대한민국 임시정부를 3·1운동을 통해서 탄생한 전 민족의 자율적 기관으로 인식하고 있었다(《조선일보》 1945년 12월 7일자 참조).

284) 《조선일보》 1945년 12월 7일자 참조.

285) 玉川信明, 앞의 책, 130쪽.

독재도 아니"였으며, "공산주의자의 민주공화국 구호와 서로 부합"하는 것이었다.[286] 유림이 구상하였던 정부도 "통치권을 행사하는 정부가 아니고 혁명의정원과 혁명정부"였으며,[287] "독립을 달성하고 삼천리 강산에 나라에 아름다운 낙원을 창조"하기 위한 근거로서의 정부였다.[288]

그리고 재중국 한국인 아나키스트들이 정부와 국가의 존재를 인정한 것은 한시적인 것이었다. 즉 재중국 한국인 아나키스트들은 아나키스트 사회의 건설을 포기한 것이 아니었다. 단계혁명론적 입장에서 우선 민족혁명을 통해 한국 민족을 해방시킨 뒤 진정한 민주주의를 시행하고, 그것을 기반으로 하여 아나키스트 사회를 건설하기 위한 사회혁명으로 나아가고자 하였던 것이다.

그러나 재중국 한국인 아나키스트들이 민족혁명을 제1차 혁명으로 규정하고 그를 위해 민족주의자·공산주의자와 연합함에 따라 아나키스트 운동에 심각한 문제가 초래되었다. 즉 재중국 한국인 아나키스트들이 연합전선 속에서 사상적 독자성을 확보하지 못한 채 민족혁명 그 자체에 매몰되어 버림으로써, 민족주의와의 차별성이 별로 부각되지 못하고 제3의 사상으로서의 위상을 상실하였던 것이다. 민족전선에 참가하여 민족주의자 및 공산주의자와 연합하는 것은 민족해방을 쟁취하기 위해 불가피한 것이었다고 하더라도 해방 이후 건설할 사회상에 대해서는 독자적인 구상을 제시해야만 했으나 그렇지 못했던 것이다. 재중국 한국인 아나키스트들은 사상적 독자성을 확보하지 못한 채 임시정부 안에서는 물론이고, 자신들이 상당한 역할을

---

286) 〈韓國各政黨現況〉(1944. 4. 22, 吳鐵城에게 보내는 보고서)(《독립운동》 2, 77쪽).
287) "한국임시정부 建國綱領 修改에 관한 柳林의 축사", 《임시의정원회의록》 (1944), 404쪽(旦洲柳林先生記念事業會 편, 앞의 책, 67쪽).
288) 《조선일보》 1945년 12월 7일자.

하였던 조선의용대와 한국청년전지공작대에서조차 독자적인 목소리
를 내지 못하였다. 그럼에 따라 아나키스트들은 독자적인 활동을 전
개하지 못하였고 그러한 상태에서 해방을 맞이하였다. 그 결과 아나
키스트들이 일제강점기 동안 민족해방운동선상에서 상당한 역할을
수행하였음에도 불구하고, 해방 이후 아나키스트들의 영향력은 미미
할 수밖에 없었다.

Ⅴ. 해방 이후 아나키스트들의 독립국가 건설 구상

1. 새로운 사회에 대한 구상

1940년대 이후 침체되었던 아나키스트 운동은 해방이 되면서 다시 활성화되었다. 아나키스트들은 일제의 억압적인 식민지 권력이 물러가자 아나키스트 사회를 건설할 수 있는 절호의 기회가 온 것으로 파악하고 자유사회건설자연맹[1]과 독립노농당[2]을 결성하여 활동을 재개하였다.

해방 이후의 아나키스트들은 자유사회건설자연맹과 독립노농당을 중심으로 자주적 민주국가를 건설하는 데 주력하였다. 이들은 1930년대 후반 이후의 일탈된 국가관을 계승하여 국가와 정부의 존재를 인정하고 있었던 것이다. 그들은 단계혁명론에 근거하여 1차적으로 노

---

1) 자유사회건설자연맹은 1945년 9월 하순 서울시 종로 2가 소재 연맹결성 준비위원회 사무실에서 국내에 있던 아나키스트들을 중심으로 결성되었다 (하기락, 1993 《자기를 해방하려는 백성들의 의지》, 신명, 263·273쪽).

2) 독립노농당은 1946년 4월 20∼23일 경남 안의에서 개최된 전국아나키스트대표자대회에서 아나키스트정당 건설이 제기된 후, 한국의 완전 자주독립을 戰取하자는 슬로건 아래 결성 준비작업이 진행되어 7월 7일 柳林을 중심으로 한 당원 천여*명의 참석하에 창립되었다.

농민주국가를 건설하고자 하였다.

이 절에서는 해방 이후 아나키스트들의 국가관이 어떻게 변화되었는지, 그리고 그들이 어떠한 국가를 건설하고자 하였는지에 대해서 살펴보기로 한다.

1) 국가관의 변화 ― 자율적 기관으로서의 국가

일제강점기 한국인 아나키스트들은 정부와 국가를 지배계급이 민중을 억압 착취하기 위해 고안해 낸 권력기구에 불과한 것으로 보았다. 즉 모든 정부는 "소수 강자가 극대 다수의 민중을 압박하는 공구"라는 것이다.[3] 따라서 아나키스트들은 국가권력을 만악(萬惡)의 근원으로서 개인의 자유를 억압하는 최대의 강권으로 규정하고 그것을 타도하고자 하였다. 그러나 1930년대 후반 이후 재중국 한국인 아나키스트들의 국가관은 '민족전선론' 아래 아나키즘 본령으로부터 점차 일탈되어 갔다. 이에 따라 한국인 아나키스트들은 국가와 정부의 존재를 인정하기 시작하였고, 나아가 대한민국임시정부에 참가하였다.

아나키즘 본령에서의 일탈은 해방 이후 확대재생산되었으며, 아나키스트들은 아나키즘의 정의까지 수정하기에 이르렀다. 즉 일제강점기 임시정부에 참여했던 유림은 1945년 12월 5일 귀국회견에서 "무정부주의자인가" 하는 신문기자의 질문에 "무정부라는 말은 아나키즘이란 희랍 말을 일본인이 악의로 번역하여 정부를 부인한다는 의미로 통용되는 모양이지만, '안'은 무(無)요 '아키'는 머리니, 강권이나 전제를 배격한다는 말이다. 따라서 나는 강권을 절대 배격하는 아나키스트요, 무정부주의가 아니요" 하고 답변했던 것이다.[4] 유림은 이 말을 통해 아나키즘을 무정부주의로 번역하는 것에 반대하였다. 즉

---

3) 〈奪還의 주장〉,《奪還》창간호(1928. 6. 1), 재중국조선무정부공산주의자연맹.
4) 《조선일보》 1945년 12월 7일자.

아나키즘은 강제적인 권력을 휘두르는 정부에 대해서 반대할 뿐이며, 정부 그 자체를 부정하지는 않는다는 것이다. 나아가 유림은 아나키즘을 무정부주의가 아닌, 한 민족의 자유와 평화는 물론 전세계 인류의 자유와 평화와 우애를 목표로 하는 '자유민주주의'로 규정하였다.[5]

박렬 또한 자신이 무정부주의자임을 부정하였다. 즉 1949년 8월 9일 신문기자와의 대구 회견에서 자신이 무정부주의자가 아니라는 신문 보도에 대하여 어떻게 생각하느냐는 신문기자의 질문에 자신은 무정부주의자가 아니라고 대답하였던 것이다.[6] 박렬이 무정부주의자임을 부정한 것은 아나키스트임을 부정한 것이 아니라 정부를 부정하지 않는다는 의미로 보인다. 즉 강권적인 정부에 반대할 뿐 모든 정부를 부정하는 것은 아니라는 의미에서 자신은 무정부주의자가 아니라는 것이다.

해방 이후 아나키스트들은 변화된 정부·국가관 아래 정부와 국가의 존재를 인정하고 정부와 국가를 더 이상 타도의 대상으로 여기지 않았다. 그들은 정부나 국가의 존재에 대해 더 이상 의문을 제기하거나 부정하지 않고 독립국가 건설을 당연한 것으로 여기고 공론화하였다. 자유사회건설자연맹이 자신의 강령을 실천하기 위해 조직한 한국노동자자치연맹[7]은 "우리는 공장의 소유권의 존재를 인정함으로

---

5) 권오돈, 〈旦洲의 생애와 사상〉(旦洲柳林先生記念事業會 편, 1991 《旦洲柳林資料集(1)》, 147쪽). 柳林이 말하는 '자유민주주의'는 부르주아민주주의를 지칭하는 것이 아니다. 공산주의는 개인의 자유를 억압하지만, 아나키즘은 개인의 자유를 존중한다는 의미에서 아나키즘을 자유민주주의라 한 것이다. 그런 의미에서 아나키즘을 자유사회주의 혹은 신자유주의로 표현하기도 하였다.

6) 오봉빈, 1949 〈夏行水陸五千里〉, 《각계 인사가 본 朴烈》, 朴烈奬學會出版部, 115쪽.

7) 하기락, 앞의 책(1993), 266쪽. 한국노동자자치연맹은 조선농촌자치연맹 대표 張連松을 顧問으로, 趙時元을 대표자로 하여, 발기사무소를 농촌자치

318

국가 혹 개인이 그 소유권을 가졌다고 그들을 투쟁의 대상으로 보지
않고, 이해 상관된 동업자로 운명공동체로 본다"는 것과, "운영에 대
한 연구와 법제적인 분야의 특수 연구 혹 정부에 대한 건의 등의 필
요가 있을 때는 학계나 그 전문가에게 그 사무를 위촉할 수 있다"는
것 등을 조직의 골자로 하고 있다.[8] 이는 자유사회건설자연맹이 정부
나 국가를 타도의 대상으로 보지 않으며, 민중을 억압하지 않는 적
인 정부나 국가에 대해서는 그 존재를 인정하고 있었다는 것을 보여
준다.

정부와 국가의 존재를 인정한 것은 자유사회건설자연맹뿐 아니라
거의 모든 아나키스트들에게 공통된 것이었다. 1946년 2월 21～22일
부산 금강사에서 개최된 무정부주의자경남북대회[9]는 '민족국가 수립
에 대한 우리의 태도'라는 의제 등에 대해 토의하였으며,[10] 1946년 4

연맹 사무소 내에 두었다[〈한국노동자자치연맹 회고〉(이정규, 1974 《又觀
文存》, 삼화인쇄, 220～221쪽)]. 한국노동자자치연맹의 결성일자에 대해서
는 정확히 알 수 없다. 단지 1945년 12월 25일에 발표된 자유사회건설자연
맹 전국대표대회(1945. 12. 20～21)의 결의안(《자유신문》 1945년 12월 27일
자에 게재) 속에 노동운동을 "朝鮮勞動者自治聯盟을 기간으로 적극 확대
강화시킬 것"이라는 조항이 포함되어 있으므로, 한국노동자자치연맹이
1945년 12월 20일 이전에 결성되었다는 것을 추정할 수 있을 뿐이다.

8) 〈한국노동자자치연맹 회고〉(이정규, 위의 책, 218쪽).

9) 1946년 2월 21～22일 부산 金剛寺에서 개최된 아나키스트들의 대회 명칭
은 원래 경남무정부주의자대회였으나, 경북 아나키스트들도 대거 참가하였
다. 이에 대회의 명칭은 경북 아나키스트 방한상의 동의로 무정부주의자경
남북대회로 변경되었다[《자유연합》 제1호(1946. 4. 1)(하기락, 1985 《奪還》,
형설출판사에 1면의 일부 수록) 참조]. 자료에 따라서는 경남북아나키스트
대회로 기록되어 있기도 하나, 이 책에서는 《자유연합》 제1호의 기록에 따
라 무정부주의자경남북대회로 통일한다.

10) 《자유연합》 제1호(1946. 4. 1)[하기락, 앞의 책(1985)에 1면의 일부 수록].
무정부주의자경남북대회에서 토의된 사항은 "민족국가수립에 대한 우리의
태도", "비상국민회의와 민주주의민족전선에 대한 우리의 태도", "남조선민

해방 후 하기락이 간행한 아나키스트 잡지 《자유연합》.

월 20~23일 경남 안의에서 개최된 전국아나키스트대표자대회[11]에서

주의원에 대한 우리의 태도", "우리 진영의 조직문제" 등이다[《자유연합》 제1호(1946. 4. 1) ; 하기락, 앞의 책(1993), 286쪽에서 재인용].

11) 1946년 4월 20~23일에 경남 안의에서 개최된 아나키스트들의 대회 명 칭은 자료에 따라 전국아나키스트대표자회의, 전국아나키스트대회, 무정부 주의자전국대표자대회 등으로 기록되기도 하나, 이 책에서는 당시 대회장 에 걸렸던 플랜카드에 따라 전국아나키스트대표자대회라 칭한다.

도 '정부수립에 대한 우리의 태도와 원칙'이라는 의제 등에 대해 토의하였다.[12] 독립노농당도 강령에서 "본당은 국가의 완전 자주독립을 위하여 투쟁"한다고 밝혔다.[13] 이러한 사실들은 해방 이후 아나키스트들이 정부와 국가의 존재를 인정하고, 정부와 국가의 수립을 기정사실화하고 있었다는 것을 말해 준다.

해방 이후 아나키스트들의 국가관은 전 민족이 힘을 하나로 합쳐 일차적으로 민족혁명을 달성하고 그것을 기반으로 하여 아나키스트 사회를 건설해 나가야 한다는 단계혁명론적 입장에 근거하고 있다. 즉 민족혁명을 통해 민족국가를 건설하는 것을 제1차 목표로 설정하는 단계혁명론적 입장에 서서 정부와 국가의 존재를 인정하였던 것이다. 자유사회건설자연맹과 독립노농당은 아나키스트 사회를 건설하는 방법론을 둘러싸고는 다소 견해 차이를 보였으나, 혁명론이나 정부·국가관, 그리고 사회구상 등에서는 생각을 공유하고 있었다. 두 그룹 모두 1930년대 후반 이후 나타났던 한국인 아나키스트들의 탈아나키즘적 경향을 그대로 계승했으며, 오히려 그러한 경향을 확대재생산하고 있었다.

---

12) 하기락, 앞의 책(1993), 296쪽. 이 책에 수록되어 있는 자료들은 신빙성이 상당히 떨어지지만 완전히 날조된 것은 아닐 것이다. 따라서 '정부수립에 대한 우리의 태도와 원칙'이라는 의제에 대한 토의내용은 가공을 거쳤다고 하더라도, 그 의제가 토의되었다는 사실은 인정할 수 있다.

13) 독립노농당의 강령은 "本黨은 국가의 완전한 자주독립을 위하여 투쟁함", "本黨은 농민·노동자·일반 근로대중의 최대 복리를 위하여 투쟁함", "本黨은 일체 독재를 배격하고 진정한 민주주의의 국내외 세력과 평등호조의 원칙에 의하여 합작함" 등이었다[《정당·사회단체 등록철》, 서울시임시인민위원회문화선전부, 1950, 88쪽 ; 《동아일보》 1946년 7월 8일자(국사편찬위원회 편, 1970 《자료 대한민국사》 2, 탐구당, 865쪽 ; 이하 《자료한국사》라 함)]. 독립노농당의 강령은 자료에 따라 표현이 약간씩 다르나, 이 책에서는 독립노농당이 직접 제출한 자료에 의거한 《정당·사회단체 등록철》과 《동아일보》에 따른다.

해방된 이후에도 아나키스트들이 한국혁명의 성격을 민족혁명으로
규정한 것은 1945년 8월 15일의 해방을 불완전 해방으로 인식했기
때문이었다. 우선 아나키스트들의 한국 해방에 대한 생각부터 살펴보
자. 1945년 8월 15일의 민족해방은 한국인의 손으로 쟁취한 것이 아
니라 제2차세계대전에서 패배한 일본 제국주의가 물러감에 따라 이
루어졌다. 한국이 연합국에 의해 해방되었던 사실은 당시 거의 모든
정치세력으로 하여금 한반도에 주둔한 미군과 소련군을 해방군으로
인식하게 만들었다. 조선공산당조차 주한 미군을 해방군으로 규정하
고, '미군정에의 협력 방침' 아래 미군정에 적극적인 협조를 아끼지
않았다. 그러나 아나키스트들은 한국 해방에 대해 달리 생각하였다.

물론 아나키스트들 역시 한국인 스스로의 힘으로 일제 식민지 지
배로부터의 해방을 쟁취한 것은 아니라고 인식하고 있었다. 조선농촌
자치연맹[14]은 한국 민족의 해방이 외세에 의해 이루어졌다는 것을 다
음과 같이 밝히고 있다.

　　(왜놈들은 — 인용자) 팔월 보름이 되자 그 기세 그 호기가 삽시간에
　다 어디로 가고 그만 여지없이 망하고 말았다고 야단이 났습니다. 영국,
　미국, 중국 여러 나라에다 그만 항복하고 말았습니다. (중략) 왜놈이 망
　하여 넘어지는 바람에 우리 조선은 독립이 되게 되었습니다. (중략) 이
　렇게 싸워 오는 것이 비록 왜놈을 우리 힘으로 쳐 없애지 못하였을 망정
　이번에 영국, 미국, 러시아, 중국, 여러 나라가 왜놈과 싸우는 데에 큰 도
　움이 되었습니다.[15]

---

14) 조선농촌자치연맹은 자유사회건설자연맹이 자신의 강령을 실천하기 위
　　해 1945년 10월 하순에 창립한 단체다[하기락, 앞의 책, 266쪽 ; 〈한국노동
　　자자치연맹 회고〉(이정규, 앞의 책, 214~215쪽) ; 〈조선농촌자치연맹선언
　　강령해설〉(이정규, 같은 책, 176쪽)].
15) 〈조선농촌자치연맹선언강령해설〉(이정규, 위의 책, 181~182쪽).

위의 〈조선농촌자치연맹선언강령해설〉에서 보는 바와 같이 해방 이후 아나키스트들은 한국 민족의 해방은 연합국이 승리함에 따라 주어진 것으로 인식하였다. 즉 한국 민족의 민족해방운동은 일제의 식민지 지배로부터의 해방을 달성하지 못하고 다만 연합국이 승리하는 데 도움을 주었을 뿐이라는 것이다.

그러나 해방 이후 아나키스트들은 한국인 스스로의 힘으로 해방을 쟁취하지 못함에 따라 한국 민족은 계속해서 미국과 소련의 통치 아래 놓일 수밖에 없는 것으로 인식하였다. 이러한 인식에 따라 아나키스트들은 미군과 소련군을 해방군으로 보지 않고 일본군을 대신하여 한반도를 지배할 목적으로 상륙한 점령군으로 간주하였다. 자유사회건설자연맹은 미국과 소련의 통치계급은 결코 한국 해방을 위하여 노력하지 않는다고 하면서[16] 자신의 이익을 추구하기 위하여 한국을 점령하였을 뿐임을 강조하였다. 전국아나키스트대표자대회 역시 "당면의 행동방침"을 통해 "현재의 긴급한 정세 하에 조선 민족은 자주적 정부를 수립함으로써, 조속히 미·소 양 군정에서 해방되어야 한다"고 하여,[17] 한국이 미국과 소련의 지배 아래 있는 것으로 파악하였다.

한국이 미국과 소련의 지배 아래에 있다는 인식은 해방 이후 아나

---

16) 자유사회건설자연맹 결성대회의 〈開會辭〉(1945년 9월 하순)(하기락 소장). 하기락, 앞의 책(1993), 263~266쪽에도 자유사회건설자연맹의 〈개회사〉가 수록되어 있는데, 원본과는 그 내용이 상당히 다르다. 그것은 하기락의 가공을 거친 결과로 보인다.

17) 전국아나키스트대표자대회에서 결정된 당면의 행동방침 3개항은 다음과 같다[《自由聯合》 제4호(1988. 3. 21), 한국자주인연맹].

　1. 현재의 긴급한 정세 하에 조선 민족은 자주적 정부를 수립함으로써 조속히 미·소 兩軍政에서 해방되어야 한다.

　2. 이 당면과업은 노동자·농민·근로대중의 조직된 민주역량으로 수행되어야 한다.

　3. 모든 형태의 독재세력과 외부세력의 간섭은 배제되어야 한다.

키스트들로 하여금 한국 해방을 불완전한 해방으로 규정하게 만들었으며, 한국의 자주독립을 위한 투쟁의 필요성을 제기하도록 만들었다. 자유사회건설자연맹은 완전한 해방을 쟁취하기 위하여 총력투쟁할 것을 다음과 같이 역설하였다.

싸움은 아직 계속이다. 정면의 적(일본 제국주의 — 인용자)은 패망되었다 하더라도, 아직도 국제신탁 운운의 암영(暗影)이 떠돌고 있으며, 겸하여 우리 내부의 양 측면의 적(일본 제국주의와 야합한 봉건적 토착자본주의자와 사이비 반혁명적 독재주의자 — 인용자)은 오히려 그 기세가 앙등되는 형편이 아니냐. 완전 해방은 아직도 기다(幾多)의 혈투가 연상되고 민족적 완전한 건설은 장구한 시간의 노력을 요구한다. 이에서 우리는 시세(時勢)를 정관(靜觀)하면서 단결을 굳게 하여 가지고 총진군을 개시하자. 우리 선열의 뿌린 피가 우리의 혈관에서 맥동하면서 그 피의 산 경험이 이것을 우리에게 가르친다.[18]

자유사회건설자연맹은 위 〈선언〉에서 한국이 비록 일제의 지배로부터 벗어나기는 했지만, 신탁통치 실시에 대한 우려가 가시지 않았고, 일제와 야합한 반봉건세력이 여전히 건재하여 기세를 부리고 있다면서, 한국이 완전히 해방되기 위해서는 전 민족이 굳게 단결하여 외세 및 반봉건 세력과 수많은 혈투를 거쳐야 한다고 주장하였다. 그리하여 "지금은 조선 사람 자신이 본격적으로 투쟁하여 우리의 해방, 우리의 자주독립을 가져오지 않으면 안 될 시기"라는 것을 강조하였다.[19] 즉 한국 민족이 해결해야 할 제1차 과제는 외국의 지배로부터 벗어나 자주권을 회복하고, 한국 민족 스스로의 힘으로 자주적 민주국가를 수립하는 것이라 하였다.

일제로부터의 해방을 불완전한 해방으로 인식함에 따라 해방 이후

---

18) 자유사회건설자연맹, 〈선언〉(1945. 9)[등사본으로 하기락 소장].
19) 자유사회건설자연맹 결성대회의 〈開會辭〉(1945년 9월 하순).

324

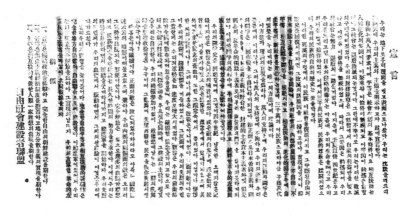

해방 직후 결성된 자유사회건설자연맹의 〈선언〉.

아나키스트들은 한국 민족은 우선 민족혁명부터 완수해야 한다는 단계혁명론적 입장을 고수하였다. 그리고 미·소의 지배 아래 있는 한국 민족을 완전히 해방시키는 민족혁명을 완수하기 위해서는 '혁명적 좌익 민족주의자'[20]들을 우군으로 규정하고 그들과 공동전선을 결성해야 한다고 역설하였다. 즉 자유사회건설자연맹은 〈선언〉을 통하여 "우리는 자주독립 완전해방을 위하여 그 실현의 날까지 우리의 우군인 혁명적 좌익 민족주의자들과 같이 공동전선을 펴자"고 주장하였던 것이다.[21] 이 공동전선방침 아래 자유사회건설자연맹은 김구 중심의 한국독립당과 함께 신탁통치반대운동과 임정봉대운동을 전개하였다. 독립노농당도 강령에서 "진정한 민주주의의 국내외 세력과 평등호조의 원칙에 의해 합작"한다고 천명하였는데,[22] 이는 민족혁명을

---

20) 아나키스트들이 언급하고 있는 '혁명적 좌익 민족주의자'란 김구 중심의 한국독립당을 지칭하는 듯하다.

21) 자유사회건설자연맹, 〈선언〉(1945. 9).

22) 《정당·사회단체 등록철》, 서울시임시인민위원회문화선전부, 1950, 88쪽 ; 《동아일보》 1946년 7월 8일자(《자료한국사》 2, 865쪽).

완수하기 위해서는 '혁명적 좌익 민족주의자'와 연합해야 한다는 주장을 한 것이다.

아나키스트들은 민족혁명을 완수하여 미국과 소련의 지배로부터 한국 민족을 완전히 해방시키고 자주적 민주국가를 건설하는 과정에서의 대한민국 임시정부의 역할을 강조하고, 임시정부에 대한 절대지지를 표명하였다. 즉 앞으로 독립국가를 수립하는 데에서 대한민국 임시정부가 그 중심이 되어야 한다는 임정법통론을 제기하였던 것이다. 아나키스트들의 임정법통론은 대한민국 임시정부가 3·1운동을 통해서 탄생한 전 민족의 자율적 기관이라는 인식에 근거하였다.[23] 즉 민중들이 자율적으로 조직한 임시정부만이 독립국가 건설의 중심이 될 자격이 있다는 것이다.

자유사회건설자연맹은 1945년 12월 20~21일 전국대표대회를 개최하여 시국수습대책을 논의하였는데, 그 대회에서 임시정부가 "3·1운동 이후 조선혁명운동의 가장 옳은 길을 걸어 온 정통파"이고 "현재에 있어 사상적으로만 아니라 사실상으로 혁명적 사상의 3세력의 합동"이라고 하면서 임시정부를 절대적으로 지지할 것을 천명하였다.[24] 독립노농당 또한 좌우합작에 대해서 반대하면서 임정법통론을 견지하였다.[25] 독립노농당이 좌우합작에 반대한 것은 좌우합작이 새로운 임시정부 수립을 주장하고 있었기 때문이다.

해방 이후 아나키스트들은 임정법통론 아래 대한민국 임시정부를

23) 《조선일보》 1945년 12월 7일자 참조.
24) 《동아일보》 1945년 12월 21일자(《자료한국사》 1, 636~637쪽) ; 《자유신문》 1945년 12월 27일자.
25) 1946년 10월 21~22일 양일간 개최된 독립노농당 중앙집행위원회는 좌우합작문제에 대해서 반대한다는 입장을 밝히면서 좌우 각 정당에서 합법적 대표를 파견할 것을 주장하였다[《조선일보》 1946년 10월 24일자(《자료한국사》 3, 612쪽)].

새로운 독립국가의 정부로 추대하고자 하는 임정봉대운동을 전개하였다. 아나키스트들이 임정봉대운동을 전개하였던 것은 그들의 반공산주의적 경향에 기인하였던 것으로 보인다.[26] 즉 해방공간에서 자주적 민주국가를 건설할 수 있는 민족세력으로는 공산주의 세력 외에 임시정부 세력뿐이었던 것이다.

해방 이후 아나키스트들은 공산주의 세력에 대해서 부정적 입장을 취하였다. 유림이 동아일보 기자와 한 대담에서 "볼셰비즘과 임시정부의 합작은 반드시 가능"하며, 자신은 "제3자의 입장에서 합작의 접착제의 역할을 하고자 한다"고 발언하였지만,[27] 그것은 선언에 그쳤다. 자유사회건설자연맹은 창립대회에서 〈개회사〉를 통해 공산주의자들을 '노국(露國)의 주구배'로 규정하고, 그들을 배격할 것을 주장하였다.[28] 그리고 전국대표대회에서도 '소련을 조국이라고 인식하는 사대사상을 버릴 것'과 '목적을 위하여 수단을 불고(不顧)하는 것을 버리고 무산자 독재정권을 수립하려는 의도를 포기할 것' 등을 공산당과 제휴하기 위한 전제조건으로 제시하여,[29] 공산당에 대해서 사실상 반대한다는 입장을 분명히 밝혔다.

이처럼 해방 이후 아나키스트들은 정부와 국가의 존재를 인정하면

---

26) 柳子明이나 柳絮, 李達 등이 해방 이후 귀국하였다면 아나키스트 운동의 방향은 상당히 달라졌을 것이다. 李達은 해방되기 전에 운명을 달리하였고, 柳子明과 柳絮는 해방 이후에도 중국에 머물렀다. 이들은 모두 1937년 조선혁명자연맹 창립에 참가하여 중심인물로 활동하였다. 조선혁명자연맹은 '민족전선론'을 제기하면서 在中國 한국인 공산주의자그룹이었던 조선민족해방운동자동맹과 함께 조선민족전선연맹에 참가하는 한편, 김구 중심의 한국국민당에 대해서는 그들의 파쇼화에 대해 우려를 표시하면서 일정한 거리를 두었다.

27) 《동아일보》 1945년 12월 12일자(旦洲柳林先生記念事業會 편, 앞의 책, 73쪽).

28) 자유사회건설자연맹 결성대회의 〈開會辭〉(1945년 9월 하순).

29) 《동아일보》 1945년 12월 21일자(《자료한국사》 1, 636~637쪽).

서 '혁명적 좌익 민족주의자'와 공동전선을 형성하여 민족혁명을 완수하고자 하였다. 그리고 민족혁명을 통해 자주적 민주국가를 수립하고 민주정치를 시행하고자 하였으며, 민주적 훈련을 거친 후 이를 기반으로 하여 아나키스트 사회로 나아가고자 하였다.

2) 독립국가상 ― 노농민주국가

일제의 식민지 지배로부터 해방된 한국인들에게 민족국가 건설이 주요한 과제로 대두되었다. 민족주의자들은 임시정부를 중심으로 하여 부르주아민주주의 국가를 건설하고자 했으며, 공산주의자들은 부르주아민주주의혁명노선에 따라 민족국가를 수립하되, 프롤레타리아트의 헤게모니 아래 부르주아 개혁을 우선적으로 단행하고자 하였다. 아나키스트들 또한 단계혁명론적 입장에서 1차적으로 자주적 민주국가를 건설하고자 하였으며, 그 자주적 민주국가는 민중이 주인인 노농민주국가였다.[30]

노농민주국가는 노동자·농민독재를 시행하는 국가가 아니라, 노동자·농민·근로대중 등 민중이 직접 정치에 참여하고 그들의 의사를 최대한 반영하는 직접민주주의 국가를 의미하였다. 인민에게는 선거권, 피선거권, 신체·거주·신앙·언론·출판·집회·결사·여행·통신비밀·파업·시위 등의 자유, 불법간섭·인격적 침해를 받지 아니할 권리 등 부르주아민주주의적 여러 권리가 주어지며, 최저생활의 보장, 수학, 취직부양을 요구할 권리와 노동·공역(公役)·병역·납세의 의무 등도 주어지는 사회였다.[31]

---

30) 노농민주국가 수립을 공식적으로 선언한 자료 가운데 확인되는 것으로는 1947년 3월 30일 아나키스트 청년들에 의하여 결성된 노농청년총연맹의 결성선언(《대동신문》 1947년 4월 1일자 ; 《조선일보》 1947년 4월 3일자)이 처음이다. 노농청년총연맹은 결성선언에서 "조국의 완전 자주독립", "신탁통치 절대 배격", "노농민주정부 수립" 등의 슬로건을 내걸었다.

그리고 노농민주국가는 자주적으로 건설되는 민주국가였다. 아나키스트들은 자주적 민주국가를 건설하기 위해서는 건국과정에서 외세와 친외세 세력을 배제하고 한국 민족 스스로의 힘으로 정부를 수립해야 한다고 주장하였다. 그리하여 아나키스트들은 연합국의 후원 아래 민족국가를 건설하고자 하였던 공산주의자들과는 달리, 외세에 의한 신탁통치와 군사점령을 한국의 자주독립을 가로막고 있는 최대의 장애물로 파악하고 이를 철폐하기 위한 투쟁을 전개하였다. 전국 아나키스트대표자대회는 '정부수립에 대한 우리의 태도와 원칙에 관한 결정'을 채택하여, 아나키스트들의 자주적 민주국가 수립에 대한 태도를 다음과 같이 밝혔다.

우리가 세우는 정부는 자주적 민주적 통일적이어야 한다. 자주적이 아닌 정부를 우리는 거부할 것이다. 타인이 세워주는 정부, 그러한 정부를 우리는 원하지 않는다. 남들이 우리를 이해하고 협력해주면 고마울 뿐이다. 미소공동위원회 역시 그래야 한다. 우리가 자율적 자주적으로 정부를 세울 때, 그들이 곁에서 조언해주고 협력해주면 기꺼이 받아들일 것이다. 그러나 그들이 주인 격이 되어 이렇게 하라 저렇게 하라고 지시하거나 명령해서는 안될 것이다. 우리가 주체가 되어 우리 정부를 세우고 나서 그들은 조용히 물러가면 되는 것이다.[32]

위의 글에서 볼 수 있는 바와 같이 정부를 수립하는 데에서 아나

---

31) 《정당의 기구 기능과 정강 정책 당헌 등》, 중앙선거관리위원회, 1965, 110쪽 참조 ; 이하 《정강정책》이라 함.

32) "정부수립에 대한 우리의 태도와 원칙에 관한 결정"[하기락, 앞의 책 (1993), 297쪽]. 이 자료 역시 하기락에 의해 가공되었을 가능성이 많다. "자주적 민주적 통일적"이라고 하는 표현은 그것을 단적으로 말해 준다. 1946년 4월 당시에는 분단정부 수립이 아직 운위되지 않았기 때문이다. 하지만 이 자료가 비록 가공되었다고 하더라도 완전히 날조된 것은 아닐 것이므로, 이 자료를 통해 당시의 분위기는 파악할 수 있을 것이다.

키스트들이 강조한 것은 외세의 개입을 극력 배제하는 것이었다. 외세가 개입되면 자주적 정부는 수립되지 못한다는 것이다. 그것은 한반도를 분할 점령한 미국과 소련은 한국 민족의 이익을 위해서가 아니라, 한반도에서 자신들의 이익을 최대한 보장받기 위해서 친미·친소정권을 세우고자 하기 때문이었다.

아나키스트들은 민중을 노농민주국가 건설의 주체로 설정하였다. 전국아나키스트대표자대회는 "이 당면과업(자주적 정부 수립 — 인용자)은 노동자·농민·근로대중의 조직된 민주역량으로 수행되어야 한다"는 것을 당면의 행동방침 가운데 하나로 채택하여,[33] 노동자·농민·근로대중의 민주역량이 정부 수립의 주체가 되어야 한다고 규정했다. 독립노농당도 〈결당선언(結黨宣言)〉을 통해 민중이 국가건설의 주역이 되어야 함을 다음과 같이 밝히고 있다.

> 건국사업이 이렇게 지리멸렬하게 됨은 민중이 직접으로 건국공작을 부담 아니한 데서 원인이 발견된다. 특히 포학한 왜정의 유린 밑에서 가장 양심적으로, 또 가장 큰 희생으로 이 땅을 지키면서 모든 것을 시설해놓은 우리 노농근로대중은 이 국토의 진정한 주인이요, 신국가를 건설할 유일한 자격자다. 국민의 절대 다수를 점한 우리들의 주력이 아니고는 국가의 건설이 전연 불가능하고 전연 무의미할 것이다.[34]

독립노농당은 위의 〈결당선언〉에서 한국 민족이 일제의 식민지 지배로부터 해방이 되었으면서도 독립국가를 건설하지 못하고 있는 것은 식민지 권력과 맞서 싸우면서 가장 큰 희생을 치른 민중이 국가건설의 주체가 되지 못하고, 각 정치세력들이 외국의 힘을 빌려 자신

---

33) 《自由聯合》 제4호(1988. 3. 21), 한국자주인연맹.
34) 독립노농당 결성대회의 〈結黨宣言〉(1946. 7. 7)[旦洲柳林先生記念事業會 편, 앞의 책, 90쪽].

의 정권욕만 채우고자 하기 때문이라고 주장하였다. 즉 민중이 국가건설의 주체가 되어야만 이른바 '권력욕광' 내지 '지배욕광'들이 국가권력을 장악하는 것을 막을 수 있으며, 민중이 국가권력을 장악해야만 자주적이며 민주적인 정부가 수립될 수 있다는 것이었다.

아나키스트들은 노농민주국가를 건설하여 "국민의 평등과 자유와 행복을 보장하는 민주입헌정치를 실시"하고자 하였으며,[35] 민주주의를 제대로 시행하기 위한 각종 법적 장치들을 제안하였다. 그 가운데 핵심적인 것이 지방자치제 실시였다. 자유사회건설자연맹은 〈선언〉을 통해 "완전한 자유 평등의 상호부조적 신조선(新朝鮮)은 완전한 지방자치체의 자유연합으로서 건설된다"고 하여,[36] 지방자치제를 실시할 것을 주장하였다. 독립노농당도 당략과 정치 부문에 관한 정책에서 "지역자치제와 직업자치제를 시행"한다고 천명하거나, 직업단체·농민·노동단체·어민·교육자·문화인 등의 자치권을 확립하고 "중앙행정기구와 지방행정기구 및 각종 자치단체의 권한을 규정하여 권력의 과도집중을 방지"한다는 정책을 수립하여,[37] 지방자치제와 직업자치제를 실시하고 중앙기구와 자치단체의 권한 경계를 명시함으로써 권력을 분산할 것을 역설하였다.

아나키스트들이 지방자치제의 실시를 주장한 것은 권력이 중앙으로 집중되어 또 다른 강제적인 지배권력이 발생하는 것을 방지하고자 하였기 때문이다. 그리고 정치단위가 적을수록 민중들이 정치에 직접 참여하는 것이 좀더 쉬워지기 때문이다. 즉 지방자치제 실시를 통해 독재정치와 대의정치의 폐단을 방지하고 완전한 민주사회를 건설하고자 했던 것이다.

---

35) 독립노농당의 〈黨略〉(旦洲柳林先生記念事業會 편, 앞의 책, 91쪽).
36) 자유사회건설자연맹, 〈선언〉(1945. 9).
37)《정강정책》, 110~114쪽 ; 旦洲柳林先生記念事業會 편, 앞의 책, 91쪽.

해방 이후 아나키스트들은 중앙정부 또한 지방자치체를 기반으로 하여 상향적으로 수립되어야 한다고 주장하였다. 즉 무정부주의자경 남북대회는 "각 시·읍·면은 자발적으로 그 자치체를 구성하고, 그들의 대표자로 하여금 국민대표자회의를 구성"하도록 하며, "이 기관 (국민대표자회의 — 인용자)으로 하여금 과도정부를 구성"하게 할 것을 주장하였다.[38] 그것은 지방자치체를 기반으로 하여 상향식으로 구성된 중앙정부만이 민중들의 의사가 그대로 반영되는 민주적인 정부로서 기능할 수 있다고 생각하였기 때문이다.

이처럼 아나키스트들은 집권적이고 강권적인 정부를 부정하는 아나키즘 논리에 입각하여, 중앙집권적인 정치체제를 부정하고 권력이 분산되는 지방자치제를 실시해야 한다고 주장하였다. 즉 단계혁명론적 입장에서 정부와 국가의 존재를 인정하였다고 하더라도, 새로이 건설되는 사회가 중앙집권적이고 강제적인 권력에 지배당하는 것은 반대하였던 것이다.

다음에는 노농민주국가의 경제체제에 대해 살펴보자. 우선 아나키스트들은 자립경제 건설을 추구하였다. 독립노농당은 경제적 토대 구축 없이 미국에 의해서 일방적으로 주어지는 경제원조에 대해서 반대 입장을 나타냈다. 즉 미국이 남한에 대한 6억불원조3개년계획을 세우자,[39] 독립노농당은 미국이 아무리 호의적 입장에서 남한에 경제원조를 수여한다고 하더라도 그것은 자립경제 건설에는 아무런 도움이 되지 않고 오히려 많은 폐해를 초래할 뿐이라면서 미국의 소비물자 중심의 경제원조에 반대하였던 것이다.[40]

---

38) 무정부주의자경남북대회의 〈대회성명서〉[《자유연합》 제1호 ; 하기락, 앞의 책(1993), 289쪽에서 재인용]. 이 자료는 하기락의 가공을 거쳤을 것이나, 국민대표자회의라는 기구의 설립을 주장한 것이 완전한 허구는 아닐 것이다.
39) 《부녀일보》 1947년 3월 21일자.

그리고 아나키스트들은 만인이 풍요로운 생활을 향유할 수 있는 방향으로 경제를 건설하고자 하였다. 즉 경제건설의 기본이념은 만인의 행복을 수립하는 데 있다고 하면서 근로대중, 즉 노동자와 농민의 생활이 경제건설의 근본적인 2대 명제가 되어야 한다고 주장하였다. 그리고 토지개혁과 적산운용을 경제건설의 2대 근본문제로 설정하였다.[41] 이 문제의 해결책으로는 자주관리체제가 제시되었는데, 자주관리체제는 생산수단의 사회적 소유라는 근본적인 원리에 근거하고 있다.[42]

아나키스트들은 생산수단의 사유화와 국유화를 부정하고 모든 생산수단을 사회화할 것을 주장하였다. 한국노동자자치연맹은 "직공은 죽어도 그 공장의 주인의 자격과 지위를 가져야" 하고, "공장의 운영에 노동조합 대표로서 참획할 권리를 가져야" 하며, "동시에 이익의 분배를 받아야" 한다고 주장하였다. 이익금의 일부를 노동자가 배당받는 것은 '공장은 공인(工人)에게'라는 원칙의 한국적인 형이라 하였다.[43] 조선농촌자치연맹도 강령[44]에서 "오등(吾等)은 농경의 합리적 경

---

40) 독립노농당 선전부에서는 "조선문제의 해결을 위한 유일한 첩경은 자주정권의 수립에 있다. 현재의 상태에서 미국의 일방적 호의로 수여되는 6억불의 차관은 그 명목 여하에 불구하고 부수사태가 발생될 폐해가 위구된다"라는 내용의 성명서를 발표하여(《부녀일보》 1947년 3월 22일자) 미국의 6억불원조 3개년계획에 대하여 반대하였다.

41) 이정규, 〈경제건설의 2대 근본문제 — 토지개혁과 적산운용〉, 《국학》 제3호(1947. 12. 25), 국학대학 국학편집부, 16~20쪽 참조.

42) 브랑코 호르바트(강신준 역), 1984 《자주관리제도》, 풀빛, 39쪽 참조.

43) 〈한국노동자자치연맹 회고〉(이정규, 앞의 책, 217·220쪽) 참조.

44) 조선농촌자치연맹의 강령은 다음과 같다[〈조선농촌자치연맹선언강령해설〉(이정규, 앞의 책, 190쪽)].
   1. 吾等은 자주자치적 생활의 실천으로 농촌의 조직화를 기함
   2. 吾等은 농경의 합리적 경영을 위하여 공동경작 생산수단 及 시설의 공동화를 기함

영을 위하여 공동경작·생산수단 급(及) 시설의 공동화를 기함"이라고
밝히면서, 공동생산과 생산수단의 공유화를 추구하였다. 전국아나키
스트대표자대회에서도 기본원칙을 결정하여 모든 생산수단의 공유를
주장하였다. 즉 기본원칙 가운데 하나가 바로 '경자유전(耕者有田), 공
인유기(工人有機)의 원칙'으로서 "모든 생산수단은 생산활동자에 의
하여 공동으로 소유하고 관리한다"는 것이었다.[45]

독립노농당도 노동자의 경영참여를 보장하고자 하였다. 즉 독립노
농당은 "산업의 경영, 산업기관의 관리, 생산품의 분배에 대한 노동
자의 참여권을 확보"하고자 하는 노동정책을 수립하고 있었다.[46] 이
러한 사실들은 해방 이후 아나키스트들이 모든 생산과정을 생산자
혹은 생산자단체가 주관하는 자주관리체제를 지향하고 있었다는 사
실을 말해 준다.

하지만 해방 이후 아나키스트들이 국유화와 사유재산제를 부정한

---

3. 吾等은 농공발전의 균형을 위하여 농촌실정에 적합한 공업시설의 완
   비를 기함
4. 吾等은 농촌의 공동이익을 위하여 협동조합적 기관의 철저 보급을 기
   함
5. 吾等은 비경제적 제 생활양식을 개선하여 생활의 과학화를 기함
6. 吾等은 교육 급 문화기관의 완비를 기함
7. 吾等은 吾等의 보건을 위하여 후생시설의 충실을 기함
8. 吾等은 상호부조적 윤리관의 실천에 의하여 국민도덕의 앙양을 기함
45) 《自由聯合》 제4호(1988. 3. 21), 한국자주인연맹. 전국아나키스트대표자대
   회에서 결정된 기본원칙은 다음과 같다.
   一. 자유의 원칙. 각인이 만인의 자유를 존중하고 만인이 각인의 자유를
      보장한다.
   一. 평화의 원칙. 국민의 자유를 지키기 위한 이외의 일체의 침략적 군비
      를 배격한다.
   一. 耕者有田·工人有機의 원칙. 모든 생산수단은 생산활동자에 의하여
      공동으로 소유하고 관리한다.
46) 《정강정책》, 112쪽.

다고 해서 당장 모든 생산수단을 공유화 내지 사회화하고자 하였던
것은 아니다. 이정규는 〈경제건설의 2대 근본문제 — 토지개혁과 적
산운용〉에서 무상몰수무상분배의 방식으로 토지개혁을 단행하여, 국
가가 아닌 면 혹은 군에 설치된 지방거주민으로 조직된 농지관리조
절기관에서 토지를 관리해야 한다고 하는 등 자주관리체제를 지향하
고 있었지만, 한시적으로 토지의 국유화를 인정하였다. 그리고 생필
물자 생산에 관한 산업, 지방적 교통운수기관, 후생물자 생산공업 등
은 지방자치체의 합영(合營)으로 운영해야 한다고 주장하였지만, 일
체의 국내 생산기관을 국가소유로 하는 것을 인정하였으며, 철도·해
운·특수공업 등은 국가가 직접 관리해야 한다고 하였다.[47] 이는 이정
규가 사유재산제도에 대해서는 철저히 반대하였지만 국유화에 대해
서는 과도기적으로 인정하고 있었음을 말해 준다.

　독립노농당 중앙집행위원회도 토지를 무상몰수하여 무상분배할 것
을 주장하였지만, 토지사유권은 인정하였다.[48] 그리고 정책을 통해 주
요한 교통기관, 통신기관, 중공업, 주요 광업, 전력, 가스, 대생산기구,
외국무역, 금융업, 조림(造林), 대규모의 제재업(製材業), 대규모의 수
산업, 어로기구, 중요한 문화기관, 의료기관, 오락기관, 조산원, 탁아
소, 양로원, 요양원, 병폐자부양소(病廢者扶養所), 공동주택, 공동식당,
공동욕실(共同浴室), 공공집합소, 공설시장, 여관업 등은 국영 혹은 공
영으로 하고, 산림·어장·광산 등은 자치단체가 관리하지만 국유로
하고, 사유자본은 제한할 것을 주장하였으며,[49] 한국노동자자치연맹
도 조직대강에서 "우리는 공장의 소유권의 존재를 인정함으로 국가
혹 개인이 그 소유권을 가"진다거나, 이익의 3분의 1을 소유권자의

　47) 이정규, 앞의 글, 18~20쪽 참조.
　48) 《조선일보》 1946년 10월 24일자(《자료한국사》 3, 612쪽).
　49) 독립노농당의 〈黨策〉(旦洲柳林先生記念事業會 편, 앞의 책, 91~98쪽)을
　　　참조.

몫으로 분배할 것을 천명하였다.[50] 즉 독립노농당과 한국노동자자치
연맹은 과도기 사회에서는 중요 산업시설이나 공공시설의 국가소유
와 소규모의 사유의 존재를 인정하고 있었다.

나아가 독립노농당은 국가가 각 지방자치단체·직업자치단체들의
정책을 전체적인 차원에서 조정해야 한다고 하면서 국가의 역할을
강조하였다. 즉 독립노농당은 정책을 통해 국가는 신토지법을 제정하
여 토지의 겸병을 방지하고, 생산·분배·소비·생활방식의 합리적 개
선에 대한 국가적 계획을 수립하여 실시하고, 생활필수품의 생산분배
는 국가가 통제해야 한다고 주장하였던 것이다.[51]

아나키스트들은 자주관리체제를 지향하는 한편, 소생산자 중심의
사회를 건설하고자 하였다. 즉 아나키스트들은 궁극적으로는 모든 재
화의 사회적 소유 내지 공유를 추구하였지만, 자본주의 사회에서 '각
진소능(各盡所能) 각취소수(各取所需)'의 사회로 나아가는 과도기의
사회로 소생산자 중심의 사회를 설정하였다. 독립노농당의 〈당략〉에
는 "중소 자산층을 주체로 한 부민주의(富民主義) 계획경제체제를 시
행한다", "독점성 사업과 대규모 기업은 국영 혹은 공영으로 하고 중
소산업의 자유발달을 장려한다" 등의 조항이 포함되어 있다.[52] 독립
노농당의 경제부문에 관한 정책 가운데에도 "중소자본이 적극 활동
하는 국민자급자족의 경제체제를 시행함", "중소산업의 자유발달에
필요한 자금은 국가가 보조함" 등의 조항이 들어 있다.[53] 이처럼 아나
키스트들은 과도기에서는 소생산자를 중심으로 하여 사회를 운영하
고자 하였다. 즉 소생산자들의 기업활동을 제한하지 않고 오히려 그
들의 생산활동을 적극적으로 지원하고자 하였던 것이다.[54]

50) 〈한국노동자자치연맹 회고〉(이정규, 앞의 책, 218쪽).

51) 《정강정책》, 110~114쪽 참조.

52) 旦洲柳林先生記念事業會 편, 앞의 책, 91쪽.

53) 《정강정책》, 110~114쪽.

아나키스트들이 소생산자를 사회운영의 중심으로 설정하여 소생산 자의 이익을 대변함에 따라 아나키스트들의 자주관리체제를 구축하 기 위한 노력은 노동자들의 광범한 지지를 이끌어내지 못하였으며, 자주관리를 추구하던 노동자들의 공장관리운동과 결합하지 못하였 다. 해방이 되면서 일본인들과 함께 일본 자본과 일본인 기술자가 물 러가자 한국 산업계는 자본 부족, 자재 부족, 기술 부족 등으로 인해 파탄되어 갔다. 점차 심각해져 가는 산업파탄을 극복하기 위해 노동 자들은 공장관리운동을 전개하였다. 노동자들은 일본인들로부터 공 장을 접수하고 자신들이 직접 운영하기 시작하였으며, 노동자들의 공 장관리운동에 의하여 산업은 조금씩 정상을 되찾아가고 있었다. 노동 자들의 공장관리운동은 기본적으로 자주관리를 지향하고 있었다. 그 러나 당시 아나키스트들은 노동자들의 공장관리운동에 주목하지 않 았다.[55] 아나키스트들이 노동자들의 공장관리운동과 결합하지 못함에 따라 지주관리체제 구축은 실패하였으며, 노동운동에 대한 아나키스

---

54) 공산주의자들도 대산업과 중산업에 대해서 국유나 공유를 주장한 반면, 소자본에 대해서는 사유를 인정하였다. 하지만 그것은 국가 주도의 계획경 제를 보완하는 의미였다(김정, 1992 〈해방직후 조선공산당의 경제정책〉, 서 울대 석사학위논문, 37쪽).

55) 조선공산당 역시 노동자들의 공장관리운동에 대해 부정적 반응을 보였 다. 조선노동조합전국평의회의 조직부장인 玄勳이 결성대회에서 〈노동자 공장관리에 대하여〉라는 보고를 통해 기존의 노동자에 의한 공장관리운동 이 소부르주아적으로 변질되는 경향이 있다고 비판하면서, 노동자의 공장 관리운동을 자주관리운동으로 발전시킬 것을 주장했다. 하지만 현훈의 주 장은 조선노동조합전국평의회 지도부에 의하여 채택되지 못하였다. 오히 려 조선노동조합전국평의회 지도부는 미군정에 협력하는 산업건설협력방 침을 채택하였다(이호룡, 1995 〈해방 직후 노선노동조합전국평의회의 운동 노선〉, 《한국사연구》 90, 375쪽 참조). 그것은 노동자공장관리운동이 미군 정의 점령정책에 정면으로 배치될 뿐 아니라, 자주관리체제가 공산주의자 들이 추구하는 중앙집권적 계획경제에 어긋나기 때문인 것으로 사료된다.

트들의 영향력 또한 사라졌다.

해방 이후 아나키스트들은 사회적으로는 지방 중심의 사회를 건설하고자 하였다. 즉 공장들이 지방에 분산되어 농촌과 도시가, 그리고 농업과 공업이 유기적인 관련을 맺으면서 균형적으로 발전하는 사회를 건설하고자 하였다. 자유사회건설자연맹은 강령에서 "오등(吾等)은 집산주의 경제제도를 거부하고 지방분산주의의 실현을 기한다"고 하여,[56] 중앙집권적인 공산주의 계획경제에 대해서는 반대 입장을 취하고, 산업시설을 지방으로 분산시킬 것을 주장하였다.

조선농촌자치연맹과 독립노농당은 농공병진(農工幷進)에서 한걸음 더 나아가 농촌을 우선시할 것을 주장하였다. 조선농촌자치연맹은 "우리 나라가 잘되고 우리 조선 사람이 잘살자면 …… 우리 농촌이 중심이 되어 가지고 이 농촌에다가 도회지를 붙이어서 놓아야 하겠습니다. 농촌에다가 도회를 합치어 놓아야 하겠습니다. 도회지가 가지고 있는 그 모든 학교라든지 공장이라든지 모든 문명한 설비를 우리 농촌으로 나누어 놓아야" 한다고 주장하였다.[57] 즉 한국인들이 잘살기 위해서는 농촌을 중심으로 하고 여기에 도시를 결합시켜야 하며, 산업시설이나 문화시설을 지방으로 분산시켜야 한다는 것이다. 독립노농당도 "농공(農工)을 병진하고 상호조화를 기"하고자 하는 당략을 채택하고,[58] 산업의 지방분산책 실시, 도시 과도집중의 폐 교정과 전원도시 건설, 농산물의 생산과 소비에 대한 국가적 계획 수립,

---

56) 자유사회건설자연맹의 강령은 "吾等은 독재정치를 배격하고 완전한 자유의 조선건설을 기한다", "吾等은 집산주의경제제도를 거부하고 지방분산주의의 실현을 기한다", "吾等은 상호부조에 의한 人類一家思想의 구현을 기한다" 등이다[자유사회건설자연맹, 〈선언〉(1945. 9)]. 이 강령은 집산주의에 대한 반대입장을 밝히고 있는데, 이때의 집산주의는 국가의 통제하에 계획경제를 실시할 것을 주장하는 공산주의를 지칭하는 것으로 사료된다.

57) 〈조선농촌자치연맹선언강령해설〉(이정규, 앞의 책, 186쪽).

58) 旦洲柳林先生記念事業會 편, 앞의 책, 91쪽 참조.

농공협조책 실시, 농사시험장 증설과 농사지식 보급, 농촌문화기관과 농민보험시설 확충, 국가부담으로 농민의 생활조건 개선, 흉작 농작물의 가치 하락에 대한 국가보조제 실시, 농촌의 수경공업(手輕工業)과 일반 부업 적극 장려 등과 같은 정책을 수립하여,[59] 국가 차원에서 농업을 적극 육성하고 농촌을 우선 발전시켜야 한다고 주장하였다.

지금까지 설명한 것처럼 해방 직후 아나키스트들은 단계혁명론적 입장에서 임시정부 세력과의 연합 아래 노동자·농민들을 주체로 하여 민중의 이익을 최대한 보장하는 노농민주국가를 수립하고자 하였다. 하지만 노농민주국가는 아나키스트 사회로 나아가는 과도기에 한정되었으며, 아나키스트 사회가 건설되면 소멸될 존재였다. 아나키스트들이 민족혁명이라는 1차 혁명을 완수하여 노농민주정부를 수립하고 부르주아민주주의를 철저히 시행할 것과 지방자치제 실시를 주장한 것은 민중들에게 민주주의 훈련을 할 수 있는 기회를 제공하기 위한 것이었다. 자주관리와 농공병진책(農工幷進策) 또한 아나키스트 사회를 건설하기 위한 사회경제적 기초를 마련하기 위한 것이었다. 즉 노농민주국가는 아나키스트 사회를 건설할 수 있는 기반을 닦기 위해 설정되었던 것이다.

이처럼 해방 직후 아나키스트들의 궁극적 목표는 아나코코뮤니스트 사회의 건설이었다. 따라서 그들의 독립국가 건설구상은 아나코코뮤니즘에 기반하고 있었다. 자유사회건설자연맹은 강령에서 "오등(吾等)은 상호부조에 의한 인류일가사상(人類一家思想)의 구현을 기"할 것을 천명하였으며,[60] 〈선언〉에서는 "완전한 자유 평등의 상호부조적 신조선(新朝鮮)은 완전한 지방자치체의 자유연합으로서 건설"되어야

---

59) 독립노농당의 〈黨策〉(旦洲柳林先生記念事業會 편, 앞의 책, 91~98쪽)을 참조.
60) 자유사회건설자연맹, 〈선언〉(1945. 9)

한다고 주장하였다.[61] 그리고 한국노동자자치연맹전국연합회도 아나
코코뮤니즘을 표방하였다. 즉 1946년 8월 25일 한국노동자자치연맹
전국연합회 결성대회에서 내걸었던 구호의 하나가 "능률에 따라 노
동하고, 필요에 응하여 소비하자"였다.[62] 이러한 사실들은 자유사회건
설자연맹과 한국노동자자치연맹이 아나코코뮤니즘에 입각하여 상호
부조의 원리에 의해 운영되는 각진소능(各盡所能) 각취소수(各取所需)
의 아나코코뮤니스트 사회 건설을 지향하고 있었음을 나타내 준다.

　해방 이후 아나키스트들은 아나코코뮤니즘에 입각하여 자주적 민
주국가를 건설하고자 하였지만, 그들의 독립국가 건설구상에는 아나
코생디칼리슴적이고 집산주의적인 요소도 섞여 있다. 즉 전국아나키
스트대표자대회는 "모든 생산수단은 생산활동자에 의하여 공동으로
소유하고 관리한다"는 기본원칙을 설정하여,[63] 모든 생산과정을 생산
자 혹은 생산자단체가 주관해야 한다는 아나코생디칼리슴적 입장에
입각한 주장을 내세웠다. 그리고 자유사회건설자연맹의 중심인물이
었던 이정규는 경제건설에서 제기되는 문제점에 대한 해결책으로서
아나코생디칼리슴이 추구하는 경제체제인 자주관리체제를 제시하면
서, 토지와 일체의 국내 생산기관의 국유화를 인정할 뿐 아니라 철도·
해운·특수공업 등은 국가가 직접 관리해야 한다고 주장하였다.[64] 독
립노농당도 정책을 통해 토지의 집적 방지, 생산·분배·소비·생활방
식의 합리적 개선, 생활필수품의 생산분배 등에서 국가의 역할을 강
조하였다.[65]

　이정규나 독립노농당이 국가의 역할을 인정한 것은 집산주의의 영

---

61) 위와 같음.
62) 《조선일보》 1946년 8월 27일자(《자료한국사》 3, 203~204쪽).
63) 《自由聯合》 제4호(1988. 3. 21), 한국자주인연맹.
64) 이정규, 앞의 글, 18~20쪽 참조.
65) 《정강정책》, 110~114쪽 참조.

향으로 보인다. 바쿠닌류의 집산주의는 각 코뮨들의 정책들을 조정하고 전체 차원에서 계획을 수립하는 중앙기구의 필요성을 인정하고 있으며, 그러한 조정기구로서의 중앙기구는 각 지역연합체들의 자유연합에 의해 조직된다. 이정규와 독립노농당은 국가를 각 생산기관들의 입장을 조율하고 조정하는 기관으로서의 중앙기구로 설정하였던 것이다.

2. 독립국가 건설 방법론

해방 이후 아나키스트들은 단계혁명론적 입장에서 자주적 민주국가를 먼저 건설하고, 그 후 아나키스트 사회를 건설한다는 데에는 모두 찬성하였다. 그러나 그 방법론을 둘러싸고 생활혁신을 통한 '자유사회건설론'과 정당활동을 통한 '자주적 민주국가건설론'의 두 흐름으로 나뉘었다. 첫 번째 흐름은 민중들의 생활을 개혁하고 그것을 통해 자유사회를 건설하고자 하였다. 이 흐름은 정부와 국가의 존재는 인정하지만 정치운동에 대해서는 부정적이었다. 두 번째 흐름은 정당활동을 통해 자주적 민주국가를 건설하고자 하였다. 첫 번째의 흐름은 일제강점기에 혁명근거지건설운동을 전개했던 아나키스트들을 중심으로 하여 결성된 자유사회건설자연맹이 주도하였으며, 두 번째의 흐름은 일제강점기 중국에서 대한민국 임시정부에 참여하였던 유림 등이 주축이 되어 결성한 독립노농당이 주도하였다.

이 절에서는 해방 이후 아나키스트들이 어떠한 방법론에 입각하여 자주적 민주국가와 아나키스트 사회를 건설하고자 하였는지에 대해서 살펴보고자 한다.

1) 생활혁신을 통한 '자유사회건설론'

자유사회건설자연맹을 중심으로 한 아나키스트들은 정당활동에는 참여하지 않고, 농민들과 노동자들 속에서 그들에 대한 계몽사업을 전개하여 민중들의 생활을 개혁하고, 자유연합주의에 근거해서 조직사업을 전개하여, 그들과 함께 공동체 사회를 건설할 것을 주장하였다. 그리고 그것을 기반으로 하여 아나키스트 사회로 나아가고자 하였다. "농민들의 지식을 넓히며 그 생활을 개혁하여서, 농민 자신이 자유로운 나라의 사람이 될 만한 자격을 기르자"는 취지에서 조선농촌자치연맹이 결성되었는데,[66] 이는 자유사회건설자연맹 계열의 아나키스트들이 생활혁신을 통해서 자유사회를 건설하고자 하였다는 것을 단적으로 드러내 준다. 조선농촌자치연맹의 약관 제2조도 "자유조선의 건설을 위하여 농촌의 자주자치 사상을 보급하며, 생활혁신운동의 추진"을 도모한다고 하여,[67] 생활혁신을 통해 자유사회를 건설할 것을 역설하였다.

그러나 자유사회건설자연맹의 생활혁신운동은 부진을 면하지 못하였다. 그것은 생활혁신이란 구호의 호소력에 문제가 있었기 때문인 것으로 보인다. 즉 자유사회건설자연맹이 제기한 생활혁신을 통한 자유사회건설론은 사회개량주의적 성격을 강하게 띠고 있었으므로 당시 민중들에게 호소력이 없었다. 자주적 민족국가를 건설하기 위해 급박하게 돌아가는 상황에서 민중들의 주요 관심사는 어떤 정부를 수립하여 자신들의 현실적 요구를 관철시킬 것인가 하는 문제였던 것이다.

생활혁신운동의 사회개량주의적 성격은 조선농촌자치연맹의 강령과 당면실천요항에 잘 나타나 있다. 조선농촌자치연맹의 강령 속에 생활혁신의 내용을 담고 있는 것은 비경제적 여러 생활양식을 개선하여 생활의 과학화를 꾀한다든지, 교육과 문화기관을 완비한다든지,

---

66) 〈조선농촌자치연맹선언강령해설〉(이정규, 앞의 책, 176쪽) 참조.
67) 〈○○군○○면농촌자치연맹○○리자치회 약관〉(이정규, 앞의 책, 207쪽).

342

후생시설을 충실히 한다든지, 상호부조적 윤리관을 실천하여 국민도덕을 앙양한다든지 하는 4개항이다. 이 항목들은 점진적인 개량을 통해서 농촌을 개혁하겠다는 의지를 나타내고 있다. 당면실천요항에서도 농사의 연구와 계획을 세우기 위하여 연구회와 좌담회를 자주 연다든지, 가정부업을 장려한다든지, 조림하는 데 애를 쓰며 무리한 벌목을 금한다든지, 공동구매·판매조합을 조직한다든지, 야학을 세운다든지, 순회문고를 설치하고 라디오를 구입한다든지, 위생사업을 전개한다든지, 도덕심과 정신을 고양한다든지 하는 것들을 내세움으로써, 사회개량운동의 성격을 드러냈다.[68] 한국노동자자치연맹도 조직 자체를 공동생활의 터전이요 생활교육교양의 도량(道場)으로 간주하고 있었다는[69] 점에서, 생활혁신운동의 계몽적이고 개량주의적인 성격을 잘 나타내고 있다.

이처럼 조선농촌자치연맹이나 한국노동자자치연맹은 생산수단의 공유 내지 사회적 소유에 대해 언급하지 않았을 뿐 아니라 공동생산조차 염두에 두지 않는 등 사회의 구조적 개혁은 거의 고려하지 않고 있었다. 그리하여 조선농촌자치연맹이나 한국노동자자치연맹은 현실적인 경제적 요구 등을 비롯한 노동자·농민들의 광범한 요구들을 수용하지 못하였으며, 그 결과 민중들의 지지를 끌어내는 데 실패하였고, 민중운동에 대한 지도력을 확보하지 못하였다. 조선농촌자치연맹과 한국노동자자치연맹은 민중들에 대한 조직사업을 전개하였지만, 한국노동자자치연맹은 조시원(趙時元)을 매개로 하여 대한독립촉성노동총연맹으로 흡수되어 버렸고,[70] 조선농촌자치연맹의 활동도 지지

68) 〈조선농촌자치연맹선언강령해설〉(이정규, 위의 책, 200~207쪽) 참조.
69) 〈한국노동자자치연맹 회고〉(이정규, 위의 책, 219쪽) 참조.
70) 趙時元은 車鼓東·趙漢膺·尹洪九 등과 함께 한국노동자자치연맹 결성을 주도하였고[〈한국노동자자치연맹 회고〉(이정규, 위의 책, 216~220쪽) 참조], 1946년 8월 25일에 결성된 한국노동자자치연맹전국연합회의 委員長으

부진하여 침체상태를 벗어나지 못하였다.

　자유사회건설자연맹은 생활혁신을 통해 새로운 사회를 건설할 것을 주장하는 한편, 정치운동에 대해서는 원칙적으로 부정적인 입장을 취하였다. 조선농촌자치연맹은 〈선언〉을 통해 "파쟁·당쟁으로 우리의 장래를 그르치며 우리의 생활을 파멸시키려는 야심적 정치군도, 우리를 이용해서 정쟁(政爭)의 도구로 쓰려는 독재적 정치군도 한가지로 우리는 거부하기를 주저하지 않는다"고 하여,[71] 정치운동에 대한 부정적 입장을 나타냈다. 한국노동자자치연맹도 정관에서 "우리 연맹은 정치운동에 가담하지 못한다. 물론 독자적인 정치활동을 금한다"고 하여 연맹 차원에서의 정치운동을 부정하였다.[72]

　자유사회건설자연맹은 정치운동을 부정하였지만 실제에서는 그렇지 않았다. 아나키스트들이 정치운동을 부정하는 것은 사실이지만, 정치 그 자체를 배격하는 것은 아니다. 아나키스트들이 배척하는 것은 노동자의 완전한 해방을 직접 목표로 하지 않는 정치활동이며, 사회혁명에 선행하고 있는 정치혁명이다.[73] 정권획득을 목적으로 하지

로 선출되었다[《조선일보》 1946년 8월 27일자(《자료한국사》 3, 203～204쪽)]. 그런데 趙時元은 이미 대한독립촉성노동총연맹(1946년 3월 10일 결성)에 車鼓東·趙漢膺·尹洪九 등과 함께 가입하여 노동운동의 이론 지도를 맡고 있었고[〈한국노동자자치연맹 회고〉(이정규, 같은 책, 220쪽)], 1946년 8월 24일 개최된 한독당중앙집행위원회에서 調査部長에 선임되었다[《동아일보》 1946년 8월 25일자(《자료한국사》 3, 188쪽)]. 그리고 1947년 5월 19일 개최된 韓獨黨중앙위원회에서는 노동부장에 선임되었다[《동아일보》 1947년 5월 21일자(《자료한국사》 4, 726쪽)]. 趙時元·車鼓東·趙漢膺·尹洪九 등이 대한독립촉성노동총연맹에 주력하면서 한국노동자자치연맹의 활동은 지지부진해졌으며, 결국 대한독립촉성노동총연맹에 흡수된 것으로 보인다.

71) 〈조선농촌자치연맹선언강령해설〉(이정규, 위의 책, 178쪽).
72) 〈조선농촌자치연맹선언강령해설〉(이정규, 위의 책, 219쪽).
73) 다니엘 게렝(하기락 역), 1993 《현대 아나키즘》, 신명, 62쪽.

않는, 아나키스트 사회를 건설하는 데 유리한 환경을 조성하기 위한 정치운동에는 아나키스트들도 참여한다. 자유사회건설자연맹을 중심으로 한 아나키스트들도 해방이라는 특수한 공간에서 헤게모니를 장악하기 위해 정치운동에 참가하였다. 즉 자유사회건설자연맹은 자주적 민족국가 수립이 아나키스트 사회 건설에 유리한 공간을 확보해 줄 것으로 보고 자주적 민주국가를 건설하기 위한 정치운동에 참가하였던 것이다.

　자유사회건설자연맹이 참가한 정치운동으로는 우선 김구 등의 임시정부 세력과 연합하여 전개한 신탁통치반대운동을 들 수 있다. 자유사회건설자연맹은 1945년 12월 29일에 개최된 신탁관리배격각정당각계층대표자대회에 참여하였으며,[74] 1946년 4월 6일에 개최된 미소공동위원회대책국민총연맹 결성대회에도 조선농촌자치연맹과 함께 참가하여[75] 반탁운동을 적극적으로 전개하였다.

　임정법통론을 제기하였던 자유사회건설자연맹 관계자들은 생활혁신을 통한 자유사회 건설이 침체에 빠지자 정치운동에 더욱 적극적으로 참가하여 임정봉대운동을 전개하였다. 즉 공산주의자들이 미소공동위원회를 통해 구성되는 '한국임시정부'를 주축으로 하여 민족국가를 건설하고자 하였던 것에 비해, 아나키스트들은 앞으로 독립국가를 건설하는 데에서 대한민국 임시정부를 그 중심에 세우고자 하였다. 이을규·이정규 등이 조성환(曺成煥), 정인보(鄭寅普), 유창준(兪昌濬), 안호영(安鎬濚), 류정렬(柳正烈)과 함께 발족한 한국혁명위원회는 1947년 3월 1일 독립선언기념대회 식장에서 임시정부 봉대를 결의하고 정부 수립을 선포하고자 하였다. 이 임정봉대운동에는 양희석(梁

---

74) 《동아일보》 1945년 12월 30일자(《자료한국사》 1, 692~693쪽). 이 대회에서 자유사회건설자연맹의 대표로 참가한 朴玄이 상무집행위원으로 선출되었다.

75) 《조선일보》 1946년 4월 7일자(《자료한국사》 2, 348쪽).

熙錫), 양일동(梁一童), 이규호(李圭虎 ; 李圭昌), 조한응(趙漢應), 김형
윤(金亨潤), 김지강(金芝江), 신현상(申鉉商) 등도 이에 동조하기로 하
는[76] 등 자유사회건설자연맹 관계자들이 대거 참여하였다. 이어 이을
규는 1947년 3월 3일 국민의회[77] 긴급대의원대회에서 임정을 강화하
기 위한 조치로 국무위원에 선임되었다.[78] 그러나 임정봉대운동은 실
패로 끝나고 말았으며, 임정봉대 실패로 이을규는 국무위원직을 사임
하였다.[79] '혁명적 좌익 민족주의자'와 연합하여 전개하였던 임정봉대
운동이 실패로 끝나면서 자유사회건설자연맹의 활동은 급격히 위축
되었다.

2) 정당활동을 통한 '자주적 민주국가건설론'

독립노농당을 중심으로 한 아나키스트들은 임시정부에 참여하였던
경험을 계승하여 정치와 정치운동에 적극적인 의미를 부여하였다. 해
방 이후 아나키스트들이 정당을 건설하여 정치활동을 전개하였던 것
은 해방공간이 가지는 특수성에 기인하였다. 해방 직후 아나키스트들
은 새로운 정부를 수립해야 하는 해방이라는 특수한 공간에서 헤게
모니를 장악하는 것이 아나키스트 사회를 건설하는 데 유리한 것으

---

76) 柳正烈, 〈'上海 임시정부' 봉대운동의 경위 ― 초창기 시대를 회고한다〉(1977.
    10. 29, 제88회 국민문화교양강좌 강연)(국민문화연구소50년사간행위원회 편,
    1998 《국민문화연구소50년사 ― 자유공동체운동의 발자취》, 국민문화연구소,
    50~51쪽).
77) 국민의회는 1947년 1월 19일 이후의 비상국민회의·민족통일총본부·독립
    촉성국민회 3단체 통합 움직임이 좌절됨에 따라, 1947년 2월 14일 비상국
    민회의 제2차 전국대의원대회에서 비상국민회의를 국민의회로 개칭함에
    따라 발족된 단체이다. 국민의회에는 한독당 내 해외파·독립노농당·독립
    촉성국민회 내 임정지지세력 등이 결집되었다(이용기, 1996 〈1945~48년
    임정세력의 '법통정부' 수립운동〉, 서울대 석사학위논문, 37~38쪽 참조).
78) 《동아일보》 1947년 3월 5일자(《자료한국사》 4, 364쪽).
79) 《동아일보》 1947년 3월 28일자(《자료한국사》 4, 481쪽).

로 인식하였으며, 헤게모니 쟁취를 위해서는 아나키스트들의 힘을 한 곳으로 모을 수 있는 중앙집권적인 조직이 필요하다고 판단하였다. 전국아나키스트대표자대회는 "(아나키스트가 해야 할 일은— 인용자) 미·소 양대 세력을 배제하는 일이요, 자주·민주·통일 조국 건설에 역행하는 모든 세력을 물리치고, 새나라 건설을 위한 기초 작업에 적극 참여하는 일이다. 지금의 주변 상황을 고려할 때, 위의 목적을 달성하기 위한 효과적인 수단은 정당을 조직하고 운영하는 일이 될 것"이라는 내용의 의안을 참석자 전원의 찬성으로 가결하고, 정당에 참여하는 일은 각자의 자유의사에 맡겼다.[80] 이 결정에 따라 아나키스트들은 자주적 민주국가를 효과적으로 건설할 목적으로 독립노농당을 결성하였다.

해방 이후 아나키스트들이 국가 건설을 도모한 것은 변화된 국가관에 따른 것으로서, 독립노농당은 정부수립만이 한국 문제를 자주적으로 해결할 수 있는 유일한 방도임을 천명하면서 자주적 민주국가 수립을 최우선 과제로 내세웠다. 즉 독립노농당은 "금일 조선에서 민생의 안정, 산업의 부흥, 사회질서의 회복 등을 비롯한 일체 제문제"를 해결할 수 있는 유일한 방도는 자주정권 수립뿐이라고 주장하였다.[81] 이러한 인식 아래 독립노농당은 자주적 민주국가 수립을 목표로 설정하고, 강령을 통하여 "국가의 완전한 자주독립을 위하여 투쟁"할 것을 선언하였다.[82] 당략(黨略)에서도 "정치, 경제, 문화, 군사,

---

80) 旦洲柳林先生記念事業會 편, 앞의 책, 86~87쪽. 이 자료는 하기락, 앞의 책(1993)에 근거하고 있는 것으로서, 하기락에 의해 字句가 자의적으로 수정된 흔적이 많다. 그러나 전국아나키스트대표자대회에서 자주적 민주국가 건설에 동참하기 위하여 정당 건설을 결의한 것은 사실로 인정된다.

81) 《부녀일보》 1947년 3월 22일자 ; 《自由民報》 1947년 4월 1일자(초록. 필사본).

82) 《정당·사회단체 등록철》, 서울시임시인민위원회문화선전부, 1950, 88쪽 ; 《동아일보》 1946년 7월 8일자(《자료한국사》 2, 865쪽).

외교의 완전한 자주권을 확립"하고, "외래 자본의 침략적 점탈을 방지한다"고 천명하여,[83] 자주적 정부를 수립할 것을 강조하였다.

그리고 독립노농당은 자주적 정부를 수립하는 데에서 외세를 배격할 것을 주장하였다. 즉 독립노농당 선전부는 〈독립운동을 신발족하자〉라는 담화에서 외세가 한국 민족의 자주독립을 가로막는 장애물이라고 주장하였다. 그 내용은 다음과 같다.

왜강도는 그 응분의 패망을 자취(自取)한지 이미 1년이나, 약소민족 해방을 천하에 성명한 동맹국이 이유 없이 탁치문제를 제기하여 우리를 간섭한다. (중략) 이족(異族)의 침압 밑에 국토는 양분되고 국민은 언론 집회 교통의 자유조차 없다. (중략) 자존심이 유린되고 생활까지 파멸당한 국민은 격분한 심정을 억제치 못한다. 우리는 남은 피가 있고 자유를 위해 흘릴 결심이 있다. 누구나 우리의 자주독립을 방해하면 왜강도의 후계자로 대처하려니와 먼저 엄정한 자기비판이 필요하다. (중략) 오직 각자의 맹성(猛省)으로 민족 양심을 발로하여 과오를 용감히 청산하고 진정한 민국의 정신으로 내분을 정리하고 외모(外侮)를 방어하여 완전한 자주독립을 즉시로 탈환치 아니하면 우리 민족은 영겁(永劫)의 침윤(沈淪)에 떨어질 것이다. 조선일은 조선이 처리하고 인민의 국가는 인민이 건설할 것이니 부여된 사명을 수행 아니하는 책임은 인민에게 지워진다. (중략) 동맹국은 조선의 자립할 능력이 있는 것과 조선민족의 분열은 38선의 설치가 최대 원인이 되는 것을 인식하여 조선문제는 조선에 일임하고 필요한 원조만 주기를 희망하며 패전국이 아닌 조선에서 군사점령을 속히 철폐하기를 요망한다.[84]

위의 담화에서 독립노농당은 연합국의 분할점령으로 인하여 한국 민족은 커다란 고통을 당하고 있으며, 즉각적인 자주독립을 달성하지

---

83) 旦洲柳林先生記念事業會 편, 앞의 책, 91쪽.

84) 독립노농당선전부, 〈독립운동을 신발족하자〉(1946. 8. 15)[《자료한국사》3, 120~121쪽].

못하면 영겁(永劫)의 침윤(沈淪)에 떨어지고 말 것이라고 주장하였다. 그리고 연합국에 의한 신탁통치와 군사점령이 한국 민족의 즉각적인 자주독립을 가로막고 있다고 하면서 이를 폐기해야 한다는 것을 강조하였다.

독립노농당은 외세를 배격하고 한국인 스스로의 힘으로 자주적 정부를 수립할 것을 역설하는 한편, 임정법통론을 제기하여 임시정부를 새로운 정부로 봉대하고자 하였다. 독립노농당은 임정법통론에 근거해서 모스크바3상 결정과 민주의원 및 좌우합작위를 통한 과도입법의원 등을 군정을 연장하고 조국통일을 지연시키는 집단으로 규정하고,[85] 이들에 대한 반대투쟁을 전개해야 한다고 주장하였다.[86] 1947년 5월 5~7일 3일간 개최된 제1회 전당대표대회에서는 "일체 독립운동역량을 국민의회에 집중하여 대한임정을 개조·강화하고 연합국에 승인을 요구할 것"을 결의하였다.[87] 그리고 대한민국임시정부봉대추진회[88]와 합작하여 1947년 8월 29일 전국혁명자대표대회[89]를 개최하여,

---

85) 서울특별시 경찰국 사찰과, 1955 《사찰요람》, 107쪽.

86) 독립노농당은 친일파·친미파·친소파 등이 혁명단계에서 암적 존재가 된다는 것을 지적하고, 이들을 제거할 목적으로 자유혁명군이라는 테러부대를 지리산에서 양성하기도 했다(서울특별시 경찰국 사찰과, 앞의 책, 107쪽).

87) 《대동신문》 1947년 5월 10일자. 독립노농당 제1회 전당대표대회 결의사항은 一. 군정의 普選과 南鮮單政에는 참여치 않기로 할 것 一. 미·소공위가 託治를 논의하는 한에는 참가치 않기로 할 것 一. 일체 독립운동역량을 국민의회에 집중하여 大韓臨政을 개조강화하고 연합국에 승인을 요구할 것 一. 중·미·영·소에 메세지를 보낼 것 一. 友誼團體와 협력하여 전국혁명자대표대회를 소집할 것 등이다.

88) 대한민국임시정부봉대추진회는 임정세력이 대한독립촉성국민회의 임정봉대파를 규합하여 구성한 단체인데, 1947년 3월 20일 독립촉성국민회 각도대표회의에서 결성이 결의되었으며, 1947년 5월 1일에 발족되었다. 金承學이 위원장으로 선출되었다(이용기, 앞의 글, 47쪽).

89) 전국혁명자대표대회는 독립노농당과 대한민국임시정부봉대추진회가 제휴하여 개최한 대회이다. 독립노농당 제1회 전당대회에서 전국혁명자대표

"혁명세력은 국민의회로 총집중한다", "대한민국 임시정부의 법통을 옹호하여 본 정부로 하여금 한국 전체의 주권 행사를 발동하도록 열국의 승인을 구한다" 등의 결의문을 발표하였다.[90]

이승만의 정읍 발언 이후 일부 정치세력에 의해 남북분단이 추진되었다. 즉 이승만은 1947년 1월 미국 상원 외교위원장과의 대담에서 다시 "남조선의 단독정부수립이야말로 조선에 대한 국제문제를 외국의 원조없이 해결하고 조선독립을 달성할 수 있는 길"이라고 언명하였으며, 반탁진영에서 단독정부 수립을 계획하고 있다는 소문까지 나돌았다.[91] 이에 독립노농당은 단독선거와 단독정부 수립에 대해 반대하고 통일국가를 수립할 것을 역설하였다. 독립노농당은 1947년 4월 19~20일 양일간 개최된 중앙집행위원회에서 남한 단독정부 수립에 반대한다는 입장을 천명하였으며,[92] 제1회 전당대표대회에서도 "군정의 보선(普選)과 남선단정(南鮮單政)에는 참여치 않기로" 한다고 결의하여[93] 남한단독정부 수립에 대한 반대입장을 확고히 하였다.

아나키스트들이 남한단독선거에 반대하였던 이유는 극소수의 특권층을 제외한 국민의 대다수가 남북분단에 반대하며, 단독정부가 수립되면 한국 민족의 자주독립은 불가능해지는 것으로 인식하였기 때문이다. 무정부주의자총연맹의 우한룡(禹漢龍)은 국민이 남북통일정부를 원한다는 이유로 이승만의 단독정부수립론을 부정하였으며,[94] 유

대회 소집이 결의된 뒤, 柳林을 중심으로 준비가 진행되었고, 1947년 6월 16일 전국혁명자대표대회준비위원회가 결성되었다[《경향신문》 1947년 6월 18일자 ;《자유민보》1947년 6월 13일자(초록. 필사본) ;《대동신문》1947년 5월 10일자].

90)《대동신문》1947년 8월 30일자.
91) 旦洲柳林先生記念事業會 편, 앞의 책, 108쪽 참조.
92)《경향신문》1947년 4월 23일자 참조.
93)《대동신문》1947년 5월 10일자.
94) 旦洲柳林先生記念事業會 편, 앞의 책, 108쪽 참조.

림은 1948년 3월 5일 담화를 발표하여 남한단독선거에 반대하는 이유를 다음과 같이 밝혔다.

1. 선거법의 제정과 선거사무의 집행이 자주적으로 되지 못했다.
2. 조선(祖先) 전래(傳來)의 국토를 양분한 列('데'의 誤字 — 인용자)다가 남한에서도 최다수의 국민과 최다수의 당파가 반대한다.
3. 극소수의 특권층이 지배하므로 농민·노동자·일반 근로대중의 복리를 보장할 가능성이 없다.
4. 질(質)로 양(量)으로 형태로 중앙정부가 되지 못한다.
5. 자주독립을 무기한으로 지연시키고 국토분할을 무제한으로 만성화시킨다.
6. 골육상잔의 비극을 제조한다.
7. 미·소 대립을 조장하여 국제전쟁을 도발한다.[95]

독립노농당은 신탁통치반대운동, 임정봉대운동, 남한단독정부수립반대운동 등을 전개하면서 김구 중심의 한국독립당과 보조를 함께하였지만, 남북협상 참가문제를 둘러싸고 한국독립당과 결별하였다. 즉 "통일 없이 독립 없다"는 논리를 근거로 1948년 4월 3일 결성된 통일독립운동자협의회에는 한국독립당과 함께 참가하였지만,[96] 평양에서 개최된 전조선정당사회단체대표자연석회의에는 불참함으로써 한국독립당과는 다른 길을 걸었던 것이다. 1948년 4월 19일 유림은 "가지마시오, 가시면 웃음거리가 되기 십상입니다. 백범이 독립운동을 하니까 백범선생이지 신탁통치 찬성자들과 무엇을 타협하자는 겁니까" 하면서 김구의 북행을 만류하였으나,[97] 김구는 남북협상에 참

---

95) 《대동신문》 1948년 3월 6일자.
96) 도진순, 1998(초판2쇄) 《한국민족주의와 남북관계》, 서울대학교출판부, 219쪽 참조.
97) 旦洲柳林先生記念事業會 편, 앞의 책, 113쪽 참조.

가하였다. 이에 독립노농당은 한국독립당의 수뇌부가 남북협상에 참가한 것을 비난하는 담화를 발표하였다.[98] 그리고 유림은 "찬탁에 서명한 양 김씨 통협 영도권 없다"는 요지의 성명을 발표하여,[99] 김구와 김규식을 통일독립운동자협의회의 주석과 부주석에 추대하는 것을 반대하였다. 유림의 반대에 부딪힌 김구와 김규식은 1948년 7월 21일 통일독립운동자협의회와는 별도의 통일독립촉진회를 결성하여 통일정부 수립을 위해 노력하였다. 독립노농당의 이러한 태도는 반공산주의적 입장에 기인한다. 즉 통일정부 수립보다는 반공산주의적 정부 수립이 우선이었던 것이다.

지금까지 살펴보았던 것처럼 해방 이후의 아나키스트들은 임시정부가 실제로 한국 민중들의 대표로 구성된 기관인지에 대한, 즉 임시정부의 정체성에 대한 심각한 고려 없이 임시정부를 민중의 자율적 기구로 규정한 뒤, 단계혁명론에 입각하여 자주적 민주국가를 건설하고자 노력하였다. 하지만 아나키스트들의 단계혁명론적 입장은 그들로 하여금 현실정치와 일정 부분 타협하도록 만들었다. 즉 해방 이후 아나키스트들은 단계혁명론적 입장에서 비상국민회의·대한독립촉성국민회·한국민주당 등과 같은 각종 정치조직에 참여하여 기존 정치인들과 함께 정치활동을 전개하거나 독자적인 정당을 만들기도 하였던 것이다.[100] 이리하여 아나키스트들은 정부와 국가의 존재, 정치와

---

98) 《동아일보》 1948년 4월 24일자.
99) 《경향신문》 1948년 7월 10일자.
100) 해방 이후 아나키스트들의 단계혁명론은 중국 아나키스트 '파리그룹'이 견지하였던 과도기론과 일맥상통하였다. '파리그룹'의 과도기론은 정치는 專制로부터 共和로, 공화로부터 무정부의 상태로 나아간다는 것이다. '과도기론'의 입장에 따라 '파리그룹' 관계자들은 동맹회에 가입하여 혁명파와 연합하거나, 국민당 당원으로 활동하면서 중화민국의 정치체제 논의에도 참여했다(박제균, 1996 〈중국 '파리그룹'(1907~1921)의 무정부주의 사상과 실천〉, 경북대 박사학위논문, 244쪽).

정치운동 등을 인정하면서 독립국가 건설에 집착하는 등 탈아나키즘적 경향을 강하게 띠어 갔다.

탈아나키즘적 경향은 독립노농당의 조직관에도 나타났다. 즉 독립노농당은 아나키스트들의 조직원칙인 자유연합주의에서 벗어난, 수직적 질서와 상명하달식의 조직체계를 갖추고 있었다. 그것은 독립노농당의 〈세포조직활동 요칙〉[101]에서 단적으로 드러난다. 〈세포조직활동 요칙〉에 의하면, 구당부(區黨部)의 기간조직인 세포에 대해 구당부 상무집행위원회가 조직과 지도를 책임지며, 세포는 상급 조직인 당부(黨部)에 보고할 의무를 지니며 그 지시사항을 철저히 실천해야 하였다. 당원 당면조직공작강령은 "조직은 당의 생명"이라 규정해[102] 철저한 규율을 강조하였다. 〈세포조직활동 요칙〉과 당원 당면조직공작강령에는 구성원 개개인의 자유의사와 소수 의견을 존중하는 모습은 찾아보기 어렵고 위로부터의 지시사항만 규정되어 있을 뿐이었다.

탈아나키즘적 경향 속에서 해방 직후 아나키스트들은 사상적 독자성을 확보하지 못하고, 좌우 대립구도 속에서 우익 진영에 편입되고 말았다. 즉 자유사회건설자연맹 계열은 거의 우익 진영으로 흡수되거나 흩어지고, 이정규·이을규 등 일부만이 1947년 정인보 등 민족주의계 중진인사나 학자들과 함께 국민문화연구소를 설립하여[103] 명맥만을 유지하였다. 독립노농당 또한 1947년 당시 우익 진영의 3대 구성요소 가운데 하나인 전국혁명자대회 계열로 분류될[104] 정도로 독자성

---

101) 〈세포조직활동 요칙〉은 서울특별시 경찰국 사찰과, 앞의 책, 110~112쪽에 수록되어 있다.
102) 서울특별시 경찰국 사찰과, 앞의 책, 112쪽.
103) 이문창, 1998 〈자유공동체운동의 어제와 오늘 — 국민문화연구소 50년사를 중심으로〉, 《국민문화연구소 50년사》(국민문화연구소 50년사 간행위원회 편), 국민문화연구소, 6~7쪽.
104) 《경향신문》 1947년 6월 18일자(《자료한국사》 4, 875~876쪽)는 우익진영을 3계열로 분류하고, 그 구성세력을 열거하였다. 그 개요는 다음과 같다.

을 상실하였다. 아나키스트들이 독자적 세력을 구축하는 데 실패함에 따라 아나키즘은 제3의 사상으로서의 지위를 상실하였으며, 이후 한국 민족의 사상계에는 좌우익의 극단적인 대립구도가 정착되어 다양성이 상실되고 말았다.

임정수립대책위원회 가입 단체 — 한민당·조선민주당·독촉애국부인회· 불교중앙총무원·조선상공회의소·전국문화단체연합회 등 19개 단체
反委 — 民統(민족통일총본부 — 인용자)·독촉국민회(대한독립촉성국민회 — 인용자), 여자국민당·전국학생총연맹
전국혁명자대회 — 독노당·임정추진회

VI. 결 론

중국이나 일본의 경우 19세기 말부터 아나키즘을 비롯한 사회주의를 수용하였고, 그것을 사상적 기반으로 하여 공산주의를 수용한 데 비해서, 한국은 1920년에 가서야 사회주의를 수용하고, 그것도 공산주의를 곧바로 수용하였으며, 아나키즘은 공산주의에 대항하기 위하여 수용한 이념이었다는 것이 학계의 일반적인 이해이다. 하지만 당시 동아시아 3국간에 사상적 교류가 활발히 전개되고 있었던 상황에서 과연 그럴 수 있었을까? 이 질문에 답하고자 한 것이 이 책을 서술하게 된 문제의식 가운데 하나이다.

아나키즘을 비롯한 사회주의가 언제부터 한국인에게 수용되었고, 어떠한 사상적 배경에서 어떠한 과정을 거쳐 수용되었는가를 고찰한 결과, 19세기 말 이후 동아시아 3국의 사상계의 지형은 비슷하였다는 것이 드러났다. 그 내용을 요약하면 다음과 같다.

한국에도 중국이나 일본과 마찬가지로 1880년대부터 아나키즘을 비롯한 사회주의가 소개되어 개인적 차원에서 수용되기 시작하였다. 1910년 국권상실을 전후하여 한국 사상계에는 제국주의의 식민지 지배를 정당화하는 기능을 하던 사회진화론을 극복해야 할 과제가 주어졌고, 그 과제를 해결하는 과정에서 아나키즘을 비롯한 사회주의가 민족주의·대동사상과 함께 민족해방운동 이념으로서 수용되었다. 아나키즘 수용은 '춘추대의(春秋大義)'를 내세운 명분론과 대동사상 및 사회개조·세계개조론을 사상적 기반으로 하여 이루어졌으며, 제1차 세계대전의 발발, 러시아혁명, 3·1운동의 발생 등 몇 차례의 계기를 맞아 점차 확산되어 갔다.

한말에는 온갖 조류의 사회주의가 소개되었지만, 1920년대 초까지 한국 사회주의계의 주류는 아나키즘이었다. 하지만 1920년대 초 대중운동이 활성화되고, 민족해방운동 노선을 둘러싼 민족주의자와의 논쟁이 전개되는 과정에서 사회주의자들의 이론이 점차 과학화되어 가는 가운데 공산주의가 두각을 드러내기 시작하였다. 그리하여 사회주의계는 아나키스트계와 공산주의계로 분화되어 갔으며, 1922년 후반 무렵부터는 공산주의가 점차 사회주의계의 헤게모니를 장악해 갔다.

이 책의 또 하나의 문제의식은 우리 민족의 근현대 사상계는 과연 민족주의와 공산주의의 극단적인 대립으로만 점철되어 왔던가, 그렇지 않다면 제3의 사상의 실체는 무엇인가 하는 점이다. 결론부터 말하자면, 한국인의 근현대 사상계에는 민족주의와 공산주의 외에도 아나키즘을 비롯한 제3의 사상이 존재하고 있었다는 것이다. 한국인 아나키즘의 내용을 요약하면 다음과 같다.

일제강점기 한국인 아나키스트들은 일본 제국주의를 최고의 강권으로 규정하고 일제의 식민지 지배로부터의 해방을 추구하였는데, 그러한 측면에서 한국인의 아나키즘은 반제국주의적 성격을 띠고 있었다. 한국인 아나키스트들이 일본 제국주의에 저항한 것은 한국 민족 개개인의 자유를 위한 것이었으며, 민족국가 건설을 위한 것은 아니었다.

일제강점기 한국인 아나키즘은 민족주의·공산주의와는 다른 독자적인 사상체계를 갖춘 민족해방운동 이념으로서 기능하였다. 한국인

아나키스트들은 민족주의가 추구하던 부르주아민주주의와 자본주의
체제를 비판하였으며, 민족주의자들을 봉건지배계급을 대신하고자
하는 권력욕·지배욕의 화신이라고 비판하였다. 그리고 민족주의의
극단적 형태인 파시즘을 비판하면서 파시스트들이 내세우는 애국주
의운동의 본질을 폭로하는 한편, 한국인 민족주의자 속에서 파시스트
가 대두하는 것을 경계하였다.

한국인 아나키스트들은 공산주의 또한 비판하였다. 공산주의자들
은 민중해방을 표방하지만, 그것은 자신들이 정권을 장악하는 데 민
중들을 이용하기 위해서라는 것이다. 그리고 변증법적 유물론과 유물
사관 등 공산주의의 기본논리들을 부정하고, 프롤레타리아독재 또한
강권으로 규정하고 배격하였다.

일제강점기에 한국인 아나키스트들은 정치운동과 정치혁명을 부정
하고 사회혁명을 강조하였다. 대의정치는 부르주아지의 속임수일 뿐
이며, 정치혁명은 지배권력의 교체에 불과하다는 것이다. 그들은 사
회혁명을 달성하여 개인의 절대적 자유가 보장되는 아나키스트 사회
를 건설하고자 했는데, 그들의 아나키즘에는 아나코코뮤니즘, 아나코
생디칼리슴, 개인적 아나키즘, 허무주의적 아나키즘, 인도주의적 아
나키즘 등 여러 조류가 있었다. 그 가운데 아나코코뮤니즘과 아나코
생디칼리슴이 주류였는데, 아나코코뮤니즘은 국내 아나키스트와 일
본과 중국에 있던 한국인 아나키스트들이 모두 수용하였지만, 아나코
생디칼리슴은 국내 아나키스트와 재일본 한국인 아나키스트들만 수
용하였다. 재중국 한국인 아나키스트들은 아나코생디칼리슴을 수용
하지 않았는데, 그것은 중국에는 한국인 노동자들이 없었기 때문인
것으로 보인다.

일제강점기에 한국인 아나키스트들은 다양한 사상을 가지고 있었
고, 각자의 사상에 따라 다양한 아나키스트 사회 건설 방법론을 제시
하였다. 첫째는 테러적 직접행동론이었다. 이는 테러활동을 통해 민

중들을 각성시키고 민족해방운동과 아나키스트 혁명에 동참하게끔
만든다는 것으로서, 1930년대 후반 민족전선론이 제기될 때까지 한국
인 아나키스트들에게 가장 주요한 방법론이었다. 테러적 직접행동론
을 민족해방운동의 방법론으로 체계화시킨 것이 바로 신채호의 〈조
선혁명선언〉이었다. 공산주의가 대두하면서 테러활동에 대한 공산주
의자들의 비판이 거세지자, 의열단은 테러활동을 이론화시킬 필요가
있었고, 그러한 요구를 신채호가 해결한 것이다.

　둘째는 혁명근거지건설론이었다. 농촌 지역에 남아 있는 공동체를
기반으로 하여 농민자치·농민자위의 아나키스트 사회를 건설하고,
그 지역을 민족해방운동과 아나키스트 혁명의 근거지로 삼아, 전 지
역으로 확산시켜 가자는 것이다. 이 방법론은 크로포트킨주의에 근거
한 것으로 재중국 한국인 아나키스트들에 의하여 제창되어 실천에
옮겨졌다. 그것은 중국인 아나키스트들의 적극적인 지원을 받을 수
있었을 뿐 아니라, 일제의 탄압이 상대적으로 약했기 때문에 가능하
였다. 국내 아나키스트들에 의해서도 농촌운동이 전개되기는 했으나,
혁명근거지건설론으로까지는 이어지지 못하였던 점이나, 일본의 만
주 침략 이후 만주에서의 혁명근거지건설운동이 사라졌던 점은 이를
잘 대변해 준다.

　셋째는 경제적 직접행동론과 일상투쟁론이다. 먼저 경제적 직접행
동론은 노동자의 경제적 직접행동, 즉 파업·태업·보이코트 등을 통
하여 자본주의와 식민지 권력을 타도하자는 것이다. 경제적 직접행동
론은 주로 국내나 재일본 한국인 아나코생디칼리스트들에 의해서 제
창되었다. 하지만 이들의 경우에도 경제적 직접행동을 전개한 경우는
많지 않았고, 재일본 한국인 아나키스의 경우 일본인 노동자들의 파
업투쟁을 지원하는 정도에 그쳤다. 다음으로 일상투쟁은 아나키스트
운동이 쇠퇴하는 가운데 재일본 한국인 아나키스트들에 의해 제기되
었다. 재일본 한국인 아나키스트와 국내 아나키스트들은 아나코생디

칼리스트와 순정아나키스트로 분리되어 있었고, 이들은 서로 대립하고 있었다. 그 결과 아나키스트 운동이 쇠퇴하였고, 이에 지금까지의 분파주의적 활동방식에 대한 비판이 일기 시작하였다. 아나키스트들의 역량을 집결하기 위하여 아나코생디칼리스트와 순정아나키스트의 결합이 이루어졌으며, 노동자 대중들의 일상적 요구에 근거한 일상투쟁을 전개하여 노동자 대중에 대한 영향력을 확보하고자 하였다.

1930년대 중반 무렵부터 아나키스트 세력은 쇠퇴일로를 걸었다. 테러활동으로 아나키스트들에 대한 검거가 계속되어 운동역량은 커다란 피해를 입었으며, 혁명근거지 건설 또한 민족주의자와의 갈등과 일제의 만주 침략으로 실패하였다. 일상투쟁론도 수세적인 차원에서 제기된 것이어서 별다른 효과를 내지 못하였다. 아나키스트 운동을 재흥하기 위해서는 특단의 조치가 필요하였다.

재일본 한국인 아나키스트들은 많은 희생에도 불구하고 아나키스트 운동이 계속 쇠퇴하는 원인을 아나키스트 운동을 조직적이고 체계적으로 지도할 조직체의 결여에서 찾았다. 그리하여 재일본 한국인 아나키스트들은 아나키즘에서 금기시하는 중앙집권적 조직을 결성하고자 했고, '민중독재론'을 제창하여 결정적 시기에는 민중독재를 실시하여 권력을 장악해야 한다고 주장하였다. 재일본 한국인 아나키스트들은 중앙집권적 비밀결사인 일본무정부공산당에 참여하여 아나키스트 운동을 재흥하고자 하였으나, 무모한 직접행동으로 인한 일본무정부공산당의 궤멸로 아무런 성과를 얻지 못하였다. 1940년에는 문성훈·이종문 등이 무장봉기론과 민중독재론에 근거해서 건달회를 조직하였지만, 그것마저 일제 경찰에 의하여 적발되고 말았다. 이처럼 재일본 한국인 아나키스트들은 아나키즘의 본령에서 일탈하면서까지 아나키스트 운동을 재건하고자 했지만 실패하였다.

재중국 한국인 아나키스트들 사이에서도 1936년 후반 무렵부터 큰 변화가 일어났다. 즉 1936년 재중국 한국인 아나키스트들이 《남화통신》을 통하여 민족전선론을 제기하였던 것이다. 일본 제국주의와 싸우기 위하여 민족세력이 힘을 하나로 모아야 하며, 그러기 위해서 민족전선을 결성해야 한다는 주장이었다. 재중국 한국인 아나키스트들의 민족전선론은 유럽에서의 인민전선의 승리에 고무된 결과이다. 그동안 테러활동에 뒤따른 검거로 아나키스트 운동이 점차 쇠퇴하자, 잡지 발행을 통한 아나키즘 선전작업에 주력하고 있던 재중국 한국인 아나키스트들은 1936년 스페인과 프랑스에서 인민전선정부가 수립되자, 민족통일전선 결성을 반대하던 기존의 태도를 버리고 민족전선을 결성하는 데 주력하였다. 재중국 한국인 아나키스트들은 일제에 반대하는 혁명적 세력들의 연합을 주장하면서, 민족전선 결성에 반대하는 김구 중심의 한국국민당을 논리적으로 비판하였다. 재중국 한국인 아나키스트들은 조선혁명자연맹을 중심으로 조선민족혁명당·조선민족운동자해방동맹과 함께 조선민족전선연맹을 결성하고, 민족해방을 당면과제로 설정하고 항일전쟁을 전개하기로 결정하였다. 그리고 임시정부를 민중들이 자율적으로 조직한 기관으로 규정하고 거기에 참가하여 민족국가를 건설하기 위한 활동을 전개하였다.

아나키즘 본령에서의 일탈 경향은 해방 이후에도 그대로 이어졌다. 해방 이후 한국 아나키스트들은 민족국가 수립을 일차 목표로 설정하는 단계혁명론적 입장을 견지하였다. 즉 한국 민족 스스로의 힘으로 해방을 쟁취하지 못한 상태에서 한국 민족의 자주권을 확보하기 위해서는 전 민족이 힘을 하나로 합쳐 외세의 간섭을 물리치고 민족혁명을 달성해야 한다는 것이다. 민족혁명을 통해 민주정치를 달성하고 그것을 기반으로 하여 아나키스트 사회를 건설해 나가자는 것이다. 그리고 민족혁명을 완수하여 자주적 민주국가를 건설할 중심 세력으로 대한민국임시정부를 추대하였다. 즉 대한민국임시정부가 새로운 정부의 근간이 되어야 한다는 임정법통론을 제기하고, 거기에 근거해서 임정봉대운동을 전개하였다. 해방 이후 아나키스트들의 자주적 민주국가 건설운동은 임시정부세력과의 연합으로 이루어졌다.

해방 이후 아나키스트들은 자주적 민주국가를 수립하는 방법론을 둘러싸고 두 부류로 나뉘었다. 하나는 생활혁신을 통해 아나키스트 사회 건설의 기초를 닦자는 주장이고, 다른 하나는 해방이라는 특수 공간에서 헤게모니를 장악하는 것이 아나키스트 사회를 건설하는 데 유리하며, 헤게모니를 장악하기 위해서는 정당을 건설해야 한다는 주장이다. 생활혁신을 통한 자유사회 건설론자들은 조선농촌자치연맹과 한국노동자자치연맹을 조직하여 민중들에 대한 조직사업을 전개하였으나, 한국노동자자치연맹은 대한노총으로 흡수되고 말았고, 조선농촌자치연맹의 활동은 사회개량운동으로 전락하고 말았다.

이처럼 한국인 아나키즘은 제3의 사상으로서 민족해방운동과 자주적 민주국가 건설운동에서 상당한 역할을 수행하였다. 그럼에도 불구하고 현재 한국인의 사상계에는 제3의 사상이 존재하지 않으며, 극단적인 좌우대립만 남아 있다. 아나키즘이 제3의 사상으로서의 위상을 상실한 것은 미국과 소련에 의해 냉전체제가 형성되면서 한반도에 전개된 극단적인 좌우 대립 때문이기도 하지만, 아나키즘이 자체 내에 지니고 있던 문제점도 중요한 요인으로 작용하였다.

그러면 아나키즘이 제3의 사상으로서의 위상을 상실한 내적 요인은 무엇인가? 이 점을 해명하여 새로운 사상을 정립하는 데 조금이라도 기여하고자 하는 것 또한 이 책의 문제의식 가운데 하나이다. 한국인 아나키즘이 아나키즘 본령에서 일탈해 가는 과정과 제3의 사상으로서의 위상을 상실하게 된 요인을 살펴보면 다음과 같다.

재중국 한국인 아나키스트들은 1936년 후반 민족전선론을 주장하면서부터 차츰 아나키즘 본령에서 일탈하기 시작하였다. 민족전선론자들은 단계혁명론에 입각하여 자주적 민족국가 수립을 지향하는 민족혁명을 일차적으로 달성할 것을 주장하였다. 따라서 민족전선론을 제창한 아나키스트들은 정치운동과 국가의 존재를 인정할 수밖에 없었고, 임시정부에 참가하게 되는 사태에까지 이르렀다.

민족전선론에 입각한 재중국 한국인 아나키스트들의 활동은 아나키즘 본령에서의 일탈에만 그치는 것이 아니었다. 아나키스트 운동의 독자성 자체가 사라져 버렸다. 사상적 독자성을 보장받지 못한 상태에서 이루어진 민족주의자들과의 연합은 아나키스트 세력이 민족주의 세력에 흡수되는 결과를 초래하였다. 항일전쟁을 치르기 위해 조직하였던 조선의용대와 한국청년전지공작대에서 한국인 아나키스트들이 차지한 역할이 상당히 컸음에도 불구하고, 이들 군대는 아나키스트 사회의 건설을 추구하지 않았다.

한국인 아나키스트들의 아나키즘 본령에서의 일탈은 해방 이후 더욱 확대되어 나타났다. 아나키즘의 정의조차 달라졌다. 즉 아나키즘이란 무정부주의가 아니며 모든 정부에 반대하지는 않는다는 것이다. 국가와 정부를 지배계급이 민중을 강권으로써 억압하고 착취하는 도구로 규정하고 그 존재를 부정하던 지금까지의 입장을 바꾸어, 자율적인 정부에 대해서는 그 존재를 인정하였다. 이러한 정부·국가관은 한국인 아나키즘으로 하여금 사상적 독자성을 상실하게 하였다. 그 결과 아나키스트들이 독자적 세력을 형성하지 못하고 해방 이후 조성된 좌우 대립구도 속에서 우익 진영에 편입되고 말았다. 그리하여 한국 사상계는 다양성을 상실하고 민족주의와 공산주의의 극단적인 좌우 대립으로 치달았다. 좌우 대립을 완충시킬 수 있는 제3의 사상의 존재가 사라짐으로써 민족의 사상적 통합에 많은 문제점이 초래되었다.

이상에서 살펴본 바와 같이 한국에서의 아나키즘은 사회진화론 극복이라는 사상사적 과제를 해결하는 과정에서 수용되어, 제3의 사상으로서 일제강점기 동안 민족해방운동을 지도하였으며, 해방 이후 새로운 사회를 건설할 방법론과 전망을 제시하였다. 하지만 아나키즘은 좌우익의 극한대립 속에서 존립근거를 확보하지 못함으로써, 제3의 사상으로서의 지위를 유지하지 못하고 우리의 기억 속에서 사라지고 말았다.

아나키즘이 제3의 사상으로서의 위상을 상실한 것은 미국과 소련에 의해 냉전체제가 형성되면서 한반도에 전개된 극단적인 좌우 대립 때문이기도 하지만, 아나키즘이 자체 내에 지니고 있던 문제점도 중요한 요인으로 작용하였다. 아나키즘으로 하여금 제3의 사상으로서의 위상을 상실케 한 내적 요인은 다음과 같다.

첫째, 아나키즘이 지닌 바의 관념성이다. 아나키즘은 개인의 해방되고자 하는 욕구를 역사발전의 동력으로 파악하고, 개인의 절대적 자유를 추구한다. 그렇지만 그것은 관념상의 자유에 불과하다. 아나키즘은 민중들이 직접 누릴 수 있는 자유, 즉 일상생활에서의 구체적 자유에 대해서는 무관심하다. 아나키스트들은 일상투쟁을 통한 민중들의 권익 옹호나 지위 향상보다는 사상의 순수성을 유지하는 데 주력하였다. 그 결과 아나키스트들은 민중들의 지지를 확보하는 데 실패하였다.

둘째, 아나키즘의 조직론이 지니고 있는 문제점이다. 볼린(Voline)이 "참된 해방은 정치적 당파나 이데올로기 조직의 깃발 아래서 되는 것이 아니라 결집한 이해 관계자들, 즉 노동자 자신들의 직접적 행동에 의해서밖에는, 그리고 대중의 위에서가 아니라 그들 가운데서 활동하는 혁명가들에 의하여, 지배를 받는 것이 아니라 원조를 받으면서 자주관리와 구체적 행동으로 지지된 그들 자신의 계급적 조직 (생산조합, 공장위원회, 협동조합 등등)에 의해서밖에 달리는 실현될 수가 없을 것이다"고 주장한[1] 바와 같이, 아나키즘은 민중해방을 표방하면서 사상의 민중성을 강조한다. 그럼에도 불구하고 아나키스트 운동에는 민중이 없었다. 그것은 아나키즘이 자유연합주의를 강조하면

---

1) 다니엘 게렝(하기락 역), 1993 《현대 아나키즘》, 신명, 93~94쪽.

서 민중들의 힘을 조직화하는 것을 등한시한 결과였다. 아나키스트들이 민중 조직화를 등한시했던 것은 이들이 자아를 직접 실현하고자 하는 의지가 없는 대중보다는 자아실현의 의지가 굳은 소수자를 중시하였던 데에 기인한다. 이들은 '창조적이고 선구적인' 자들끼리만 모여서 어떠한 행동을 계획하고 실천하거나, 민중들에 대한 계몽사업과 테러를 통한 선전사업에 몰두하였을 뿐, 광범한 대중을 조직화하고자 하지는 않았던 것이다. 그리하여 이들은 민중을 중시하고 민중의 이익을 대변하고자 하였음에도 불구하고, 대중들을 자신들의 투쟁 속으로 끌어들이지 못하였으며, 대중적 조직 기반도 구축하지 못하였다. 그럼에 따라 아나키즘은 점차 소멸의 길을 걸어갈 수밖에 없었다.

셋째, 국가와 정부의 존재를 인정함으로써 사상적 독자성을 확보하지 못하였기 때문이다. 1936년 후반 이후 한국인 아나키스트들은 국가와 정부의 존재를 인정하고 민족국가 내지 자주적 민주국가를 건설하고자 노력하였다. 이러한 국가관은 한국인 아나키스트들의 단계혁명론적 사고에서 비롯되었다. 즉 한국인 아나키스트들은 일제의 식민지 지배와 미·소의 점령으로부터 벗어나는 것을 당면의 과제로 설정하고 민족혁명을 제1차 혁명으로 규정하였던 것이다. 비록 단계혁명론적 입장에서 한시적으로 정부와 국가의 존재를 인정한 것이라 하더라도 그것은 현실과의 타협이었고 탈아나키즘적 경향을 지니고 있었다.

아나키즘의 사상적 독자성이 확보되지 못한 상태에서 전개된 혁명적 좌익 민족주의자들과의 연합은 아나키스트 세력의 신장을 가져온 것이 아니라 우익 진영의 세력 강화에만 이용되었을 뿐이었으며, 아나키스트들의 우익 진영에로의 편입을 초래하였다. 그 결과 아나키즘은 제3의 사상의 지위를 유지할 수 없었다.

이처럼 한국에서도 아나키즘은 이념으로서 실패한 역사를 가지고 있다. 하지만 아나키즘이 우리에게 시사해 주는 바는 크다. 한국 민족에게는 21세기가 통일의 세기가 될 것으로 예상되고 있다. 통일 이후 한국 민족을 이끌어 갈 사상은 무엇일까? 흡수통일이 전제되지 않는 한 자유민주주의나 공산주의가 아닌 좌우 모두를 포괄할 수 있는 제3의 사상이어야 할 것이다. 아나키즘은 통일 이후 한국 민족을 이끌 새로운 사상을 정립하는 데 하나의 실마리를 마련해 준다. 특히 아나키즘의 주요한 특성에 속하는 관료제와 강권 부정, 개인의 자율성과 창조성 강조, 직접민주주의와 지방자치제, 자주관리제와 농공병진책(農工幷進策) 등은 앞으로 정립될 새로운 사상의 주요한 구성요소가 될 수 있을 것이다.

이 연구는 한국의 근현대 사상사 연구에서 다음과 같은 몇 가지 의의를 지닌다.

첫째, 아나키즘을 비롯한 사회주의가 한국인에 의해 수용된 것은 개인적인 차원에서는 1900년대, 민족해방운동 차원에서는 1910년대부터라는 사실과, 아나키즘을 사상적 기반으로 하여 공산주의가 수용되었다는 사실을 밝혀낸 점이다. 그리고 아나키즘 수용과정이 사회진화론을 극복해 가는 과정이라는 것도 밝혀냈다. 이 점은 1910년대 한국 사상을 입체적으로 이해하는 데 도움이 될 것이다.

둘째, 일제강점기 동안 아나키즘이 제3의 사상으로서의 위상을 차지하고 있었다는 점을 입증함으로써, 민족주의와 공산주의의 양자택일적인 대립이 한국 근현대 사상계의 구도가 아니라는 것을 밝혀낸 점이다. 이 점은 한국 근현대 사상사의 다양성을 이해하는 데 도움이 될 것이다. 그리고 제3의 사상의 실체를 밝힘으로써 통일 이후 우리 민족을 이끌어 갈 새로운 사상을 정립하는 데 하나의 실마리를 마련해 줄 수 있을 것이다.

그러나 이 연구는 다음과 같은 한계를 지니고 있다. 우선 아나키즘과 전통사상과의 관련성에 대해서는 깊게 다루고 있지 못하다. 한국인 아나키스트들은 새로운 사상 수용에서의 주체성을 강조하였다. 흑도회는 〈선언〉에서 "마르크스와 레닌이 뭐라고 하였고 크로포트킨이 무엇이라고 하였지만 그것은 우리들에게는 소용이 없다. 우리 길에는 우리들 나름의 소중한 체험이 있고 주장이 있으며 방침이 있다. …… 밖으로부터 주어지는 어떠한 강한 압력도 우리들의 행동을 규제하는 것은 불가능하다"고 하였으며,[2] 신채호는 《꿈하늘》에서 "공자가 어떠하다, 예수가 어떠하다, 나뽈레옹이 어떠하다, 와싱턴이 어떠하다 하며, 내 나라의 성현영웅(聖賢英雄)을 하나도 모르는 놈은 ……"[3] 하면서 국수주의를 제창하였다. 이는 사상 수용에서의 주체성을 강조한 것이었다. 아나키즘 수용에서도 마찬가지였다.

한국인 아나키스트들은 전통사상을 부정한 것이 아니라 전통사상의 기반 위에서 아나키즘을 수용하였다. 이회영은 "내가 의식적으로 무정부주의자가 되었다거나 무정부주의로 전환하였다고는 생각할 수 없으며, …… '지금이 옳고 지난 것은 잘못되었다는 것을 깨닫는(覺今是而昨非)' 식으로 본래는 딴것이었던 내가 새로이 방향을 바꾸어 무정부주의자가 된 것은 아니라"고 주장하였고,[4] 신채호도 자신이 아나키즘으로 전향한 것은 고토쿠 슈스이의 영향이 아니라 자신의 인간적 요구에 의한 것이라고 진술하였다.[5] 이러한 사실은 한국인들이 아나키즘을 수용하는 데에서 전통사상을 기반으로 하고 있었음을 말해 준다. 따라서 전통사상과 아나키즘의 연관성을 규명하는 것은 한국인 아나키즘을 이해하는 데 도움이 될 것이다. 이에 대한 연구는 다음 기회로 미룬다.

둘째, 자료 부족으로 인하여 해방 이후 아나키스트들의 사상을 제

---

2) 黑濤會, 〈宣言〉(1921. 11), 《黑濤》 創刊號(1922. 7. 10).

3) 《꿈하늘》(《신채호전집》 하, 210쪽).

4) 이을규, 1963 《是也金宗鎭先生傳》, 한흥인쇄소, 42쪽.

5) 《自由聯合新聞》 第36號(1929. 6. 1).

대로 분석하지 못한 점이다. 해방 이후 아나키스트들의 사상을 풍부
하게 이해하기 위해서는 새로운 사료들을 발굴해 내야 한다. 이 문제
의 해결 역시 후일을 기약하고자 한다.

참고문헌

1. 자 료

1) 신문·잡지(발행지별)

① 국내

▌잡지

《開闢》제1호(1920. 6)~ , 개벽사

《共濟》1·2·7·8호, 조선노동공제회 [이재화·한홍구 편, 《한국민족해방
운동사자료총서》1, 경원문화사, 1988에 수록]

《國學》1호(1946. 6. 30)·2호(1947. 1. 18)·3호(1947. 12. 25), 국학대학 국학
편집부

《東光》1926년 9·10월호, 1927년 2월호

《曙光》제1호(1919. 11)~제8호(1921. 1), 문흥사

《西北》제1권 제1호(1908. 6. 1)

《西友》제1호(1906. 12. 1), 西友學會舘

《新生活》제1호~제9호(1922. 9), 신생활사

《我聲》제1호(1921. 3)~제4호(1921. 10), 조선청년회연합회

《自由聯合》제4호(1988. 3. 21), 한국자주인연맹

《장미촌》창간호(1921. 5. 24), 장미촌사

《창조》제1년 제1호(1919. 2. 1), 창조사

《청춘》제1호(1914. 10. 1), 신문관

《폐허》창간호(1920. 7. 25), 폐허사

朝鮮總督府高等法院檢事局思想部,《思想彙報》[1988년 고려서림에서
　　　영인]

─────,《思想月報》[1990년 고려서림에서 영인]

▌신문

《한성순보》,《한성주보》(이상 1983년 寬勳클럽信永研究基金에서 번역
출판),《대한매일신보》,《매일신보》,《동아일보》,《조선일보》,《경향
신문》,《朝鮮思想通信》,《자유신문》,《대동신문》,《부녀일보》등

② 일본

《大衆時報》第4號(1922. 6), 大衆時報社

《우리동무》1～2호, 關西勞働組合自由聯合會

《자유콤뮨》창간호(1932. 12), 자유콤뮨사

《前進》4號(1922. 11. 13), 前進社

《青年朝鮮》第1號(1922. 2), 青年朝鮮社

《太い鮮人》1號(1922. 10)～2號(1922. 12. 30) [再審準備會 編,《朴烈·金
子文子裁判記錄》, 黑色戰線社, 1977에 수록]

《學之光》3(1914. 12)～6·10·12～15·17～22·27·29(1930. 4)호, 學之光社
　　　[태학사에서 1983년에 2권으로 합본하여 영인]

《解放運動》1929年 5月號, 조선동흥노동동맹

《現社會》3號(1923. 3. 25)～4號(1923. 6), 現社會發行所 [再審準備會 編,
　　　《朴烈·金子文子裁判記錄》, 黑色戰線社, 1977에 수록]

《黑濤》1號(1922. 7. 10)～2號(1922. 8. 10), 黑濤發行所 [再審準備會 編,
　　　《朴烈·金子文子裁判記錄》, 黑色戰線社, 1977에 수록]

《黑色新聞》23(1933. 12.31)·26～37號(1935. 4. 22), 黑色新聞社

▌일본인 잡지·신문

《近代思想》1912年 10月號～1916年 1月號, 近代思想社 [1982년 黑色戰
　　　線社에서 복각]

《勞動運動》1919년 10월 6일～1926년 7월 1일, 勞動運動社 [1989년 黑

色戰線社에서 복각]

《小作人》第1號(1922. 2. 6)~第3卷 第8號(1928. 10. 5), 小作人社 [1989년
　　黑色戰線社에서 복각]

《自由聯合》第1號(1926. 6. 5)~第26號(1928. 8. 10), 全國勞働組合自由聯
　　合會 [1975년 自由聯合·自由聯合新聞復刻版刊行會에서 복각]

《自由聯合新聞》第27號(1928. 9. 1)~第98號(1935. 2. 28), 全國勞働組合自
　　由聯合會 [1975년 自由聯合·自由聯合新聞復刻版刊行會에서 복각]

《前衛》1922年 1月號~6月號, 前衛社 [法政大學大原社會問題硏究所 編
　　으로 1971 法政大學出版局에서 영인]

이외 《勞働者新聞》(日本勞働組合自由聯合協議會), 《黑旗の下に》,
　　《黑色戰線》, 《黑旗》, 《黑色靑年》 등

③ 중국

《光明》 제1권 제1호(1921. 12. 1), 光明月報社

《國民聲》 제2호(1919. 3. 13)~ 제12호(1919. 5. 18), 한족연합회 [일본외무
　　성외교사료관 소장 마이크로 필름. 분류기호 M/T4-3-2-2-1-1]

《大同》 3호(1921. 7. 9)~7호(1921. 8. 17), 大同報社

《大洋報》第3號(1911. 7. 2)~ 第13號(1911. 9. 14) [일본어 抄譯本. 日本外
　　務省外交史料館 소장 마이크로 필름. 분류기호 M/T4-3-2-2-1-1]

《독립》 창간호(1919. 8. 21) [일본외무성외교사료관 소장 마이크로 필름.
　　분류기호 M/T4-3-2-2-1-1]

《독립신문》 1919년 10월 25일~1925년 11월 11일

《독립신보》 1호(1919. 3. 28)·4호~10호(1919. 4. 11) [일본외무성외교사료
　　관 소장 마이크로 필름. 분류기호 M/T4-3-2-2-1-1]

《선봉》 제5호(1923. 4. 5)~ 제28호(1924. 1. 15), 선봉사 [일본외무성외교사
　　료관 소장 마이크로 필름. 분류기호 M/T4-3-2-2-1-1]

《新大韓》 제1호(1919. 10. 28)·17호(1920. 1. 20)·18호(1920. 1. 23), 신대한
　　신문사 [일본외무성외교사료관 소장 마이크로 필름. 분류기호
　　M/T4-3-2-2-1-1]

《新韓靑年》창간호(1920. 3. 1), 신한청년당
《신흥학우보》제2권 제2호(1917. 1. 13), 신흥학우단 [《한국독립운동사
　　연구》5집, 독립기념관 한국독립운동사연구소, 1991에 수록]
《앞길》제32기(1943년 6월 15일)·34기(1944년 7월 5일), 앞길사
《자유보》제1호(1920. 9. 12)～제13호(1921. 5. 22), 자유보사 [일본외무성
　　외교사료관 소장 마이크로 필름. 분류기호 M/T4-3-2-2-1-1]
《朝鮮民族戰線》창간호～第5·6期合刊, 조선민족전선사 [한국독립운동
　　사연구소에서 한국독립운동사자료총서 제2집으로 영인]
《震壇》창간호～제11기(1920. 12. 19)·제15기(1921. 1. 16), 震壇報社
《天鼓》제1권 제1호·제2호, 天鼓社 [제1호는 윤병석 편,《한국독립운동
　　사자료집：중국편》, 한국정신문화연구원, 1993에 수록]
《奪還》창간호(1928. 6. 1), 창간증간호(1928. 6. 15), 재중국조선무정부공
　　산주의자연맹 [1984년 국민문화연구소고전간행회에서 영인]
《투보》제2호(1922. 3. 25), 鬪報社 [日本外務省外交史料館 소장 마이크
　　로 필름. 분류기호 M/T4-3-2-2-1-1]
《韓國靑年》第1卷 第2期～第4期(1941. 9), 한국청년월간사
《韓民》15호(1937년 7월 30일)·17호(1938년 4월 3일), 한민사
《韓民聲》제2호(1921년 12월 10일), 韓民會선전부
《한인신보》창간호(1917. 7. 8), 한인신보사 [일본외무성외교사료관 소장
　　마이크로 필름. 분류기호 M/T4-3-2-2-1-1]
▌중국인 잡지·신문
《新世紀》第98號(1909. 5. 22)·第104號·第116號·第117號(1910. 1. 22)
《天義》第3卷, 5卷, 6卷, 8～10卷合冊, 11·12卷, 15卷, 16～19冊合刊
　　[1966년 東京에서 大安出版社가 영인]

2) 재판기록

〈建達會事件豫審終結決定書〉[農村靑年社運動史刊行會,《農村靑年社
　　事件資料集》3, 黑色戰線社, 1994에 수록]

〈政府顚覆·大臣暗殺企圖事件訴狀〉(1907. 4. 17) [大倧敎倧經倧史編修委
　　員會 編,《大倧敎重光60年史》, 大倧敎總本司, 1971에 수록]
《國權回復運動 判決文集》, 총무처 정부기록보존소, 1995
《被告人朴準植·金子文子 特別事件主要調書》[再審準備會 編,《朴烈·
　　金子文子裁判記錄》, 黑色戰線社, 1977 ; 小松隆二 編,《アナキズ
　　ム》, みすず書房, 1988 등에 수록]

3) 자료집·단행본

〈不逞鮮人刊行物『奪還』金佐鎭ニ關スル記事 ― 奪還4月20日發行第9
　　號譯文〉(1930年 6月 27日附 在北平矢野公使館一等書記官→幣原
　　外務大臣報告) [《아나키즘연구》 창간호, 자유사회운동연구회, 1995
　　에 수록]
《大日民族宣言》, 일우문고, 1972
《도산안창호자료집》 1～3, 독립기념관 한국독립운동사연구소
《사회단체·정당 등록철》, 서울시임시인민위원회문화선전부, 1950
《日本外務省特殊調査文書》 1～62, 高麗書林, 1989
《朝鮮人の共産主義運動》[吉浦大藏 報告書 ; 1973년 社會問題硏究會
　　編으로 東洋文化社에서 복각]
《韓國民族運動史料 ― 中國篇》, 國會圖書館, 1976
葛懋春·蔣俊·李興芝 編, 1984《無政府主義思想資料選》 上·下, 北京
　　人民大學出版社
姜德相·梶村秀樹 編,《現代史資料》 25～30, みすず書房
강만길 편, 1987(2판)《조소앙》, 한길사
畊夫申伯雨先生紀念事業會 편, 1973《畊夫申伯雨》
慶尙南道警察部, 1936《高等警察關係摘錄》
慶尙北道警察部, 1934《高等警察要史》[1970년 張基弘 씨가《폭도사
　　편집자료》와 합본해서 영인]
계봉우,《꿈속의 꿈》[《北愚 桂奉瑀 자료집》 1, 독립기념관 한국독립

운동사연구소, 1996에 수록]

국사편찬위원회 편, 《자료 대한민국사》 1～7, 탐구당

―――, 1973 《心山遺稿》

김병민 편, 1994 《申采浩文學遺稿選集》, 연변대학출판사 [1995년 한국
　　문화사에서 영인]

金秉祚, 1921 《韓國獨立運動史略》 上篇, 宣言社 [일본외무성외교사료
　　관 소장 마이크로 필름. 분류기호 M/T4-3-2-2-1-1]

金正明 編, 1967 《朝鮮獨立運動》 1～5, 原書房

金正柱 編, 1971 《朝鮮統治史料》 1～10, 韓國史料硏究所

羅景錫, 1980 《公民文集》, 정우사

丹齋申采浩先生紀念事業會 編, 1995(개정5쇄) 《丹齋申采浩全集》 上·
　　中·下·別, 형설출판사

旦洲柳林先生記念事業會 편, 1991 《旦洲柳林資料集(1)》

大島英三郎 編, 1982 《日本無政府主義運動史》 第1編, 黑色戰線社

독립운동사편찬위원회 편, 《독립운동사자료집》 9·11·별집3

민족운동연구소 편, 1956 《民族獨立鬪爭史 史料 ― 海外篇》(《輿論》
　　제26호 부록), 輿論社

바쿠닌(하기락 역), 《자유연합과 사회주의》, 자유연합사

朴慶植 編, 1975 《在日朝鮮人關係資料集成》 1～5·別冊, 三一書房

―――, 1976 《朝鮮3·1獨立運動》, 平凡社

―――, 1983 《朝鮮問題資料叢書》 5～8, アジア問題研究所

朴烈(서석연 역), 1989 《신조선혁명론》, 범우사

朴殷植(이현배·김정기 공역), 1973 《독립운동지혈사》, 일우문고

박정규 편, 1999 《단재 신채호 시집》, 단재문화예술제전추진위원회

司法省刑事局, 《思想情勢視察報告集》 1～9 [社會問題資料研究會 編으
　　로 1977년에 東洋文化社에서 복간]

社會問題資料研究會 編, 1972 《日本無産黨事件の研究》(1938년 司法
　　省刑事局에서 펴낸 井本臺吉의 보고서), 東洋文化社

서울특별시 경찰국 사찰과, 1955 《사찰요람》 [1994년 서울대학교 한국

교육사고에서 〈한국정당사〉와 합본해서 영인]

松尾尊兌 編, 1984·1986 《社會主義沿革》 1·2(《續現代史資料》 1·2), みすず書房

宋相燾, 1971 《騎驢隨筆》, 국사편찬위원회

신용하 편, 1995 《안중근 유고집》, 역민사

心山思想硏究會 편, 1985 《김창숙》, 한길사

안병직 편, 1992 《申采浩》, 한길사

楊昭全 等編, 1987 《關內地區朝鮮人反日獨立運動資料彙編》 上·下, 遼寧民族出版社

鈴木靖之, 1932 《日本無政府主義運動史》, 黑色戰線社 [大島英三郎 編, 1979 《日本無政府主義運動史》 第2編, 黑色戰線社로 복간]

奧平康弘 編, 1991 《昭和思想統制史資料》 1·24·26, 高麗書林

이재화·한홍구 편, 1988 《한국민족해방운동사자료총서》 1~5, 京沅文化社

이정규, 1974 《又觀文存》, 삼화인쇄(주)출판부

張允侯·殷叙彝·洪清祥·王云開 編, 1979 《五四時期的社團》 1~5, 三聯書店

在上海日本總領事館警察部第2課, 《朝鮮民族運動年鑑》

鄭喬, 《大韓季年史》 상·하, 국사편찬위원회

丁來東, 1949 《北京時代》, 平文社

─────, 1971 《丁來東全集》 1~3, 금강출판사

조명희, 1959 《조명희선집》, 소련과학원동방출판사

─────, 1924 《봄잔듸밧위에》, 춘추각(1988 《한국현대시사자료집성》 42, 태학사에 수록)

朝鮮總督府, 1919 《鮮人ノ騷擾觀》[1974년 성진문화사에서 《秘文 韓國人獨立鬪爭秘史》라는 제목으로 영인]

朝鮮總督府警務局 編, 《光州抗日學生事件資料》[1979년 風媒社에서 復刻]

朝鮮總督府警務局, 1925 《朝鮮警察之槪要》[1986년 여강출판사에서 영인]

──, 1934 《國外に於ける容疑朝鮮人名簿》

──, 1936 《共産主義運動に關する文獻集》

──, 《在滿鮮人ト支那官憲》[1974년 성진문화사에서 영인]

──, 《治安狀況》(昭和2年　12月) [靑丘文庫에서 《朝鮮の治安狀況》(昭和2年版)이란 제목으로 1984년에 復刻]

──, 《治安狀況》(昭和5年　10月) [靑丘文庫에서 《朝鮮の治安狀況》(昭和5年版)이란 제목으로 1984년에 復刻]

──, 《最近における朝鮮治安狀況》(昭和 8年) [1966년 巖南堂書店에서 昭和 13년分과 함께 묶어서 復刻]

──, 《最近における朝鮮治安狀況》(昭和 11年 5月) [1986년 고려서림에서 復刻]

──, 《最近における朝鮮治安狀況》(昭和 13年) [1966년 巖南堂書店에서 昭和 8년分과 함께 묶어서 復刻]

조소앙, 1979 《素昻先生文集》 상·하(三均學會 편), 횃불사

中共中央馬克思恩格斯列宁斯大林著作編譯局硏究室,　1959 《五四時期期刊介紹》 1~3, 人民出版社

지중세 역편, 1946 《조선 사상범 검거 실화집》[1984년 돌베개에서 영인]

추헌수 편, 《자료 한국독립운동》 1~4, 연세대학교출판부

坂井洋史·嵯峨隆 編, 1994 《原典中國アナキズム史料集成》 1~12, 綠蔭書房

크로포트킨(李乙奎 역), 1983 《현대과학과 아나키즘》, 創文閣

──(하기락 역), 1983 《상호부조론》, 형설출판사

──(박교인 역), 1985 《어느 혁명가의 회상》, 한겨레

──(백낙철 역), 1993 《빵의 쟁취》, 신명

──(성정심 역), 1993 《청년에게 호소함》, 신명

──(하기락 역), 1994 《전원·공장·작업장》, 형설출판사

クロポトキン(田敦子 譯), 1981《國家·その歷史的役割》, 黑色戰線社

河村只雄 編, 1936《思想問題年表》, 靑年敎育普及會

한국역사연구회 편, 1992《日帝下社會運動史資料叢書》1～12, 고려서림

幸德秋水(中國國民叢書社 譯), 1902《社會主義廣長舌》, 商務印書館

黃玹(金濬 역), 1994《梅泉野錄》, 교문사

4) 기타·회고록·증언

"개인 및 단체 경력서"[조선무정부주의운동사편찬위원회준비위원회에
　　서 조사. 崔甲龍씨 소장]

〈大同團結의 宣言〉[조동걸, 1987〈임시정부 수립을 위한 1917년의 '大
　　同團結宣言'〉,《한국학논총》제9집, 국민대 한국학연구소에 첨부]

〈社會主義同盟名簿〉[日本法政大學 부설 大原社會問題硏究所 소장]

〈自新會同盟書(2)〉,〈廣告各署坊谷(斬奸後揭付者豫備抄)〉,〈公函日本
　　統監府及司令部(斬奸後送交豫備抄)〉[이상《한국학보》13, 일지사,
　　1978에 수록]

〈震災下の虐殺〉,《アナキズム》25號, JCA出版, 1984

《友堂 李會榮先生 追悼》, 육영회, 1985

近藤憲二, 1969《私の見た日本アナキズム運動史》, 脈社

吉野作造,〈朝鮮靑年會問題〉,《新人》1920年 2·3月號[三谷太一郎 編,
　　1982《日本の名著》48, 中央公論社에 수록]

김광주,〈上海時節回想記〉,《世代》1965년 12월호·1966년 1월호

김산·님 웨일즈(조우화 역), 1999(개정증보판)《아리랑》, 동녘

김철수,〈김철수 친필 유고〉[《역사비평》1989년 여름호, 역사문제연
　　구소에 수록]

金泰燁, 1981《투쟁과 증언》, 풀빛

님 웨일즈(학민사 편집실 역), 1986《아리랑 2》, 학민사

島津岬·古屋孫次郎, 1935《上海に於ける朝鮮人の實情》, 中央朝鮮協

류자명, 1983 《나의 회억》, 료녕인민출판사

────, 《한 혁명가의 회억록》 [1999년 한국독립운동사연구소에서 영인]

劉正烈, 〈'上海 임시정부' 봉대운동의 경위 ─ 초창기 시대를 회고한다〉
  (1977. 10. 29 제88회 국민문화교양강좌 강연) [국민문화연구소50년
  사간행위원회 편, 1998 《국민문화연구소50년사 ─ 자유공동체운동
  의 발자취》, 국민문화연구소에 수록]

민필호, 〈韓中外交史話〉 [신규식(민병하 역), 1978 《한국혼》, 박영사에
  수록]

박기성, 1984 《나와 조국》, 시온

박태원, 1948(재판) 《若山과 의열단》, 백양당

相澤尙夫, 1984 〈全國自連の分裂·第2回大會〉, 《アナキズム》25號, JCA
  출판

徐仁均 편, 1945 《조선민족운동과 사회운동의 회고》 제1집

신언준, 1931 〈귀족출신의 무정부주의자 이석증씨〉, 《東光》 1931년 2
  월호 [신일철 편, 1986 《申彦俊論說選》에 수록]

沈克秋, 1990 〈浮沈在硝烟彌漫的時代浪潮中 ─ 記柳樹人的一生〉, 《懷
  念集》 第5集, 泉州平民中學·晉江民生農校校友會

沈容澈, 1990 〈二十六個春秋 ─ 記沈茹秋的短暫一生〉, 《懷念集》 第5
  集, 泉州平民中學·晉江民生農校校友會

梁相基, 1984 〈震災期以後の在日朝鮮人アナキズム運動の片鱗〉, 《ア
  ナキズム》25號, JCA出版

양희석, 1994 《역사를 무서워하라》, 자유문고

오봉빈 편, 1949 《각계 인사가 본 박열》, 박열장학회출판부

이강훈, 1994 《민족해방운동과 나》, 제삼기획

────, 1994 《이강훈 역사증언록》, 인물연구소

이관직, 《友堂 李會榮實記》 [이정규·이관직, 1985 《友堂 李會榮略傳》,
  을유문화사에 수록]

이광수, 〈그의 자서전〉, 《조선일보》 1936년 12월 22일 ~ 1937년 5월 1일

　　　자[《이광수전집》 6, 又新社, 1979에 수록]

──── , 〈나의 고백〉[《이광수전집》 7, 又新社, 1979에 수록]

이규창, 1992 《운명의 餘燼》, 보련각

李沂, 〈續刺客傳〉[《海鶴遺書》, 국사편찬위원회, 1971에 수록]

이은숙, 1981 《가슴에 품은 뜻 하늘에 사무쳐》, 인물연구소

이정규, 《비망록 ── 政黨史의 前奏로 정치사(근대)》(미간)

長澤秀, 1981 〈ある在日朝鮮人活動家の回想 ── 8·15以前を中心に〉, 《在
　　　日朝鮮人史硏究》 第8號, 在日朝鮮人運動史硏究會

鄭哲, 1994 〈建達會事件の眞相〉, 《農村靑年社事件資料集》 3(農村靑年
　　　社運動史刊行會 編), 黑色戰線社

정화암, 1982 《이 조국 어디로 갈 것인가》, 자유문고

정화암의 증언(구술 녹음테이프 ; 한국독립운동사연구소 소장)

조봉암, 〈내가 걸어온 길〉[권대복 편, 1985 《진보당 ── 당의 활동과 사
　　　건 관계 자료집》, 지양사에 수록]

中國社會科學院現代史硏究室選編, 1980 《"一大" 前後》 1~3(中國共産
　　　黨第1次代表大會前後資料選編), 人民出版社

崔甲龍, 1995 《어느 혁명가의 일생》, 이문출판사

──── , 1996 《황야의 검은 깃발》, 이문

布施辰治·張祥重·鄭泰成, 1946 《運命の勝利者朴烈》, 世紀書房

허은 구술·변창애 기록, 1995 《아직도 내 귀엔 서간도 바람소리가》, 정
　　　우사

2. 전기·평전

《義士 元心昌》, 原州元氏中央宗親會, 1979

김삼웅, 1996 《朴烈評傳》, 가람기획

金一勉, 1973 《朴烈》, 合同出版社

민필호, 〈睨觀 申圭植先生 傳記〉[신규식(민병하 역), 1978 《한국혼》,

박영사에 수록]

박태열 편, 1925 《張德震傳》, 삼일인쇄소

朴賀山, 1965 《투혼의 별은 살아 있다 — 朴烈評傳》, 근대화출판사

李乙奎, 1963 《是也金宗鎭先生傳》, 한흥인쇄소

이정규, 1985 《友堂 李會榮略傳》, 을유문화사

3. 연구성과

1) 단행본

구승회·김성국 외, 1996 《아나키·환경·공동체》, 모색

김경복, 1999 《한국 아나키즘시와 생태학적 유토피아》, 다운샘

김경일, 1992 《일제하 노동운동사》, 창작과비평사

김도형, 1994 《대한제국기의 정치사상 연구》, 지식산업사

김동화, 1991 《중국 조선족 독립운동사》, 느티나무

김영민, 1992 《한국문학비평논쟁사》, 한길사

김영범, 1997 《한국 근대민족운동과 의열단》, 창작과비평사

김희곤, 1995 《중국관내 한국독립운동단체연구》, 지식산업사

무정부주의운동사편찬위원회 편, 1994(초판 2쇄)《한국아나키즘운동
사》, 형설출판사

박찬승, 1992 《한국근대정치사상사 연구》, 역사비평사

반병률, 1998 《성재 이동휘 일대기》, 범우사

신용하, 1985 《朴殷植의 사회사상연구》, 서울대학교출판부

────, 1991 《申采浩의 사회사상연구》, 한길사

신일철, 1993 《申采浩의 역사사상연구》, 고려대학교출판부

염인호, 1993 《김원봉연구》, 창작과비평사

오장환, 1998 《한국 아나키즘운동사 연구》, 국학자료원

이기하, 1961 《한국정당발달사》, 의회정치사

이기하 외, 1987 《한국의 정당》 제1편, 한국일보사

이지활 편저, 1979 《아나키즘의 생물학·사회학·교육학·경제학》, 형설
　　출판사

전복희, 1996 《사회진화론과 국가사상》, 한울아카데미

조광수, 1998 《중국의 아나키즘》, 신지서원

조세현, 2001 《동아시아 아나키즘, 그 반역의 역사》, 책세상

최홍규, 1993 《申采浩의 민족주의사상》, 丹齋申采浩先生記念事業會

하기락, 1985 《奪還》, 형설출판사

──, 1993 《자기를 해방하려는 백성들의 의지》, 신명

한영우, 1994 《한국민족주의역사학》, 일조각

한태수, 1961 《한국정당사》, 신태양사

李澤厚(김형종 역), 1992 《중국현대사상사의 굴절》, 지식산업사

任繼愈 편저(전택원 역), 1990 《중국철학사》, 까치

石田一良 編, 1978 《日本思想史槪論》, 吉川弘文館

石坂浩一, 1993 《近代日本の社會主義と朝鮮》, 社會評論社

小松隆二, 1972 《日本アナキズム運動史》, 靑木書店

松澤弘陽, 1973 《日本社會主義の思想》, 筑摩書房

玉川信明(이은순 역), 1991 《아나키즘》, 오월

隅谷三喜男, 1968 《日本の社會思想》, 東京大學出版會

鄭哲, 1970 《在日韓國人の民族運動》, 洋洋社

嵯峨隆, 1994 《近代中國アナキズムの硏究》, 硏文出版

萩原晉太郎, 1969 《日本アナキズム勞働運動史》, 現代思潮社

板垣哲夫, 1996 《近代日本のアナキズム思想》, 吉川弘文館

坪江汕二, 1959 《朝鮮民族獨立運動秘史》, 巖南堂書店

和田春樹(이종석 역), 1992 《김일성과 만주항일전쟁》, 창작과비평사

丸山松幸(천성림 역), 1989 《중국 근대의 혁명사상》, 예전사

丸山眞男, 1998《日本の思想》, 岩波書店

마뜨베이 찌모피예비치 김(이준형 역), 1990《일제하 극동시베리아의
　　한인 사회주의자들》, 역사비평사

Arif Dirlik, 1991, *Anarchism in the Chinese Revolution*, University of
　　California Press

Branko Horvat(강신준 역), 1984《자주관리제도》, 풀빛

Daniel Guerin(하기락 역), 1993《현대아나키즘》, 신명

E. H. Carr(박순식 역), 1989《반역아 미하일 바쿠닌》, 종로서적

George Woodcock(하기락 역), 1981《아나키즘 — 사상편》, 형설출판사

─── (崔甲龍 역), 1994《아나키즘 — 운동편》, 형설출판사

Max Nettlau(하기락 역), 1989《전세계 인민해방전선 전개》, 형설출판사

Paul Avrich(편집부 역), 1989《러시아 아나키스트 1905》, 예문

─── (편집부 역), 1989《러시아 아나키스트 1917》, 예문

Robert A. Scalapino · 이정식(한홍구 역), 1986《한국공산주의운동사》 1,
　　돌베개

Robert A. Scalapino · George T. Yu(丸山松幸 譯), 1970《中國のアナ
　　キズム運動》, 紀伊國屋書店

Robert Nozick(백낙철 역), 1994《아나키 · 국가 · 유토피아》, 형설출판사

Todd May, 1994, *The Political Philosophy of Poststructuralist Anar-
　　chism*, The Pennsylvania State University Press

2) 연구논문

高珽烋, 1986〈개화기 이승만의 思想形成과 활동(1875~1904)〉,《역사학
　　보》109, 역사학회

───, 1995〈독립운동기 이승만의 외교노선과 제국주의〉,《역사비평》
　　31호, 역사비평사

공기택, 1990 〈남화한인청년연맹의 무정부주의운동〉, 국민대 석사학위
　　　논문

권대웅, 1992 〈大東靑年團 연구〉, 《한민족독립운동사논총》, 수촌박영
　　　석교수화갑기념논총간행위원회

――――, 1993 〈1910년대 경상도지방의 독립운동단체 연구〉, 영남대 박
　　　사학위논문

권진성, 1997 〈丹齋 申采浩의 아나키즘〉, 영남대 석사학위논문

김기승, 1987 〈白巖 朴殷植의 사상적 변천과정〉, 《역사학보》 114, 역사
　　　학회

김명구, 1988 〈1920년대 전반기 사회운동 이념에 있어서의 농민운동론〉,
　　　《한국 근대 농촌사회와 농민운동》, 열음사

김명섭, 1998 〈黑濤會의 결성과 활동(1921~1922)〉, 《사학지》 31, 단국
　　　사학회

――――, 1999 〈흑우회의 활동과 이념(1922~1927)〉, 《한국근현대사연
　　　구》 11(한국근현대사학회 편), 한울

――――, 2001 〈재일 한인아나키즘운동 연구〉, 단국대 박사학위논문

김병곤, 1996 〈사회진화론의 발생과 전개〉, 《역사비평》 3, 역사비평사

김병민, 1994 〈申采浩의 문학유고에 대한 자료적 고찰〉, 《申采浩文學
　　　遺稿選集》, 연변대학출판사 [1995년 한국문화사에서 영인]

김세은, 1989 〈중국공산당 창립시기의 사상투쟁에 관하여 ― 아나키즘
　　　과 콤뮤니즘 논쟁을 중심으로〉, 《성대사림》 5

김정, 1992 〈해방직후 조선공산당의 경제정책〉, 서울대 석사학위논문

김창수, 〈의열단의 성립과 투쟁〉, 《한민족독립운동사》 4, 국사편찬위원회

김형배, 1986 〈申采浩의 무정부주의에 관한 일고찰 ― P. 크로포트킨과
　　　의 사상적 連繫를 중심으로〉, 《丹齋 申采浩先生 殉國 50주년 추
　　　모논총》

김홍식, 1999 〈조명희의 문학과 성공회 체험〉, 《한국문학과 계몽담
　　　론》(문학사와비평연구회), 새미

김희곤, 1985 〈同濟社의 결성과 활동〉, 《한국사연구》 48, 한국사연구회

──, 1986 〈신한청년당의 결성과 활동〉, 《한국민족운동사연구》 1 (한국독립운동사연구회 편), 지식산업사

朴愛琳, 1992 〈조선노동공제회의 활동과 이념〉, 연세대 석사학위논문

박영석, 1982 〈일제하 재만 한인의 독립운동과 민족의식〉, 《한민족 독립운동사 연구》, 일조각

──, 1985 〈항일·민족의식의 求心地 신흥무관학교〉, 《友堂 李會榮 先生 追悼》, 육영회

박인기, 1983 〈1920년대 한국문학의 아나키즘 수용양상〉, 《국어국문학》 90, 국어국문학회

──, 2000 〈시집 『페허의 焰群』과 1920년대 현대시〉, 《한국시학연구》 3, 한국시학회

박제균, 1996 〈중국 '파리그룹'(1907~1921)의 무정부주의 사상과 실천〉, 경북대 박사학위논문

박종목, 1991 〈한국의 아나키즘운동사〉, 《월간 정치》 24, 월간정치사

박찬숙, 1995 〈일제하 무정부주의단체 진우연맹 연구〉, 국민대 석사학위논문

박찬승, 1996 〈한말·일제시기 사회진화론의 성격과 영향〉, 《역사비평》 32, 역사비평사

박철하, 1998 〈북풍파 공산주의 그룹의 형성〉, 《역사와 현실》 28, 역사비평사

박환, 1986 〈한족총연합회의 결성과 그 활동〉, 《한국사연구》 52, 한국사연구회

──, 1988 〈1920년대 재중한국인의 무정부주의운동과 『奪還』의 간행〉, 《한국학보》 52, 일지사

──, 1989 〈이회영과 그의 민족운동〉, 《국사관논총》 7, 국사편찬위원회

──, 1992 〈남화한인청년연맹의 결성과 그 활동〉, 《한민족독립운동사논총》, 수촌박영석교수화갑기념논총간행위원회

384

────, 1993 〈조선공산무정부주의자연맹의 결성〉, 《국사관논총》 41, 국사편찬위원회

────, 1997 〈중일전쟁 이후 중국지역 한인 무정부주의계열의 향배 ─ 한국청년전지공작대를 중심으로〉, 《한국민족운동사연구》 16, 한국민족운동사연구회

반병률, 1987 〈대한국민의회의 성립과 조직〉, 《한국학보》 46, 일지사

방영준, 1990 〈아나키즘의 정의론에 관한 연구〉, 서울대 박사학위논문

배경한, 〈孫文과 上海한국임시정부 ─ 신규식의 廣州訪問(1921년 9~10월)과 廣東護法政府의 한국임시정부 승인문제를 중심으로〉, 《동양사학연구》 56, 동양사학회

────, 1999 〈上海·南京지역의 초기(1911~1913) 한인 망명자들과 신해혁명 ─ 武昌起義·討袁運動에의 참여와 孫文·혁명파 인사들과의 교류를 중심으로〉, 《동양사학연구》 67, 동양사학회

백동현, 1998 〈申采浩와 '국'의 재인식〉, 《역사와 현실》 29, 한국역사연구회

서동석, 1998 〈章炳麟(1868~1936)과 朴殷植(1859~1925)의 역사인식〉, 《안동사학》, 안동사학회

서점영, 1992 〈우당 이회영의 독립운동〉, 전북대 석사학위논문

서중석, 1988 〈한말·일제침략하의 자본주의 근대화론의 성격 ─ 도산 안창호사상을 중심으로〉, 《손보기정년기념 한국사학논총》

────, 1997 〈申采浩의 무정부주의에 대한 小考〉, 《한국민족운동사연구》(于松조동걸선생정년기념논총 2, 于松조동걸선생정년기념논총간행위원회 편), 나남출판

서진영, 1989 〈중국공산당 창당 전야의 사상논쟁〉, 《사회와 사상》 1989년 6월호, 한길사

신연재, 1991 〈동아시아 3국의 사회진화론 수용에 관한 연구〉, 서울대 박사학위논문

신용하, 1977 〈신민회의 창건과 그 국권회복운동〉 상·하, 《한국학보》 8·9, 일지사

———, 1983 〈신채호의 민족주의와 무정부주의〉, 《성곡논총》 14, 성곡
학술문화재단

———, 1983 〈신채호의 무정부주의 독립사상〉, 《동방학지》 38, 연세대
국학연구원

———, 1986 〈신한청년당의 독립운동〉, 《한국학보》 44, 일지사

———, 1986 〈조선노동공제회의 창립과 노동운동〉, 《한국의 사회신분
과 사회계층》(한국사회사연구회논문집 3), 문학과지성사

신일철, 1977 〈申采浩의 무정부주의사상〉, 《한국사상》 15

———, 1997 〈申采浩의 근대국가관〉, 《현대 사회철학과 한국사상》, 문
예출판사

———, 〈한국무정부주의운동〉, 《한민족독립운동사》 4, 국사편찬위원회

안건호, 1998 〈1910년 전후 이상룡의 활동과 사회진화론〉, 《역사와 현
실》 29, 한국역사연구회

안동범, 1994 〈劉師復의 무정부주의 소고〉, 전남대 석사학위논문

안미영, 1978 〈康有爲 대동사상의 형성과 그 성격〉, 《서울대 동양사학
과논집》 2, 서울대 동양사학과

안준섭, 1984 〈임시정부하의 후기 좌우합작에 관한 일고찰〉, 서울대 석
사학위논문

오장환, 1991 〈1920년대 재중국 한인 무정부주의운동〉, 《국사관논총》 25,
국사편찬위원회

———, 1995 〈1920년대 초기 국내 사회주의수용기의 아나키즘적 경향
에 관한 일고찰〉, 《아나키즘연구》 창간호, 자유사회운동연구회

———, 1997 〈1920년대 국내 아나키즘운동 소고〉, 《건대사학》 9, 건국
대 사학회

———, 1997 〈1920년대 재일 한인 아나키즘운동 소고〉, 《한국민족운동
사연구》 17(한국민족운동사연구회 편), 국학자료원

———, 〈이정규(1897~1984)의 무정부주의운동〉, 《사학연구》 49, 한국
사학회

우실하, 1988 〈단재 신채호 애국계몽사상의 전개과정에 대한 연구(1905~

1910)〉, 연세대 석사학위논문

유기철, 1987 〈1920년대 말 만주지방 한인 공산주의운동의 방침전환에
　　관하여〉,《원우론집》14-2, 연세대 대학원 원우회

유시현, 1990 〈1920년대 전반기 조선의 사회주의 사상 수용과 발전〉,
　　《민족사의 전개와 그 문화》하(벽사이우성교수정년퇴직기념논
　　총), 창작과비평사

─── , 1997 〈羅景錫의 '생산증식론'과 물산장려운동〉,《역사문제연
　　구》2, 역사문제연구소

─── , 1997 〈사회주의사상의 수용과 대중운동〉,《한국공산주의운동
　　사연구 ─ 현황과 전망》(역사학연구소 편), 아세아문화사

유영구, 1986 〈1930년 전후 만주지역의 민족운동과정에서 전개된 한인
　　아나키스트운동에 관한 연구 ─ 북만의 한족총연합회와 재만조선
　　무정주의자연맹을 중심으로〉, 한양대 석사학위논문

유재천, 〈일제하 한국신문의 공산주의 수용에 관한 연구〉1·2·3,《동
　　아연구》7·9·18, 서강대 동아연구소

윤건차, 1996 〈일본의 사회진화론과 그 영향〉,《역사비평》32, 역사비
　　평사

윤근식, 1972 〈「개벽」지에 나타난 한국정치사상에 관한 연구〉,《성곡
　　논총》3, 성곡학술문화재단

윤대원, 1999 〈대한민국임시정부의 조직·운영과 독립방략의 분화(1919~
　　1930), 서울대 박사학위논문

이광린, 1980 〈구한말 신학과 구학과의 논쟁〉,《동방학지》23·24(연세
　　대학교 국학연구원 편), 연세대학교출판부

이동언, 1994 〈白山 安熙濟 硏究〉,《한국독립운동사연구》8, 독립기념
　　관 한국독립운동사연구소

이성규, 1992 〈중국 대동사상의 역사적 전개와 그 특징〉,《한국사시민
　　강좌》10, 일조각

이송희, 〈한말 사회진화론의 수용과 전개〉,《부산사학》22, 부산사학회

이애숙, 1998 〈1922~1924년 국내의 민족통일전선운동〉,《역사와 현실》

28, 역사비평사

이연복, 〈한인애국단과 기타 의열투쟁〉, 《한민족독립운동사》 4, 국사편
　　찬위원회

이용기, 1996 〈1945~48년 臨政勢力의 '法統政府' 수립운동〉, 서울대 석
　　사학위논문

이현주, 1999 〈국내 임시정부 수립운동과 사회주의세력의 형성(1919~
　　1923〉, 인하대 박사학위논문

이호룡, 1997 〈박열의 무정부주의사상과 독립국가 건설 구상〉, 《한국학
　　보》 87, 일지사

─── , 1998 〈재일본 조선인 아나키스트들의 조직과 활동〉, 《한국학
　　보》 91·92합집, 일지사

─── , 2000 〈한국인의 아나키즘 수용과 전개〉, 서울대 박사학위논문

임경석, 1992 〈고려공산당 연구〉, 성균관대 박사학위논문

─── , 1998 〈서울파 공산주의 그룹의 형성〉, 《역사와 현실》 28, 역사
　　비평사

임종찬, 1994 〈단재문학의 사상 연구〉, 《인문논총》 45, 부산대학교

장병희, 1980 〈상아탑 黃錫禹詩 연구〉, 《한국학논총》 3

장석흥, 1991 〈사회주의의 수용과 신사상연구회의 성립〉, 《한국독립운
　　동사연구》 5, 독립기념관 한국독립운동사연구소

전명혁, 1997 〈1920년대 공산주의운동의 기원과 조선공산당〉, 《한국공산
　　주의운동사연구 ─ 현황과 전망》(역사학연구소 편), 아세아문화사

─── , 1997 〈1920년대 전반기 까엔당과 북풍회의 성립과 활동〉, 《성
　　대사림》 12·13합집

─── , 1998 〈1920년대 국내 사회주의운동 연구 ─ 서울파를 중심으로〉,
　　성균관대 박사학위논문

정창렬, 1990 〈애국계몽사상의 역사의식〉, 《국사관논총》 15, 국사편찬
　　위원회

鄭惠瓊, 1999 〈일제하 재일 한국인 민족운동의 연구 ─ 大阪지방을 중
　　심으로〉, 한국정신문화연구원 박사학위논문

조경란, 1996 〈중국에서의 사회진화론 수용과 극복〉, 《역사비평》 32, 역사비평사

조남현, 1991 〈한국근대문학의 아나키즘 체험 연구〉, 《한국문화》 12, 서울대 한국문화연구소

조동걸, 1975 〈獨立運動의 지도이념〉, 《석우논문집》 3, 춘천교육대학

———, 1982 〈대한광복회의 결성과 그 先行 조직〉, 《한국학논총》 5, 국민대 한국학연구소

———, 1987 〈임시정부 수립을 위한 1917년의 「大同團結宣言」〉, 《한국학논총》 9, 국민대 한국학연구소

———, 1988 〈한말 계몽주의의 구조와 독립운동상의 위치〉, 《한국학논총》 11, 국민대 한국학연구소

지승준, 1996 〈1930년대 사회주의 진영의 '轉向'과 대동민우회〉, 중앙대 석사학위논문

진덕규, 1991 〈1920년대 사회주의 민족운동의 성격에 대한 고찰〉, 《한국독립운동사연구》 5, 독립기념관한국독립운동사연구소

최기영, 2001 〈일제강점기 신채호의 언론활동〉, 《한국사학사학보》 3, 한국사학사학회

최정수, 1995 〈단재 申采浩의 국제관〉, 《한국학논집》 26, 한양대 한국학연구소

하기락, 1980 〈단재의 아나키즘〉, 《丹齋 申采浩와 민족사관》, 丹齋申采浩先生記念事業會

———, 1986 〈독립운동의 시각에서 본 우리 나라 아나키즘운동〉, 《민족지성》 1986년 10월호

한시준, 2001 〈신채호의 在中獨立運動〉, 《한국사학사학보》 3, 한국사학사학회

한영우, 1980 〈1910년대의 민족주의적 역사서술 — 이상룡·朴殷植·김교헌 「단기고사」를 중심으로〉, 《한국문화》 1, 서울대 한국문화연구소

———, 1981 〈1910년대의 申采浩의 역사의식〉, 《한우근박사정년기념

사학논총》, 지식산업사

———, 1992 〈丹齋 申采浩의 민족주의 사학〉,《우리 역사와의 대화》, 을유문화사

———, 1992 〈한국 근·현대 역사학의 흐름〉,《우리 역사와의 대화》, 을유문화사

함용주, 1993 〈민족해방운동과정에서 아나키즘의 역할에 대한 연구 ― 정치사상적 측면을 중심으로〉, 서강대 석사학위논문

함홍근, 1955 〈康有爲의 사상에 대하여 ― 大同思想을 중심으로〉,《역 사학보》 8, 역사학회

———, 1962 〈康有爲의 국가사상〉,《역사학보》 17·18합집, 역사학회

K.リョング, 1974 〈韓國の無政府主義運動の狀況〉,《アナキズム》第 3號, 日本アナキズム研究センタ

江藤敏和, 〈朴烈·金子文子の大逆事件〉,《リベルテル》第169號, リベ ルテルの會

堀內稔, 1986 〈在日朝鮮人アナキズム勞動運動(解放前)〉,《在日朝鮮人 史研究》第16號, 在日朝鮮人運動史研究會

———, 1992 〈南華韓人靑年聯盟と黑色恐怖團〉,《朝鮮民族運動史研究》 8, 靑丘文庫

———, 1993 〈韓族總連合會について〉,《朝鮮民族運動史研究》9, 靑丘 文庫

尾關弘, 1974 〈韓國のアナキズム運動の現狀〉,《アナキズム》第3號, 日本アナキズム研究センタ

石川禎浩, 1992 〈マルクス主義の傳播と中國共産黨の結成〉,《中國國 民革命の研究》, 京都大學人文科學研究所

孫安石, 1996 〈上海の朝鮮語『獨立新聞』について ― 新史料による書 誌的研究と再檢討の可能性〉,《近きに在りて》29號

宋世佰, 1974 〈朝鮮人によるアナキズム運動の過去と現在〉,《アナキ ズム》第3號, 日本アナキズム研究センタ

水野直樹, 1992 〈東方被壓迫民族聯合會(1925～1927)について〉,《中國 國民革命の研究》(狹間直樹 編), 京都大學人文科學研究所

野村明美, 1979 〈朝鮮勞動同盟會について〉,《在日朝鮮人史研究》第5 號, 在日朝鮮人運動史研究會

趙景達,〈金玉均から申采浩へ ─ 朝鮮における國家主義の形成と轉會〉, 《'近代'を人はどう考えてきたか》(歷史學研究會 編), 東京大學出 版會

趙寬子, 2000 〈'反'帝國主義の暴力と'滅罪的'力 ─ 中國亡命期の申采浩 と同時代の暴力批判論〉

G. P. Maximoff, 1985, "Program of Anarcho-Syndicalism"(Rebel Worker Pamphlet #4), Monty Miller Press

Sam Dolgoff(박연규 역), 1993 〈현대산업사회와 아나키즘〉 [크로포트킨 (하기락 역), 1993 《근대과학과 아나키즘》, 신명에 수록]

찾아보기

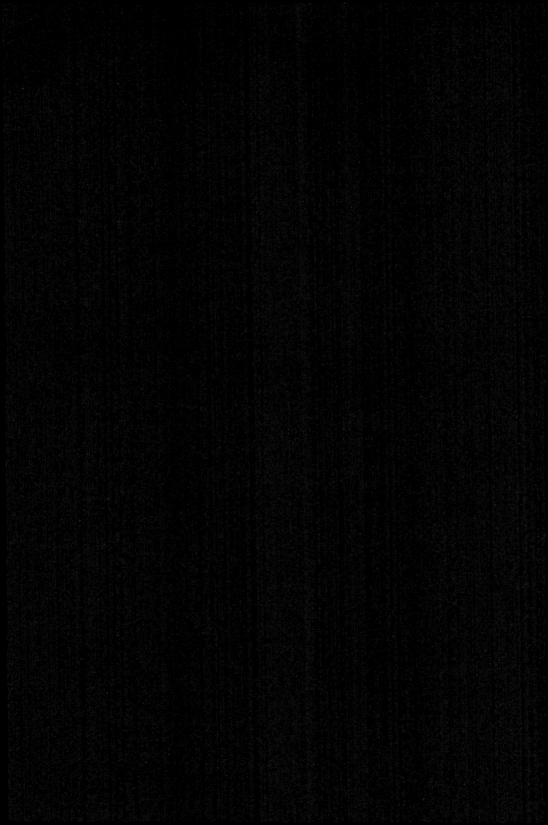